數位視覺文化
藝術教育

高震峰 著

目　錄

數位視覺文化藝術教育——總論篇

第一章　緒論　　1

數位視覺文化藝術教育——理論內涵篇

第二章　數位視覺文化與藝術教育
第一節　數位視覺文化藝術教育的意義與特質　　9
第二節　數位視覺文化藝術教育的理論內涵　　24
第三節　數位視覺文化藝術教育的素養內涵　　38

第三章　數位科技與藝術教育
第一節　數位科技對藝術教育的意義　　55
第二節　數位科技與藝術創造力　　68
第三節　ICT 的藝術教學應用　　82

第四章　數位典藏與藝術教育
第一節　數位典藏的發展脈絡與應用意義　　99
第二節　數位典藏的學習理論與藝術教學應用　　115
第三節　數位典藏相關議題的問題與挑戰　　127

數位視覺文化藝術教育──教學實務篇

第五章　互動式電子白板於臺灣中小學藝術教學場域的實踐
- 第一節　互動式電子白板的發展脈絡與教育意義　143
- 第二節　互動式電子白板的藝術教學機制與策略　159
- 第三節　互動式電子白板融入國小階段藝術教學之實驗研究　173

第六章　部落格於臺灣中小學藝術教學場域的實踐
- 第一節　Web 2.0 及部落格的發展脈絡與意義　187
- 第二節　部落格的學習理論與藝術教學應用　202
- 第三節　部落格融入國小階段藝術教學之實驗研究　216

第七章　數位典藏融入臺灣中小學藝術教學之內涵與現況
- 第一節　數位典藏融入藝術教學的理論與模式　229
- 第二節　數位典藏融入中小學藝術教學內容分析之研究　246
- 第三節　數位典藏融入中小學藝術教學應用現況之研究　261

數位視覺文化藝術教育──展望篇

第八章　結論　281

參考文獻
- 中文部分　293
- 外文部分　304

附錄　343

第一章 緒論

　　藝術[1]活動的發展與科技的更替息息相關。揆諸人類歷史文明的進展過程，殊異的科技使各個歷史階段具現了不同的藝術與文化特徵。數位科技的崛起改變了人類所處的視覺環境，也為當代藝術教育帶來新的契機。在數位化視覺科技（digital visual technology）的影響下，當代人的生活被大量的數位影像所環繞。對於藝術教育學門，數位科技呈現了多重面向的效應。以藝術創作而言，數位科技帶給創作者全新的創作媒介與方式，使藝術創作更具互動性與親和力；就藝術鑑賞而言，數位科技為觀者營造出以往難以想像的視覺影像，豐富了觀者的視覺經驗；對藝術教學而言，數位科技提供了無遠弗屆的教學機制與學習內容，引發更多的藝術教學創意。在多重的效應之下，藝術教育工作者在數位時代也擔負了多樣任務，既需從創作教學的角度教授數位媒介以創制數位影像，又需釐清數位影像的觀看機制，引導個體與之互動。在網際網路的發展進入 Web 2.0 時代後，數位科技所提供的教學機制與內容日益富彈性，藝術教育工作者更得因勢利導，透過數位化藝術教學環境的營造，深化對藝術教育的踐履。「數位視覺文化藝術教育」（digital visual culture art education）[2]思潮的發軔，即是當代藝術教育界對於數位科技的回應，並以之開創能具現數位時代特質的藝術教學氛圍。

　　檢視藝術教育的發展歷史，藝術教育思潮與各時代科技進展的過

---

[1] 本書為便於閱讀，使用「藝術」一詞概括指稱「美術」與「視覺藝術」之領域。同時，於不同的行文段落，若有陳述上的需求，也交替使用「美術」或「視覺藝術」等詞彙。

[2] 有關「數位視覺文化藝術教育」之內涵與意義，參見本書第二章第一節。

程間，有著互相呼應的關係。在進入人類歷史上科技進展迅速的20世紀後，藝術教育界也先後發生三波思潮變遷。第一波思潮出現於20世紀初至20世紀中葉，主要在強調兒童自發地以藝術活動進行自我表現的重要性，代表觀點是以兒童為藝術課程發展重心的「創造性取向藝術教育」（creative self-expression approach to art education）思潮（高震峰、陳秋瑾，2002）。在這段時期，符應個體心智成長階段的「動手創作」為藝術課程的主體活動，認為透過適當的創作主題與媒材，能幫助個體全人格的正向發展。因此，手繪式的視覺化方式為本時期主要的藝術創作機制，而藝術教學所使用的「教學科技」（instructional technology）則以傳統的黑板、模型教具或簡單的視聽設備等為主。

20世紀藝術教育思潮的第二波變革是出現在1960年代之後的「學科取向藝術教育」（discipline-based art education, DBAE）思潮，其重點在強調以學科方式結構藝術教育的知識體系與學習內涵，並於1980年代中葉達到高峰期（Clark, Day, & Greer, 1987）。由於「學科取向藝術教育」主張完整的藝術學習應同時包含藝術創作、藝術史、藝術批評，以及美學等藝術課程的教授，「鑑賞教學」乃成為與「創作教學」分庭抗禮的藝術課程。鑑賞教學需要借助大量的藝術作品之複製圖像作為教學媒介，以引導學習個體透過對作品的觀察與分析，建立相關藝術涵養。因此，於此時期中，各類「視聽教學媒體」（audio-visual media of instruction），如幻燈機、錄放影機，或電腦設備等即成為進行藝術教學時重要的教學輔助科技。

20世紀藝術教育思潮的第三波更迭，是開展於1990年代之後的後現代藝術教育思潮——「視覺文化藝術教育」（visual culture art education, VCAE）（Duncum, 2001）。「視覺文化藝術教育」呼應後現代論述「去中心化」（decentralization）與「多元文化」（multiculturalism）的觀點，認為精緻藝術作品或普羅文化產物均為創作個體之創性思維的視覺化展現，鑑於創作個體的創性思維並無優劣之別，因之藝術與文化產物亦無位階高下的分野。其次，20世紀末視覺化科技（visual technology）的快速發展，使當代個體浸淫在影像洪流中，各式視覺影像蔚然成為社會的重要文化載體與表徵。在人類相似的視覺機制之下，由於觀者的背景脈

絡不同，乃衍生殊異的觀看經驗，個體詮釋「視覺」（vision）所見之「視覺性」（visuality）以及「觀者心態」（spectatorship），成為探究其觀看行為與身分認同的關注焦點（趙惠玲，2005）。由於各式觀看經驗的潛移默化為形塑個體意識形態的重要機制，因此視覺文化藝術教育主張應將日常生活中的各類影像納入藝術教學範疇，引導當代個體成為具省察力的觀看主體。同時，並主張教師與學生俱為建構藝術課程的參與者，均應在教與學的過程中省視自身的意識形態與審美慣性。在視覺文化藝術教育的觀點下，藝術創作的彈性隨之擴大，不局限於傳統的手繪式媒材及技法。由於視覺文化藝術教學時需應用各式影像作為教學媒介，因之各類影音媒體、電腦等教學科技為此時期重要的藝術教學輔助機制。

進入 21 世紀之後，數位科技進展快速，Web 2.0 帶動了各式社群網站如雨後春筍般的迸發浪潮。隨著數位化視覺科技的發展，各式數位影像充斥於日常環境，並透過社群網站及社會媒體快速傳播。在當代個體的視覺經驗中，「數位性」（digitality）愈趨彰顯，與「視覺性」共同成為分析個體視覺經驗時的重要特質。Web 2.0 等數位科技的發展對於藝術相關領域亦有巨幅影響，改變了藝術領域的創作活動、觀看經驗、分享行為，以及消費方式。以往的藝術創作多需依賴手繪技法完成，創作者往往需要接受一定的專業訓練方能進行。今日的數位創作工具，則讓具有藝術創作欲求的個體，能快速地浸淫在創作的「靈光」（aura）中，進行各式靜態或動態之數位影像創作。

其次，以往藝術活動的參與方式受到時、地、空間之限，較為封閉，個體多須親臨展出或保存藝術作品的地點，方能接近藝術產物。在當代，不同年齡和背景的網路使用者，均能透過數位途徑，在數位博物館、虛擬畫廊等數位環境中接觸「數位典藏」（digital archive）資源以及藝文展演活動，並透過數位方式儲存、展示和傳遞自身以數位形式創作的藝術產物。前述轉變，使數位視覺文化成為當代青少年日常生活中的主流視覺經驗來源。當數位視覺文化漸次成為青少年的生活核心時，數位視覺文化藝術教育思潮即成為當代藝術教育工作者所關切的重要面向。

數位視覺文化是數位科技發展下的視覺文化表徵，其涉入理論有別於現代主義氛圍下的藝術論述，承接了學界對於視覺文化思潮的討論基

礎。觀諸自1990年代前後開始累積的視覺文化相關論述，可發現其包含有數大脈絡。首先，由於視覺文化思潮的發展源自藝術史學界對於西方傳統主流菁英藝術定義的反思，萌芽自1980年代前後的「新藝術史」（the new art history）論述，即成為視覺文化思潮的基礎理論面向之一。相關論述認為藝術作品並無先驗特質，應自不同的研究面向，分析並還原藝術產物的背景脈絡。

其次，視覺文化思潮的重要意涵為關注日常生活影像對社會個體意識形態的影響，而日常生活中，電視、廣告、電影等大眾媒體為重要的影像產製來源，因此當代的媒體傳播相關論述也為視覺文化思潮的基礎理論面向之二。

再者，視覺文化思潮的一項特質，是關注對於視覺影像、觀者，以及社會機制中各類權力結構間互動關係的梳理，因而始自1930年代的社會批判理論、聚斂於1950年代前後的文化研究理論，以及當代的藝術哲學論述等，亦為視覺文化思潮奠定了理論基礎。由於數位視覺文化為當代重要的視覺文化樣貌，在探討數位視覺文化的產製、觀看，以及權力流動的脈絡時，前述諸多視覺文化相關論述即為可供援引的理論面向。

當於學校藝術教學場域中落實數位視覺文化藝術教育的踐履時，除前述理論面向之外，於20世紀末成形之數位學習科技等相關論述亦為重要的理論依據。Web 2.0等數位科技為當代文化氛圍與社會關係重要的形塑因素，對於教育體系亦產生巨幅的影響，其中，於1990年代前後快速發展的「資訊及通訊科技」（information and communication technology, ICT），即為使教育體系晉升為數位學習時代的轉捩點。對於藝術教育領域，ICT的融入同樣使藝術教學的氛圍進入數位時代，也使「數位視覺文化藝術教育」成為能具體落實於教學情境中的藝術教育思潮。換言之，數位科技的發展一方面影響了當代社會中藝術與文化活動的樣貌，另一方面也成為藝術教學時能予以應用的實質輔助機制。

此外，在數位科技的影響下，許多論者以「數位文化」（digital culture）來形容當代的主流文化特性，因此，數位文化相關論述也為討論數位視覺文化時，可資參考的理論內涵。同時，以往在討論視覺文化

思潮時，常有論者指出，由於視覺文化的觀看經驗與日常生活息息相關，使視覺文化的理論涵蓋層面幾可說包山包海（陳瓊花，2005）。在數位科技的靈動特質之下，數位視覺文化更進一步使今日個體的生活經驗與社會關係，跳脫了實體空間的有限框架，得以四下延展。此一特質，也成為探討數位視覺文化相關議題的重要基石概念，而有關藝術教育於數位時代的意義、特性、內涵，以及應用方式等，亦為數位視覺文化藝術教育所關注的範疇。

本書根據對數位視覺文化與藝術教育關係的討論，梳理相關理論內涵後，將「數位視覺文化藝術教育」界定為「以藝術為基底，視覺文化為養分，數位性為特質，網路為路徑，數位科技為工具」的藝術教育思潮。其探討面向可大別為兩類，分別為：「數位視覺文化時代下，藝術教育對個體之藝術思維與主體意識的學習意義及價值」，以及「當代數位科技於藝術教學場域的應用策略與實務機制」。此外，每一社會個體的藝術思維與主體意識雖受許多因素所影響，難以單純化思考，然而應與該社會個體在學校教育階段的藝術學習活動有密切關係。因此，前述數位視覺文化藝術教育的兩大探討面向之間，並非各自獨立且涇渭分明的研究取徑，而是具有密切的連動性，於進行學術研究或實務踐履時，可依據目的、對象，以及數位科技與藝術教育互動時的場域特質，而有所調整。同時，檢視目前我國藝術教育的現況後發現，在視覺文化思潮為我國藝術教育學界關注以來，雖已累積有不同的討論基礎，亦有部分關於數位科技與藝術教育互動性之研究，然而聚焦於數位視覺文化藝術教育的系統化理論與實務應用之論述體系，則仍待發展與建構。

鑑於前述，為累積我國於數位視覺文化藝術教育思潮的論述基礎，並增益數位科技於臺灣藝術教學場域的應用效能，於本書中，聚焦於探討數位視覺文化藝術教育的發展脈絡與理論內涵，以及數位視覺文化藝術教育在我國中小學藝術教學場域中的實務踐履。根據此一宗旨，撰述時將本書區分為四大部分，分別為「數位視覺文化藝術教育——總論篇」、「數位視覺文化藝術教育——理論內涵篇」、「數位視覺文化藝術教育——教學實務篇」，以及「數位視覺文化藝術教育——展望篇」等。以下分別說明各部分的大要。

本書的第一個部分為「數位視覺文化藝術教育——總論篇」，其主要章節為本書的第一章「緒論」，內容為從數位科技與20世紀以降藝術教育思潮的互動關係出發，概要說明數位視覺文化藝術教育的意義、本書的意旨，以及對書中各章節內容的介紹。

本書的第二個部分為「數位視覺文化藝術教育——理論內涵篇」，主要內容在建構數位視覺文化藝術教育的理論基礎，亦即前述數位視覺文化藝術教育之探討面向的第一大類，其目的為瞭解數位視覺文化藝術教育對個體之藝術思維與主體意識的學習意義及價值。本部分共包含有三個篇章，分別為本書的第二章、第三章與第四章。其中第二章為「數位視覺文化與藝術教育」，區分為三節，分別探討數位視覺文化藝術教育的發展脈絡與延展特質、數位視覺文化藝術教育的理論內涵與課程建構理論，以及數位視覺文化藝術教育對學習個體之素養內涵的意義。其次，由於數位視覺文化藝術教育的形成源自當代數位科技的發展，因此，本書的第三章為「數位科技與藝術教育」，共包含有三節，探討數位科技對藝術文化及藝術教育的影響與意義、數位科技與藝術相關創造力的關係，以及ICT對藝術教學機制及藝術教學效能的影響。再者，當代數位科技對藝術文化發展的重要影響之一，為將藝文產物以數位化方式典藏並加值，為藝術教學提供了豐厚多元的數位學習內容，本書的第四章乃以「數位典藏與藝術教育」為主軸，亦包含有三節，分別探討數位典藏的發展脈絡與應用意義、數位典藏的學習理論與藝術教學應用，以及對數位典藏相關議題之問題與挑戰的檢視。

本書的第三個部分為「數位視覺文化藝術教育——教學實務篇」，主要內容在探討數位視覺文化藝術教育於我國中小學藝術教育現場的教學實務，亦即前述數位視覺文化藝術教育之探討面向的第二大類，其目的為瞭解當代數位科技於藝術教學場域的應用策略與實務機制。在檢視數位科技對藝術教學的影響後，發現互動式電子白板（interactive electronic whiteboard, IWB）能建置數位化藝術教學中樞的特質、部落格（blog）能建置藝術學習數位社群的特質，以及數位典藏能提供藝術教學數位學習內容的特質，使之成為三項具代表性的數位化藝術教學機制，乃以三個篇章分別進行探究，分別為本書的第五章、第六章與第七章。

本書的第五章即為「互動式電子白板於臺灣中小學藝術教學場域的實踐」，共包含有三節，分別探討互動式電子白板的發展脈絡與教育意義、互動式電子白板的藝術教學機制與策略，以及互動式電子白板融入國小階段藝術教學之實驗研究。本書的第六章為「部落格於臺灣中小學藝術教學場域的實踐」，共分為三節，分別探討 Web 2.0 及部落格的發展脈絡與意義、部落格的學習理論與藝術教學應用，以及部落格融入國小階段藝術教學之實驗研究。本書的第七章為「數位典藏融入臺灣中小學藝術教學之內涵與現況」，亦包含有三節，分別探討數位典藏融入藝術教學的理論與模式、數位典藏融入中小學藝術教學內容分析之研究，以及數位典藏融入中小學藝術教學應用現況之研究。

　　本書的第四個部分為「數位視覺文化藝術教育──展望篇」，其主要章節為本書的第八章「結論」，內容為從當代臺灣青少年的日常生活樣貌出發，思考並歸納藝術教育在數位視覺文化氛圍下對於學習個體的意義，以及本書的總結，與對我國視覺文化藝術教育的未來期望。

　　自藝術成為學校教育的一環以來，其學習內容與施教方式隨著時代變遷而迭有轉變。在 1990 年代以前，對於藝術圖像的接觸以及文化資訊的接收，主要依賴書籍、雜誌、報紙等紙本文本，以及電視、電影、廣播等電子化方式。藝術教學的方式則從口述作品樣貌、展示紙本圖像，到可以觀看電子圖像並進行比較等，有不同的藝術教學策略產生。進入數位時代之後，紙本文本與電子化傳播的方式快速地被數位機制所取代，藝術圖像以及文化資訊被以優質化且高速度的數位化方式進行複製與傳送，展開了藝術相關活動發展史的新里程。進行藝術教學時則從以虛擬方式參訪藝術文物的保存現場，到以數位科技挪移組構作品的創作元素等，為藝術教育開啟另一程教學奇航。數位視覺文化氛圍的滋長蔓延，說明藝術圖像以及文化資訊的接觸方式更趨開放且多元，也使藝術教育從以往較為窄化的藝術專業學門，成為寬闊的跨領域藝術學域，並能吸納百川。

　　儘管時代丕變，跌宕起伏，然而，藝術領域以其對個體情感與創造力的表現彈性，在諸多人類活動中，向來具有重要的意義與價值。源於藝術活動的包容性，使之在不同的時期，均能因應各時代與各族群的文

化特性，展現相異的樣貌。當代數位科技的發展，則為藝術相關領域開啟了新的篇章。數位科技為引導本世紀世界各國向前發展的重要動力，其於教學場域的實踐與應用，攸關國家年輕世代在未來世界舞臺上競爭力道的強度。有鑑於目前在我國藝術教育界中，尚未有以數位視覺文化藝術教育為探討主軸的專書論著，乃撰述本書。

　　時移世易，唯數位視覺文化藝術教育將為 21 世紀藝術教育理論與實務發展的重要面向。期望以本書拋磚引玉，與藝術教育界的先進，共同為臺灣年輕世代累積終身熱愛藝術、學習藝術，並享受藝術的學習能量。

第二章　數位視覺文化與藝術教育

第一節　數位視覺文化藝術教育的意義與特質

　　不同的時代有形態與功能不一的視覺化科技，從而衍生殊異的社會形貌。當代數位科技急速發展，使今日社會中個體的生活呈現了實體環境與虛擬空間交織的狀態，日常生活的每一層面皆與數位科技綿密相融。由於藝術活動的樣貌與視覺化科技的更替息息相關，當代數位科技對藝術相關領域的影響，既廣且深，而藝術領域的挹注，又將數位科技的潛能發揮的淋漓盡致。數位科技與藝術領域的相互交融，為當代個體的日常視覺經驗，增添了斑斕璀璨的筆觸。數位化視覺科技的助益，讓個體的藝術創造力更加滂浩，脫離了過往實體環境的局限，營造出虛擬世界的奇幻空間，如各式動漫遊戲、電影等藝術文化產物即為觀者帶來以往難以想像的互動性觀看盛宴。簡便就手的數位化視覺科技，也讓個體較以往更易感受創作的愉悅，並與跨越地理疆界及時空隔閡的對象交流。數位化的典藏機制則使世界各地的藝術文化產物獲得保存，並能為全球公民所共享。在前述氛圍下，數位科技對藝術教育的學習內涵與教學機制產生深遠影響，「數位視覺文化藝術教育」即為藝術教育思潮對數位時代的呼應，以彰顯數位科技對藝術創作、視覺經驗，以及藝術教學的影響。於本節中，當梳理數位視覺文化藝術教育的意義與特質時，將先分別探討數位視覺文化的發展脈絡與意義，以及數位視覺文化藝術教育的發展脈絡與意義，再探討數位視覺文化藝術教育的延展特性。

一、數位視覺文化的發展脈絡與意義

科技的進展對於人類生活所形成的作用已不待言,當代數位科技對人類視覺機制相關之創作行為與觀看經驗影響至深,其發展對藝術教育的理論與實務均有所激盪。由於科技進展的速度不一,人類對科技於自身生活影響程度的感受也有不同。當科技的進展較為緩慢時,對人類生活的影響幅度也較為緩慢,可能需經長期觀察,甚或數十年乃至數世紀後才能察覺明顯的改變。作為數位視覺文化藝術教育——以臺灣中小學為實踐場域大時代之下的渺小個體,當科技的進展較緩時,可能在一生的生命循環中,亦未能明顯察知科技發展對自身生活的影響。同樣的,當科技的進展較為緩慢時,其對人類文化的影響也較不明顯。然而,自電腦設備成熟後,在過去數十年之間,數位科技的進展飛速,使當代個體籠罩於數位環境之中,幾乎不過日、月之久,即可感受到數位科技令人目不暇給,往前邁進的腳步。由於進展急速的數位科技為形塑當代文化樣貌的重要變因,因此,進入 21 世紀之後,當論者梳理數位科技對世界的全面性影響時,即以「數位文化」(digital culture)概括指稱之。在藝術相關領域,「數位視覺文化」(digital visual culture)則被用來闡釋數位文化與當代藝術領域以及日常生活之視覺文化氛圍交織時的展演樣貌。

(一)數位文化的發展與意義

在過去二、三十年間,隨著數位科技對當代社會各層面所形成的不同影響,各界不斷以各類名稱形容數位科技發展下的社會型態,諸如「資訊社會」(information society)、「知識社會」(knowledge society)、「網路社會」(networked society)等(Uzelac & Cvjetičanin, 2008, p. 7)。論者梳理前述不同的名稱後,發現這些不同的名稱雖然意涵殊異,但其中皆蘊含因為數位科技的涉入所帶動的社會變革,因而以「數位文化」概括指稱在數位科技的影響下,所塑造出的當代文化樣貌。Deuze(2006)認為,在過去幾個世紀中,每一個世紀都因當時主流科技的特質,形成了足以清楚辨識的文化特徵。例如,19 世紀時是「印刷文化」(print culture),20 世紀是「電子文化」(electronic culture),21 世紀則是「數

位文化」。Deuze進一步指出，相較印刷文化與電子文化對當時社會生活所帶來的影響，今日的數位文化使社會個體的日常生活發生以往難以想像的改變力道。就對外而言，數位科技使個體與外界的聯繫不受時空、形體之限，僅在瞬間即可廣被全球；以對內來說，數位科技使個體的思考模式不為既定慣習所圍，甚而能翻轉原有的認同或意識形態。

文化的定義多元而逕庭。事實上，文化向來是一個極難定義，卻又被普遍使用的詞彙（Williams, 1983）。然而，一個特殊的「文化叢集」（cultural cluster）需能具有明確的外顯行為、累積慣習與產出事物等殊異之處，方能被觀察與辨識，並與其他的文化叢集區隔。在定義數位文化時，Gere（2008, p. 16）認為，「數位性」（digitality）為數位文化的先決要素，並將「數位性」視為人類文化發展的里程碑。Gere指出，數位文化中同時包含了數位化的人工產物，以及一個將當代個體的生活與其他文化時期區別的溝通與意義體系。在此體系中，包含有兩類互相聯結的特質，其一為，數位文化的出現代表該社會的內涵與型態與之前的文化型態有明確的斷裂；其二為，數位文化的存在與決定皆源自數位科技的發展。換言之，數位文化的鮮明旗幟，即是數位科技，也因為數位科技，使當代個體的生活型態有別於歷史上的其他時刻。

在印刷文化時期，人類的資訊傳遞依賴印刷產物，如書本、報紙等。在電子文化時期，人類的資訊傳遞依賴電氣化設備，如電話、電報、電視等。在數位文化時代，印刷產物及電氣化設備的基本樣貌仍在，但被以數位方式轉化，如電子書報、網路新聞、手機、電子信件、數位電視等。然而，Gere（2008）強調，數位文化時代所改變的，並非僅是從印刷文本、電氣化設備等轉變為數位形式的表面「進化」（evolution），而是在本質上的「革命」（revolution）。由於此一本質上的改變，方使得當代個體的日常生活與文化樣貌，發生了形式與內涵的變革。

在以多元概念為主流意識的當代，由於各類文化的概念與樣貌歧異，即便描繪出一個文化圈的形貌，也不代表該文化圈的個體，會以一致性的方式行動，或展現出樣式化的行為，也不代表該文化圈的樣貌將依線性的方式發展，或根據曾發生過的事件而調整。因之，「數位文化」是一個概

念單純但內涵複雜的集合體。Deuze（2006）認為，數位文化可被視為是關於人們在網路社會中怎麼行動和互動，而且仍在成形中的一組價值觀、實踐以及期望。然而，Deuze指出，數位文化的開展要早於網路普及之前，其發展趨勢雖與今日個體總是保持「在線」（on-line），以致與外界之聯繫日趨緊密有直接的影響，但數位文化是會發生在個體「在線」以及「離線」（off-line）的現象。Karaganis（2007, p. 15）則認為，數位文化是當代個體浸淫在一個由媒體、資訊、電腦、溝通可能性等所組成之巨大且仍在成長的蓄水池時，學習如何扮演其文化角色的轉化過程。

數位科技創建了人類生活新的可能性，改變了人類生活的形貌，帶來了全新的訊息傳遞機制。鑑於數位性對當代社會的影響持續增加，Uzelac與Cvjetičanin（2008, p. 3）指出，數位文化並非封閉的文化系統，亦非異質文化的「文化拼貼」（cultural mosaic），而是全球化連通性的網絡連結管道。藉由此一特性，將使不同的小眾文化與藝術產業匯聚，發揮「綜效」（synergy），產生質變。因此，從藝術教育的角度而言，即應以開放且動態的觀點看待數位文化的「正在」發展，從而理解其對藝術文化與藝術教育氛圍所形成的綜效影響。

（二）數位視覺文化的發展與意義

數位科技的資訊傳遞與互動方式對藝術文化的發展形成巨大影響，並匯聚成當代社會的數位視覺文化氛圍。在檢視數位視覺文化的發展脈絡時，數位科技對藝術史及美術館機制所帶來的影響，是可以觀察的面向之一。Atkins（1995）指出，1994年與1995年是當代藝術史學門的生殖繁衍時期，因為在此時期中，「藝術世界開始上線」（the year the art world went online）。在網路環境的參與及互動氛圍下，美術館的意義與功能產生極大變革。隨著美術館等機制向網路世界打開大門，以往難以為普羅大眾輕易觸及的藝術資源也繼之以數位形式開放。對藝術活動有興趣或需求的小眾個體，得以透過網路查閱國內、國外美術館的資訊，也可以點閱藝評家的論述，甚至與藝術家在其部落格、臉書中互動。同時，透過專為數位環境所設計的網路藝術平臺，個體亦可於其中尋找各式藝術作品與學術資源，舉凡從早期岩洞繪畫，到前衛藝術家的作品，

均能得見。當藝術家發現數位技術以及數位環境為另一個藝術展演的實踐場域時,「數位藝術」(digital art)(林珮淳、吳佩芬,2002)及「網路藝術」(net art)便隨之出現(Frost, 2010)。在透過數位科技築構的全球化連通性網絡中,藝術產物的消費者與製造者從販售原作的數位畫廊,到提供客製化複製品選購的網路商場等,展現了多樣化的藝術活動,使社會中的藝術文化氛圍呈現了因數位科技介入而形成的活絡樣貌。

　　Lovejoy(1990)指出,雖然藝術的發展受科技影響至深,然而藝術史相關研究往往輕忽科技的地位,直到 Walter Benjamin(1892-1940)於 1930 年代末期對藝術作品原創性以及複製科技的論點(Benjamin, 1970)在 1970 年代廣被討論後,方使藝術與科技的關係成為藝術學界與創作界的關鍵性論述。然而,20 世紀末的數位洪流對藝術界的影響力道更是不容小覷,使藝術產物比起以往的各個時期,與群眾及社會發生了更為深刻且密切的互動關係,也使以往僅以藝術作品作為研究範疇的藝術相關學界,將其關注視野擴及日常生活中的視覺文化現象。在 20 世紀末葉開始,廣為藝術工作者所討論的視覺文化思潮中,有關電腦、網路等科技發展的議題已為論者所關切。由於數位科技對個體日常生活中視覺經驗的影響愈趨明顯,「數位視覺文化」逐漸成為藝術相關領域學者對數位文化中之視覺相關機制與經驗,或視覺機制中之數位相關經驗等的回應(Bentkowska-Kafel, Cashen, & Gardiner, 2009; Darley, 2000)。20 世紀末,視覺文化思潮先驅之一的藝術史學者 Mirzoeff(1999)於描述視覺文化現象時曾提及,當代個體的視覺經驗有大半是發生在「螢幕」(screen)之上。十年之後,就今日的現況觀之,前述的狀況有增無減。當梳理今日的數位視覺文化現象時,Friedberg(2006)即指出,人類與「視窗」(window)[1]互動的歷史久矣,早在古埃及時代,窗戶已為建築物的必備元素之一,亦有做成框邊形狀的「畫框」(frames),以用之包住繪畫的邊緣,一則保護作品,二則區隔開繪畫中的圖像與實際生活中的景象。從此,人類文明與「視窗」的互動關係,於焉展開。

---

[1] Microsoft Windows 是微軟公司於 1985 年代問世時的電腦作業系統,由於 Microsoft Windows 在電腦技術上占有相當的壟斷地位,Friedberg(2006)即以「視窗」(window)來喻指電腦在當代人類生活中的重要性。

就非實體窗戶的畫框而言，自線性透視技法成熟後，觀者更加習慣透過畫框，觀視著被畫家以透視技法「畫製」而出的景物。義大利文藝復興時期的建築家及藝術理論家 Leon Battista Alberti（1404-1472），於 1435 年的著作《論繪畫》（De pictura）中描述，畫布就像是「一扇打開的窗戶」（an open window），透過這扇窗戶，畫家得以體現其所要表現的景像（Ruffini, 2011）。在此概念下，歷來的畫家積極努力透過「畫窗」，「再現」眼睛所見真實景物的「表層」（surface）。例如，16 世紀著名的藝術家 Albrecht Dürer（1471-1528）於其木刻版畫 Man Darwing a Reclining Woman（Felluga, 2011），即顯示了藝術家借助有網格的輔助框架，以線性透視畫的方法，繪製比例精準的人體以及物件。

從 15 世紀開始，人類即已習慣透過「框」看到與現實世界不同的虛擬空間和景物。不論「框」的形狀或材質為何，也不論「框」出現的位置是在建築物的窗框，繪畫邊緣的外框，亦或鏡子的框緣，人們似乎都習慣將框內所見與自身所處位置的現實世界區隔開來。不論透過框架將能「看到」或「窺見」令人期待、出人意表，或使人顫慄的景象，人類總是對於「視窗」之內的事物，有些好奇以及期待。也由於「視窗」的可變化彈性，隨著視覺化科技的改變，「框」的樣貌更加多元。攝影科技成熟後，人類透過鏡頭框住所欲表現的對象；電視科技普及後，人類用小型螢幕框出家庭日常生活中的小喜小樂；電影科技發展後，人類用大型放映機制框出欲讓觀者暫時忘我的時、地、空間。進入數位時代之後，電腦機制的螢幕更是轉化為「魔法框」，無所不能，並在今日的數位視覺文化氛圍中，將人類與視窗的互動關係，推至高峰。

在數位視覺文化的環境中，透過電腦螢幕，個體與網路中的世界可以在彈指之間合成一體。觀看各地新聞媒體；參與各國藝文活動；購買各方產品物件；閱覽各界不同資源；為各地的運動或賽事加油打氣；為各方的革命或抗議搖旗吶喊。以真實身分或虛擬身分，發表自身的作品及看法；與真友人或陌生客，在不同的社群空間中娛樂與互動。甚至，透過螢幕的視覺刺激，達到身體感官的愉悅感受。同時，由於電腦螢幕的視窗分割功能，每一視窗能各自呈現不同的空間與活動，使前述諸項異質經驗，得以匯合於使用個體的單一電腦螢幕中，讓個體在電腦螢幕

裡，幻化成多個分身。近日有取代電腦之勢的移動式手機或其餘類似機制，進而讓個體不受單一地點固定之限，可將各類不同的異質經驗，隨身攜行，並隨時將多個自己的分身傳送於異質時空之中。數位科技不僅消弭了時空與地理疆界，甚且也將虛擬與真實的分際消蝕。鑑於數位視覺文化對年輕世代之視覺經驗影響至深，對藝術教學機制的影響力也方興未艾，藝術教育界對之應有積極回應。

二、數位視覺文化藝術教育的發展脈絡與意義

「數位性」為人類歷史上標誌當代文化特徵的一個屬性，也是當代藝術教育的重要特質之一，數位視覺文化藝術教育乃成為藝術教育思潮在數位時代的重要代表。在以往的讀寫文化時代，人類的訊息傳遞以及文化載具是以紙本與筆墨等為主要媒介，藝術教育的主要核心則為主流藝術史上的名家之作以及手繪技法。在視覺文化時代，人類的訊息傳遞以及文化載具是以視覺影像及其產製工具為主要媒介，藝術教育的主要核心囊括生活周遭的日常視覺經驗及其創作方式。在數位視覺文化時代，人類的訊息傳遞以及文化載具是以數位視覺影像為主要媒介，藝術教育的主要核心為發生在數位環境中的觀看經驗與創作活動，或透過數位媒介產製的藝術文化物件。當訊息傳遞與文化載具的形式有所改變時，對於社會個體的生活型態、思考方式等均將有所影響。數位科技以其對資訊之呈現及傳遞的力量，綿密的編織入當代社會個體的生活中，進而對人類的行為、思想等產生巨大影響，也成為當代藝術與文化形貌的重要承載方式。

前述提及，揆諸人類歷史上科技發展的軌跡，少有像當代的數位科技一般斧鑿明顯者。進入數位時代之後，每見社會個體在尚未來得及因應前一波科技發展而調整自身時，下一波科技新變革又已來勢洶洶，急切進駐個體的日常生活。各式數位視覺文化現象即是以類似的狀況，在當代個體猶來不及細細體察之際，即已瀰漫在個體的日常生活之中。因此，當各式「表情符號」（emoticon）成為各年齡層之個體習常於數位訊息中使用的示意圖像時；當智慧型手機介面上的小圖示（icon）成為

影響銷售業績的決定因素時（Böhmer & Krüger, 2013）；當蘋果公司要為其企業識別圖像出專冊以訂定鉅細靡遺的規定時（Apple Incorporated, 2013）；當網路頁面上各類搜尋引擎全由不同的小圖示所代表時，數位視覺文化即已鋪天蓋地進駐我們的日常生活之中。Bailey（2010）認為，數位科技對視覺文化領域影響巨大，舉凡視覺文化現象的表現、再現、分析以及判斷等，都有其身影。Bailey指出，在數位科技的影響下，原來專屬於藝術領域的圖文影像已不再僅供藝術專業人員之用，而是使用者能依其自身目的，將個人的詮釋附著於該圖文影像，使之產生多重意義，並於數位環境中與人分享。由於數位科技的影響以及網路的連結，產生了新興的藝術資源，也聚斂出新的文化型態，新的藝術教學思維與教學方法亦隨之萌生。

「視覺文化藝術教育」於1990年代中葉之後被藝術教育學者提出，並於21世紀初被正名（Duncum, 2001）。由於視覺文化思潮的產生與視覺化科技的發展息息相關，「科技」與個體視覺經驗的互動即為國內外學者討論視覺文化與藝術教育互動關係時，所關切的議題。相關討論包括有：視覺文化衝擊下，科技對美學觀點與詮釋經驗的變遷以及對藝術教育的影響（Carter, 2008; Duncum, 2008; Garoian, 2008, 2010a, 2010b; Garoian & Gaudelius, 2004, 2008）；全球化時代中，藝術教育界對由跨國資本主義所掌握之文化工業與美學機制的反動（Jagodzinski, 2008）；數位時代中，網路社會與虛擬環境對於觀者意識形態的影響（Sweeny, 2004, 2006）；對於以往藝術之形式與美感原理原則的檢視（Tavin, Kushins, & Elniski, 2007）；當代社群網絡對於學習者藝術文化資源的影響（Ward, 2010）；數位時代中，對於藝術教育與創造力互動關係的討論（Black & Browning, 2011）等。亦有學者關注在數位時代下，科技的發展對於藝術教學機制的影響（Buhl, 2011; Darts, 2004; Taylor & Carpenter, 2007）。至2010年間，則有探討數位視覺文化時代下之藝術教育的集結性專書出版（Sweeny, 2010）。根據前述梳理，雖然「數位視覺文化藝術教育」之思潮並未如同20世紀末葉，當視覺文化藝術教育被提出時，為藝術教育界大張旗鼓的進行辯證，但與數位視覺文化相關的探討，卻一直為主張視覺文化思潮的藝術教育學者所關注，未曾間歇。

檢視前述關於數位科技與視覺文化藝術教育的互動關係，可將之大別為兩大脈絡：第一大類為關切視覺文化氛圍中，數位科技與個體之藝術相關主體意識的相互關係，如審美觀點、觀看經驗、互動行為，乃至全球化意識與文化認同等。第二大類為關切視覺文化氛圍中，數位科技與藝術教學機制的相互關係，如在創作教學、設計教學、鑑賞教學、遠距教學之教學應用等。

於本節中曾提及，「數位性」為數位文化與數位視覺文化的先決要素，前述兩大類關於數位科技與視覺文化藝術教育的互動關係中，「數位性」亦同樣為決定要素。因此，當界定「數位視覺文化藝術教育」的意涵時，可將「數位視覺文化藝術教育」拆解出三項元素，分別為「數位性」、「視覺文化」，以及「藝術教育」。其次，趙惠玲（2005，頁198-200）於界定視覺文化藝術教育的研究及教學範疇時，在Walker與Chaplin（1997）的視覺文化研究四大領域：精緻藝術、工藝／設計、表演藝術與藝術景觀，以及大眾及電子媒體之外，再加上「被視覺化後的自然景觀」一類，共計有五大類。鑑於此一分類能涵蓋目前視覺文化藝術教育的內涵，因此，前述五類視覺文化氛圍，在被「數位化」（digitized），而具有「數位性」後，即屬數位視覺文化藝術教育的範疇，至於其相關之教學實務及學術研究等，亦均屬於數位視覺文化藝術教育的教學及研究領域。

據於前述，數位視覺文化藝術教育的範疇具有相當的彈性，當數位文化被以視覺化方式呈現，或透過視覺經驗被感知時，即屬數位視覺文化藝術教育的範疇。而當視覺文化現象或藝術經驗被以數位化方式呈現，或在數位環境中被感知時，亦屬數位視覺文化藝術教育的範疇。其次，數位視覺文化藝術教育的探討面向，可大別為兩類，分別為：「數位視覺文化時代下，藝術教育對個體之藝術思維與主體意識的學習意義及價值」，以及「當代數位科技於藝術教學場域之應用實務與機制的探究」。最後，數位視覺文化藝術教育的內涵包括藝術教育、視覺文化，以及數位性等數類要素，當從這些要素的互動關係詮釋數位視覺文化藝術教育時，即可將數位視覺文化藝術教育界定為「以藝術為基底，視覺文化為養分，數位性為特質，網路為路徑，數位科技為工具」的藝術教育思潮。

三、數位視覺文化藝術教育的延展性特質

數位視覺文化藝術教育是藝術教育界對今日世界氛圍的回應之一，其發軔繫於兩大源頭。其一為數位科技的發展對當代社會中包含藝術、人文以及藝術教育等面向的深層影響；其二為視覺文化思潮對藝術教學範疇的再疆界化。因之，數位視覺文化藝術教育同時具現了數位文化與視覺文化雙重的延展性特質。

在討論當代各領域的文化屬性時，學界常以法國哲學家 Gilles Deleuze （1925–1995）與 Félix Guattari（1930–1992）於 1980 年代出版的「地下莖」（rhizome）相關論述進行梳理與詮釋（Deleuze & Guattari, 1987; Wikipedia, n.d.-v）。例如，以之描述西方文化乃至全球文化在當代的形貌（Jacobowitz, 2005）；以之解釋當代教育及教學方法的轉變（Semetsky, 2006）；以之描繪數位文化的文化特性與樣貌（Gere, 2008）；以之梳理當代藝術創作與美學思維的變遷（陳瑞文，2009）；以之形容視覺文化藝術教育的現象（Wilson, 2003）等。雖亦有論者提出對 Deleuze 與 Guattari（1987）之論點的批判性觀點（Wallin, 2010），然而，在 21 世紀進入第二個十年之際，Deleuze 與 Guattari 的論述仍對當代各領域形成相當影響，從近年間相關研討會[2]在不同國家頻仍舉行，[3]可窺見一般。本書於梳理數位視覺文化藝術教育的理論內涵時，認

---

[2] 例如，在 2012 年間，即有多次以 Deleuze 之論述為主軸之國際學術研討會，包含 2012 年 2 月 10–11 日，於英國倫敦大學（University of London）舉辦「Deleuze, Philosophy, Transdisciplinarity」，參見 http://deleuzetransdiscipline.wordpress.com/；2012 年 5 月 4–6 日，於加拿大西安大略大學（University of Western Ontario）舉辦「Intensities and Lines of Flight: Deleuze and Guattari and the Arts」，參見 http://www.c-scp.org/en/category/calls-for-papers；於 2012 年 5 月 18–21 日，在中國開封河南大學舉辦「2012 開封國際德勒茲研討會」（2012 Kaifeng International Deleuze Conference），參見 http://deleuze.henu.edu.cn/index.php/c_home/index；2012 年 6 月 25–27 日於美國東南路易斯安那大學（Southeastern Louisiana University）舉辦「第五屆國際德勒茲研究研討會」（5th International Deleuze Studies Conference），主題為「Deterritorializing Deleuze」，參見 http://deleuze2012.com/cfp.html。

[3] 例如，2013 年 5 月 25–29 日，「亞洲首屆國際德勒茲研究研討會」（The First International Deleuze Studies in Asia Conference）於臺灣淡江大學舉行，參見 http://www2.tku.edu.tw/~tflxcfp/；「第六屆國際德勒茲研究研討會」（6th International Deleuze Studies Conference）在 2013 年 6 月 25–27 日於葡萄牙里斯本大學（The University of Lisbon）舉辦，主題為「The Territory In-Between」，參見 http://deleuze2013.fc.ul.pt/。

為其於藝術教育場域之實踐包含兩個面向，一為具數位性之視覺文化藝術教育相關探討，二為數位科技於當代視覺文化藝術教學現場的實踐展演，此二脈絡均呈現了具延展性的「地下莖」特質。

Deleuze 與 Guattari（1987, p. 6）認為，以往人類對於世界的認知概念單一而線性，其結構類似於「樹」的圖像，在地表上枝幹脈絡分明，在地表下的根狀結構亦清晰可見。但是，當代的社會不再為枝脈分明的結構體，呈現的是既無中心，亦無邊陲，既無疆界，又無止盡的蔓延態勢。在此思維下，Deleuze 與 Guattari 以「地下莖」為隱喻，來比擬當代社會各類活動複雜的非分層系統，並以「雜草」（couchgrass, crabgrass）作為地下莖植物的例子。相較於樹狀結構具有穩定、層級分明的中軸主幹、根及胚根（roots and radicles），雜草則是以游牧、多樣以及不具中軸生長主幹的鱗莖和塊莖（bulbs and tubers）作為其四面八方延展的生命線。一棵樹的成長、存在與死亡可以明晰的被觀察，因為其生命中樞單一且易於辨識，也因此，樹的結構與生命循環的封閉性較強。雜草則不然，雜草沒有單一的或中心化的生命中樞，其地下莖的每一莖節或鱗莖都具有等值的生命力。故而，雜草盤根錯節，隨時都能進行繁衍增生，其生命循環與結構屬於完全開放的態勢。當地表上的大樹枯竭死亡後，其生命多已殆盡。但當地表上叢生的雜草被清除後，雖然表面上的生命看來消亡，其生命系統卻在地表之下，透過地下莖或鱗莖，四處延展，伺遇適當的環境與機會，即在未被預期的某處，出人意表的再次繁衍，並叢聚生長。

根據前述 Deleuze 與 Guattari（1987）對「地下莖」生長狀態的描述，地下莖的特質是沒有「中心」的匯集處，因此地下莖植物既無開始，亦無結束，只有無窮盡的「中間」（middle/milieu），被以「莖節」（knots），進行「……與……」（... and ...）的連結。此一特質貼切的應合了數位空間中，既無起點，亦無終端的樣貌。因此，在當代哲學論述中，Deleuze 與 Guattari 的觀點常被視為是梳理數位科技所形塑之時代氛圍的理論基礎之一（Nunes, 1999），並常為藝術教育界與其餘教育相關學界援引，用以形容各學門領域在數位時代之下的學習特質（Bayne, 2004; Semetsky, 2008）。Deleuze 與 Guattari（pp. 7-13）為闡釋其地下莖隱喻下，物件之

間的增殖、繁衍與互動的機制，彙整出六類地下莖的結構原則：連結性（principle of connection）、異質性（principle of heterogeneity）、多重性（principle of multiplicity）、反指涉的破碎性（principle of asignifying rupture）、製圖法（principle of cartography）以及印花法（principle of decalcomania）。由於前述六類地下莖的結構原則具有鮮明的視覺特性，亦為視覺文化學者所引用，以之形容在當代網路社會中，各類視覺文化現象的增長與傳遞機制（Fuery & Fuery, 2003）。

以「連結性」而言，意指在地下莖圖譜中，任何一個莖節都必定將與其他莖節發生連結。同時，Deleuze 與 Guattari（1987）指出，此一連結並不限於同源或同種的類似事物，而是可與任何性質的事物連結。因此，在地下莖與其他任何可能事物之莖節連結的過程中，各種未能先預期的「異質性」即隨時隨地處於「生成」（becoming）狀態，使任何變異均有可能發生。以「多重性」而言，由於地下莖沒有真正的規則或法條，只需不斷適應並接受其他的莖節，因之在其連結中，沒有「單一主體」（the One）的存在。因為並無主體、客體之高低階層區別，乃產生每一莖節自成一格，互為主從的多重樣態。在「反指涉的破碎性」部分，是指一組地下莖可能會碎裂，但它會隨即依據原來的路線，或依據一新的路線繼續生長繁衍。Deleuze 與 Guattari 舉螞蟻為例，認為螞蟻即像是「動物地下莖」，其窩巢多藏於地表之下，因而難以被完全清除。每次遭逢浩劫後，總能再次地重新聚集，進行組織，再建窩巢。因此，作為以地下莖作為繁衍方式的視覺文化現象，亦難被隨意消除殆盡，當外界以為其已滅種之際，總將再次逆襲反撲，重新壯大。換言之，地下莖型態的視覺文化現象一旦形成，即難以輕易消亡。

以「製圖法」與「印花法」而言，Deleuze 與 Guattari（1987）認為，地下莖並非具結構性或有生產力的模式，因之沒有真正的規則或律法，也沒有真正的團結統一概念，必須不斷適應以及包容他者的多重性與多樣性。就視覺樣貌而言，地下莖像是有多處入口通道，分別向各方敞開的開放式地圖，而非是有始點並有終點的尋寶圖式路徑。由於尋寶圖的出口與入口連成一線，移動時不是往前到達終點，就是往後回到始點的「蹤跡」（tracing）形態。地下莖則是往外發散的開放路徑，各個方向

均可向外逸脫，並與異質性的外界發生連結。Deleuze 與 Guattari 也舉黃蜂與蘭花為例，以兩者間的異質元素共生關係，說明地下莖圖譜中「去疆界化」（deterritorialization），以及「再疆界化」（reterritorialization）的機制，並以之形容藝術世界的變向與流變關係。Deleuze 與 Guattari 指出，在黃蜂與蘭花的共生機制中，黃蜂在蘭花上採蜜的同時，也變相成為蘭花的繁殖器官，並藉著傳遞花粉而使蘭花「再疆界化」，兩者雖為異質性元素，但卻形成一個地下莖的組構。因此，地下莖式的文化現象是，可以被斷裂，也可以被修復；可以去銜接他者，也可以翻轉自身；可以持續增生茁壯，也可以不斷修改篡編；可以成為任何種類事物的基礎，也可以被任何個人、團體，社會或文化圈，重新組織改造。

在提出地下莖概念後，Deleuze 與 Guattari（1987）並以「平滑空間」（smooth space）與「條紋空間」（striated space）來說明不同性質之社會文化可被觀察的徵候。條紋空間的特質是形態穩定、層級分明，但結構封閉，於其間有脈絡交錯的設定路線，像是一個經都市計畫規劃而成的城市。平滑空間則寬闊無垠，不具肌理，難以目測，也無法標誌，既無內、外之分，亦無方向、路線之別，較類似天空、海洋、草原或沙漠等空間，具有游牧的特質。Deleuze 與 Guattari 以「哥德式」（Gothic）及「羅馬式」（Romanesque）的建築為例，說明平滑空間與條紋空間的樣貌。Deleuze 與 Guattari 指出，哥德式建築與羅馬式建築兩相較之，前者較屬光滑空間，有對異質性元素的吸納，後者則屬條紋空間，需依規矩方圓行事。

換言之，一般具原則性且內在結構之同質性較強者，較接近條紋空間的屬性，而具彈性多元且內在結構之異質性較強者，則較接近平滑空間的性格。條紋空間有明確藩籬外廓，若遇動盪則易發生內爆，產生質變。光滑空間由於無疆界之限，永遠處於生成狀態，若遇動盪則另行生成一片空間，因而無從產生內爆。然而，Deleuze 與 Guattari（1987）強調，平滑空間與條紋空間並不呈現壁壘分明的對立態勢。反之，兩類空間往往互相瀰漫，甚或彼此豐潤。條紋空間會嘗試挪用平滑空間的異質性元素，而平滑空間又常自條紋空間的縫隙中脫離而浮現另一處游牧區塊。

前述地下莖、平滑空間與條紋空間的論述，頗能描繪當代數位視覺文化的延展特性，以及數位視覺文化藝術教育的教學特質。此外，數位視覺

文化藝術教育的內涵為：以藝術為基底，視覺文化為養分，數位性為特質，網路為路徑，而數位科技為工具的藝術教育思潮。由於數位科技的介入，在以網路為其路徑，數位科技則為其工具的狀況下，各式被以數位方式呈現的視覺文化現象或視覺物件，均能在數位環境中便捷而快速地進行各種複製、拼貼、續寫、改寫、逆寫、戲仿乃至合成與惡搞。其形態瞬息萬變，其意義生生不息，可應用於各種目的，也可全無任何目的。每一產物雖可能會在某些具層級化的網頁滯留，但是一旦偶入一個原未預期的網際逸脫路線，便將啟開未知網路海的「遊牧奇航」。奇航的路線就像是地下莖的莖節，向八方六合各處蔓延，在每一莖節處均有連結，連結斷裂處可能進入一個異質性的條紋空間，也可能滑入另一個逸脫路線。路線的彼端又是另一起點，無始無終，無中心點，無疆界，無邊陲，只有「連結」。

Wilson（2003）在描述視覺文化藝術教育的面貌時，以樹狀結構與地下莖比喻不同藝術教育的類型，其中「學科取向藝術教育」類似樹狀結構，脈絡清晰，結構分明，而「視覺文化藝術教育」則是如地下莖的多元延展樣貌。數位視覺文化藝術教育是在視覺文化藝術教育中加上了數位性的元素，更增添其地下莖式的雜異迸發樣態。然而，須予注意的是，樹木雖然高大壯碩，難以撼動，但通常樹木不會危及個體的存亡，即便遇到欲吞噬個體的「渾拼柳」（Whomping Willow），[4] 個體也可以加速逃離。地下莖卻不然，地下莖雖貌似柔弱，卻會追逐個體於無形，一旦被地下莖纏繞上身，即難以擺脫，甚至能把個體纏弄至枯竭窒息。以往樹狀結構的藝術教育，枝脈分明，常以學校為存在場域，個體一但離開學校場域，藝術教育的控制力道即有減緩，甚至消除。視覺文化藝術教育則非如此，由於視覺文化的存在空間為日常生活，而個體不可能脫離日常生活而存，因此，一旦個體沾染或嗜好某類視覺文化之氣味，便將被之縈縈繞繞，不易忘懷。

於討論數位文化時，Deuze（2006）指出其有三個組成概念，分別為「參與」（participation）、「矯正」（remediation），與「拼湊」

---

[4] 「渾拼柳」語出暢銷小說《哈利波特：消失的密室》（*Harry Potter and the Chamber of Secrets*）（Rowling, 1999），是指一棵神奇樹木，會攻擊接近的人與事物，直到對方撤退為止。

（bricolage），此三類特質同樣能說明視覺文化在數位科技介入後所呈現的特性。事實上，視覺文化現象原本即具有相當程度的「拼湊」與「混血」特質（Irvine, 2012）。因之，在數位視覺文化的環境中，「參與」、「矯正」，與「拼湊」的現象便輪番更替或同時上陣，以至其中存在許多的可能性。或可說，在數位視覺文化的環境中，沒有任何不可能存在的可能性。例如，一個動漫經驗，可以轉化為同人誌的展演，也可以轉化為藝術家的創作源頭。當觀者以為該動漫經驗已褪時消亡時，其可能是在某一數位空間中暫時懸浮，一旦一朝逢遇活水便還春萌芽。又如，一則原本被大眾質疑的日常新聞事件，可能成為臉書上喧鬧一時的熱門議題，或反轉變身為臺灣藝術文化的新寵，甚而登上國際藝文舞臺。而今日臺灣數位世代的臉書，儼然成為提供觀者主要視覺經驗以及觀看愉悅的場域，也是一個鮮活的例子。

　　數位科技改變了以往對世界、時間、空間，以及身分認同的概念，使當代社會終至實現了 Marshall McLuhan（1911–1980）的「地球村」（global village）（McLuhan, 1962）預言。贊同數位科技具有積極意義的論者認為，科技發展加速了全球化的傾向，也增加了世界的文化多樣性；認為數位科技促使「參與式文化」（participatory culture）誕生，使當代個體愈來愈能參與「意義」的創造和傳播，讓溝通的機制與形式從「一對多」（one-to-many），到「多對多」（many-to-many），從根本上改變了以往溝通和資訊傳遞自上而下（top-down models）的單向線性分布方式（Hills, 2009），進而增加了資訊傳遞模式的民主化氛圍。

　　然而，持保留立場的論者指稱，數位科技不論在其社會性功能以及近用性（access）上，都是不可能平等的，其發展剷平了世界原本寶貴的多元歧異樣貌，助長了「同一性」（sameness）和「一致性」（conformity），更製造出一個監控個體的「老大哥」（Big Brother）（Kaempf, 2009）。[5] 於近年間常發生的青少年網路霸凌事件，以及「全民辦案」瘋潮，即突顯了當代社會已從「全景樓」（panopticon）成為「同

---

[5] 「老大哥」是 George Orwell（1903–1950）在反烏托邦小說《一九八四》（*Nineteen Eighty-Four*）中塑造的一個形象，象徵極權社會下無處不在的監控權力 （Wikipedia, n.d.-d）。

觀樓」（synopticon）（Jagodzinski, 2008）。個體被由「少數觀看多數」的少數霸權之監控威嚇，變成由「多數觀看少數」的多數霸凌之千夫所指狀況。在文明發展的歷史上，人類不斷的透過各種「視窗」來觀看世界，從實體的窗戶、畫框到今日的電腦螢幕，得到了對於「窗外世界」的諸多理解以及想像。然而，必須注意的是，若觀者缺乏省察的思維，則其所見就僅只是「被框住的視野」（framed perspective）（Friedberg, 2006）。數位視覺文化藝術教育所關注者，是期望將視窗轉化成為一面鏡子，使個體在數位時代下虛擬與真實並置的交錯「窗景」中，能時時反身自省，回望自身。

第二節　數位視覺文化藝術教育的理論內涵

在長達數萬年之久的歷史長河中，人類構築出複雜的社會結構以及殊異的文化系統，包含各式習俗、宗教、律法、制度，乃至價值觀及意識形態等，使不同時空脈絡下的社會結構各具面貌。由於影像的影響力，視覺文化思潮成為當下藝術相關領域的重要論述。隨著數位科技的發展，數位視覺文化又成為今日科技發達國家中，社會個體所浸淫的主流視覺環境。「影像」本身雖然僅占據極少的物質性，但其影響力之巨大，卻難以計量。在當代，數位科技已然成為社會文化的重要驅動力，也成為藝術與文化訊息最主要的傳遞載具，是形塑今日文化氛圍的重要媒介之一。在數位科技全面擴散的影響力下，數位科技成為個體生活的一部分，個體又成為世界網絡的一部分。當社會中的每一個體幾無例外的成為數位化環境之一分子時，日常生活的任何一個面相，舉凡教育、娛樂、醫療、媒體，乃至人與人之間的社交互動等均與數位科技息息相關。在此狀況下，使數位科技對於當代個體的影響並非僅存在於表象的機制，而是深層的文化行為與意識形態。藝術相關活動與視覺文化現象為當代社會文化的重要表現，當梳理數位視覺文化藝術教育的內涵時，本書乃援引文化研究相關論述作為理論基礎。於本節中，將先探討文化進化論的意涵，再探討其對數位視覺文化藝術教育的意義，以及數位視覺文化藝術教育的課程建構理論。

一、文化進化論的意涵

討論文化發展的論述眾多，大致而言，學者們認同社會文化變遷的過程並非隨機發展的現象，而是各群體為了能增進自身對環境的適應，提高競爭優勢之生存需求下發展的結果（Laland, Odling-Smee, & Feldman, 2000）。自 19 世紀以來，文化研究學者受到演化論的影響，試圖運用自然科學的理念，建立推論社會文化變遷行為的規則，如單線進化論（lineal evolution）、多線進化論（multi-linear evolution）、文化進化論（cultural evolution）以及社會生物學（sociobiology）等（許凱惇，2008，頁 9-18）。大致而言，是類論述將生物演化的基因遺傳法則作為文化變遷的解釋依據，認為文化之間會彼此傳遞、感染以及學習，並且如同物種一樣競爭，而具有競爭優勢的文化會取代或吸納競爭力較弱的文化，進而整合為一個新的文化種類。換言之，在一個區域內的每一文化種類為了提高自身的存活機率，將自我調整以更適應環境，或透過不斷蛻變轉化為不同的新文化品種來提升自身的存留價值，進化成為更具有競爭優勢的文化種類。若一個區域在同一個時期產生了數個不同的新文化種類，則這些新文化種類會依據競爭力的強弱相互淘汰，最終獲勝之新文化品種，將獲得存活機會並等待下一波的競逐。

1970 年代中葉，Richard Dawkins（1941-）為說明前述文化競逐繁衍的機制，從文化演化論的觀點出發，提出「文化基因」的概念，並使用「迷因」（meme）[6]一詞來指稱文化基因，以之闡釋文化的生存、複製、繁衍，以及增生機制。

Dawkins（2006）認為，人類與其餘物種最大的分別即在人類建立了文化系統，而文化系統中最小的單位即是「迷因」。根據 Dawkins（p. 192），「迷因」的原文「meme」為「mimeme」一詞的縮寫，而「mimeme」的語源出自希臘字根，意指「模仿」的意思。Dawkins 將「mimeme」取其單音節而成「meme」一詞，以使其讀音類似「基因」（gene）的尾音，

---

[6] 依據其發音，meme 一詞可翻譯成米姆、瀰、瀰因、瀰母，以及謎米等，於本書中，使用「迷因」一詞，取其「不知因何著迷」的意涵。

也期望「meme」一詞能使人聯想到「記憶」（memory），或法文 meme 一詞之「自己」、「本身」的意涵，以彰顯迷因與個體自身的密切關聯。

　　Dawkins（2006）迷因理論的靈感源自 1859 年英國生物學家 Charles Darwin（1809-1882）所提出關於生物演化的物種進化論。正如同「基因」為生物系統演化的最小單位一樣，Dawkins 使用「迷因」來標記文化系統的最小組構單位。基本上，Darwin 將生物進化的原因歸結為「物競天擇」和「適者生存」等原則。因此，Dawkins 認為，如同基因一樣，迷因由於要爭取存活，所以也會弱肉強食，而至物競天擇。Darwin 的理論於 20 世紀中葉為許多科學家與哲學家援用，以之類比社會文化的演化現象。儘管 Dawkins 並非第一位將生物演化概念與社會文化發展鎔鑄者，但在 Dawkins 提出迷因理論後，廣為學者用之理解文化的演化成因，並於不同人文藝術領域進行辨證。

　　如前所述，Dawkins（2006）認為，迷因與基因的習性相同，生物基因是透過人類的精子及卵子所傳遞；迷因則是存在於個體的大腦，透過模仿複製的過程，傳遞到另一個體的大腦。但是，迷因又與基因不同，基因可以自行複製，迷因則必須依賴它的宿主提供複製與傳遞的機制，而最理想的迷因載體或宿主，即是人類的思考能力。因此，迷因可說是儲存於人腦中的訊息單位，其複製途徑是從一個人的大腦複製到另一個人的大腦；或從人的大腦複製到書本，又從書本傳播到人的大腦；或從人的大腦傳播到網路，又從網路複製到另一個人的大腦等。儲存於大腦中的資訊是迷因，而通過各種傳遞方式傳播的資訊也是迷因。人類的思考能力雖是最理想的迷因載體，但由於人的腦袋乘載量有其限制，所以迷因必須要透過競爭，以求取生存的空間。Dawkins（p. 192）強調，當想像迷因時，應把迷因視為一個「活的機制」（living structures），當個體的腦海被「植入」一個「豐饒」的迷因時，該個體的大腦即已被迷因「寄生」，成為該迷因的「宿主」。就意涵而言，迷因是一個「點子」或「想法」（idea），然而，並非每一個想法，都能「挾持」人類的意識，成為「感染」心靈的「病毒」。因之，最強大的迷因，即是那些最明顯、最普及，和能夠最迅速地感染最多人次者。

　　根據 Dawkins（2006, p. 194），一個成功的迷因必須具有三個特質，

分別為「長久性」（longevity）、「高繁殖力」（fecundity），以及「複製保真度」（copying-fidelity）。若能具有前述三項特質，不論在傳遞過程中遭遇多少變異，該迷因均能設法演化出生存模式，持續存活。在此三項特質中，「長久性」與生物演化過程中的保存機制類似，意指任何迷因都會設法為自己尋覓最適當的載體，並會力求在載體中維持更長的存在時間。「高繁殖力」則與生物演化過程中的遺傳與複製機制有關，由於迷因載體會有終老或消失的一刻，因此迷因的長久性終究有限，迷因便要盡可能的複製副本或是後代。「複製保真度」則是生物繁衍的基本要素，意指基因的遺傳系譜特質，使迷因在傳遞的模仿複製過程中雖然可能會出現變異，但仍將保留相當的「原版」特質。

在一個成功的迷因中，前述三項特質相輔相成，能互相拉抬各自的強度。亦即，當一個迷因複製得愈忠實，其保真度就愈高，當複製保真度愈高時，迷因的複製模式就存在的愈久，複製的數量也愈大。當迷因的複製數量愈大時，長久性自然愈長，相對的迷因的複製速度可以更快，散布更廣，從而提高其繁殖力。因此，強度夠的迷因能輾轉傳遞數世紀，並透過其傳播週期持續繁衍。

迷因的傳播週期可以分為四個階段，分別為「同化」（assimilation）、「記憶」（retention）、「表達」（expression），以及「傳輸」（transmission）（Bjarneskans, Grønnevik, & Sandberg, 1997）。迷因傳播的同化時期，意指一個有效的迷因應該能夠呈現在其宿主面前，使宿主感知、瞭解並接受之。由於迷因很容易被「誤識」，因之此一階段中，迷因的「複製保真度」即屬重要特質。迷因傳播的記憶時期，意指迷因必須在宿主的記憶中保持一段時間，因為停留的時間愈長，傳播並影響他人的可能性也就愈大。因之此一階段中，迷因的「長久性」即屬重要特質。迷因傳播的表達時期，意指此時宿主必須透過與他人交流的過程，將迷因從記憶儲存中釋放出來，以被他人感知。因之此一階段中，迷因的「高繁殖力」即屬重要特質。迷因傳播的傳輸時期，意指迷因必須透過一些媒介而傳播出去，而媒介的穩定性，以及是否能防止迷因流失或變質，將決定迷因能存活於宿主之外的時間長度。迷因傳播週期的四個階段周而復始，迷因也在宿主或傳播機制的選擇中繼續存在或被淘汰。

在諸多傳遞迷因的媒介中，最古老也最常見的，即是語言或是文字，其餘如不同形式的文本、圖像、影像等，亦為常見的迷因傳遞媒介。在數位科技成熟後，數位媒介及網際網路即成為強大的迷因傳輸媒介。透過各式媒介的承載，能讓不具物質性，甚至視覺無法看到的迷因「外顯」。因此，若缺乏媒介承載，以致讓宿主「感受不到」的迷因，則不啻是一個死亡的迷因（Dennett, 1991）。由於媒介的功能不同，迷因可以跨越文化、地理疆界以及時空進行傳遞。在迷因傳遞的對象上，則自由開闊，全無限制。例如，迷因固然可以像生物基因，從父母傳遞到子女，但與生物基因不同的是，迷因也可以從子女逆向傳遞給父母。值得注意的是，由於迷因必須被新的宿主聽到、看到，或感受到，所以成功的迷因往往不是因為它是重要的或是具有特殊意義的迷因，而是因為它易於被宿主記住。

換言之，優秀的迷因不因其對人類有貢獻而優秀，而是因為其廣被人心而優秀。道聽塗說，以訛傳訛，或錯誤的「迷信」之所以能到處散布，是因為它具有易於口耳相傳，可被大眾快速理解記憶的「優質迷因」。因此，迷因固然可以是良性的，正向有益的，但也可能是負面，甚而對其宿主有害無利的。Brodie（1996）即指出，保護宿主並非迷因的任務，能盡力傳遞、繁衍、散播，才是迷因的使命。同時，為了增加感染強度，一群迷因可能在互利、互依的原則下，發展出相互支持的共生關係，而成為「迷因叢集」（meme-complex）（Dawkins, 2006, pp. 198-199）。[7] 例如，宗教即是一組迷因叢集，而信仰又是與宗教有關聯的一組迷因叢集。一旦一組迷因叢集組構成功，即具有相當程度的穩定性，使新的迷因難以介入該叢集。

文化基因理論自提出以來，雖成為一個新的研究方向與領域，但也引發論者的質疑與批判。例如，部分論者從實證科學的角度批判文化基因理論的正確性堪虞，是偽科學而非真知識，也有論者形容文化基因自身即為一個迷因，而非真正的理論概念等（黃柏翰，2012）。然而，正如曾被批評為偽科學的精神分析理論一樣，文化基因理論雖然可能難以

---

[7] 「迷因叢集」（meme-complex）或簡寫為「memeplex」，亦有翻譯為「迷因群」等，於本書中，將之譯為「迷因叢集」，取「叢集」（cluster）所具有的主群組、副群組之串連特質。

被用實證方式進行驗證，但對個體主體性的形成確實提供了思考方向。數位視覺文化的成因複雜，當代藝術的面貌多端，文化基因理論對於數位視覺文化的形成原因，提供了具延伸意涵的思考方向。

二、文化基因理論對數位視覺文化藝術教育的意義

從視覺文化藝術教育的角度而言，當代的學習個體所浸淫的是無遠弗屆的影像洪流。各式「視覺文化迷因」以鋪天蓋地之勢在個體的生活中競逐，爭取個體眼球的觀看，並藉著觀看作為進入個體腦海的渠道，以成為個體意識形態迷因叢集的一部分。在日常生活中，電視、電腦、電影、網路、媒體，甚至街頭不經意瞥見的海報、夾頁廣告等，均是令人目不暇接的複層圖像（metapicture）（趙惠玲，2005，頁41）。透過迷因理論，可以一層一層地將各式複層圖像的隱含意義逐層剝露，以理解個體如何解讀數位視覺文化。

Leslie White（1900-1975）在解釋文化的生態時指出，人類所有的社會化行為均起源於「符號」（symbol）的使用，符號將類人猿祖先逐漸轉化成為「智人」，也將一個嬰兒轉變成為「人」，因此，符號是「人性的宇宙」（the universe of humanity）（White, 1940, p. 64）。換言之，所有的文明都需通過使用符號的方式才能延續，而人類所有的社會活動，均需依賴符號的使用，方能產生象徵性的行為。White（2004）強調，生物中唯有人類具有創造符號並賦予意義的能力，沒有符號，就沒有文化，而人類也就僅僅是動物；每一個文化形態均需依賴符數位號系統的使用而產生，也由於符號的使用，才使得文化能永存不朽。鑑於古往今來的藝術文化活動均需依賴符號方能被體識，在論述藝術及視覺文化的發展形貌時，對於符號的梳理即為一重要的理論面向，相關學者如 Ferdinand de Saussure（1857-1913）、Charles Peirce（1839-1914），以及 Roland Barthes（1964-1999）等的論述，常被援用。前述學者均同意，符號的意涵，亦即「符旨」（signified）需依賴一具物質性的指涉物，亦即「符徵」（signifier），方能存在，而任何具物質性的指涉物，若欠缺符號的意涵，便不具意義。符旨與符徵恰如硬幣的一體兩面，缺一不可（de Rosa

& Farr, 2001）。當從文化基因理論解讀符號時，即可說，能成為符號者，即為某些迷因的載具。

從人類藝術文化的發展歷史觀之，可發現有些美感特質禁得起時間的考驗，而有些美感特質卻如曇花一現。有些美感特質會被某些觀者唾棄，卻得到某些觀者擁護。同時，形貌相同的一具符徵，卻可能擁有多重的符旨。例如，一個蘋果樣式的符號，其意義可以從宗教連結到愛情；一個有缺口的蘋果則成為科技發達國家能認識並賦予意義之科技產物的品牌；對於當代臺灣的民眾而言，蘋果一詞，卻可能是八卦媒體的同義詞。要理解前述現象並非單純的工作，歷來學者們也嘗試從不同的角度進行解釋。以蘋果符號而言，藝術史學者會梳理蘋果符號的意義變遷，視覺心理學者會精算蘋果符號的黃金比例，藝術教育工作者則引導學習個體感受自身對於蘋果符號的詮釋內涵以及詮釋原因。根據迷因理論，藝術或視覺文化體系中的符號之所以能具備歷時性與共時性的價值，即因其乘載了能吸引不同文化體系觀者的迷因訊息。

Dawkins（2006）認為，凡是能通過各種傳遞方式散播出去的訊息即是迷因，而樂曲、流行俚語、時尚、設計，甚或陶藝品的弧度、建築上的拱門等，都涵具某類迷因。而迷因的作用是能累積的，當個體聽到一個音符時或者不以為意，但如果是一串音符，則能發揮感染效力。同樣的，當個體看到一抹顏色時或者不以為意，但如果是一組色彩，或是色彩再加上形式、比例等元素時，對個體的感染效力亦將增強。在視覺藝術的發展過程中，舉凡形式的平衡、比例的安排，或色彩的配當，皆是迷因的某種組構與呈現。當觀者欣賞一件瓷器，為其造型或色澤吸引時，即是在感受一個或一組具有藝術訊息的迷因或迷因叢集。因此，Faulkner（2004）以迷因理論為基礎，提出「美感迷因」（aesthetic memes），以之梳理觀者對於不同美感取向藝術風格的感知原因，並嘗試解釋「高階藝術」（high art）與「低階藝術」（low art）的感染力量。Faulkner強調，對於有些美感因素能夠歷久彌新，或是在沉寂一段時間後，又捲土重來，而為何對於觀看主體而言，會對不同形式的作品或圖像產生不同偏好，皆可嘗試以迷因理論作為理解的詮釋框架。

Faulkner（2004）以美國藝術家 Thomas Kinkade[8] 的甜美田園作品及 Don Featherstone[9] 的俗麗火鶴鳥模型（plastic pink flamingo）為例，說明迷因在「通俗藝術」上的作用。Faulkner 認為，從專業藝術學術界的思維而言，通常會認為，藝術史上傑出的藝術風格應該就是成功的美感迷因，或是以為歷時甚久的藝術風格應當別具意義或涵具有某種真理。然而，Faulkner 指出，從迷因理論的角度看來，對於某一藝術風格的喜好，有可能僅是觀者的大腦發現該藝術風格夠刺激、愉快、易於記憶，或能引發觀者腦海中既存的其他迷因或迷因叢集。換言之，成功的美感迷因，未必如藝術專業領域所推崇的具有崇高價值，有時可能僅是該美感迷因對某些大腦而言，呈現了「適合」那些大腦理解、記憶、辨識，以及口耳相傳的顏色、圖案或內容。因此，Thomas Kinkade 的溫馨田園作品之所以成功，可能因其色調或主題「召喚」了擁有居家裝飾決定權之美國家庭主婦腦海中代表甜蜜家庭的美感迷因。而 Don Featherstone 的粉紅火鶴鳥之所以成為美國家園草坪常見的裝飾雕塑，可能是透過機械化複製後，火鶴鳥曲線蜿蜒的形體以及粉紅色調均能具備極高的複製保真度，使觀者在「峰值偏移效應」（the peak shift effect）之下，[10] 對火鶴鳥造型更具認同感，凝聚出強烈的共同意識，從而提高火鶴鳥雕塑的長存性、高繁殖力，進而成為一個成功的美感迷因。

然而，前述作品在其他社會環境，或對不同專業背景的個體未必能產生相同的吸引力。因之，迷因具有文化特殊性，由於美感迷因的特殊性方使不同背景的審美群體對相同的視覺物件產生不同的審美偏好。Dennett（1991）認為，宿主的大腦會被迷因組構成一個更好的棲息地，

---

[8] Thomas Kinkade（1958–2012）為美國頗受歡迎的當代藝術家之一，作品風格混合印象主義以及傳統美國風景繪畫，擅長以鮮活的顏色和柔和的光線營造溫馨感，常以花園、小溪、田園小屋等為主題，其作品的複製品、聖誕卡等每年銷售量超過一億美元，作品參見 http://www.thomaskinkade.com/magi/servlet/com.asucon.ebiz.home.web.tk.HomeServlet。

[9] Don Featherstone（1935/1936–）為美國藝術家，以 1957 年的一具粉紅色的火鶴鳥模型著名，其火鶴鳥模型相當風行，廣泛出現在美國各地作為草坪飾品或各種藝術展覽，許多藝評家將之視為美國通俗藝術的代表，作品參見 http://getflocked.com/index.php。

[10] 「峰值偏移效應」（the peak shift effect）是心理學名詞，意指動物在接受熟悉的視覺刺激時，會感受到比第一次更強的視覺效應。Ramachandran 與 Hirstein（1999, p. 18）即認為，個體觀看具重複特質或熟悉的藝術作品時亦會產生此一效應，而發生強烈的認同感。

而迷因也會將宿主的大腦依據外在環境與條件，修改進入和離開宿主的渠道，以簡化冗長的複製過程並提高保真度。因此，就族群而言，亞洲人和歐洲人的美感迷因不同，而原生的中國人和華裔移民可能也有差異。就教育與專業背景而言，知識分子和普羅大眾的想法可能不同，藝術專業工作者可能也與一般民眾不同。

　　同時，美感迷因也會具有普遍性。一些藝術史上的經典風格，例如羅馬建築中的拱形，以及希臘建築中的黃金比例，便從早先為建築樣式的良好設計，一路蓬勃發展，至今日被視為是藝術品質的決定因素之一，而成為具普遍性的美感迷因。澳洲設計工作者 Alan van Roembur 在分析全球電子巨擘蘋果企業的蘋果商標及產品形式時，即發現其具現了「黃金比例迷因」（Golson, 2011）。Faulkner（2004）也指出，許多研究顯示，至今仍發現觀者對於拱形及黃金比例的造型具有好感，而除在當代建築中，甚至如麥當勞的黃色商標皆可發現「拱型迷因」的蹤影。

　　藝術史上的風格或運動，如印象主義、後印象主義、立體主義或抽象繪畫等，均可視之為一類「藝術迷因叢集」（art memeplex），而每一藝術迷因叢集，都由一系列次級的藝術迷因及美感迷因以共生原則集結。例如，當提及後印象主義時，「梵谷迷因」、「高更迷因」，或「塞尚迷因」可能會在個體腦海中串連湧出。而梵谷自身也是一組「迷因叢集」，當提及梵谷時，其著名的向日葵、鳶尾花、漩渦狀筆觸等，均為「梵谷迷因叢集」中的美感迷因。亦即，每一個藝術風格、藝術現象、藝術家、藝術事件、藝術作品均可以成為一主要的迷因叢集，也可能是一個次要的迷因叢集，或是一個美感迷因，均視該藝術風格、藝術現象、藝術家、藝術事件、藝術作品當下所處的場域，或宿主腦海的狀態而異。在此狀況下，整個藝術場域就像是一個漂浮著「迷因元件」的大動態空間，因應不同的情況以及涉入的宿主，空間中的藝術迷因元件將有集結為不同藝術迷因叢集的排列與組構可能。

　　Gabora（2001, p. 35）在檢視社會創造力如何產生新的迷因時指出，單一個體所產生的創意和發明，係奠基在其餘社會群體的創意和發明上。因之，觀察一個社會群體中哪一個迷因被散播，哪一個迷因被消弭，即反映了組構該社會群體之迷因宿主的動態變化。在藝術發展史上，不論

是強而有力的藝術迷因叢集，或是偶發的美感迷因，其成長、茁壯，或銷聲匿跡後再次萌芽進入藝術迷因資料庫的過程，均在藝術發展的脈絡中留下遷移的路徑。從藝術教育的角度而言，透過迷因理論，層層梳理檢視這些藝術迷因叢集與美感迷因的樣貌以及發展，將能擴增個體的觀看視野與洞察力。

進入數位時代後，數位科技具備了以往的視覺化科技難以企及之長久性、複製保真度，以及高繁殖力。首先，就「長久性」而言，以數位化方式生產及保存的任何型態檔案，不論是文字、圖像，或動態影音等，不經刻意消除，即不易損壞。若儲存檔案之硬碟有適當備份儲存，其損壞機率將大為降低，因之能達到「長久性」的效果。其次，就「複製保真度」而言，數位科技的特質之一即是能以完全不減損原來檔案質量的方式，進行不限次數的檔案複製，並達到完全的複製保真程度。甚且在大部分的情況下，幾乎難以辨識同一形貌之數位檔案係為創作者的原作，或是經過繁衍過程產生的副本，使數位科技達到其餘視覺化科技不易企及的「複製保真度」。

再者，就「高繁殖力」而言，數位科技能在快速時間中，大量複製同一檔案至不同的載具中，並能為不同的個體或機制所持有，或被不同的個體或機制再次傳遞，而達到「高繁殖力」的效果。同時，一旦數位科技連結有網際網路，其長久性、複製保真度以及高繁殖力將更無法預測。任一訊息或檔案一旦被放置於網路上，即將以無法預測的方式，跨越時空以及地理疆界的限制，激速傳遞，進行「高繁殖力」以及「複製保真度」的繁衍增生。而由於網際網路機制的特質，即便某一訊息或檔案被網路管控機制盡力移除，仍有可能早在某一時刻，發揮網路的地下莖效應，在某處停滯，等待再度竄流的機會，而呈現「長久性」存在的狀況。

由於前述特質，在進入數位時代後，「數位迷因」（digital meme）、「網路迷因」（internet meme）成為人類文化發展進程上，雖屬新興但卻力量強大的迷因機制。各式藝術迷因、美感迷因、時尚迷因在內的不同文化迷因，經過數位科技介入後，成為「藝術＋數位＋網路」迷因叢集、「美

感＋數位＋網路」迷因叢集，或「時尚＋數位＋網路」迷因叢集，並在數位環境中，進行長久性、複製保真度，以及高繁殖力的增殖與繁衍，感染著數位螢幕前的觀者，並伺機進入觀者的腦海，轉化成為不同強度的「意識形態迷因」，再隨著作為「人體迷因機器」（human beings as meme machines）（Blackmore, 2003）的觀者，進行不同文本形式的散播。換言之，當視覺文化迷因轉換成為數位形態時，能於瞬間便完成保真度極高的複製，並在網際網路上長期滯留，一旦等到新任宿主出現，便繼續展現其蓬勃的繁殖力。因此，數位視覺文化環境應可說是當代影響力量最為強大的迷因傳播場域。

一般多以為，影像的觀看並不「危險」，但事實上影像觀看的危機四伏。前曾述及，文化基因論述者指出，由於迷因並不因對宿主有利與否而改變其繁衍機制，因之迷因的為害可能極為巨大。在進入數位時代後，影像的傳播力道與速度迅猛，其所引發的意識形態之爭也更為強烈，範圍也更為廣闊。進入 21 世紀後，類似的爭議事件不斷產生。例如，2005 年，著名的「丹麥郵報漫畫事件」（Jyllands-Posten Muhammad cartoons controversy）中（Wikipedia, n.d.-r），由於丹麥的漫畫創作者對於回教神祇的系列漫畫創作，牴觸了回教群眾的宗教認同，乃引發了部分北歐國家與回教國家之間的衝突危機，有些回教激進人士的抗爭甚至直到 2010 年間仍餘波盪漾。2007 年，瑞典漫畫家 Lars Vilks 以回教神祇為主角的「穆罕默德漫畫事件」（Muhammad drawings controversy）亦同樣引發類似的爭議（Wikipedia, n.d.-p）。2010 年，印裔美籍人士抗議美國《新聞周刊》（*Newsweek*）不當挪用、拼置印度教濕婆神 Shri Shiva 與美國總統 Obama 的影像（FoxNews, 2010）。無獨有偶，2011 年間，印度宗教人士抗議澳洲泳裝公司 Lisa Blue 將印度教女性神祇 Lakshmi 的圖像印製在比基尼泳衣上（Chawla, 2011）

從迷因理論的角度而言，學校藝術教育中亦有諸多迷因叢集。其中，不論藝術教育思潮如何變遷，持續為藝術教學重要內涵的藝術史即是一例。藝術史所記載者為藝術發展過程中的主流藝術迷因，而精緻藝術作品又是主流藝術迷因的重要承載機具。爬梳臺灣藝術發展史，早期中原

水墨曾經是滿清時期臺灣藝術家追求的美感迷因，但在日治時期，被殖民政府推動的膠彩畫迷因所取代。到了戰後，膠彩畫迷因被打壓，為經過戰後來臺的水墨藝術家加以形變的中原水墨迷因替代。在2000年之交，臺灣對本土文化的尋根意識增長，中原水墨迷因淡出臺灣藝術教育圈以及中小學的藝術教科書，臺灣本土水墨迷因轉而成為藝術教育圈中主流的藝術迷因。在視覺文化思潮成為藝術教育重要論述後，動漫文化、同人誌文化、時尚展演等流行文化躍升進入中小學的藝術教科書中，成為藝術教育體系中的新興視覺文化迷因叢集。然而，前述藝術史上的迷因叢集與源自日常生活的視覺文化迷因叢集，都在數位時代為數位科技所吸納，成為網路環境中的數位視覺文化迷因，也成為另一批「藝術教育迷因」。

在理解文化進化論以及迷因的繁衍機制對數位視覺文化藝術教育的意義後，當代藝術教育工作者如何於全球化迷因與在地文化迷因的競逐過程中，因勢利導，藉數位科技之力，凝聚學習個體的藝術與文化主體認同，為在全球化浪潮下應被思考的議題。

三、數位視覺文化藝術教育的課程建構理論

藝術教育為整體教育系統的一環，其課程建構與教育領域之課程建構理論關係密切。以往我國學校中的教學方式多是以「學科取向」為主，各科課程標準之擬定主要是由各領域的學科專家依據該學門知識體系，按各階段學生認知學習的發展特徵編排。因此，長期以來多以美國課程理論學者 Ralph Tyler（1902-1994）的課程模式為基礎結構，強調以教學目標領導課程的發展，大凡教學活動與評量皆須符合教學目標，課程設計主要是以學科專家或教師為主導（宋明娟，2007）。由於藝術教育領域的彈性，亦有學者從藝術學習的特質，進行課程內涵與教學目標的修正（劉豐榮，2004）。視覺文化藝術教育之思潮主要源自後現代論述，其課程建構理論與當代之教育理論相關。當代的課程觀點質疑以往 Tyler 課程發展觀點的線性化模式，強調課程是動態的循環，而非依據既定目標線性建構的過程，也主張課程的學習主體應為學生，應以師生互動的

角度思考學習內涵的建構（蔡清田、黃光雄，1999）。同時，當代的課程觀點至為強調文化多元性，從「去中心化」的解構觀點主張學生的學習應該要橫跨不同的學科領域、生活情境與文化範疇，將知識與經驗進行統整後內化，方能轉化於生活情境中活絡運用。

根據前述課程建構概念，在探討數位視覺文化藝術教育的意涵後，以高震峰（2002）所提出之「超廣度與超深度」課程觀點，作為數位視覺文化藝術教育的課程建構理論。高震峰綜合「文本互涉」（intertextuality）[11]的概念以及源自日本當代藝術家村上隆（Takashi Murakami, 1962–）「超級扁平」（superflat）（Wikipedia, n.d.-u）的文化省思，聚斂「超廣超深」的課程建構策略，強調以視覺影像出發進行超廣度與超深度的課程建構和概念連結。高震峰強調，教師於建構課程時須以自身及學生的生活經驗出發尋找連結，建構觀看機制，並從自身與學生所浸淫的生活圈中擷取「刺點」（punctum）（Baudrillard, 1968/1996），再自這些刺點省察己身，體識他者。在「超廣超深」的課程建構下，教師與學生於課堂中享有對等的權利也同具義務。由於今日的教育思潮強調「學生中心」，以「學生的生活經驗」為主軸進行課程設計，因此，當探討數位視覺文化藝術教學內涵時，學生日常生活中的「數位視覺文化經驗」便成為教學者進行課程設計時所需考量的重點，並以之思考課程的組構。

高震峰（2002）「超廣超深」課程建構策略中之「文本互涉」的概念主要源自保加利亞裔法籍哲學家 Julia Kristeva（1941–）。根據 Kristeva（1986），任何一個「文本」結構都不會是獨立的存在，而是由無數的其他文本鑲嵌拼貼而成。在此概念之下，所有的文本都可能是另一文本的「參考文本」之一，而每一個文本「問世」的背後也必然都有其脈絡存在，「文本互涉」乃成為所有文本發生的基本條件。此外，文本互涉的「互涉」概念同時包含具體的，以及抽象的互涉現象。亦即，在文本互涉概念中的「文本」未必僅與具體可見的「物質性文本」發生互涉關係，同時也與不具「物質性」的抽象概念、文學意涵、社會體系，

---

[11] Intertextuality 或譯為「互文性」。

甚或特定的意識形態、迷因等發生互涉。既如 Kristeva 所指出的，任何一個「文本」都不會是單獨的存在，同理，每一個「視覺文本」也都不會是懸空存在的結構，而是在與無數的文本進行具體可見的以及抽象的互涉現象後鑲嵌拼貼而成。根據高震峰的觀點，當採取「超廣度與超深度」之課程觀點進行數位視覺文化藝術教育的課程設計時，教學者即可從自身或學生的數位視覺文化經驗中擷取一個「數位視覺影像」或「數位視覺事件」，並視這個影像或事件為一文本起始點，以「文本互涉」的概念，進行超廣度與超深度的課程建構及教材連結。

「超廣超深」課程建構策略中之「超級扁平」的概念，主要源自日本藝術家村上隆對當代日本消費文化呈現「超級扁平」狀況之省思。於2001年間，村上隆策劃的「超級扁平展」（Superflat Exhibition）在美國巡迴展出，引起了當代藝術界及媒體的高度注目。村上隆於此一展覽後，以「超級扁平」形容在日本現下的生活中，擺盪在卡通動漫、電玩遊戲的氛圍中所形成的扁平文化現象。而後，「超級扁平」成為村上隆的個人風格代表，也成為當代藝術創作的風格之一（Sharp, 2006）。Wilson（2002）從超級扁平的觀點出發，建議於探討全球化下的視覺文化藝術教育時，可同時兼及超級深度的脈絡探詢，以及超級廣度的共時連結。此外，於前一章節中曾提及數位視覺文化的地下莖特質，其異質性連結的方式亦能作為數位視覺文化藝術教育課程的建構概念。再者，數位視覺文化藝術教育的概念源自後現代思潮中的藝術觀點及教育理論，於進行課程設計時，也須自後現代思潮之社會重建主義（social reconstructionism）及批判教育學（critical pedagogy）出發，釐清課程發展的意涵，以激發不同的詮釋經驗，進而使課程的內涵能獲得多元發展的可能。

當將前述概念匯合，進行超廣度與超深度的數位視覺文化藝術教育之課程設計時，即能將學習個體的數位視覺影像以及相關經驗視為承載多重意涵的文本，進行「水平軸線」的超廣度連結及「垂直軸線」的超深度追索。在「水平軸線」的廣度連結部分，意指能因應教學者以及學習者的殊異背景、生活經驗，以及當下的世界樣貌，進行與數位視覺文化課程內涵的水平式連結。因此，諸如一些個人鄒思、時勢議題、熱門話題等，即可融入課程，增加課程與學生當下生活經驗的關係。在「垂

直軸線」的深度追索部分,由於根據文本互涉的概念,每一個數位視覺文化現象的背後均可考掘出形塑該文本的脈絡來源,而每一脈絡來源又能再深掘出其脈絡背後的脈絡來源,使此一垂直軸線的深度考掘能進行多層級的梳理。

　　如同地下莖的延展一般,在進行數位視覺文化課程「水平軸線」的廣度連結及「垂直軸線」的深度追索時,其連結及追索並無「終點」,只有「連結」,課程的連結及追索是否結束,將由教學活動的參與者──教師與學生共同決定。同時,根據本節的迷因論述,藝術教學課程的內涵為不同之藝術、美感與視覺文化迷因的承載場域,各式藝術、美感與視覺文化迷因為求繼續繁衍,將競逐在教學場域中的能見度。當教師與學生均能對課程的內涵有著力之處時,則雙方對於課程內涵的取捨及喜好即能作為校正彼此意識形態,以及查悉個人迷因的量尺。在數位視覺文化藝術教育強調教師與學生於課堂中具有同等參與權能的課程建構概念下,每位教學活動的參與者,將彼此賦權,也互相砥礪。

第三節　數位視覺文化藝術教育的素養內涵

　　教育的諸多目的之一是培養受教者成為符合社會期望的個體,由於「素養」(literacy)一詞常被用以形容受過某類教化或薰陶後,個體所涵具的某種能力,因此「素養」具有教化的意涵,常為不同學門領域用以描述個體被培育的特定能力。一般多將「素養」定義為「讀及寫的能力」(the ability to read and write),具備某種特定讀寫能力,或有良好表現者,即被形容具備該類素養(張一蕃,1997)。例如,具備文學的知識與能力,稱之為具有「文學素養」;具備音樂的知識與能力,稱之為具有「音樂素養」。隨著視覺機制的重要性在人類生活中愈趨彰顯,「視覺素養」(visual literacy)成為形容個體之視覺機制在接受教化後獲得的相關知識與能力,於20世紀中葉開始廣受藝術教育界重視。20世紀末葉,視覺文化思潮的文化多元性使「視覺文化素養」(visual cultural literacy)的內涵為學者所關切。進入數位時代後,個體原來以印刷文本為主要媒介的讀寫能力,轉而發生在數位環境中,「數位素養」

（digital literacy）成為當代個體的重要能力，而「數位視覺素養」（digital visual literacy）則為當代個體的視覺相關知能。在數位視覺文化的氛圍下，個體視覺辨識的能力與概念尚需涵納數位視覺文化的多元特質。於本節中，將分別討論視覺素養、數位素養與數位視覺素養，以及視覺文化素養與「數位視覺文化素養」（digital visual cultural literacy），以理解數位視覺文化時代下個體的素養內涵。

一、視覺素養

「視覺素養」的概念發展可上溯至古希臘時期（Velders, de Vries, & Vaicaityte, 2007），然而，「視覺素養」一詞最早被明確使用並予以定義，則係於 1969 年由 John Debes 所提出（Flaum, 2011）。John Debes 認為，視覺素養是指一組人類藉由「看」的行為所表現的視覺能力（a group of vision-competencies）（Avgerinou, 2008），藉由這組視覺能力，個體可以在「看到」的同時整合其他的感官體驗。由於人類大多數的學習活動均須依賴視覺機制，因此視覺素養能力的發展是人類學習的基礎。藉由視覺素養能力的發展與行使，具備視覺素養的人能分辨並解釋其環境中的視覺可見物件與經驗，包括自然物、人造物，或各式符號等。當透過對這組視覺能力進行「具創造意涵的使用」（creative use）時，個體即能與他人溝通，並進一步理解以及欣賞所有透過視覺傳達方式所具現的產物與現象。

John Debes 的定義將視覺素養的幾項特性確定，諸如：視覺素養是人類學習的基礎、視覺素養與個體其他感官經驗關係密切、視覺素養具有審美的意涵等。之後，隨著各界對於視覺素養重要性的關注，雖有不同學者從自己的專業學門為視覺素養進行界定，但各類定義的內涵仍具備有前述特質。Debes 的概念除使視覺素養成為視覺藝術相關學門重要的理論面向，也成為不同領域教育工作者關切的議題。例如，「國際視覺素養學會」（The International Visual Literacy Association, IVLA）[12] 之成員背景即是以不同領域的學術研究者、教育工作者、設計師、媒體工

---

[12] 官方網站為 http://www.ivla.org/。

作者，以及藝術家等組成。這些成員的工作場域擴及了藝術相關學門之外的眾多領域，包含科學、教育、傳播、商業、錄影、攝影、教學科技，甚至醫學與電腦應用等，說明了視覺素養在重視跨領域合作的今日社會中具有相當的意義與重要性。

雖然定義或者有所殊異，視覺素養自被提出以來旋即成為描述視覺藝術相關學習概念的重要語彙，亦為藝術教育工作者所關切的面向（Boughton, 1986）。根據 Nuell（1984, p. 79），在美國藝術教育界，最早進行視覺素養相關之探討者為 1964 年左右，由 Rueschhoff 與 Swartz（1969）所執行關於美國小學階段學生對於視覺元素與藝術家風格視覺認知的研究，並以「視覺素養藝術教育」（visual literacy-art education）說明藝術教育所擔負對教化個體視覺素養的任務。Nuell 在歸納後指出，「視覺素養藝術教育」的目的即是協助個體理解所處的視覺環境，唯其目標與方向將因視覺環境中訊息來源的改變而異。事實上，人類製造圖像並與圖像互動的歷史久遠，早在史前時期的洞穴繪畫中，人類即已透過「媒材」創作，以「視覺化」的方式，完成須賴視覺察悉的圖像，並藉著對圖像的觀看，衍生對於生活以及自身的定位與想像。因此，當人類開始以視覺化的方式透過圖像，進行某種意念傳達開始，人類的「視覺素養教化史」就已發生。Seppänen（2006, p. 33）即認為，當 Plato 在其著名的「洞穴寓言」（the allegory of the cave）中（Wikipedia, n.d.-b），提及人類的視覺限制，並懷疑若囿於視覺所見將產生知識迷思時，已為對於視覺素養內涵與意義的討論。

雖然對於視覺素養的討論已久，但其定義與內涵往往隨著藝術論述與藝術教育思潮的變遷而有所轉變。若追溯藝術相關學門的發展，在文藝復興時期開始，今日西方藝術創作的原理原則即已被確立，其影響至今未歇（Efland, 1990）。進入 20 世紀後，現代主義的藝術家以及包浩斯學校（The Bauhaus School）（Wikipedia, n.d.-c）建立了藝術創作基礎元素的體系及設計教學理論的架構，成為當代各級學校藝術教育的重要學習內涵（袁汝儀，1996）。1960 年代前後，Rudolf Arnheim（1904–2007）將源自德國的完形心理學（Gestalt Psychology）成就為視覺藝術心理之學術領域（Arnheim, 1969），諸如圖地原理（figure and ground theory)、美的形式原理等廣被應用。1980 年代之後，後現代多元論述蓬勃發展，藝術教育相關學門開始質疑以往的本質性藝術原則（Tavin et al., 2007）。進入 21 世紀之後，數位科技的發展使日常生活環境愈趨複雜，各式素養論述萌生，諸如「媒體素養」（media literacy）（Baker, 2012）、「廣告素養」（advertising literacy）（Malmelin, 2010）、「資訊素養」（information literacy）（Lau, 2007）、「視覺資訊素養」（visual information literacy）（Abilock, 2008）等，都成為當代個體視覺素養的可能內涵。對於視覺素養的研究也有新興論述，例如，1990 年 7 月 17 日美國總統 George Bush 簽屬「腦 10 年」（decade of the brain）的公告，掀起科技大國對腦神經科學的競逐後，腦神經科學也成為探索視覺素養論述面向的新著眼點（Dake, 2007）。

　　Avgerinou 與 Pettersson（2011, pp. 5-6）在檢視半世紀以來對於視覺素養的論述後指出，儘管視覺素養之重要概念已經出現在過往的討論中，但到目前為止，學界仍未就視覺素養的理論內涵達到具凝聚力的共識。雖無具凝聚力的共識，Avgerinou 與 Pettersson 認為，視覺素養理論的主要組成部分仍可被歸類，其中大至包含：「視覺感知」（visual perception）、「視覺語言」（visual language）、「視覺學習」（visual learning）、「視覺思維」（visual thinking），與「視覺溝通」（visual communication）等面向。整理視覺素養相關理論後，Avgerinou（2009, p. 29）提出數項視覺素養相關論述之共同論點，包括：認可視覺語言的存在、同意視覺語言與口頭語言可相比擬、同意視覺素養是一種與情意領域有關的認知能力、同意視覺素養不是孤立的感官知能、同意視覺素養可經學習而發展並透過教育而獲得，以及視覺素養接受並須納入其他學科的理論與貢獻。因此，視覺素養雖然未有明確並具共識的操作性定義，但其確實為一個跨學科（interdisciplinary）、多學科（multidisciplinary）和多層面（multidimensional）的知識區域。

　　從當代多元論述的角度而言，沒有單一共識，也代表著視覺素養相關概念能隨著時代轉變，而有多元的思考彈性。自人類以視覺化的方式製作視覺訊息，並透過視覺機制理解外在環境時，視覺素養的論述與實

踐即已開始,並且因應不同的時代而有殊異的觀點產生。在進入數位紀元後,人類的視覺環境發生變革,關於視覺素養的討論內涵也有所轉變。

二、數位素養與數位視覺素養

在數位科技幾乎滲透當代個體日常生活的各個層面後,許多學術研究者與教育工作者開始聚焦於探究數位科技對個體生活方式的改變。相關研究的對象廣泛,包含電子書的閱讀者、數位社群的參與者、數位產品的使用者、線上遊戲的玩家等,發現數位科技確實改變了當代個體吸收資訊的習慣、從事社交的行為,乃至進行消費的方式等。相對的,面對不斷變化與擴增的數位環境,數位科技的使用者亦需要具有數位科技的相關素養,亦即「數位素養」(digital literacy),方能因應日常生活之需。人類於不同的時代應能有不同的生活能力,在讀寫文化時代,「讀寫素養」為重要的生活能力,而在數位時代,「數位素養」即為重要的生活能力,具備適當之數位素養的個體,即為具有「數位讀寫能力」的「數位知識分子」(digital literate)(Eshet-Alkalai & Soffer, 2012, p. 1)。作為一位具有數位素養的人,方能有效地面對複雜的數位環境所帶來的優勢及挑戰。諸如,在網路世界應付裕如操作電腦的能力、接受大量的數位資訊並評估資訊可靠性的能力、查驗數位資訊隱含之意識形態與偏見的能力,以及在虛擬環境中進行社交活動的能力等。

一般咸認,數位素養一詞最早由 Gilster(1997)提出,然而,Bawden(2008, p. 18)在探討數位素養一詞的起源和概念時指出,Gilster 並非首位使用數位素養詞彙者,早在 1990 年代初期的一些學者,已開始使用數位素養描述超文本時代下閱讀和理解資訊物件(information items)的能力。由此觀之,早期多將數位素養視為是「操作」數位科技的能力,但 Gilster 則明確指出,數位素養掌握的是「想法」,而不是「按鍵」(keystrokes)。Gilster 的看法使對數位素養的理解從「技術能力」(technical skills)轉變為一種「認知」。Bawden 乃認為,Gilster 的觀點是數位素養概念發展史上的重要轉折,突顯了數位科技在近十數年間對於人類認知、學習,以及社交方式的改變。

根據 Martin（2006），比起其餘資訊相關素養，「數位素養」的意涵更為廣泛，其內涵會根據每一個體的生活情況改變，並隨著時間的發展有所不同。由於數位素養涉及到個人的態度以及需求，因此，Martin 將數位素養視為一種與正規教育不同的個人化生活技能。Eshet-Alkalai（2004, p. 102）在描述數位素養的概念時，也認為數位素養是當代個體在數位時代的「生存技能」（survival skills），攸關著個體在數位時代中的生活品質。根據前述概念，數位素養意味著使用者不僅須具有能操作數位科技的數位技能，尚須能使用數位技能獲得生活中所需之解決問題的能力，以及在不同形式的數位環境中，持續理解和使用數位資訊的能力。在此一定義下，具備數位素養者，將進而能運用此一能力改善其生活環境，並正向地增益社會效能。

在進入數位時代後，前述之「視覺素養」的概念同樣發生演變，其探討場域也轉戰進入數位環境，成為「數位視覺素養」（digital visual literacy, DVL），為視覺素養發展史在當代的重要內涵（Jones-Kavalier & Flannigan, 2006）。Martin、Spalter、Friesen 與 Gibson（2008, p. 121）認為，「數位視覺素養」是一組技能，是使學生在日益數位化和可視化環境中工作的能力。Spalter 與 van Dam（2008, p. 93）指出，不同類別的素養，如文字素養，數理素養等的學習目的都在理解及創造該類資訊，數位視覺素養亦然，只是其資訊產製場域是在電腦螢幕上，並以數位元件為主要的視覺材料（visual computer-based materials）（Spalter & van Dam, 2008, p. 94）。鑑於目前科技發達國家的日常生活與數位科技息息相關，固然突顯了數位視覺素養對當代個體的重要性，但各界卻可能尚未理解數位視覺素養的意義。Spalter 與 van Dam（p. 94）乃將數位視覺素養進行定義，包含：能批判性地評估數位視覺材料，包含 2D 和 3D，靜態和動態者；能根據數位視覺表現的資料及想法，做出決定；能使用電腦進行有效率的視覺溝通（effective visual communications）等三項。前述定義顯示，數位視覺素養除須包含識別與操作數位材料的知識及能力外，尚須能對數位材料進行有效能的使用，以及具批判性的詮釋。

正如視覺素養的特質之一是與其餘感官經驗及學習行為有所相關，數位視覺素養的發展也與個體多元的感官知能息息相關，並需借助不同學

科的學習行為加強與轉化。在針對不同年齡層的個體進行觀察後，Eshet-Alkalai（2004）先於 2004 年提出五類數位素養的概念框架，再於 2008 年增加第六項數位素養的內涵（Eshet-Alkalai, 2009）。Eshet-Alkalai（2004, 2009）認為此六項數位素養的概念框架具有三項意義，包含：能說明個體如何在數位環境中學習、能提供學術界規劃更有效的數位化教學方式、能激勵數位產業界據之設計更適宜的數位使用環境。Eshet-Alkalai（2004, 2009）所提出之六類數位素養內涵分別為：「視覺－圖像素養」（photo-visual literacy）、「複製素養」（reproduction literacy）、「分枝素養」（branching literacy）、「資訊素養」（information literacy）、「社會情感素養」（socio-emotional literacy），以及「即時思考素養」（real-time thinking skill）。由於該六類數位素養的基礎均奠基於視覺機制，因此亦可將之視為數位視覺素養的重要內涵。

　　前述六類數位素養中，第一類為與視覺藝術領域直接相關之「視覺－圖像素養」，主要功能在於理解視覺表現（the understanding of visual representations），透過視覺閱讀而學習，並「以視覺思考」（using vision to think）（Eshet-Alkalai, 2004, p. 95）。Eshet-Alkalai（2004）指出，在人類以圖像作為象徵系統的發展歷史中，剛開始是以「貌似」的圖像來表達意義，亦即透過觀看與指涉物肖似的圖像，即知其所指為何，所使用的是較低的認知層次能力。其後則開始發展出抽象的文字來表達意義，由於這些抽象文字的意義為外在所賦予而非原本即涵具，因之須經過學習的過程來記憶並理解，所使用者為較高層次的認知能力。然而，在數位時代下，前述的視覺傳達方式卻反映了相反的趨勢。亦即，在電腦的使用介面上，剛開始是基於文字主導的文件式樣貌，之後方逐漸發展成為今日以圖式樣貌為主的介面。在今日的網站頁面中，從以文字為主導的介面變得愈來愈具圖像性，往往透過一個小符號或小圖像，使用者即可理解某一網頁功能所代表的意涵。在臉書網頁中，一個大拇指符號代表了對發言對象或內容的認可與支持；在 Skype 等頁面中，各種表情符號代表各種不同的意義與情感；各類智慧型手機、iPad 介面等，均以各式小圖表示各種功能，均為具代表性的例子。

　　當各式數位圖像成為數位環境中傳遞訊息的重要中介物時，即突顯

了數位素養內涵中,視覺的獨立特質與難以替代的重要性。Eshet-Alkalai（2004, p. 95）認為,數位時代的圖示使用介面復興了以往人類以「視覺圖像閱讀」（photo-visual reading）的直觀式本能。當今日數位媒體的使用者,使用「視覺－圖像素養」時,此一素養將協助個體以直觀而自由的視覺化方式,理解訊息。而具有「視覺－圖像素養」的個體,將有良好的視覺記憶力,以及強大的直觀聯想思維,幫助個體輕易和流暢的進行視覺資訊的解碼和理解,並能在直觀式視覺圖像閱讀的開放性質下,產生具發散可能的聯想。在近十年間數位媒體的急速發展下,教育界及娛樂界有許多產物均仰賴此一素養進行學習。例如,許多同步學習（synchronous learning）之有聲讀物（living books）,以及電腦遊戲,或具有獨特符號和圖標的圖形表示裝置,其圖形使用者介面的解密、播放與指令操作,即有賴使用者能依賴「視覺－圖像素養」之獨特形式的數位素養,進行直觀與自由地閱讀。

　　六類數位素養中的第二類為「複製素養」,主要意義為「創意複製的藝術」（the art of creative duplication）,亦即富創意地利用現有的數位材料,再賦予新意（Eshet-Alkalai, 2004, p. 97）。Eshet-Alkalai（2004）指出,1455 年古騰堡印刷術（Gutenberg）的發明,標誌著西方文明中複製能力發展史上的偉大飛躍時刻,從此人類不再以口語傳遞訊息,而能將資訊複製、儲存、再製並進行大規模傳遞。人類複製能力發展史上的第二個時刻,即為 Walter Benjamin 於 1936 年所言之「機械複製時代的藝術品」（Benjamin, 1970）。透過數位化的視覺科技,進行幾無限制的視覺資訊複製和傳遞則為人類複製能力的第三度輝煌時刻。在這些新的複製可能性為普羅大眾、研究者和藝術家開闢了新視野的同時,也需要為藝術與文化相關產物的「原創性」訂定新的標準,並重新定義創意和創作者,以及思考須新增的素養內涵。

　　換言之,當數位科技透過提供複製和編輯各式文本快速而便捷的方式,為個體提供在藝術創作上新的可能性時,以往在藝術創作活動中,常被討論的合法性、道德標準和獨創性等,也成為創制數位產物的哲學性議題。然而,在數位時代下,「複製素養」的定義與價值不同於手繪式藝術創作的時代。在數位環境中,複製素養的定義並非全盤重製,而

是將預先存在的獨立文本、圖形、聲音等任何形式的斷片相互結合，並為之創造新的意義或新的詮釋能力。因此，具複製素養的個體意味著具有良好、多層面並綜合性的思維能力，能在不同的數位環境下工作，發現安排數位訊息的新組合與新形式，以及具有意義的組構方式。

六類數位素養中的第三類為「分枝素養」，主要意義為「超媒體和思考或多面向的思考」（hypermedia and thinking or multiple-domain thinking），強調能理解超媒體，並進行非線性的思考與閱讀（Eshet-Alkalai, 2004, pp. 98-99）。Eshet-Alkalai 指出，西元 3 世紀至 6 世紀間，書本形式的成熟以及頁碼系統的確立，是人類在處理資訊自由程度上的大進展。使人類可以輕易地重覆翻閱與記錄書籍文本中特定的部分，可謂是今日超文本概念最古老的根源。到 1990 年代初期，在較封閉式的電腦環境中，雖然超媒體技術尚未成熟，但也已能提供相對而言，跳脫了單一線性思考與閱讀的方式。當代數位超媒體環境則提供了思考與閱讀方式的高度自由，使用者可以通過不同的「超媒體導航系統」，進入數位空間中不同的知識網域，尋索需求的資訊。

然而，前述的數位超媒體閱讀環境固然自由，也相對地突顯個體需要一種能將大量的、不同的，甚且各自獨立的知識資訊，以非線性（non-linear way）的「無序」（unordered manner）方式構組的能力，而此一數位素養即為「分枝素養」。因此，「分枝素養」即是多元的思考能力，是具彈性的認知理論，能將複雜的、斷裂的資訊現象，以非秩序性（non-orderly）及非線性的方式，進行有意義的理解與建構。具有分支素養的個體有多面向思考的能力，能採取複雜的網路導航路徑，並避免在超媒體空間中通過繁雜無次序的知識領域時迷失。同時，具有分支素養的個體也有隱喻性的思維和創造能力，能藉其他形式的抽象概念圖式來表示或辨識網絡的結構，使不至在超媒體環境中失去方向性。

六類數位素養中的第四類為「資訊素養」，主要意義為「始終質疑資訊的藝術」（the art of always questioning information），強調能評估並理解資訊（Eshet-Alkalai, 2004, pp. 100-101）。Eshet-Alkalai（2004）認為，在資訊快速增長的當代，教育體系所面臨的關鍵問題之一，是如

何使個體成為有能力、聰明的資訊消費者，使其能明智地對資訊進行選擇、評估和使用，並能辨析出主觀、偏頗，甚至是虛假的資訊。評估數位資訊的重點在於確定其可信度和原創性，需要對資訊完整和專業的理解。因此，當個體要決定龐大的數位資訊中具可信度以及具意義者時，即需要具備適當的「資訊素養」。

Eshet-Alkalai（2004, 2005）認為，資訊素養就像是一個「過濾器」（filter），可以識別虛假的、不相關的，或有偏見的資訊，並避免不適當的資訊滲透到學習者的認知概念以及價值體系中。因此，擁有資訊素養的個體即是具批判力的思想家，能永遠對眼前引人注目的訊息提出質疑，而不將之視為理所當然。然而，Aviram 與 Eshet-Alkalai（2006）指出，大部分關於資訊素養的研究多集中在數位資訊搜索的策略和使用者的習慣，只有少數關注於對此一素養的教化與培育。誠然，適當評估資訊的能力不是僅有在數位時代方有所需要，而是在不同的時代都是成功學習者的一個關鍵特質。但是，在數位化時代數位訊息的發布幾乎全無限制也難以管制，社會個體隨時曝光於無法計量的數位資訊中，使學習者是否具有能夠睿智的選擇並使用數位資訊之能力，即成為數位時代重要的「生存技能」。

六類數位素養中的第五類為「社會情感素養」，主要意義為在網絡空間能正確和明智地行為的能力（Eshet-Alkalai, 2004, pp. 101-102）。Eshet-Alkalai（2004）認為，數位網路平臺的擴展開闢了當代個體學習和資訊共享，以及進行各種形式協作的新方向與機會。然而，這樣的新可能性，也給使用者帶來新的問題。例如，如何判定在聊天室的對象是具有實體的個人，以及如何查驗網絡上關心弱勢團體之濟貧呼籲的真實性等。事實上，諸多網路機制，如學習社群、討論組和聊天室等空間都有自訂的不成文規則，使其不僅只是一個社交空間，更是一個人際交往的「數位社會叢林」。真實社會中的各類社會議題，真與假、誠實與欺騙、良善與邪惡，在數位社會叢林中所在多有。換言之，在數位環境中，「網路如虎口」，無辜的使用者若不明白「遊戲的規則」和「生存的風險」，可能會招致相當傷害。

前述的負面例子幾乎觸及當代個體生活中的每一個層面，從感染電腦病毒到網路詐欺，不勝枚舉。因此，網絡空間的使用者必須具備「網路社會知識」，以知道如何避免陷阱，並從數位溝通方式中獲益，這類相關之數位素養即是「社會情感素養」。是以，「社會情感素養」主要涉及的是在網絡空間中社會和情感方面的能力。Eshet-Alkalai（2004, 2005）認為，在數位素養的類型中，「社會情感素養」是最為複雜的一類，為了獲得這項技能，使用者必須具有高度批判性、分析力，而且必須有相當的資訊素養和分支素養。具有「社會情感素養」素養的個體，常被描述為是願意分享資訊和樂意合作建構知識，同時具有評估資訊和抽象思考的能力，是數位社會中通達的個體。

　　六類素數位養中的第六類為「即時思考素養」，主要意義為在網絡空間能即時理解並同步處理多元資訊的能力（Eshet-Alkalai, 2009, pp. 3220-3222）。即時思考素養包含五大特徵，分別是「同時同步」（simultaneous synchronization）、「高速」（high speed）、「多重視角」（multiple perspectives）、「注意力管理和多任務」（attention management and multi-tasking）、「實時反饋」（real-time feedback）。Eshet-Alkalai（2009）指出，在當代的數位環境下，當一個體持有手機玩著線上遊戲或上網時，可能還同時眼看電視、耳聽音樂。換言之，當代個體隨時可能身處於一個充斥大流量認知刺激的環境中。或可說，各式大流量的認知刺激是以非常高的速度，並在隨機的時間和空間分布下，對個體進行即時轟擊的狀態。在此一情況下，使用者必須能夠同時執行不同的訊息處理任務，以對各方訊息之刺激進行即時反饋。尤有甚者，使用者還必須能迅速而有效地將同步的、混亂的，且多來源與多媒體的刺激總匯成一個連貫的概念或知識，並加以認知。因此，個體成功的關鍵即是能有效地管理這些同步刺激的能力，亦即須具有「即時思考素養」。

　　Eshet-Alkalai（2004）認為，即時思考素養就是須要「即時思考」的素養，是一種能因應即時性環境變化的認知能力，可以幫助使用者在當今的數位環境中，從大量的、同時發生的，和高速度的資訊化環境中，有效地開展工作和創造知識。同時，也是在今日這個充斥多媒體、數位遊戲、3D物件等數位產物的環境中，使用者的關鍵生存能力。具有較高

層次即時思考素養的個體,能夠在充斥各式同時出現之數位資訊的刺激下,有效地管理不但以高速出現,並意圖分裂其意識以獲取其注意力的各類刺激。同時,除管理不同刺激外,並能即時進行多項工作,處理角度多樣甚至互斥的訊息,有效利用不同數位系統給予各類刺激不同性質的即時性反饋,以切實並有效能地的履行任務。

前述各項數位素養為當代個體在數位環境中的生存能力,並隨著每一個體認知發展的成熟與否,有所不同。亦即,同為數位環境中的使用者,因為年齡層、專業背景、文化族群乃至性別的差異,將使每一個體或有不同傾向強度之數位素養類別。例如,Eshet-Alkalai 與 Amichai-Hamburger(2004)及 Eshet-Alkalai(2004, 2005)針對不同年齡層的數位環境使用者進行數位素養強度的研究,並分別以國小階段、高中階段,以及大學學歷以上之成人進行實驗。其研究結果顯示,數位素養對於不同年齡層之個體而言並非是「均質」的能力。整體而言,年紀較輕的個體在「視覺－圖像素養」以及「分枝素養」兩部分有較年長者明顯的強度,而年長者在「複製素養」以及「資訊素養」兩部分則有較年紀輕者明顯的強度。同時,研究亦發現,一般認為年輕世代相較年長者應更具數位使用能力的看法並非盡然正確。Eshet-Alkalai 與 Amichai-Hamburger(2004)及 Eshet-Alkalai(2004, 2005)由是認為,相關研究結果可調整以往對不同背景個體之數位能力的既有認知。其次,對不同的使用者而言,在數位環境中即便執行類似的任務,亦可能需要應用不同的數位素養能力。而不同年齡層的個體在數位環境中將使用不同的認知能力,以達成使用目的。

一般多以為,今日的青少年自小即於數位時代中成長,是為「數位原民」(digital natives),因之這些「新世紀學習者」(millennial learners)應對數位視覺素養的知識、概念以及能力有相當理解。然而,Brumberger(2011)以平均已有 15 年使用數位科技經驗的大學生為研究對象進行研究,其研究結果顯示,不論在數位技術層面,以及在圖像詮釋的認知層面,這些研究對象均未展現較深層次的使用能力。也就是說,自小便曝光於數位視覺資訊充斥的時代中,並不一定會確保使用個體能自然生成各類數位視覺素養的能力。同樣的,使用個體對於數位化的視覺科技,如數位相機,繪圖軟體等的掌握能力,也並不代表能建立有效的視覺溝

通能力，或等同於能分析其餘個體所產製數位視覺產物的能力。對在數位時代成長的年輕世代而言，即使其在有記憶開始即大量接觸電腦、網路、虛擬遊戲、數位電視等數位視覺材料，也未必將具備適當的數位視覺素養，並自發地成為一位「數位視覺知識分子」（digitally visual literate）。如同前述對於視覺素養的論述所指稱，必須經過教育的過程以及透過學習的行為，方能使年輕世代具備適當的數位視覺素養，進而成為數位視覺知識分子。

三、視覺文化素養與數位視覺文化素養

在1990年代之後，視覺文化思潮成為藝術教育相關學門的重要內涵，藝術的定義以及藝術教育的涵蓋範疇漸次有所擴充，強調當代個體與日常生活影像互動的意義。為擴充視覺素養概念的內涵，以符應視覺文化的時代氛圍，Chao（2003）、趙惠玲（2006）提出「視覺文化素養」（visual cultural literacy）一詞，認為對視覺素養的討論應包含個體對於所處文化圈中所有視覺圖像、物件、經驗的理解、詮釋與批判。如同一般認為個體的視覺素養需經適當的教化過程，方能持續提升，當代個體雖日日浸淫在視覺文化氛圍中，並不代表能對於視覺所見提出具批判性的詮釋。同時，視覺文化素養的詮釋對象為日常生活影像與視覺經驗，與以往聚焦於精緻藝術之美感元素的視覺素養教育，也沒有正向關係。Pauwels（2008, p. 79）也指出，當代個體被影像淹沒，其所處環境充斥各類視覺經驗與物件，唯矛盾的是，社會中仍然有相當程度的「視覺文盲」（visual illiteracy），致使當代個體在觀視日常影像時，常顯得「無感」。鑑於日漸增加的視覺消費及已趨民主化的數位科技並不一定能為個體帶來更高層次的視覺素養，Pauwels建議，在當代應將視覺素養視為一個具社會性的計畫，目的即在強化個體在面對所身處社會中諸多視覺現象時，應具有的省察能力。

事實上，檢視諸多的視覺素養論述，發現許多論述對於視覺素養的內涵都有一體兩面的觀點，一為關注視覺物件的肌理表象，二為關注視覺觀看的多元經驗。前者包含視覺圖像及物件的物理性特質，如形式、

色彩、質感、結構等，後者則包含不同觀者對於視覺圖像及物件的解讀差異。Bamford（2003, p. 1）指出，「視覺素養是被眼所看，以及被心所看者」（Visual literacy is what is seen with the eye and what is "seen" with the mind.），具視覺素養的人應該能夠「讀和寫」視覺語言，包括成功地解碼和解譯視覺訊息，以及將視覺訊息進行有意義的編碼與組成的能力。Rockenbach 與 Fabian（2008, p. 26）認為，Web 2.0 使今日的社會成為「參與的時代」（the age of participation），視覺素養所應涵具的內容須包括對於視覺圖像背後社會影響因素的理解，並能進而討論視覺圖像的目的。Felten（2008, p. 60）則指出，視覺素養的能力涉及理解、生產和使用具文化意涵的影像、物件和可見事物的行動。

　　從前述對視覺素養之社會性意涵的討論，顯示視覺素養相關論述從過往以純粹藝術學理背景為主的內涵，轉變為以整個社會脈絡為著眼點的論述。當社會性意涵成為視覺素養相關論述的重要成分時，即使得當代的視覺素養擴增為視覺文化素養。亦即，除關切視覺所見物件的肌理、形式、材質、創作手法、美感經驗等表象元素之外，尚須彰顯對視覺物件的產製背景、目的，以及不同背景觀者的多元詮釋可能與批判性思維等部分。

　　由於視覺機制溝通能力的即時性和普遍性，當代文化現象與視覺的關係至為密切，Duncum（2004）指出，視覺文化並非只關乎視覺，而是包含多元化的各類素養。由於視覺文化除視覺經驗外尚包含不同的各類素養，也使視覺文化漸次成為當代視覺相關領域之間的重要交集。1970 年代前後，隨著人類的文化載具自印刷文本逐漸轉為各式影像文本，社會成為「景觀社會」（the society of the "spectacle"）（Debord, 1994），各領域的學者開始關注影像對人類生活與意識形態的功過。1990 年代前後，個體的日常生活為不同播放機制的電子化影像所充斥，逐漸產生以影像為中介的溝通與理解方式。1990 年代中葉，Mitchell（1995）乃提出「圖像轉向」（the pictorial turn）一詞，描述繼文字與語言之後，影像成為人類與外界溝通互動之新典範的現象。20 年後，時代迅速推入數位紀元，數位科技使影像與人類生活的關係愈趨緊密，Mitchell（2008, p. 46）進一步指出，數位時代下「圖像轉向」萌生了一種新的意義，即是「生物圖像轉向」（biopictorial turn）的現象。

Mitchell（2008, p. 46）所謂「生物圖像轉向」，是指藉由數位科技的機制，對於有機生物或器官的「模仿」（copies）、「擬像」（simulations）、「複製」（reproductions），以及所產生儡人視覺與心靈的數位影像。與此同時，尚伴隨著因前述複製、虛擬產物而生之「邪惡分身」（evil twins）[13] 恐懼效應的復活及認同感的喪失。Mitchell 將人類亙古以來對「邪惡分身」的恐懼心態稱之為「克隆恐怖」（cloning terror），以之指稱伴隨著某一積極的舉措，所衍生之一體兩面的負面效應。例如，對於恐怖分子的壓制代表了恐怖主義的增長，對社會安全措施的加強意味著社會危險程度的增加等。因此，在當代生物學與數位科技的發達下，其邪惡分身就是「生物控制論」（biocybernetics），其癥候是，當代個體一方面生活在數位時代的方便及目眩神迷之下，一方面這些經模仿、擬像，以及複製而產生的「類似記號」（analogue signs），正以前所未有的空前力量，「注意」（mind）著個體。在數位影像已作為一種新的符號生成和繁殖體系，並時時挾其邪惡分身冷眼觀視著當代個體的狀況下，突顯了數位視覺文化素養的意義。亦即，當面對任何數位影像、物件與現象時，個體須能看到喜時，查覺其非喜之面，看到悲時，查覺其非悲之情，要看到所見事物背後不可見的「幽靈」。[14]

在資訊時代，掌握資訊即掌握著權力，資訊的開放程度代表了一個社會民主化的程度。在時代氛圍的改變下，乃有學者提出「資訊渴望自由」（information wants to be free）（Wagner, 2003）的說法。隨著數位科技的進展，諸多社會媒體增生，進一步產生了「資訊渴望分享」（information wants to be shared）（Gans, 2012）的現象。前述狀況不獨出現在資訊的傳播體系中，其餘人類社會的文化產物亦有渴望自由並要求分享的狀況。圖像、影像作為資訊傳遞的重要媒介，自不例外。以往在機械複製時代，要觀看圖像、影像，必須要透過某些特定的消費行

---

[13] 「邪惡分身」是普遍存在於西方大眾文化的概念，意指事物除可見之外在外，其內在尚隱含有一個跟原先事物完全一樣，但個性和價值觀卻完全相反的狀況（Wikipedia, n.d.-i）。

[14] Mirzoeff（2002, p. 241）曾以「幽靈」（ghost）的召喚為隱喻，形容視覺文化氛圍中，被邊緣化的群體或個體，並指出，視覺文化的當代意義，便是引導人們能在「看到」中「看到看不到的」「幽靈」。

動，例如到美術館、畫廊觀看展覽，或借閱、購買畫冊，或打開電視，或到電影院等。隨著數位科技的急速進展，影像鋪天蓋地繁衍增生，當代個體不用尋找影像，影像就在「注意」著個體。此一狀況，使圖像從渴望自由，進而渴望分享，甚至影像就是「要你」（want you）（Mitchell, 2005）。在數位視覺文化之下，影像已經不僅是生產和消費的助興物，也是意識形態與價值觀的形塑者。

　　數位科技的發展，是全球化的重要推手，也為世界帶來一些「邪惡分身」的效應。從一方面觀之，數位科技形成資訊的開放，使部分民族主義國家的中央集權不得不有所妥協，但另一方面，在全球資訊流通下，當跨國企業集團使用閃亮動人的數位影像行銷時，又形成了消費意識形態的中央集權。換言之，數位科技在帶給人類社會莫大解放自由的同時，另一個負面的效應是數位科技亦可能成為全球霸權文化的新打手。當使用者巡弋網路時，享受的可能僅是表面上免費的解放自由，但實質上卻以意識形態付費，或無形中促成網站廣告收益。Mirzoeff（2008）即指稱，網路比我們所想像的更為不自由，當數位科技成為日常生活不可或缺的一環時，使用個體可能正遭逢「日常生活的殖民化」（the colonization of everyday life）（Mirzoeff, 2008, p. 23）。當個體享用數位科技的便捷性時，可能正被另一端看不到的資方進行殖民，並以自身意識形態或價值觀的潛移默化作為「眼球樂子」的交換。因此，在欣喜「資訊及影像得到自由」，享受「資訊及影像得以分享」時，亦應理解霸權資本主義的全球化正與數位化同時發生，並應思考何謂自由？何謂分享？誰有權力分享？誰有義務被分享？因為「資訊及影像就是要你」。數位科技既是當代新素養的重要內涵，也可能是新誕生的迷因，使個體被「異化」而不自知。

　　當代個體浸淫於數位洪流之中，所接受及參與之教化、娛樂、消費、社交等日常活動幾乎全與數位科技有所相關，突顯出數位視覺文化確為個體視覺訊息與視覺經驗的主要來源。各式數位視覺文化現象不是無意義的反射文化信仰和價值觀，許多時候是影響意識形態的推手，使對數位視覺文化素養的重視有其迫切意義。當在藝術教育中推展數位視覺文化素養之相關教學與研究時，將面對兩個難題與挑戰。首先，儘管視覺

素養有其重要性，但視覺素養仍然不被各界視為是社會或教育界應優先關注者（Pauwels, 2008）。其次，在進入當代後，雖然年輕世代日常生活的視覺環境大幅轉變，但學校並未提供與數位視覺文化素養相應的課程（Metros, 2008）。因此，誠如 Brumberger（2011）所強調的，如果數位視覺文化確實為年輕世代未來生活的主要樣貌，即應理解數位視覺素養與數位視覺文化素養為 21 世紀個體重要的生存能力。如同過去數世紀以來，學校教育致力於教導學生成為具有讀寫文化能力的知識分子，藝術教育亦應引導學生成為具數位視覺文化素養的「數位視覺文化知識分子」，以避免其成為「數位視覺文化盲」。

◤ 第三章　數位科技與藝術教育

第一節　數位科技對藝術教育的意義

　　我國於 20 世紀末的教育改革中,「資訊教育」的推展成為提升全民資訊素養的劃時代教育政策,使各學科教育工作者開始正視所屬學術領域與資訊科技的關係,並思考各學科知識體系與當代科技的關聯。資訊教育相關議題,也於此時成為藝術教育界密切關注的重要面向。由於一般在進行學科領域分類時,每將藝術領域歸類為「非科技相關」之人文社會學門,使藝術與科技常被以二元對立的關係進行劃分。然而,在人類歷史進程中,藝術與科技的發展密不可分,兩者有相當程度的競合關係。Lawton（2007）即指出,藝術和科技彼此相互依賴,藝術需要科技協助其蓬勃發展,以滿足日益全球化社會中不斷變化的創作需求和審美傾向;科技則需要藝術提供想像的可能性,使科技能普及於人類生活,更令人易於親近,也樂於接觸。Gürer（2004）亦認為,藝術與科技具有互補的依存狀況,科學的演變經常被以藝術的語彙表達,而藝術的思維又常藉科學的手法踐履,彼此默化,並在對方的學科內涵中,相互提供使各自的知識體系更形活化的理解觀點。當從數位視覺文化藝術教育的角度觀察後,更顯示了科技與藝術相關領域的連動關係。於本節中,在探討數位科技與藝術教育的關係時,將先梳理近半世紀中,數位科技的發展與藝術教育的互動狀況,再探討數位科技對藝術文化的影響,以及數位科技對青少年文化創意競爭力的重要性。

一、數位科技的發展與藝術教育

　　由於藝術創作活動與科技的依存關係，相較於其他許多教育學門，藝術教育與科技發展的關係更為密切。就藝術創作的形式而言，觀諸人類歷史文明的發展過程即可發現，許多昨日的科技往往將發展成為今日的藝術。例如，東、西方原為傳播宗教教義之用的活字印刷術以及版畫，由於紙張的普及，漸次發展成為一項獨立於宗教教義外的藝術創作類別。成熟於19世紀中葉的攝影技術，由於可迅速產生寫實肖真的圖像，因而又替代了版畫印刷技術，逐漸地發展成為一類獨立的藝術創作形式。在20世紀後半葉，數位科技逐漸發展，使機械化攝影技術轉為數位化，使用簡便又靈活的數位攝影迅速替代傳統攝影，成為新興的藝術創作類別。至於將圖像數位化的技術，原為在設計工業產品的過程中所用，當開始為藝術家應用後，數位藝術又成為數位化圖像在藝術創作上的展現。

　　除前述科技與藝術創作間的密切關係之外，檢視人類歷史的進展，也不乏發現在同一時代下，藝術與科技兩者間往往不謀而合，在概念、理論或實踐上同時浮現新興變革的例證，諸如19世紀末，對色彩學的科學研究，以及印象主義與新印象主義對色彩之補色與純色混色的觀點；20世紀初相對論理論和立體主義對於時間、空間秩序性的質疑；20世紀20年代前後，精神分析學說與超現實主義對人類意識層次與理性認知的挑戰等（Gürer, 2004）。而科學發展和藝術思潮互輔相成的狀態，同樣也展現在藝術教育領域。

　　人類的歷史與文化發展，需透過不同的可見載體作為紀錄，圖像與文字文本為其中最具代表性者，而圖像與文字文本的產生與科技的發展密切相關。透過各式圖像與文字文本，得以瞭解人類歷史與文化發展的樣貌，不同形式的圖像與文字文本，成為各教育領域的重要教學素材。藝術教育領域與其他學科不同，相較於許多其他學科，藝術教育對於各類圖像、影音的依賴尤為明顯。一般學科多將各類圖像、影音的呈現視為是教學時的輔助資源，但對藝術教育而言，各類圖像、影音除可能為教學輔助素材之外，其本身即為藝術教學中的主體內涵，也突顯了藝術教育與科技發展關係的密切程度。歷來藝術課程的兩大主軸：創作課程

與鑑賞課程，即分別與科技的發展有著密切的關係。從藝術創作教學的角度而言，任何一類藝術創作的思維，均須依賴科技作為媒介，方能被呈現為具體可見的作品。從藝術鑑賞教學的角度而言，自藝術成為正式學校教育的一環後，各式教學科技也為鑑賞教學所依賴，藉之作為觀看藝術作品及各式圖像的媒介。因此，藝術教育與科技發展史的依存關係密切，自藝術教育成為學校教育的一部分之後，不同歷史階段之科技發展均為藝術活動帶來新的創作可能，亦為藝術教學帶來新的教學方式。

一般在討論當代科技的發展時，常容易讓人想起「尖端科技」等，而忘卻在生活周遭，科技其實是無處不在，只是當新科技產生之際，較易因其新樣貌與對生活的新衝擊吸引，敏銳查悉其出現。當某一新興科技在生活中找到妥貼的安置處，且密合編入日常生活的織紋中後，便不易被察覺。Stankiewicz（2004）即指出，對於許多藝術工作者而言，「科技」一詞，容易讓人想起諸如投影儀、錄影機、電腦繪圖軟體、數位相機甚至數位影像實驗室等，卻忘記了早在史前時期，當第一個洞穴藝術家向其學徒或族人教授或展示如何使用手指或簡便工具與顏料等在岩壁上作畫開始，藝術活動即已開展與科技的依存關係。而於當時洞穴藝術的創作活動與觀者的觀看行為中，藝術創作及鑑賞教學的歷史也已展開。自此之後，成功的藝術家必須能適當駕馭其創作時所使用的視覺化科技，而勝任的藝術教育工作者則需能適當應用其教學時所使用的教學科技，使「科技素養」成為藝術領域工作者必須具備的能力之一。只是如前所述，藝術工作者在與科技密合的生活型態中，有時不免忽略了科技的存在。在漫長的歷史進展中，當視覺化科技進展緩慢時，藝術工作者感受到的衝擊並不大，但在19世紀中葉攝影技術成熟後，視覺化科技進展快速，每一波新科技的出現，都撼動了藝術工作者對其科技素養原有的認知。進入數位化時代後，前述撼動更加劇烈。

Buhl（2011）在提到今日藝術教育的轉變時，提及三個變因，包括：由以Web 2.0代表之數位科技的革命性挑戰、全球化視覺體系及地方文化的競合關係、各專業人士對激烈變化之視覺相關範疇及研究方法的辯證。根據其觀點，數位科技對今日的藝術教育有相當之影響。事實

上，當代藝術教育與數位科技的關係可以上溯至電腦設備初問世之際。電腦最早於人類社會中嶄露頭角，是在1950年代中葉，但是其樣貌與今日大不相同。早期的電腦體積龐大，由於網路尚未啟航，當時的電腦只是一個獨立的機器，被用以替代打字機，儲存資料，或以軟體進行計算統計，與藝術教學的直接關係並不明顯。直至「個人電腦」（personal computer）出現，能與影音錄放設備及投影放映器材連結後，電腦設備才開始與學校藝術教學逐步產生連結。觀察1970年代之後，藝術教育界對於數位科技的討論，即可瞭解當代數位科技與藝術教育領域的關係。

自1970年代以來，個人電腦快速發展，伴隨著軟體的開發、硬體的進化以及網際網路的拓展，個人電腦的使用日益簡易，逐漸在各領域被普遍使用。在教育領域中，「電腦輔助教學」（computer-assisted instruction, CAI）也成為重要的教學趨勢，使教育產生重大變革，影響教師施教和學生學習的模式。1980、1990年代之間，個人電腦逐漸家庭化，使個體藝術學習的模式，逐漸顯現超深超廣的學習特性，Hubbard（1989, p. 63）以「微電腦世代」（generation of microcomputer）形容當時的學生，並認為電腦媒體對藝術教學效能的增益指日可待。他指出在電腦輔助之下，當學生進行藝術專題的學習時，能自一個單一學習始點進行發散的連結，增加藝術專題的學習內涵。然而，由於1990年代前後個人電腦價位仍高，Hubbard同時也指出經濟負擔將為以電腦輔助藝術教學效能的限制。其次，當新興教學科技出現後，教師專業知能往往隨之成為重要議題。在1990年代電腦媒體成為新興之藝術教學科技後，Hubbard與Greh（1991）探討藝術教師對電腦於藝術教學上的應用，指出藝術教師的電腦相關教學知能有兩類，一為創作教學部分，包括應用於視覺表現、設計等的技能，二為鑑賞教學部分，包含對於軟體的應用、資訊的管理，以及跨學科的溝通等。

進入1990年代之後，「數位科技」逐漸成為改變當代人類文化面貌的推手，網際網路漸趨成熟後，電腦設備被活化成為一座數位工作站，成為個體視覺經驗重要的來源。以數位化方式儲存圖片，操作繪圖軟體或修飾數位照片等，形成了特殊的數位視覺文化現象。「數位藝術」、「網路藝術」成為藝術創作的新類別，也成為藝術教學的學習內涵與關注面

向。與此同時，對於電腦與藝術教育的關係出現新的討論議題，跳脫了將電腦視為工具的思維，藝術教育工作者開始思考數位科技對於藝術領域學科本質的意義與辯證。

例如，Freedman（1991）、Keifer-Boyd（1996）即分別探討「電腦生成圖像」（computer-generated images）與電腦輔助教學對藝術批評教學的影響。Keifer-Boyd（p. 33）認為，電腦科技的發展對藝術教學所形成的影響，正反映了後現代論述中「去中心化」（decentered）、「碎裂」（fragmentary），以及「彈性」（flexible）的特徵。Efland、Freedman與Stuhr（1996）則認為透過電腦等數位科技與藝術教育的交融，有助於對後現代觀念藝術的探查。除前述外，Galbraith（1997）關切應用科技輔助藝術師資培育機制的成效，並指出相關方式應包含：職前教師和師資培育者對科技的觀點、幫助職前教師增加科技經驗、應用科技於藝術教學及學術研究等。Assey（1999）則廣泛探討科技於藝術相關領域的作用以及影響，認為科技的進展已改變藝術教育的課程、教學和目標，並認為數位科技可連結藝術教學圈中的夥伴學校、高等教育，乃至業界以及社區等。

在1990年代中葉後，「全球資訊網」（World Wide Web, WWW）快速蔓延擴散，世界各個角落、各個領域、各類人士均能利用網際網路連結並分享資訊，使得網路得以跨越國界與時空距離，而「電腦輔助教學」的層次也被提升，從工具性較強的概念晉升為文化意涵較強的「數位學習」（e-learning）一詞。網路世代的開展使電腦跳脫資料處理、儲存以及播放的線性機器特性，展開了無邊界的學習空間，而藝術領域特有的彈性學習性質也使數位學習機制更有遊刃空間。網路的普及確實改變了藝術教育的可能性，遠距教學及是一例。例如，Stankiewicz與Garber（2000）以「網路教師」（cyberfaculty）形容以遠距進行藝術協同教學的經驗。Koos與Smith-Shank（1996）則以「愛麗絲夢遊仙境」（Alice in Wonderland）比喻藝術教育在網路世界的「奇遇」，並討論在數位環境下，「近用權」（access right）及「著作權」（copyright）等衍生議題。至20世紀與21世紀交接之際，當代思潮、數位科技與藝術教育取向間轉變的議題，更迭被討論。例如，Prater（2001）即探討建構

主義理論與互動性科技對藝術教學的影響；Taylor 與 Carpenter（2002），則探討互動教學策略以及「超文本」（hypertext）對高中以下藝術教學的可能性。

　　進入 21 世紀後，隨著藝術教育思潮的轉變，數位科技與藝術教育又有新興的議題。1990 年代末期醞釀的視覺文化藝術教育思潮，強調日常生活影像對於個體藝術學習的意義與價值。在數位科技席捲社會中的各個面向後，數位視覺文化成為個體日常生活中的重要視覺刺激。各類數位的影音資源除了作為資訊來源的提供管道，更為個體意識形態的觸媒與催化劑，而數位教學科技則提供新的教學環境，使教學型態與學習文化產生質變。同時，經典藝術的複製圖像被數位化保存與傳遞，原來較屬菁英文化圈的藝文資源日益民主化，成為世界公民財。數位科技也成為雙面刃，部分學者驚艷其應用的可能性與彈性，部分學者則從另一觀點檢視其可能形成的爭議與霸權。

　　Garoian 與 Gaudelius（2001）針對數位時代下個體的身體認同進行討論與批判，認為數位科技與藝術教育不是僅為雙源合流，而是開闢了一個新的戰場；由於藝術開始與電腦連結，意味著藝術活動與個體的身體連結產生斷裂。Garoian 與 Gaudelius 乃凝聚其「賽博教育學」（cyborg pedagogies）觀點，作為因應此一時代現象的策略。Krug（2002）則關心數位影像、網際網路、虛擬環境等視覺化科技與日常美感經驗的關係，認為在藝術教學場域，虛擬經驗與實際生活經驗的美感差異性應被檢視，應處理相關科技變革對藝術教育、藝術創作，以及審美觀點所帶來之文化衝擊的議題。反之，Carpenter 與 Taylor（2003）對於數位環境中，虛擬畫廊、科幻雜誌、部落格、電腦遊戲和其他各類互動網絡空間對藝術創作、藝術研究以及藝術教育的創新可能卻充滿期待。Duncum（2004）則認為，當下的文化現象與意義是發生在各式影音資訊的互動中，藝術教育需能擁抱多樣態的多媒體，以因應當代對個體多元化素養的需求。

　　前述自 1970 年代以降近數十年間，數位科技與藝術教學的互動歷經不同轉變。在早期多只將數位科技視為一個工具，其後則視之為觸媒，接下來則近似夥伴關係，至今幾乎已是一體兩面，難以明確劃界。Ringstaff 與 Kelley（2002, pp. 2-11）認為，可以從兩個角度瞭解數位科

技對教育的影響，分別為「從電腦學習」（learning "from" computers），及「與電腦一同學習」（learning "with" computers）。Ringstaff 與 Kelley 指出，在「從電腦學習」的概念下，電腦為實質上的家教（essentially tutors），其功能為增進學生的基礎知識及能力；在「與電腦一同學習」的概念下，電腦則為具演變能力的機組，可適用於達成不同學習過程中的目標，而非僅是「教學輸送系統」（an instructional delivery system）。

從藝術教育的角度而言時，「從電腦學習」意味著透過電腦輔助藝術教學，學生應用電腦為藝術學習的資源，幫助學生以較高的效能學習藝術知能。今日的數位科技強調的則是「與電腦一同學習」，非僅是以電腦為基礎的科技（computer-based technology）。在「與電腦一同學習」的情境中，藝術學習成為有機性的活動，能發揮跨越時空，具延展性的地下莖特質，使個體的藝術創造力在數位環境不可預期的節點碰撞下，產生具多元發展的可能性，也使藝術教育與科技的依存關係史，持續有令人期待的未來性。

二、數位科技與文創競爭力

數位競爭力逐漸成為影響世界各國經濟發展的主要因素，在諸多數位競爭力的發展面向中，將之與國家藝文特色結合，發展具特色的「文化創意產業」，是本世紀先進國家共同的發展願景。數位科技與藝文創意的結合，已被視為 21 世紀影響各國經濟表現能量消長的經濟動力。林建甫與周信佑（2010）指出，在全球化的過程中，各地域及族群的界線日益模糊，如何保有在地藝術文化特色，遂成為各國兼顧經濟與文化發展的重要政策。尤其在 2008 年金融海嘯發生後，世界局勢丕變，各國政府莫不投注更多資源，提升文化創意產業，以擴大文創產業的規模與產值。我國政府於 2002 年提出之「挑戰 2008 國家重點發展計畫」（行政院，2002）中，將「文化創意產業」視為繼「資訊產業」之後，國家重要的經濟動力，而數位內容與文化產業的匯流，即為其重點內涵。於 2010 年制定的《文化創意產業發展法》（行政院文化建設委員會，2010），明訂應加強藝術創作與文化保存，以及文化與科技結合，俾符合國際潮流。

於 2011 年《2011 年臺灣文化創意產業發展年報》（行政院文化建設委員會，2011）中，則提及臺灣文化創意產業的兩大優勢，在於「數位創意力」以及「文化多元性」。在前述時代背景下，數位科技與藝術教育在學校教育中，共同扮演了增進年輕世代文創競爭力的重要角色。

　　源於文創表現為當代國家經濟軟實力的重要決定因素，在探討數位科技對年輕世代數位競爭力的重要性時，「數位落差」（digital divide）成為藝術教育與數位科技交會時的共同議題。Delacruz（2009）即認為，在全球化時代，科技席捲全球，藝術教育工作者應能關切數位科技所帶來之文化公民權等議題。根據 Hill、Owens、Beynon-Davies 與 Williams（2004），「數位落差」一詞最早被使用始於 1990 年代中葉，當網際網路開始成為連結世界並傳遞訊息的重要管道時，「數位落差」迅速成為各科技先進國家關注的議題。例如，美國電信資訊署（National Telecom-Munications and Information Administration, NTIA）於 1999 年即以「從網端掉落」（falling through the net）為喻，指稱數位落差為美國重要的經濟和公民權議題（National Telecom-Munications and Information Administration [NTIA], 1999）。數位落差最早的意義為形容不同族群接近或使用電腦及網路等數位科技之機會的認知差距，其後隨著數位科技的發達，其意涵還包含使用電腦或網路數位科技的能力（Choemprayong, 2006）。根據 Montagnier 與 Wirthmann（2011），數位落差可自兩個方向查驗，分別為「接近電腦網路的機會」與「使用電腦網路的能力」（non access to- and non-use of- computer and internet），意指不同性別、種族、經濟能力、城鄉環境、階級背景的個體，使用電腦、網路等數位科技的機會或能力差異。

　　我國電腦相關產業傲視全球，因此行政院亦自 2002 年開始進行全國性數位落差調查，並發現國民使用電腦的比例為 48.3%，會使用網路的比例為 42.4%，家中擁有電腦的比例為 66.9%，家中電腦連結網路的比例為 56.2%，也發現「社經地位」是決定個人接近或使用電腦的重要影響因素（行政院研究發展考核委員會，2003）。十年之後，行政院於 2012 年進行之「全國個人家戶數位機會調查報告」顯示，我國 12 歲以上民眾中，高達 87.9% 家中擁有電腦設備，83.7% 家戶可連網，顯示國人近用數位設備及網路的機會相當之高（行政院研究發展考核委員會，2012，頁

245)。然而,具備數位資訊的近用能力,以及擁有近用數位設備的機會,僅為進入數位時代的第一步,能將數位資訊的近用能力進一步創造出數位產值,方能為在全球化時代為國家增加產值。亦即,在國民具有數位能力後,尚須能因應各類文化產業的特質,將之發展成為具臺灣文化特色的數位文化創意產業。目前臺灣網路發達,近用數位機制的機會不在話下,但能近用不代表能有效創意應用。因之,在數位時代,藝術教育即應在數位與文化交會之處,扮演發揮轉化效應的重要角色。

在當代,影像即是貨幣(趙惠玲,2005,頁120),數位化時代猶然。隨著數位科技的進展,數位落差一詞所蘊含的階級意涵愈趨明顯,並逐漸成為國際間及各文化環境中,形塑或複製各式社經不平等差距的原因,使教育界開始關注青少年數位能力的受教權,並發現其中的爭議。前曾述及,從教育的角度而言,今日對於數位落差的討論已超出近用權議題,而是強調不論個體之社經地位、身體狀況、語言、種族、性別,或任何其他條件為何,均應獲得足夠的數位能力,並能積極參與相關教育訓練。Peppler(2010)即發現,對家庭社經位階較低的青少年而言,雖然他們有機會接觸電腦及網路,但其學習內涵往往僅止於基本的打字技能,以及如何使用文書處理、電子表格等工具。Jenkins、Purushotma、Weigel、Clinton 與 Robinson(2009, p. 15)認為,導致前述狀況的最大原因為對具創造性之數位科技的「參與差距」(participation gap),以致限制了青少年對數位創意的想像。誠然,今天的臺灣社會中,接觸網路的機會俯拾即是,但如同能閱讀不代表就能寫作,需透過適當之教學環境的啟迪,方能使青少年的「數位技能」內化為「數位視覺素養」以及「數位視覺文化素養」,並因應時代變遷,進而將之轉化增值為「數位競爭力」以及「數位文創競爭力」。

三、數位科技與藝術文化的關係

當數位科技成為當代社會中的重要環節時,數位落差等議題也成為藝術教育界關注的現象。前曾述及,數位落差包含兩類層次,分別為「接近電腦網路的機會」與「使用電腦網路的能力」。當從藝術教育的角度

檢視數位落差的現象時，即包含「接近電腦網路以接觸藝術訊息的機會」與「使用電腦網路以創造藝術訊息的能力」，而此兩者均攸關使用主體參與當代以數位科技為主要形構動能之藝術文化圈的條件。文化形構的原因複雜，每一時代的文化氛圍都有其形成背後的不同因素，數位時代的文化氛圍為著重分享的「參與式文化」（participatory culture）。根據 Jenkins 等（2009, p. xi），當代的青少年所浸淫之參與式文化包含四類特質，分別為：藝術表現（artistic expression）與公民參與（civic engagement）的門檻相對較低、熱烈支持創作活動與其分享行為、有經驗的參與者樂於傳遞知識給新成員、成員間形成某種程度的社會性連結。換言之，在當下日常生活之數位視覺文化氛圍中，其主要的藝術文化形貌即產生自參與者的互動與連結中。青少年為今日數位視覺文化的主要成員，不僅消費數位視覺文化，亦為數位視覺文化交流的促進者，握有數位視覺文化氛圍的藝術文化形塑權。

在討論數位時代青少年的特質時，Prensky（2001, p. 2）以「數位原民」（digital natives）和「數位移民」（digital immigrants）來分別形容 20 世紀末出生的青少年，以及面對這些數位原民的教學者。Prensky 認為，今日的青少年已在本質上發生劇烈的變化，今天的青少年已不再是目前普遍實施之教育系統所規劃設計的教學對象。在此情況下，當數位時代快速演化之際，教學現場所面臨最大的問題不是學生的學習效能，而是說著過時的「前數位時代」（pre-digital age）語言之「數位移民教師」，要面對說著完全嶄新數位語言的「數位原民學生」。其斷裂在於，數位移民教師常假設學生是「不知者」，但作為數位原民的學生可能已是「知的太多」。

Palfrey 與 Gasser（2008, p. 4）則以「生而數位」（born digital）來形容今日的青少年，認為這些生於 1980 年代之後的青少年為數位世代的第一代居民，其思考與行為模式均與數位移民不同。數位移民的特徵是將網路視為工具，能清楚將線上的行為與實體生活區分。數位原民則不同，其大多數的生活是發生在「線上」，也不再將生活區分為「在線」和「離線」的情況，亦不會思考他們的「數位身分」（digital identity）和「真實空間身分」（real-space identity）之差異，因其自認只有一個身分，只是

該單一身分可能包含了數個不同空間中的「再現」或「分身」。對於數位移民而言,各式數位科技或具有不同的功能,但對於「生而數位」的數位原民而言,這些林林總總的數位科技,僅是「人對人之間連接的中介物」(mediators of human-to-human connections),與所使用的語言、文字等溝通工具無異。

鑑於青少年所接觸的藝術與文化訊息有大量是來自網路,再加上自1990年代中葉開始發展的繁多社交媒體,使各式影音圖像、新聞事件、生活趣聞,甚至八卦消息或「kuso」圖像等,均透過地下莖連結的方式快速迸發散播,難以計數或追蹤其連結。Knochel(2011)乃認為,數位科技是目前藝術教學中一組以擴散方式存在的新工具,將對藝術之教與學帶來在思維上的異質性轉變。青少年在網絡的實踐經驗,改變他們與同儕的聯繫方式,改變對於邊界、限制的感知,並使青少年習慣以創作者的身分,與不同的創作方式與環境協商,生產出創意產物。而影響力壯大的數位視覺科技,提供了藝術教育形塑「數位視覺文化教育學」(digital visual culture pedagogy)的可能性,提供學習個體探索視覺性,以及透過不同多樣媒體平臺,進行「洞見式的參與」(insights to participation)機會。於2010年12月17日在突尼西亞爆發的「茉莉花革命」(Jasmine Revolution),[1] 即見證了此一現象。在該事件中,年輕世代透過網路科技,搖身一變成為革命推動者,成功的扮演了「行動者+網絡」的關鍵推動者角色。

根據Sismondo(2004, p. 65),「行動者網絡理論」(actor-network theory, ANT)是立基於瞭解「技術科學」(techno science)形成過程的社會學理論,其目的在說明科學技術的發展並非基於科學或技術的本身,而是源自產生知識的過程中,所有參與者的行動與互動,而這些參與者包含「人與非人之行動者」(human and non-human actors)。因此,行動者網絡是一個異質性的網絡,由涵蓋「非物質性的人」與「物質性的非人」之行動者相互連結,才能建構特定社會脈絡下的特定科學知識網

---

[1] 當時在突尼西亞政府的高壓之下,國外記者無法入境採訪,然而突尼西亞的年輕世代利用社交網站、衛星電視、電腦、手機等網路等科技,成功串連國民,將政府鎮壓的實情傳至國際間,進而引發了蔓延北非、中東的革命浪潮,衍生成為21世紀初的民主大事(維基百科,n.d.-b)。

絡。Sismondo 指出，在一個行動者網絡中，人與非人之行動者間的差異其實不大，其共通性在於為了能夠存活與持續發展，因此各具利益關係，且互相影響，其互動過程為相互調適彼此利益與關係連結的行動歷程，包括了彼此關係的形成、生存、演變，甚至瓦解。在此一變動的歷程中，將為社會生活創造新的秩序，完成新知識系統的建立。

由於前述行動歷程充滿變異性，行動者網絡理論乃強調知識的產生與結果是可變動的，端視行動者之間關係的連結發酵與相互的操演互動而定。因此，在行動者網絡的運作機制中，需透過共同目標的建立，使所有涉及建構的行動者，能對單一目的做出貢獻，並在彼此同意的情況下行動。由於時空位置的變換，行動者的形體、外貌甚或本質均可能產生改變，因此需要通過語言、文字的翻譯，與利益及目標的「轉譯」（translation），以使行動者透過結盟創造更大更強的網絡體系（Tatnall & Gilding, 1999）。儘管「茉莉花革命」的效應與引發結果尚待觀察，然而「茉莉花革命」即為在當代各類形式的強權社會中，民眾為求生存，或為伸張所認同的正義，透過網路科技彼此聯繫，串連結盟的例子。

前述之「行動者網絡理論」亦可說明當數位科技與藝術教育交融後，對藝術之教與學所形成的質變。亦即，當將數位科技融入藝術教學時，透過某一共同目標的尋求，能增進學習個體的藝術學習效能與創造力的展現。諸如部落格、數位典藏等機制即體現了此一現象，而當代的數位視覺文化，也在各方行動者與數位機制的合作關係中醞釀成形。Knochel（2011）即以「行動者網絡理論」來說明新興科技對於藝術教學網絡的影響，以更透徹梳理數位化視覺科技的啟示、差異和霸權。Knochel 將數位化視覺科技如 Photoshop 等重新定位，並再概念化（reconceptualization），視之為「物質性的非人」行動者，是在藝術教學網絡中，與學習個體等「非物質性的人」對等的「合作者」，與學習者共同在藝術學習過程中進行「人屬科技式的互動」（human-technology interactions）。由於數位化視覺科技的介入，藝術學習成為一個社會性、異質性的行動者網絡，在其中，學習者與視覺化科技均為「行動者」，分別是人與非人的行動者，進行「人－科技合作」（human-technology collaborations）的合作關係，並由於兩者間的異質性連結，激盪出不同於以往的創作活動。

根據「行動者網絡理論」，數位科技即成為體現並增加人類與科技相互關係的視覺化科技。當數位科技成為人類與科技進行異質性連結的新成員後，數位科技便成為當代藝術與文化樣貌的重要觸媒。而在日常社會生活的數位視覺文化氛圍中，行動者在出於不同層次的生存目的之下，與數位科技「結盟」，並透過網路社交環境努力擴張，傳遞或產製數位視覺文化的經驗與產物，以保有權能。根據 Selivanov 與 Federation（2004, pp. 24-25），數位科技對於當代藝術與文化樣貌有兩項重要助益。首先，數位科技能以「具像」展現藝術與文化資源（actualizing the content resources of arts and culture）。Selivanov 與 Federation 指出，在超飽和的訊息形塑了當代個體意識的狀況下，教育產物的特殊價值之一，應歸因於能讓學生發展將實體訊息抽象化、系統化、普遍化、類型化（typologisation），和描述各實體之間互動關係的能力。而前述操作之最有生產力的領域，即表現在藝術和文化發展的文明史中，因為人類藝術和文化的歷史，即是整合、表達和管理藝文相關實體知識之模式的歷史。

其次，Selivanov 與 Federation（2004, pp. 24-25）認為，數位科技對於當代藝術與文化樣貌的另一項重要助益，即是數位科技能將訊息轉型和解釋（transformation and interpretation of information）。Selivanov 與 Federation 指出，當代數位科技是教授藝術與文化之類型最有效的教學方法，也是瞭解、分析和轉化藝術與文化類型的最有效工具。因為數位科技允許在訊息系統複雜的結構中，將訊息分析、塑造和「可視化」。人類社會所累積之藝術與文化遺產須運用各類溝通形式進行傳承，如博物館嘗試將藝術作品數位典藏化持有，即是一個具體的例子。而數位科技透過其機制，得以將各類物質性形式的藝術與文化產物轉化為數位形式，使之能被數位環境的參與者接觸。然而，Selivanov 與 Federation 也強調，數位科技雖能改變藝術與文化產物的物質性承載形式，但科技本身僅是「空的」（empty）技術。亦即，若藝術文物只是被以數位科技複製再現，所呈現者僅為「空的訊息」，缺乏藝術文化的「靈光」（aura）。必需經過教育成分的介入，將數位科技轉化為「資訊及通訊科技」（information and communication technology, ICT），為藝術文化的數位再現物「填入」具意義的訊息，方能將數位再現物「活化」為有機的數位藝文物件。

據於前述,數位科技自發展以來即為藝術教育界所應用,並引發諸多不同面向的討論。然而,相較於青少年已為數位視覺文化的參與者與形塑者,教師可能仍期待以自身的實體藝術創作經驗進行施教,因之如何在實體的藝術教學環境與數位視覺化文化氛圍中,透過與數位科技的結盟,將之轉化應用,獲得不同參與程度之數位時代原住民的認同,應為當代藝術教育工作者所重視的挑戰性議題。

第二節　數位科技與藝術創造力

21 世紀是由科技所引導之「知識經濟」(the knowledge economy)的時代;自 20 世紀下半葉開始急速發展的數位科技,對人類的生活形成全面性的改變,並成為國家競爭力的主要變因之一。在知識經濟時代,個體之創新思考、批判思考或解決問題等「腦力」(brain power)反映在國家的藝術、文化、經濟等展演空間的各個面向。創造力(creativity)為促進人類社會發展的原動力之一,向為各國教育界所關切的議題。鑑於創意與創新能力的培育,為提升國民素質之前提,亦為發展知識經濟之關鍵,創造力成為本世紀初始之際,我國教育工作的推動重點(教育部,2003)。由於創造力的定義具有相當的開放性,一般常將個體的藝術表現,作為觀察個體創造力的指標之一,藝術教育則為培育學習個體創造力的重要學科領域(Clark & Zimmerman, 2004/2011)。在數位視覺文化時代,教學的機制、方式與內涵有所改變,當數位科技被廣泛使用於各專業領域及日常生活中時,「數位創造力」(digital creativity)被視為是當代創新能力的驅動因素(Ala-Mutka, Punie, & Redecker, 2008; Velev, 2004)。於本節中,將先梳理藝術教育思潮與創造力的互動,再探討數位科技與創造力的關係,並從數位科技及其教學機制的特質,思考藝術教學融入數位科技時對學習個體創造力的助益,最後則檢視數位環境中的藝術創意思維。

一、藝術教育思潮與創造力

根據 Pope（2005, p. 1），「創造力」一詞於英文系統的使用，最早被發現於 1875 年，然而與創造力同源之詞彙，如「創造」（creation）和「創造者」（creator）等的使用，則可上溯至古希臘時期為宗教體系所用，中世紀之後則逐漸被使用於描述個體卓越的藝術表現。儘管創造力相關概念在人類歷史中已有長遠的發展過程，然而「創造力」一詞卻是難以被明確定義或描述的概念，其內涵與實踐也往往隨著時代演變而有改變，每遇社會環境發生重大變革或需解決的問題時，即見與創造力相關的討論。雖如前述，但創造力在人類藝術與文化發展中的關鍵性角色無庸置疑，具創造性的藝文產業更日益被視為是當代經濟發展的關鍵之一。Mitchell、Inouye 與 Blumenthal（2003）指出，雖然創造力的定義難以被明確界定，但「富創造性的活動」[2] 代表的是人類行為在「質」上的提升，而非「量」的增加，且此一質的提升能為個人、社會和教育帶來貢獻。Mitchell 等（p. 1）進而強調，在 21 世紀初始，資訊科技與藝術正形成一個強大的「資訊科技與創意實踐聯盟」（information technology and creative practices, ITCP），為本世紀的人類社會展開值得期待的創意發展。

觀諸過往歷史，科技與藝術結盟並進行創意實踐早有例子可供追溯。19 世紀初，光學、化學以及膠質薄膜製造技術在和藝術融合實踐後，產生了攝影領域；20 世紀初，攝影技術進一步與戲劇等表演藝術結盟，產生了電影領域，兩者俱為科技與藝術結盟後成功的創意實踐，為今日人類社會所帶來巨大的經濟發展以及文化質變，影響力至今仍蓬勃不歇。檢視前述例證後，Mitchell 等（2003, p. 2）由之認為，本世紀 ITCP 與藝術的新興結盟，將產生更大的創意潛力，並形成更具深遠意義的文化和經濟價值。事實上，數位科技的介入已使得今日許多文化活動產生了新的風貌，許多創新的設計和數位產品層出，電影、音樂被數位化製作，電腦動畫、

---

[2] Mitchell 等（2003, p. 1）以「好的食譜」為隱喻，說明「富創造性的活動」是「更好的食譜，不只是更多的烹飪」（better recipes, not just more cooking），以將創造性的活動與一般性的活動區隔。

電腦遊戲蔚為新世代的主流娛樂。在專業藝術創作領域，藝術創作工作者借助數位科技以及互動裝置，產生新興之數位藝術領域。創造力既是人類社會發展與進步的關鍵，而藝術學習又對學習個體的創造力發展有重要作用，則藝術教育應如何善用數位科技，以幫助學習個體開發其創造潛能，確實為藝術教育工作者在人類創造力發展史上的當代任務。

Zimmerman（2009）在探討藝術教育與創造力的互動時指出，在西方近代藝術教育思潮的發展史中，對於創造力的討論分別在幾個不同的思潮段落均有出現，其內涵各自殊異，一則反映了不同時期的藝術教育目標，二則說明創造力內涵因時代而異的活絡彈性。在20世紀中葉前後，「創造性取藝術教育思潮」為藝術教育領域的主流觀點，是以兒童為中心的教育取向，強調應開發每一學習個體內在的創造力，以藝術媒材進行自我表達（Lowenfeld & Brittain, 1982）。在此概念下，創造力被認為是個體自然天生的性質，能在沒有成人干預下依照成長的序列依次發展。藝術教師的主要任務是在藝術的學習過程中，在不直接干預個體的藝術創作活動下，激發其學習動機與興趣。

1980年代中葉，「學科取向藝術教育思潮」逐漸取代「創造性取藝術教育思潮」，成為藝術教育領域的主流觀點，學科取向藝術教育以藝術學科本質之學習為主要教育目標，強調對藝術學科知識整合性的深度理解（Clark et al., 1987），創造力於此時期常與偉大藝術家卓越的藝術表現，以及與經典藝術作品的藝術價值相提並論，藝術教師的主要任務則是規劃具學習架構的藝術課程，確保個體的藝術學習成效，以習得藝術典範的基礎知能。前述「創造性取藝術教育」與「學科取向藝術教育」兩類藝術教育思潮，傾向將創造力視為每一個體均能具有並予以展現的能力，且有較具一致性的標準，因而可進行高下與否的比較。

進入1990年代之後，藝術教育的思潮有所轉變，對於創造力的看法也有不同。1990年代初期的「社區取向藝術教育」（community-based art education）強調學習個體對所居住之地域、社區的情感歸屬和關懷，鼓勵學校、家庭和社區密切互動，藝術教師的主要任務是作為聯繫社區與藝術課程的重要環節（Ulbricht, 2005）。在此概念下，創造力被視為一種社會組成群體共同建構下的產物。20世紀末葉，當代的多元論述為

藝術學門所關注,「多元文化藝術教育」(multicultural art education)強調從多元的角度思考藝術對不同性別、階級、年齡、政治、宗教等個體或文化群體的價值,藝術教師的主要任務是引導學習個體以尊重的態度理解不同族群與個體的藝術表現(Efland et al., 1996)。同樣的,創造力也被從不同性別,族群,種族,文化背景等的角度省思其對殊異個體的意義。發展於 1990 年代末葉的「視覺文化藝術教育」,主張日常生活的影像與視覺物件對形塑個體意識形態的重要性,重視對於日常生活影像與觀看經驗的詮釋與省察(Duncum, 2002)。藝術教師的主要任務是引導學習個體察覺自身與外在文化產物的關係,以及與不同審美意識形態他者的差異。而創造力被視為是個體於社會、政治、經濟、性別、種族等錯綜複雜的環境中,所產生對視覺機制與經驗的理解及批判性思考。

　　觀諸藝術教育思潮與創造力的關係,早期創造力常被認為是藝術專業人士,或受專業藝術訓練者所擁有的卓越能力。當代在多元論述的氛圍下則認為創造力是每一個體均具有的殊異潛能,而非小眾菁英的天賦。在數位時代,當數位環境成為藝術教學的場域後,每一學習個體若能擁有使用數位媒介進行創作,或近用數位空間以接觸藝術文化產物的機會,即能具有展現其數位創造力的機會。因應時代變遷,藝術教學與個體數位創造力的關係,仍須被持續關注。

二、數位科技與多元智能

　　21 世紀是個體需要面對科技持續快速演化的時代,誰能充沛發揮自身創意動力者,即能晉升為「創意階級」(creative class)(Florida, 2005)。 不同於「勞工階級」(working class)或「服務階級」(service class)是以工作的型態來描述其特質,創意階級意指能具有創新想法、創新技術或是創新內容的個體,是以具創意與否來決定其位階。在全球化時代,人口流動迅速,一個國家或地區「創意階級」的人口數量將對該區域的經濟造成巨大影響。根據 Florida(2005),創意階級的核心領域包含科學、工程、建築、設計、教育、藝術、音樂、娛樂,以及商業、金融、法律、醫療等,在各領域具創新想法、技術與內涵者,即為「創意專業人士」(creative professionals)。具有創意的個體,能使其在不同的職業類

別或社經環境中，擔任領頭羊的角色。因此，從藝術教育的角度而言，能具有創新之藝術教學想法、藝術教學技術，並營造創新之藝術教學環境的藝術教育工作者，即為藝術教育領域的「藝術教學創意專業人士」。

當代社會愈趨複雜，創造力的面向也愈趨多元，舉凡認知的複雜性、情感的強度、技術操作的能力、個體的興趣與動機，以及對於科技的理解與應用等，都能在創造力的發展中扮演著重要的角色（Tillander, 2011）。因此，在探討數位科技對學習個體創造力的助益時，Gardner（1993, 1999）的多元智能理論（The Theory of Multiple Intelligences）以及創造力互動觀點常被援用為參照的理論基礎。

在多元智能理論部分，Gardner（1993, 1999）認為以往對於智能的定義太過於狹窄，無法全面描繪出個體的智力與創造力。他將智能視為個體在某種特定的文化環境中，解決重要的問題或創造重要產品的能力，並陸續歸納出九種智能，分別是：語文智能（linguistic intelligence; word smart）、空間智能（spatial intelligence; picture smart）、邏輯數學智能（logical-mathematical intelligence; number/reasoning smart）、肢體動覺智能（bodily-kinesthetic intelligence; body smart）、音樂智能（musical intelligence; music smart）、人際智能（interpersonal intelli-gence; people smart）、內省智能（intrapersonal intelligence; self smart）、自然觀察智能（naturalist intelligence; nature smart）、存在智能（existential intelligence; wondering smart）等。

根據 Gardner（1993, 1999），前述九種智能為每一個體均能具有之潛能，並以複雜的方式統合運作，形成了個體展現於外的行為模式、人格特質與創造能力。由於先天的遺傳差異或後天環境變遷的影響，不同的個體在各項智能的表現高低也各有不同。一般而言，具有高度智能表現趨勢的個體，愈能對某一領域發揮具創造性的貢獻。但是，從教育的立場而言，雖然不同個體在前述九種智能的表現高低各有不同，在接受適當的教化與陶冶後，大多數的個體均能組織出自己具獨特性的智能結構，並且能發展到某一水準。Gardner 因此認為，學校教育的重要價值與任務即在於能協助學習個體適當開展各類不同的智能，而不同時代的教學工作者應使用符應時代特質的方法，以培養學習個體因應所處時代生活之需的多元智能。

於提出多元智能理論後，Gardner（1993, p. 6）以 Sigmund Freud、[3] Albert Einstein、[4] Pablo Picasso、[5] Igor Stravinsky、[6] T. S. Eliot、[7] Martha Graham，[8] 以及 Mahatma Gandhi[9] 等七位公認具創造力的當代大師（creative modern masters）為例，提出對創造力「互動觀點」（interactive perspective）的看法。Gardner（p. 8）的創造力互動觀點包含三項核心要素以及三項要素間的互動。三項要素分別為：創作的個體（a creating human being）、目標或計畫（an object or project）以及其他個體（other individuals）。三項要素間的互動關係則為：孩童與大師間的關係（the relationship between the child and the master）、個體與其工作間的關係（the relationship between an individual and the work in which he or she is engaged），以及個體與其他社會個體間的關係（the relationſhip between an individual and other person in his or her world）。並以之形成一個「創造力三角結構」（the triangle of creativity），分別包含「個人」（individual）、「他人」（other persons）以及「工作」（the work）等三方（Gardner, 1993, p. 9）。「個人」即是進行創造活動的個體，可以是孩童，也可以是專業人士或大師；「工作」是創造個體所屬的相關象徵系統，例如學科或工作領域；「他人」對孩童而言可能是家人或同儕，對成

---

[3] Sigmund Freud（1856–1939），為 20 世紀精神分析學派的創始人，其論述對當代心理學、教育學，以及人文與藝術相關學門均有深遠影響。

[4] Albert Einstein（1879–1955），為 20 世紀著名的物理學家，創立了相對論，曾獲得 1921 年諾貝爾物理學獎，對現代物理學的影響深遠。

[5] Pablo Picasso（1881–1973），為 20 世紀著名藝術家，作品的風格富於變化，是立體主義的代表藝術家，引領了 20 世紀的藝術發展。

[6] Igor Stravinsky（1882–1971），為 20 世紀現代音樂的重要推手，分別引發三大不同的音樂流派，被人們譽為是 20 世紀音樂領域的 Pablo Picasso。

[7] T. S. Eliot（1888–1965），為 20 世紀著名的文學家與評論家，對文學史影響極為深遠，曾於 1948 年獲得諾貝爾文學獎。

[8] Martha Graham（1894–1991），為 20 世紀現代舞發軔的創始者，與其同名的舞團也是美國第一個、也是最知名的現代舞團，被喻為現代舞歷史上的 Pablo Picasso，也是 Gardner 舉例中為一的女性。

[9] Mahatma Gandhi（1869–1948），為 20 世紀著名的政治家，他以「非暴力」的哲學思想，領導印度脫離英國的殖民統治，成為世界以和平爭取政治變革之公民不合作運動的先驅。

熟個體而言可能是競爭者、評價者和同行中的支持者。「個人」、「他人」以及「工作」三方間的互動將影響個體創造力的展現與成果。

　　Gardner（1993）所提出的多元智能理論與創造力互動論均著重社會文化對個體的影響，並廣為今日教育場域所援用。然而，Gardner（2000, pp. 32-33）指出，長久以來，正式的學校教育在協助學習個體開展其多元智能上，常有一些偏差現象。首先，學校教育往往忽略了提供個體學習多元智能的均衡課程，例如常見重視語文、數理、邏輯的訓練，而輕忽藝術領域的陶冶。其次，學校教育為求管理一致的方便性，往往多以單一的教學方式、課程內涵，以及評量策略提供予每一個體，以致忽略了學習者的個別差異。Gardner認為，學校教師應更新其教學方式與思維，以關照每一學生的學習權力與發展空間。再者，Gardner也認為，就歷史發展的時間性而言，多元智能的論述與數位科技約為同時產生，因之數位科技即為當代教師的有利輔具。Gardner指出，拜數位科技之賜，個體可以像玩「樂高」（lego-logo）一樣，借助鍵盤在電腦螢幕上築構物件，並在文字文本、圖像符號，以及多媒體影音元件之間任意轉換。當學習個體操作前述科技時，多元智能的學習即已開始。Gardner也指出，相較於數位科技，以往的教學科技，如投影機，幻燈片等，往往僅只是「遞送」（deliver）「死讀書」（drill and kill）性質的知識內容，但數位科技的連結力則能觸發靈感的撞擊，進而帶動多元思維的開展。

　　Wheeler、Waite與Bromfield（2002, p. 378）在探討數位科技對創造力的影響時指出，數位科技是一有效的思想解放和促進學生發揮創意的心靈工具（an effective mind tool）。前述曾提及，當代的觀點認為創造力是每一個體均擁有的潛力，而不是僅由各領域的少數菁英所擁有。因此，藝術創造力亦非少數藝術專業人才所能具備者，而是所有的學習個體都具有的藝術能力與創意思維。藝術活動充滿彈性，能表達不同個體的殊異個性，以及富有想像力的想法和對生活環境的反應。以數位科技與藝術學習交織，應能衝撞出許多可能性。

　　值得一提的是，Davies、Franks、Loveless、Mosdell與Wheeler（2003）指出，從學校教育的角度觀之，數位科技不僅能對學生的思維有釋放的

效應，對教師亦同樣有正面影響，亦即數位科技同時有助於教與學雙方創造力的引發。對教師而言，使用數位科技的過程，意味著需要在教學時間與進度的既定框架中，對不同物件及科技進行彈性安排或跨學科的合作，此一跳脫以往教學慣性的方式，即需要教師展現其創造力。Potter（2006）則透過研究，發現數位教學環境能幫助職前教師較高層次教學創造力的引發，並強調，在有創造力的教師引導之下，能培養有創造力的學生（creative teachers for creative learners）。數位教學環境給予教師教學創意的激盪，當教師成為「藝術教學創意專業人士」時，其學生亦能晉升為具潛力的藝術文化創意階級，產生正向的創意循環。

三、數位科技與藝術創造力人格

在討論創造力的論述中，人格特質常為其中重要的面相，認為具創造力人格特質者，能具備與他人不同的思維及解決問題的方法（Csikszentmihalyi, 1996）。根據是類論點，Selivanov 與 Federation（2004, pp. 29-30）即思考當以數位科技融入藝術教學時，對學習者創造力人格的增益。Selivanov 與 Federation 認為，根據目前對於腦神經科學的研究，認為個體的創造力與右腦所管理的思考力、想像力、圖像辨知力等有較高的相關性，而長久以來一般學校教育的重點卻主要在刺激左腦的能力，聚焦於為個體發展邏輯思維和掌握明確情況的方法。因此，Selivanov 與 Federation 認為，當探討將數位科技應用於藝術教學對個體創造力人格的影響時，可以從能引發右腦學習潛力的四個面向來討論，分別是「圖像思考能力」（image thinking）、「推論思考能力」（discoursive thinking）、「統整思考能力」（integrative thinking），以及「投射思考能力」（projective thinking）等。當以數位科技營造藝術教學環境時，由於能給予學習個體平衡較屬認知面向的機制，從而將發展出更具創造力人格特質的機會。

在個體創造力人格的「圖像思考能力」部分，Selivanov 與 Federation（2004, pp. 29-30）認為，相較於其他的學科領域或活動類別，藝術領域可以提供豐富的經驗以及方法去「操作」（manipulating）資訊，並將之

轉化為各類溝通物件。儘管今日的藝術形式極為多樣，一項藝術活動或產物可能同時包含有傳統與新興的方法及媒材，而每一類方法與媒材均有其特質也有其限制，然而不論何種方法及媒材，皆具有一個不變的本質，亦即均為一種「圖像思考的具象衍生物」（derivatives of concrete image thinking）。由於人類對於圖形辨知有著跨越種族與文化圈的先天能力，圖像思考能力成為整合各種不同資訊最有效的基礎。經過圖像思考能力所產生的物件，可以跨越溝通系統的語言障礙，為不同國家、種族、性別，以及各文化圈之主流文化或次文化團體所辨識。圖像思考能力能將所欲傳遞的訊息，壓縮於不需具備物理性空間的「組織」，亦即圖像或影像等之內，並提供一個被激化的「資訊場」。由於圖像思考主要須在藝術活動及藝術領域中方能發展，是以藝術活動及其知識領域可作為發展圖像思考能力的教育資源與教學場域。在數位學習環境中，由於數位科技的機制特性，可便捷提供圖像的視覺敘事（visual narrative）內涵，增益個體的圖像思考能力，並以之作為其餘思考階段的認知基礎。

在個體創造力人格的「推論思考能力」部分，Selivanov 與 Federation（2004, pp. 29-30）認為，推論思考包含有兩類認知過程，一為「演繹推論」（deduction），另一為「歸納推理」（induction）。「演繹推論」為由一般到個別的推理，是根據某一種一般性原理和個別例證，從而得出該個別性例證的新結論。「歸納推理」為由個別到一般的推理，從一定數量的個別事實，概括出某種一般性的原理。推論思考未必能產生新的點子，但當個體進行推論思考時，能形成對某一事實明確的線性知覺基礎，並能根據過去的經驗累積，進行因果歸納，使推論思考成為系統化教育體系中的重要過程，也成為創意發想的基礎磐石。在數位學習環境中，借助數位科技的多媒體性質和圖像再現特性，任何推論思考所衍生的形式與歸納結果，均有潛力轉化為一個具創意性質的視覺陳述。因此，就學校的教學場域而言，不論是課堂上的口頭報告、學術性論文或創作展演的介紹等，在經過推論思考的程序後，均可以藉助各類數位化機制，將之轉變為一則「彩色的視覺敘事」（a colorful visual narrative）。

在個體創造力人格的「統整思考能力」部分，Selivanov 與 Federation（2004, pp. 29-30）認為，統整思考是一個針對多樣化資訊進行分析和抽

象操作，並透過系統化及綜合的認知過程產生新想法的能力。因此，統整思考是一種「心智操作」（mental manipulation），能透過對各種不同的概念及分類，進行資訊理解、操作與整合，綜合出一個新的、穩定而有意義的結構。從藝術教育的角度而言，根據不同的藝術教學目的，學習個體通過分析、操作與整合現有的想法，合成出新的含義、想法和概念，並具現成為一個藝術產物、設計作品、藝術報告，或藝術性的論述。因此，統整思考即成為一組具創造性的機制。在數位化環境中，透過具彈性的數位機制，分析與操作所面對的藝術相關資訊，能激盪出不同的整合方式，呈現出具有創意性的成果。

在個體創造力人格的「投射思考能力」部分，主要的特質為結合前述圖像思考、推論思考、統整思考等不同認知操作功能，其目的在構思創意，為所欲解決的問題規劃最佳的解決方案，選擇適當的表達方式和適宜的材料，並策劃具創意展現的過程（Selivanov & Federation, 2004, pp. 29-30）。因此，投射思考是生產性，而非被動性的思維。根據投射思考的概念，在藝術教育的教學環境中，於引介數位科技後，學習個體得以發展三類具創造力的視覺溝通形式，分別為：表達屬於自己的圖像、表達屬於自己的想法和概念，以及表達屬於自己的文化經驗。透過前述三類具個別性的視覺溝通形式，使個體表現的結果呈現殊異性。在表達屬於自己的圖像部分，意指應用數位繪圖軟體，以及動畫或空間模擬方式等，來表現學習個體的數位化想像力。在表達自己的想法和概念部分，意指應用數位繪圖軟體，以及動畫或空間模擬方式等，幫助發展抽象思考，以及整合運用語言文字來表達其想法或概念等。最後，在表達自己的文化經驗部分，意指應用數位繪圖軟體，以及動畫或空間模擬方式等，訓練學習個體處理訊息，並掌握數位性的藝術手法，以詮釋其文化認同與體驗。

今日的學習個體自小在數位環境成長，完全不同於以往的資訊傳遞管道與溝通方式對新世代學習個體的創造力、智能、藝文素養，乃至人格等都有所影響。前述四類創造力人格特質，說明了於藝術教學中應用數位科技對於學習者創造力的助益。然而，Selivanov 與 Federation（2004, p. 30）也指出，年輕世代從小即被大量視覺訊息淹沒，並習慣於「重複傳遞」及「被傳遞」「別人的」或「現成的」（ready-made）的訊息或

圖像，或者並不覺得有創作專屬自身之訊息或圖像的需求。此一現象，一來說明了在藝術教學中強調創意思考以及獨特性的重要性，二來顯示了進行藝術教學時，對於圖像詮釋之創意思考能力的重要性。

在當代年輕學子的日常生活中，有大量的溝通來自於數位螢幕中的人工物件，包含影音、圖像與文字，以及所引發的感官互動。數位螢幕中的人工物件除了有其專屬語法及語意結構外，也包含了視覺審美的經驗。在藝術發展歷史上雖然不乏見到對於視覺圖像的語法分析原則，例如西方中世紀的宗教隱喻、文藝復興時期的古典藝術原則、20世紀的形式原理原則、20世紀中葉後的符號學理論等。但是，前述藝術發展史上所累積的經驗與論述，未必能平行移植用以解讀數位螢幕上的語彙。因此，思考在藝術教學環境中，數位科技對於學習個體創意思考能力的激盪時，亦應著重於符應數位時代氛圍的影像詮釋與批判思考力。數位環境不同於實體情境，創意思考力於數位空間中的具現方式亦有不同。由於藝術學科與其他科目殊異的特質，使之與數位環境中的創意思考力有應合之處，教學者須因時制宜，敏銳查驗、調整所應用的藝術教學方式與策略。

四、數位環境中的藝術創意思維

為說明數位環境下，創意思考力運行方式的軌跡，Siemens（2004）以「連結理論」（connectivist theory）來說明數位時代的藝術學習特質；他認為數位環境的學習是混亂的，而非線性和連續的，由於藝術學習的發展過程也是非線性的和混亂的，說明了藝術學習與數位學習的類同性。Siemens舉藝術教室為例，指出大多數的藝術教室呈現了一種「具結構性的紊亂」特質。在藝術教室中，可能有不同的媒材散落並置，或有不同的靜物隨意擺設，或是完成的作品與半成品相混。同時，在一樣的教學單元中，每一位學習個體的進度可能均不相同。因此，在藝術學習的過程中，學習者必須能自我管理，將混亂的創意能量轉變為具結構和形式的藝術作品，使藝術的學習活動成為一種將混亂加以秩序化和結構化的歷程。

前述藝術學習的非線性過程，正如同個體進行思考活動時，將創意的想法或靈感，自紊亂無章法的思緒中抽絲剝繭而出的過程。同時，也如同在數位環境中，由於各式連結的路徑難以臆測也難以複製，而呈現出「具結構性的紊亂」特質，使用者則需在紊亂的結構性中，梳理出脈絡。當學習個體在一個非線性的，看似雜亂無章的環境中思考或行動時，由於必須完成學習活動的任務，乃將因應環境的變化，運用新知識，配合新情況，進行反思和改進等工作，最終並修正自身的思考方式以及資訊處理模式。在此情況下，學習者透過既混亂又具結構性的歷程所努力完成的藝術作品，即是運用藝術能力，並透過自我管理的關鍵能力，所完成之具有藝術創意的藝術成果。

　　Kop（2012）在描述數位環境的學習特質時，以「偶然力」（serendipity）來形容之。她認為，在過去的學習環境中，當學習個體需要尋找參考資源時，多習慣去圖書館、美術館等實體文本的儲藏所在，並在這些封閉的空間中，透過記錄分明的圖書資料卡，按圖索驥，尋找預先設定的參考文本。由於在以往的知識體系中，資源的提供來自專家學者或教育工作者，所以前述實體文本在經過專家背書後，便具權威性，而成為主流的參考資源。但在數位時代，原先呈封閉狀態的知識體系被去中心化，原來脈絡分明的疆界也被消解，當代專家學者或教育工作者不再肩負資訊及知識主要提供者的責任，也不再是學生獲得資訊之正確性及詳實度等品質的保障者。在此狀況下，數位時代的學習個體必須能提升自己原先的思考層級，將自己進階成為促進自我管理之網絡化學習（self-directed networked learning）的個體。尤其在1990年代中葉前後，各類社會媒體出現以來，前述情勢尤為明顯。在各式因不同集結目的組構的網絡社群中，使用者可以控制他們所需要的資訊聚合，不再需要依賴專家驗證其所接收到的資訊。同時，當代的學習可能發生在教育機構的學習範疇之外，在任何網絡化的環境中「偶然」發生的「碰撞意外」，均有可能激盪出豐沛的創意能量。

　　根據Deuze（2006），數位文化係由「修補匠」（bricoleur）[10]的想

---

[10] 「修補匠」（bricoleur）一詞源自法文，語出Claude Levi-Strauss（1908–2009），意指原始民

法以及實踐所組成,而「修補匠」意指網路世界中,具有無限自由和無窮創造力的個體。因此,Deuze 認為,數位文化包含有三個組成概念,分別為「參與」(participation)、「矯正」(remediation)、「拼湊」(bricolage),適能說明數位視覺文化藝術教育因數位科技的介入,所呈現的創造性意涵。Deuze 強調,參與、矯正、拼湊為數位文化的三個組成概念,三個組成概念彼此互為因果,唇齒相依。此外,在每一個概念中,皆同時展現其概念的反向意義。亦即,「參與」必伴隨著「中斷」(disconnection),「矯正」必伴隨著「傳統」(tradition),「拼湊」必伴隨著「原創」(originality),這些看似相斥的概念並不是二元對立,而是一個連續整體中相互烘托的部分,彼此突顯對方的存在,並且在無窮盡的「碰撞意外」下,持續對傳統的舊有元素進行參與、中斷、矯正,以及拼湊、更新,產生無窮盡的原創可能。

　　創造力的概念發展久遠,雖然向來是個難被明確定義的用語,但其大致的概念與內涵則類同,並在不同的時間以及不同的地點,因應不同時代的特質,以不同的形式出現。Deleuze(1995)指出,在當代社會中,資訊科技、通訊與廣告已替代「概念」與「創意」,使當代社會由原先以控制人為主的「規訓社會」(disciplinary societies)成為由一種「傲慢的品種」——資本主義所組成的「控制社會」(control societies)。在控制社會中,主要運作機制為對於訊息的連續監控和即時傳遞,其最高指導原則不是「生產」,而是「銷售」產品。因之,企業取代工廠、按件計酬取代固定薪資。尤有甚者的是,教育在控制社會中也成為依據「按成果付酬」(getting paid for results)原則行事的體系。如同企業取代了原來的工廠,「學校」也被「繼續教育」(continuing education)所取代,「考試」則被「持續評估」(continuous assessment)取代,有效的將教育轉變成為「企業」(business)。就藝術領域而言,在傳統社會中藝術產物多被置放於封閉的場域,流通性單一,但在控制社會

族運用「拼湊」(bricolage)的思維模式,當遇問題時將運用現有的工具和材料,重新組合或修改,以適應新狀況。於當代「修補匠」、「拼湊」等詞彙常被用以形容藝術家、教師或其他專業及一般人士,運用創意修改現存的想法、材料和方法,加以運用以應付新問題的狀況(Wikipedia, n.d.-f)。

中，藝術產物從獨立閉鎖的場域，進入了流通開放的金融市場，成為商品。由於在控制社會中，個體的「分身」與「角色扮演」取代了反思性的主體，使傳統社會中個體對於世界的認識與感知，讓位給「僅有科技」（technology only）的視覺炫惑，並臣服於科技及其企業霸主的掌控。

前述分析使藝術相關創造力在當代呈現了令人玩味的意涵。換言之，當數位科技的使用者在搜索引擎做了一些選擇時，同時也反映了商業或其他利益團體的排序與鉗制，因之使用者需要「從糠中區分出小麥」（distinguishing the chaff from the wheat）（Kop, 2012, p. 4），學習將這些資源進行篩選與連結，並敏銳思考，以產生新意義並與他人分享。以往在談及青少年應具之生存能力時，多以 3Rs（讀、寫、算）（reading, writing, arithmetic）為代表，進入數位時代後，論者主張應在 3Rs 之上再加 4Cs，亦即「合作」（collaboration）、「創造力」（creativity）、「批判思考」（critical thinking），以及「溝通」（communication）（Keane & Blicblau, 2012），方足以提供青少年在 21 世紀的生存需求能力。其中合作以及溝通說明了在數位時代學習方式的變革，而創造力與批判思考則彰顯了能「從糠中區分出小麥」的敏銳性。對於藝術教師而言，首先應責無旁貸的將 3Rs 增加 1R，亦即「藝術」（art），擴增為 4Rs，並透過對於數位科技的踐履，在 4Rs 之上再加上 4Cs，以符應時代之需。

在諸多學校科目中，藝術能提供學習者表達其個性、富想像力的想法和對生活情境的反應，也能提供教學者表現其創意思第維。在 21 世紀的「知識經濟」之後，「社群經濟」（socialnomics）（Qualman, 2009）正蓄勢待發，社群組成分子的創造性將決定該經濟體系的產能。數位科技雖勢如破竹，但並非要將其功能無限上綱。各種媒材皆有其基本特質，也有其發展潛能，但正如鉛筆固然能寫出曠世鉅作，也能僅止於塗鴉書寫，數位科技亦然。如同 Black 與 Browning（2011）所指出，數位科技確實能使藝術教師的教學創意更為彰顯。然而，在進行教學時，數位科技能扮演的是增進教學效能和學習成就的輔助角色。換言之，數位科技並非教師教學能力的驅動者，而是當教師具備富有想像力的教學創意後，透過數位科技獨特的機制實現並將之增強，方能發揮數位科技對於使用者創意的激化潛力。

第三節　ICT 的藝術教學應用

　　科技發展是人類社會持續前進的重要因素，將新興科技轉化為教學科技，建構符合各學習領域的教學機制，以尋求新的教學可能性，則是不同學門教育工作者的使命。網際網路蓬勃發展，數位科技的風潮席捲全球，隨著數位科技日新月異，輔助學習的軟、硬體技術快速出現，使以往的學習方式邁入數位學習的時代。推陳出新的各類數位科技，讓今日的教學模式較之過去更為多元，以往「教師 → 學生」的單向學習方式已不足因應今日數位世代的學習需求，教學形式產生巨大轉變，也漸次改變知識建構的慣習模式。在諸多數位科技中，「資訊及通訊科技」（ICT）能融入教育系統，提高教學績效，為當代科技發達國家積極推動的重要教育政策。檢視藝術教學的歷史，不同時代的教學科技，將對該時代帶來各具特質的學習情境。藝術教育既是整體教育之一環，ICT 對教育體系的衝擊也對藝術教育產生影響（李賢輝、張恬君，2002；張恬君，1998）。透過 ICT 機制，應用數位學習環境與藝術教學知能的「綜效」，可以增加藝術教學的教學效益，提升藝術創造力和批判性思維，並瞭解不同文化圈的藝術實踐。因此，如何將 ICT 與以往藝術教學的方式結合相融，以為我國藝術教育開展新契機，是當代藝術教育工作者關切的重要任務。於本節中，將先檢視 ICT 的學習特性與對藝術教育的意義，再探討其藝術教學機制，以及對於藝術教學的影響等議題。

一、ICT 的學習特性與對藝術教育的意義

　　以 ICT 建構各種新型態數位學習機制的目的之一，是為教師及學生提供有效且使用簡便的教學模式與策略。在以 ICT 融入教育的教學環境中，傳統的教學內容面臨數位化之變革，轉變為「數位內容」（digital content）型態，而傳統的教室學習情境亦漸為「高互動教室」（highly interactive classroom, HIC）之概念取代（高震峰，2005）。高互動教室的特質之一，是將電腦軟、硬體設備與網際網路結合應用於教學活動中，建立具有高度互動特質的教學情境（劉子鍵、王緒溢、梁仁楷，2002）。根據 Roschelle（2009, p. 3），「互動」一詞的意涵多元且用法

廣泛,在教學情境中,「高互動」意指教與學雙方能有「往返式的相互作用」(back and forth interplay),使學習者對教學活動有積極並具意義的觀看、思考與參與行為。

諸多被用以經營高互動教學環境的 ICT 設備,計包含有「電子書包」(electronic book bag)、「行動學習輔具」(mobile learning device, MLD)、「互動式電子白板」(interactive electronic whiteboard, IWB)、「即時反饋系統」(interactive response system, IRS)、擴增實境(augmented reality, AR)等。而其餘能達到教學目的數位機制,如部落格(blog)、臉書(facebook)或其餘社會媒體(social media)等,均能與前述 ICT 設備相融共用。在進行高互動教學活動時,教學者在數位資源的協助下,不需僅依賴教科書文本的既定素材,而可依據教學情境與學習者需求,輔以多元影音教材。學習者亦可透過教學環境中的數位系統尋找知識來源,成為教材內容的協同提供者,建立數位時代「知識共構」的學習氛圍。

前述具高互動教學特質之 ICT 設備的出現並不僅只是教學輔具的更新,同時意味著傳統教學習慣的改變。教學者從以前運用黑板、紙筆為主的教學模式,轉化為數位操作的模式,為教學與評量展開更大彈性。Lee 與 Winzenried(2009, pp. 189-192)指出,當教師接觸 IWB 等 ICT 設備後,將會由於數位資源的便利性與可能性,而開始質疑過往以紙本形式為主的教學方式。Lee 與 Winzenried 認為,在「紙本時代」(paper-based paradigm),學校教育被視為是屬於工業時代(the industrial age)的組織結構,是一個大型的、分離式的獨立系統,由許多被分割的部分組織而成,容納的是大批被分散到各不同部門的人力資源,其教學科技是固定不變的紙張、筆、黑板等,教師則進行各自獨立的教學準備。在這樣的教學環境中,長此以往,即建構了固著的管理規範,學校教職系統呈現階級化的模式,各成員間的分工界線明確,各具固定的腳色任務與一成不變的工作內容,資訊來源相對上較依賴大眾媒體,進行著基本上以紙本為主,緩慢的溝通和資訊提供模式。Lee 與 Winzenried 進而指出,紙本科技(paper technology)的效能被長期誇大,甚至積習成是,直至 ICT 出現後,才加速改變,呈現了數位化的組織氛圍。當教師習慣以 ICT 設備與數位資源進行教學後,其教學將呈現與紙本時代全然不同的樣貌,並邁入數位世代。

在藝術領域方面，目前我國在規劃藝術課程時，重視各藝術類學門間的整合性教學（陳瓊花，2005），由於高互動教學環境除對視覺影像的處理具備優勢，於聲、光等亦有相當理想的傳輸效果，因此各種ICT學習科技的應用將能為藝術相關學習領域提供教學實務上的協助。視覺藝術的教學特質之一便是以視覺影像作為教學主體，以目前ICT對於視覺影像處理的快捷優勢看來，高互動教學環境之建構尤其適用於視覺藝術相關之教學領域。在觀察ICT對中小學及特殊學校藝術教育的影響後，Davies等（2003）認為，ICT有助於藝術教師對學科價值的實現，能引導學生成為具視覺素養的「視覺知識分子」（visually literate），並透過藝術能力，瞭解且自信的判斷外在世界。其次，由於ICT具有跨學科的特質，Davies等（2003）的研究亦發現，ICT能提供教學準備上更大的自由度，進而有助於教與學雙方動機的引發。對於學生而言，數位科技已為生活中嫻熟應用的媒介，因此當於教學時使用，能引發學生在學習上的認同感。對教學者而言，尤其對在數位媒介的操作嫻熟度上不如年輕世代的教師而言，由於ICT科技可以協助其尋找數位資源挹注教學，進而能助益教學動機與自信的提升。

除前述外，Davies等（2003）強調，ICT對藝術教學場域最大的貢獻，是ICT能提供教育現場之域內與域外的有機性連結。由於網際網路的鏈結與合作特質，ICT能連結不同的人、科目、機制，以及廣闊的社群空間，符應了當代數位視覺文化的地下莖延展特性。此一特質，使ICT的連結功能中，受惠的除了教師與學生外，更包含在可見範疇內的其他學校、美術館、師資培育機制等，以及不可見數位空間中的群體。讓藝術教學在ICT環境中，既落實了新科技的創新，還包括未可限量的涉入個體與資源，凝聚了呈現出「生成」狀態的有機性藝術教育圈。

然而，Davies等（2003）發現，雖然ICT對藝術相關教學領域有所助益，但由於學科特質不同，一般在討論科技相關之教學理論與實施方式時，常將藝術類科目與其餘學科進行劃分，使ICT融入藝術教學往往止於「想法」，而非「做法」。Davies等乃建議，欲提供學校藝術教師ICT之教學支援系統，有三項入手之處，分別為：確認ICT在藝術教育中的創新實踐與推廣、分享該創新實踐、進行長時間的創新教學和研究。

前述三項策略將能發展藝術教學圈中,對於數位教學活動持續參與並自我支持的社群。長期下來,不論未來教學科技如何推陳出新,均能將其對於藝術教學的發展潛能解譯,進而踐履。

ICT 科技的進化與網際網路的發展息息相關,早在 20 世紀末 ICT 出現之前,其前身——電腦輔助教學(CAI)與藝術教學的關係已被學者進行討論。論者多認為 CAI 可以增加藝術學習的成效;具創意的藝術教師將能提供學生相當的藝術學習可能(Crowe, 1988; Matthews, 1997);亦有探討藝術教師對 CAI 的推拒與遲疑態度者(D'Angelo, 1988; Hicks, 1993)。在 ICT 漸趨成熟時,部分經濟大國開始以政策推廣 ICT 於教育界的落實,其中英國便以「教育科技署」(British Educational Communications and Technology Agency, BECTA)推動並研究 ICT 融入各學科的應用。BECTA 於 1997 年《藝術類課程軟體改議》(*Curriculum Software Initiative: Art*)(British Educational Communications and Technology Agency [BECTA], 1997)之研究報告指出 ICT 對藝術教育的貢獻以及應注意之原則,為以國家公權力推展 ICT 科技融入藝術教育的例子,也反應了 ICT 於藝術領域推動的正面意義,以及應注意的面向。

根據 BECTA(1997),ICT 對藝術教育之正面意義包括:ICT 提供了多樣性;ICT 有如一套工具組(toolkit),內容包括資料庫、視覺資料庫,以及能促進表現之數位寫生簿;ICT 的模式能夠恢復存檔和不斷地修改,為藝術創作與藝術教學活動提供不懼失敗之實驗創作舞臺;ICT 關心的不只是圖像的操作,尚且涵蓋了動畫和多媒體的專業製作;ICT 允許教師與學生透過網路和世界上其他個體進行互動並溝通藝術概念。在 ICT 於藝術教育領域推動時應注意的面向上,則包括:ICT 雖為藝術提供新的創作可能,但需避免成為不具情感的藝術技巧呈現;學生必須被引導有意義地使用 ICT,例如應避免拷貝現成的圖像(clipart),或進行意涵淺層之創作;藝術教育工作者必須確保學生把 ICT 技巧用於增進表現的方法和思想,亦即,除熟練使用 ICT 技巧之外,尚須發揮其美學素養和創造力的潛能。

邁入 21 世紀之後,ICT 教學科技成為各國政府與教育界致力推動的政策,藝術教育工作者也提出數位科技於藝術領域的應用意義與價值。

王鼎銘（2000）檢視數位科技的學習特質對於藝術教學的影響時，認為可以分為下列四個層面探討：

（一）數位科技對藝術創作的影響：數位科技已成熟應用於藝術創作，並已影響藝術形式和內容。由於數位科技提供大量方便使用的工具，使得數位圖像創作比以往更為容易，藝術創作者不需要花費大量時間熟悉溝通媒材以及練習表現技法。

（二）數位科技對圖像紀錄儲存的影響：數位化技術的廣泛應用，使得數位資訊以其標準化特質迅速取代傳統的非數位傳播媒體。因此，數位影像成為適用於各類表達形式的媒介，消除了以往圖像文化中不同媒介間不相容的障礙。

（三）數位科技對於數位圖像擴散的影響：數位化媒體的特徵包含格式標準化以及傳輸數位化。真實世界中具有連續性特質的圖像，經過明確的標準化處理過程，可以轉換成數位元形式的表現方式。不同領域、不同時空、不同語言文字、不同文化社會背景的圖像皆可以數位形式匯集，並衍生出嶄新的數位視覺文化風貌。

（四）數位科技對於圖像更新的影響：數位化通訊方式同時提供創作者與觀者雙向溝通的方式。傳統圖像所強調表達的是真實世界的現象，而數位圖像有時則是強調觀念的溝通。因此，數位科技提供的不僅是圖像資源，同時能透過篩選，迅速提供有效的資訊。

當 CAI、ICT 於 20 世紀末逐漸發展成熟並成為教學科技的主流時，正是臺灣推動中小學九年一貫教育改革的時期，學生資訊素養的提升正是此波教育改革的重要訴求之一，各學門領域均將資訊議題的融入，視為自身領域與現代化教育觀點接軌的重要關鍵。許多學者即在九年一貫課程政策推動後，觀察臺灣中小學藝術教學的發展狀況，提出運用數位科技融入藝術教學的意義（葉俊顯，2003；簡瑞榮，2003）。其中，葉俊顯認為，以數位科技融入我國中小學藝術教育將對師生的教與學產生下列意義：

（一）提供學生接觸數位媒材與創作方式：藝術家常會探索新的媒體形式，數位科技是當代藝術創作的重要媒材之一，能達成過去藝術創作難以創造的效果與感受。透過教學，學生將得以發展、選擇

和操作數位媒材與創作方式，並練習使用電腦軟體中的色彩、線條、形狀和圖案等視覺語言來表達想法。

（二）增進學生的學習興趣與成效：數位科技的教學特質之一是能將抽象難解或因時空距離無法親身經歷的學習內容，經由模擬或虛擬實境的方式讓學生理解，因此有助於維繫學習動機。同時，以數位科技融入課程之教學形態趨近建構式教學策略，在主動學習的氛圍下，也較能引發學生的學習興趣。

（三）提升藝術教學的品質與效率：由於數位科技具有統合文字、圖案、聲音、影像、動畫的多媒體特性，適合呈現視覺藝術教材，以及進行跨領域的統整課程。教師可收集多元形態與來源之教材資源，進行課程規劃，使藝術教學活動之進行較以往容易，並展現更生動活潑、多樣化、豐富的教學氛圍。

（四）培養師生雙方的數位相關素養：當以數位科技經營教學環境時，就教師而言，除需先充備自身的基本資訊素養外，尚須增進經營符合藝術領域學科特質的數位教學知能。就學生而言，除了基本資訊素養，透過藝術課程的學習，亦能增益其參與數位視覺文化環境的相關素養，因而對師生的數位相關素養均有助益。

除前述外，李堅萍（2006）在討論將資訊融入藝術教學時提及，因應資訊科技的特質，其輔助教學的策略有三大面向，其一為展現資料庫的豐富內涵與多元形式特質，其二為處理與模擬影像資料以解決教學所遇問題，其三為輔助藝術創作的知能學習。因此，由於網際網路無遠弗屆的功能，以及數位資料庫的豐富資源，相當適合需進行大範疇教材選取的藝術學習領域。藉由豐富的資料庫，在教學中可以引發學習興趣與激勵學習動機。同時，李堅萍強調，由於藝術課程包含大量圖像資料，需透過直接觀看教學，難以口述或閱讀的方式清楚描述，使用數位科技適可解決以往教師須一邊展示圖片，一邊口語解釋的狀況。

以上學者對於 ICT 學習特性的討論聚焦於藝術學科領域的學習。由於藝術學習活動的特質，除自身為一獨立的學科領域之外，尚能融入其餘學科教學，提供非藝術類之學習領域作為教學輔助活動。因此，從廣義的

藝術教育觀點檢視時，可發現 ICT 的教學機制既能助益藝術課程的學習效能，尚能輔助其餘學科透過藝術元素規劃之教學活動。Semenov（2005）即從 ICT 的「視覺輸入」（visual input）特質出發，認為 ICT 對於藝術資源的便捷運用，使 ICT 的視覺訊息運用功能對學校一般教育的教學也有所助益。Semenov 指出，當以 ICT 機制進行視覺訊息的產製、儲存與應用時，除了直接拍攝、繪製的數位圖像之外，當所需應用之視覺物件為印刷圖像或手寫文本時，亦可透過「光學字元識別」（optical character recognition, OCR）機制將之識別並進行分析處理，以將其內容轉化成為數位文件檔案。此外，ICT 機制中尚包括其餘形態的訊息資源，如各類音像之「聽覺輸入」（aural input），亦能與「視覺輸入」整合，再使用「人體運動作為輸入」（human movement as input）的機制，由教學者或學習者操作鍵盤、滑鼠、觸控式螢幕（touch screen）、繪圖板（graphical tablet）等，進行與各類不同學習領域的整合性教學資源應用。

　　圖像等視覺訊息是人類進行不同學習活動的基礎，不同時代的視覺科技提供了各類性質學習活動所需的視覺元素。19 世紀中葉之前呈現視覺訊息的主要方式為手繪或版畫等，19 世紀中葉後攝影技術成為將視覺訊息捕捉並儲存的重要方式，然而至 19 世紀末葉為止，不同視覺科技呈現的視覺訊息以「靜態」為主。於 20 世紀初期開始發展的電影技術、源起自 1930 年代的電視技術，以及成長於 1950 年代的電腦科技，則轉而使視覺訊息能以「動態」的方式產製、儲存並傳播。20 世紀末數位科技的影音技術成熟，並藉由 ICT 機制整合成為各學科領域的主流教學科技，提供更為寬闊的視覺訊息處理方式。綜合前述，ICT 的學習特性對於藝術學門之學科內容的學習，以及對於其餘學習領域欲藉助藝術相關活動輔助其學科教學時，皆有正向意義。

二、ICT 的藝術教學機制

　　當探討藝術領域課程的結構時，不同時代的藝術教育思潮雖有不同的著眼取向以及論點。然而，檢視目前我國高中以下視覺藝術類課程綱要，其中主要的課程類別仍為藝術鑑賞及藝術創作兩大課程結構。藝術鑑賞主

要為對藝術作品、視覺物件的認知與經驗感受，其內涵大致包含藝術史、藝術批評、美學以及視覺文化等面向的學習。藝術創作主要為對不同創作媒材與表現方式的認知與經驗感受，其內涵往往包含不同創作類別的實務操作。由於藝術領域課程的教學特質是以視覺圖像、影像作為教學主要文本，不論是藝術鑑賞或藝術創作等課程內涵，均依賴學習活動中視覺訊息的呈現。以目前數位科技對於視覺影像處理的快捷優勢看來，ICT 教學環境之建構對於藝術課程中之鑑賞及創作學習均能有相當助益。同時，在 20 世紀末的教育改革之後，課程的統整以及跨領域的協同教學常為教學現場所應用。ICT 教學環境除對視覺影像的處理具備優勢，於影音聲光等亦有相當理想的傳輸效果，因此，ICT 的實施將可為藝術學門的跨領域教學提供教學實務的協助。藉由數位影像、虛擬環境、網路空間的發展，使影像的生成、再現、複製與傳遞更為簡易就手，擴展了藝術創作與鑑賞的形式，也厚增了當代藝術教育的意義與重要性。

就藝術鑑賞課程而言，Donahue-Wallace、La Follette 與 Pappas（2008, p. 3）在探討藝術史教學與數位科技的關係時，指出於藝術史教學中融入新興科技的必要性有三項，其首要因素是，新的教學技術可以使教師和學生開始從事新的活動，從而創造新的藝術史教授和學習的機會。其次，認知研究強調有必要鼓勵學生控制自我的學習，而數位科技的互動性可以提供學生接觸藝術史學習資源的自主性。最後，整合新的教學技術以及主動學習的概念，代表藝術史教學專業工作者對學生和社會已經發生之巨大的文化轉變有所覺察與回應。Assey（1999）則從藝術批評與美學課程的角度，認為透過 ICT 機制，能視藝術課程的需要，藉由網路的傳輸接觸各美術館及藝術研究機構，獲得相關藝術訊息。Fromme（1999）認為，網路資源之普及使藝術教師不再是唯一的藝術教學者，互動式多媒體將使藝術教學的方法與形式更為多元，活化藝術教學。Krug（2004）亦指出，當代的影像創作者以議題為創作主軸，使得視覺符號的解讀變得愈來愈複雜且動態；因此，除了教導學生運用電腦與周邊設備，進行多樣化的文字、繪圖、影像處理、動畫、網頁創作外，還要培養學生探索、分析、歸納資訊的知能以理解錯綜複雜的網路文化。

就藝術創作課程的教學而言，於前述章節中曾提及，藝術創作原

本即與科技發展的關係至為密切，ICT 機制除協助藝術創作本身，對於藝術創作課程的規劃與教學亦有所助益。Wood（2004, p. 5）認為，當代科技的發展不僅對於社會有徹底的影響，也改變了個體對自身之意義的認知，當藝術家以科技作為藝術概念的中介時，可能將對藝術的定義有所思考。Wood 進而指出，今日對於「好的藝術」（good art）之觀點已有所改變，以往在藝術創作課程中，以手繪媒材為主的教學方法也應有調整。當代藝術教師須有「藝術專業 ICT 訓練」（art-specific ICT training），以引導學習個體開展新興的藝術創作類別。Radclyffe-Thomas（2008, p. 165）亦認為，以往的藝術教學內涵應予重組，使之成為「藝術－ICT 套件」（art-ICT suites），以發揮 ICT 於藝術教學上的巨大潛力。所謂「藝術－ICT 套件」即為透過數位科技，將訊息「視覺化」呈現的諸多功能。Selivanov 與 Federation（2004, p. 32）認為在教育場域中，ICT 於處理藝術相關視覺訊息的使用方式主要有兩大特性，其一為可以輕易地進行可逆及多變量（easily reversible and multivariable）的建模，其二為具整合性之溝通物件的實務創作（practical creation of integrated communication objects），而前述兩項特質即構築出「藝術－ICT 套件」，使應用 ICT 之教學活動產生圖文並茂的特質。

在影像時代，學生每日生活在多元的數位媒體和虛擬影像環境中，其學習取向與認知模式均有所改變。隨著人類的文化樣式從讀寫文化轉變為視覺文化，藝術教學的影像文本範疇趨向複雜，藉助 ICT 科技可協助超深、超廣之數位視覺文化課程的規劃與建構。由於 ICT 的內涵多樣，不同的使用方式可以為藝術課程帶來不同的貢獻與潛能，其中與藝術學習相關之機制計包含有「富創造力的自我實現」（creative self-actualization）、「視覺性的溝通物件」（visual communication objects）、「虛擬環境與訊息物件」（virtual environment and informational objects）、「整合視覺、聽覺與動態影像的溝通物件」（integrating visual, aural and moving images in one communication object）四大類。根據前述類別，Selivanov 與 Federation（2004, pp. 32-34）將 ICT 對藝術教學的貢獻潛能區分為六大特質，並分別提出該教學特質適用之 ICT 科技以及對藝術教育的學習契機。根據該六大特質，在對學校藝術教育的課程內涵進行思考後，將其內容分述如下。

(一) ICT 提供對知覺的綜合性影響

1. 教學特質

　　ICT 能提供具整合性之視覺、聽覺，以及動態影像的溝通物件，充分影響學習者全面性的知覺感受。

2. 應用科技

　　多媒體技術等。

3. 藝術教育契機

　　在教學過程中引導個體學習影像思考的整合訊息知能，創造多媒體影像，並透過數位創作進行自我表達；在與多媒體形式之文物互動的過程中，發展藝術、審美與人文素養，並提供學習者對於過往文明、藝術和文化遺產明確且永續發展的概念。

(二) ICT 能模仿可視化的表現方式

1. 教學特質

　　ICT 可以模仿任何視覺可見的表現方式，包括 3D 立體實物、動勢，以及現實世界中不存在的虛擬物件，或以虛擬模式重建過去和預測未來。

2. 應用科技

　　3D 視覺圖像軟體、影像處理、動畫、虛擬實境等。

3. 藝術教育契機

　　在教學過程中引導個體學習產製視覺影像的知能，以之進行微觀和宏觀的實體物件或抽象概念創作，並從中發展空間想像力與系統化思考能力；發展審美概念，增加視覺想像力，包括 ICT 教學環境中對一個物件不同性質之視覺影像的綜合呈現，以及互動式變異等。

（三）ICT 能操作並轉化元素為互動物件

1. 教學特質

　　ICT 可以使螢幕的圖像元素轉變為具互動性的物件，以與使用者互動。因此，螢幕上的任一物件均可因之衍生序列性的活動。同時，此一功能可以為單一的靜態物件，或為包括數位影帶、動畫和電影等動態物件所運用。

2. 應用科技

　　互動科技（interactive technologies）等。

3. 藝術教育契機

　　在教學過程中引導個體發展聯想思考的能力，並進行實作，透過創作活動加深操作視覺訊息元素的知能；提供個體獨立自主創作的有效工具，擴增對於不同形式及互動特性之視覺物件的審美認知與想像力。

（四）ICT 製作跨越時空且非線性的多層次訊息物件

1. 教學特質

　　ICT 可以建立多層次的訊息物件，將物件之內容於使用者和互動元素間，以非線性相互作用的時空位置呈現。

2. 應用科技

　　互動科技、數位資料庫、數位目錄、搜尋引擎、互動視訊會議及全球資訊網絡等。

3. 藝術教育契機

　　在教學過程中引導個體發展分析與歸類異質性訊息的知能，並發展系統化思考力；介紹空間及時間性之藝術活動與作品的歷史，建立對於空間想像力的審美知能。

（五）ICT 發展具自主運作特質的資訊系統模式

1. 教學特質

ICT 可以發展具自主運作特質的資訊系統模式，如容許不同背景之使用者自由進入並發布訊息且具互動性的公告板、聊天室、虛擬塗鴉牆和網上論壇等。

2. 應用科技

互動公告板、聊天室、數位資料庫、繪圖軟體、遠距互動裝置、虛擬塗鴉牆、具自我運作機制的軟體工具。

3. 藝術教育契機

在教學過程中引導個體與社群成員共同合作，發展藝術創作活動；透過藝術活動的過程整合藝術人文素養和科技知能，並在與社群成員互動的激勵下不斷自我發展新科技和文化理念，或進行藝術產物的合作創作。

（六）ICT 提供個體具彈性的藝術學習取徑

1. 教學特質

ICT 為使用者提供根據個人速度，並基於個人學習動機及思考模式而吸收訊息的機會。

2. 應用科技

互動科技、數位資料庫、數位目錄、搜尋引擎及全球資訊網絡等。

3. 藝術教育契機

在教學過程中引導個體發展自我學習和獨立學習的能力，並發展明確敘述想法和理念的數位化方法，尋找將想法及理念於藝術活動中執行的策略；透過前述機制，建立全面性的藝術教學系統，以所應用的 ICT 資源強化藝術學習的過程。

在提出前述 ICT 之教學特質以及對藝術教育的學習契機後,Selivanov 與 Federation(2004, pp. 34-35)認為 ICT 對學習者之藝術知能的改變,將有下列部分:

(1) 學習者將能意識到藝術創作力是認知基本概念的主要形式之一。
(2) 學習者將能直接體驗藝術性的自我表達。
(3) 學習者將能理解視覺文化的數位化語意溝通基礎結構。
(4) 學習者將能學習訊息物件的基本概念與結構、組織類型,線性和非線性的閱讀模式。
(5) 學習者將能熟悉不同文化的藝術文物與審美特徵。
(6) 學習者將能操作 2D 圖形的表達、組織、編排以及色碼識別的方法。
(7) 學習者將能學習 3D 空間的表達方式,包括將 3D 物件模擬呈現整合性訊息的實體對象。
(8) 學習者能掌握藝術性的思考知能,包括空間想像力、形象思考、抽象和象徵化的現象,並將訊息系統化、形式化和轉化為不同格式的方法,以及整合成一整體藝術作品或產物的能力。

英國美術與設計教育協會(National Society for Education in Art and Design [NSEAD], n.d.)在經過以 ICT 科技融入藝術教學的課程實驗後主張,適當的使用數位科技,對於教學者及學習者都有正面意義,尤其對於學習者將有下列助益:

(1) 透過網路及虛擬畫廊,學習者能接近全世界在內,包含過去和現在的藝術作品和跨文化產物。
(2) 數位科技提供學習者一系列新的機會,能以具實驗性、創意的方式發展自己的想法。
(3) 透過從事不同的數位學習活動,學習者能發現自己的創作潛力。
(4) 透過數位科技,學習者能不斷檢視、修正其 2D 及 3D 的創作工作。
(5) 學習者能與他人,如同儕、教師、專家等合作,來發展自己的想法。
(6) 學習者能與廣大的觀眾、同儕、父母等分享想法,進而對自身或學習機構達到行銷目的。

(7) 學習者能展開跨學科領域的工作。

自美國藝術家 Charles Csuri（1922-）於 1963 年創作第一件「電腦藝術」（computer generated artwork），並於 1964 年完成第一件「數位影像」（digital image）之後，數位科技啟開了藝術創作與分享機制的新可能。2008 年，英國藝術家 David Hockney（1937-）（Hockney, n.d.; Wikipedia, n.d.-g）開始使用 iPhone 作畫，iPad 風行後，亦成為其創作媒介。Hockney（n.d.）宣稱，使用 iPad 作畫簡易方便，可在有創作靈感的任何時間，直接以手指在 iPad 的螢幕上創作，而作品完成後，更可以瞬間將畫作寄給數十位好友，讓他們在第一時間內欣賞其作品，但創作者仍保留其畫（Gayford, 2010）。[11] 數位科技不但成為新興的藝術創作媒材，更落實了人人都能在 15 分鐘之內成為藝術家的可能性（趙惠玲，2005）。ICT 的藝術教學機制與潛力，對於教與學雙方都將有令人期待的改變，使藝術教學呈現具彈性的多元樣貌特質。

三、ICT 的藝術教學相關議題

藝術學習與教學科技的關係匪淺，不同的教學科技能為藝術教學帶來不同的激盪。藉由 ICT 具彈性與開放性的視覺訊息輸入機制，結合其餘數位功能，能提高青少年藝術學習的效能，並透過藝術實踐來瞭解世界。由於與網際網路的連結，使 ICT 得以跳脫實體教室的地理局限，擷取全球化的藝術資源，進行全面的藝術學習與研究。同時，也讓非學校體制內的藝術人力資源，能通過在線交流提供學習者多元的學習機會，使藝術教育的踐履能落實地球村的思維，對於數位落差的現象提供某種程度的弭平。Wood（2004）即認為，藝術課程能幫助青少年全人格的發展，透過藝術學習可讓青少年接觸自己的內在優勢，當代的科技則提供青少年對於全球性藝術環境的接觸，並透過想像力以及創性思維瞭解世界。Loveless（2002）則認為，學習者和教師可以使用 ICT 支持想像力的發揮以及自主性的表達；同時，以往的藝術教學常被詬病有過於重視藝術行為的產出

---

[11] Hockney 畫作參見 http://www.telegraph.co.uk/culture/culturepicturegalleries/8066826/David-Hockney-iPad-art-in-pictures.html。

結果，而忽略創作過程的情況，藉著 ICT 機制，能將學習者進行藝術創作的過程記錄下來，因之有助於深層藝術感受的彰顯。然而，ICT 雖能為藝術教學帶來新的契機，唯在進行其教學應用時，亦應理解 ICT 的其餘相關議題，使藝術教育與數位科技間能有雙向性的互動溝通。

前述中曾指出，鑑於 ICT 科技所具有提升高品質教學的潛能，各科技發達國家早在 20 世紀末即將 ICT 作為重要教育政策，其餘國家也急起直追，以拉近與科技發達國家間的「國際數位落差」（Aristovnik, 2012; Konstantinos, Andreas, & Karakiza, 2013）。然而，根據聯合國國際電信聯盟（International Telecommunication Union, ITU）於 2013 年 2 月 27 日所公布之《2013 的世界：ICT 的事實與數據》（*The World in 2013: ICT Facts and Figures*）（International Telecommunication Union [ITU], 2013），呈現了許多突顯出各式數位落差議題的訊息，值得關切。首先，根據《2013 的世界：ICT 的事實與數據》，目前全球上網人口大約有 39%，亦即約有 27 億人擁有網路近用權。[12] 其中，各洲人口上網普及率最高地區為歐洲，占全歐洲人口的 75%，其次是美洲的 61%、獨立國協的 52%、阿拉伯地區的 38%、亞洲地區的 32%，各洲人口上網普及率最低地區為非洲地區之 16%。前述網路近用權普及率高低之間的落差，說明了國際間數位發展的差距不容小覷。

其次，就國家而言，根據《2013 的世界：ICT 的事實與數據》（ITU, 2013），開發中國家的上網普及率平均為 31%，已開發國家的上網普及率平均為 77%，顯示「地球村」中存在著數位發展條件上的巨大差異。同時，除了國家與地區間的數位落差議題外，也可發現性別族群之間的數位落差現象。根據《2013 的世界：ICT 的事實與數據》，在全球人口中，男性上網普及率為 41%，女性上網普及率為 37%，當將 4% 的差距換算為人口數時，即是相當的差距。同時，前述的性別數位差距在開發中國家尤為明顯。在已開發國家，男女上網人口的差距約為 2%，但在開發中國

---

[12] 根據美國人口調查局的估計，截至 2013 年 1 月 4 日為止，全世界約有 70.57 億人，以此估算所得（維基百科，n.d.-a）。

家則達到 16%。換言之，進入數位時代後，以往實體世界中原本即已發生的諸多不平等議題，仍持續存在，確實應予以關注。

　　前述數位落差議題亦可見於單一國家的教育體系之中。亦即，在具有同樣 ICT 發展條件的國家中，卻存在著因學科位階差異而產生的「學科數位落差」現象。不論國內外，均發現藝術教育領域之 ICT 相關研究與其餘主流學科有所差距（林志隆、江心怡，2012；高震峰，2012；Black & Browning, 2011; Dunmill & Arslanagic, 2006; Gregory, 2009; Phelps & Maddison, 2008），此一狀況說明相較其他主流學習領域，在藝術教學領域落實 ICT 教學機制的意義與迫切性。Davidson 與 Goldberg（2009, pp. 26-35）提出十項在數位時代的學習特質，包括：自我學習（self-learning）、水平結構的學習（horizontal structures）、從推斷授權到群體智慧（from presumed authority to collective credibility）、去中心的教學法（a de-centered pedagogy）、網絡學習（networked learning）、開放教育資源（open source education）、連結性和互動性的學習（learning as connectivity and interactivity）、終身學習（lifelong learning）、行動網絡學習機構（learning Institutions as mobilizing networks）、靈活的擴充性和模擬（flexible scalability and simulation）等。對於任一學習領域而言，前述十個原則既是基石也是挑戰。當代的藝術教育機構亦應以之為基礎，思考藝術教學機制的未來定位，並基於這些原則發展創意學習，以使藝術教學現場進行變革和轉化，塑造因應未來的新可能性。

　　於本章第一節中曾提及，數位落差包含對於數位科技的近用權與使用能力，而擁有數位科技的近用權不意味著能具備使用的能力，但擁有使用數位科技的能力，又未必表示能「有意義的使用」或「具創意的使用」。當在藝術教學場域討論 ICT 的應用時，即需思考如何使之既能被有意義的使用又能被具創意的使用。就 ICT 機制對教學氛圍的改變而言，Dunmill 與 Arslanagic（2006）整理 ICT 對藝術領域教學的特徵及影響後指出，由於 ICT 的教學環境較少使用教師主導的教學策略，使學習本身變得不具預期性，反而使學生的注意力較為集中，有更高度的動機完成任務。意味著在 ICT 建置完善的教室中，將能有助於學生自主性解決問

題能力的提升。然而，Dunmill 與 Arslanagic 指出，學生雖可能透過自主性學習不斷嘗試並發現新的機會，但藝術教師仍須為學生的學習需求築構適當的支持鷹架。因此，教師需不斷地更新使用 ICT 的知識和能力，以提供課堂中學生所需之額外的學習資源。

　　正如同藝術史上當同樣的媒材、同樣的創作主題為不同的藝術家用以創作時，將因為每一藝術家的獨特人格與創作特質，產生殊異但皆動人的作品。對於藝術教師而言，由於 ICT 的教學機制多樣且具彈性，教師能發揮個人獨特的教學特質，成為視覺文化藝術教育氛圍中的「修補匠」。具有無限想像自由和無窮創造力的教學者，將能在教學場域中，透過與學習者及 ICT 機制共同結盟的行動者網絡，在偶發的「碰撞意外」中，持續對傳統的教學元素進行參與、中斷、矯正，以及拼湊、更新，產生無窮盡的藝術教學創意。

第四章　數位典藏與藝術教育

第一節　數位典藏的發展脈絡與應用意義

　　「數位革命」的浪潮在全球開展，使人類社會自「資訊時代」進入「數位時代」，幾乎每一個體、事件、物件均被納編入數位化的脈絡裡。數位科技之發展改變了人類的生活型態，既有的文化知識、藝文產物經過數位化的程序，能被大量匯集且長久保存，所產製的數位資源與訊息可即時傳遞四方。由於數位儲存技術的進步，促成了當代數位典藏機制的發展，網路平臺成為將藝術與文化產物進行資源共享、知識傳遞與加值應用的最佳場域。21 世紀啟航後，將國家藝文產物數位化之數位典藏機制蔚為風潮，各科技先進國家紛紛投入國家級數位典藏計畫之運作。面對全球化的競爭壓力，「教育」即「國力」，公民的教育水平反映了國家的競爭力，各國政府也亟思如何藉助數位科技之發展提升教育成效，開啟了數位機制與當代教育結合的契機，數位典藏資源之融入則為教學場域注入新的活水。由於數位典藏提供了豐富的影音、多元的圖像以及厚實的藝文後設知識，使之成為融入藝術教學的理想資源，能為藝術教育增添鮮活樣貌。因此，在數位視覺文化藝術教育的脈絡中，數位科技為藝術教學提供了方法，數位典藏則為藝術教學提供了內容。於本節中，將先梳理數位典藏的源起、定義與意義，再舉例探討國外於數位典藏的發展狀況，以及我國數位典藏近十年間的發展脈絡等。

一、數位典藏的源起

　　自進入數位時代後，藝術文化領域與數位科技匯流的綜效代表之一，即是數位典藏機制的展開。數位典藏源起自博物館等儲存機制將藝術與文物檔案轉化為數位化形式存儲的方式（蔡永橙、黃國倫、邱志義，2007）。然就今日其廣泛的應用面向而言，能以數位方式進行儲存的藝術人文產物、自然景觀、風俗習慣等，（中央研究院數位文化中心，n.d.）均在涵蓋範疇之內。從數位視覺文化藝術教育的觀點而言，除藝術作品與文化產物之外，與人類文明發展及文化變遷相關之族群、物件與現象，均為重要的藝術教學素材。因此，在梳理數位典藏之源起時，將自「世界遺產」（world heritage）的發展入手，以突顯在數位時代下，以數位科技典藏並傳遞人類藝術與文明發展的使命及意義。

　　在第二次世界大戰結束之後，世界各國有感於戰爭、自然災害、工業現代化的發展等，對世界各地珍貴的文化與自然遺產形成難以復原的破壞，對重要藝術文物古蹟的珍視逐漸成為國際共識，乃開始有「世界遺產」概念的醞釀。以往「遺產」（heritage）（Oxford University Press, n.d.）的定義為可以被繼承的，或古老的財產、傳統以及其餘有價值之物，在今日世界遺產概念的發展下，「遺產」一詞的內涵被擴大。目前人類文明發展過程中具歷史性的建築物、古蹟、景點、城鎮、農村、廢墟、遺物和其餘物件等，均被囊括在世界遺產的範疇之內。自 20 世紀末葉至今，世界遺產逐漸被數位化成為「數位遺產」（digital heritage），由之成為藝術教學可茲擷取的豐厚數位典藏教學資源。

　　「世界遺產」是由「聯合國教育、科學及文化組織」（United Nations Educational, Scientific and Cultural Organization, UNESCO）於 1970 年代間定名並透過制定國際公約的形式開始發展。然而，其相關概念於 19 世紀末即已展開，於 20 世紀初至第一次大戰前後已開始有不同組織陸續成立（Labadi, 2007）。其中，於 1919 年在日內瓦成立的「國際聯盟」（The League of Nations, LN），以及於 1922 年成立的「知識產權合作委員會」（The International Committee on Intellectual Cooperation）均建立了教師、藝術家、科學家和其他專業成員的國際合作關係，為國際間相關組織的開

始。1945 年 UNESCO 於法國巴黎成立，強調確保養護和保護與世界遺產有關之書籍、藝術作品和古蹟的歷史及科學等，並建議有關國家必須遵守國際公約（United Nations Educational, Scientific and Cultural Organization [UNESCO], n.d.-a, 2004）。1948 年，「國際自然保護聯盟」（International Union for Conservation of Nature and Natural Resources, IUCN）在法國成立，是世界遺產的重要推動組織之一。在相關的法令起源上，1931 年的《雅典憲章》（*The Athens Charter*）（International council on monuments and sites [ICOMOS], n.d.-a）為 20 世紀第一個關於重要歷史文化紀念物的國際保存修護憲章。1964 年的《威尼斯憲章》（*The Venice Charter*）（ICOMOS, n.d.-b）則修正雅典憲章並予接續，在保護世界遺產的國際組織中，扮演了重要的角色（Wells, 2007）。

　　UNESCO 成立早期的主要任務為對各會員國倡導有關文物古蹟的保護。1959 年間，埃及因興建亞斯文水壩（The Aswan Dam）使努比亞遺址（Nubian Monuments）面臨淹沒危機，在 UNESCO 主導下進行移築工程，為國際間重視全球重要史蹟保護的里程碑，使對世界文物古蹟的維護與保存成為國際運動，建立了世界遺產的制度（Labadi, 2007）。1965 年，「世界遺產信託基金」（world heritage trust）由美國提出，提倡對文化及自然資源的保護和發展。1968 年，瑞典提出舉辦以「人類環境」（human environment）為議題之聯合國會議的構想，促成了 1972 年在瑞典首都斯德哥爾摩，舉行世界遺產發展史上重要的「聯合國人類環境會議」（United Nations Conference on the Human Environment）。於此次的會議中，「世界遺產」的概念為 IUCN、UNESCO 與美國代表共同提出，並聚焦討論世界遺產的普世價值，以及需被保護的自然與文化範疇和公平性等。「1972 斯德哥爾摩會議」（The 1972 Stockholm Conference）的決議隨及被當年 11 月 16 日在巴黎舉行的第 17 屆 UNESCO 常會接受，制訂了第一個保護世界遺產的公約，即《世界文化與自然遺產保護公約》（Convention Concerning the Protection of the World Cultural and Natural Heritage），或稱《世界遺產公約》（World Heritage Convention, WHC）（UNESCO, 1972a），並成立「世界遺產委員會」（World Heritage Committee）（UNESCO, n.d.-b）與「世界遺產基金」（World Heritage Fund）（UNESCO, n.d.-c）等機制，負責推動世界

遺產的保護行動與國際協助，進行對於世界遺產的辨識、保護、保存、介紹，以及傳承其價值。

　　WHC將世界遺產分為三種，分別為：文化遺產（cultural heritage）、自然遺產（natural heritage）及複合式遺產（mixed cultural and natural heritage）。於此一分類初被定義時，文化遺產主要意指「有形文化遺產」（cultural property）及「物質文化」（material culture），其內容包括從歷史、藝術或科學的角度而言具有突出之普遍價值的「紀念物」（monuments）、「建築群」（groups of buildings）和「遺址」（sites）。「紀念物」係指建築物、具紀念意義之雕刻及繪畫、考古物件及構造、碑雕及碑畫、具有考古性質成分或結構、銘文、窟洞以及綜合上述之聯合體。「建築群」係指獨立或集體的建築群，從歷史、藝術或科學的角度檢視，在建築式樣、分布均勻或與環境景色結合方面具有突出的普遍價值之單立或連接的建築群。「遺址」包括從歷史、審美、人種學或人類學的角度檢視，具有突出的普遍價值之人類工程或自然與人之聯合工程，以及考古位址等地方（UNESCO, 1972a）。自然遺產的定義是從審美或科學的角度檢視，具有突出的普遍價值之自然面貌、自然地理結構、動物及植物生境區、天然名勝及自然區域等（UNESCO, 1972b）。當同時具備自然遺產與文化遺產兩種條件者，即為複合式遺產。

　　於2003年，UNESCO進一步宣布了《保護非物質文化遺產公約》（Convention for the Safeguarding of the Intangible Cultural Heritage），以保護人類文化的多樣性，擴展了文化遺產原定義為有形文化物件的概念。「非物質文化遺產」（intangible cultural heritage, ICH）的主要意義為被各群體、團體、個人視為其文化遺產的各種實踐、表演、表現形式、知識和技能，以及有關的工具、實物、工藝品和文化場所（UNESCO, 2015）。《保護非物質文化遺產公約》為世界遺產發展過程中的重要環節，對於人類文明進展的尊重與保存至屬重要。

　　相較於有形的文化遺產，Lenzerini（2011）認為，ICH具有數項內在意義和價值，使之於21世紀初開始受到國際社會的重視。首先，對於社區、群體和個人而言，ICH是自身文化遺產的一部分，能引起個體對身分認同的自我識別（self-recognition）。其次，ICH的特質是其並

非為定著不變的有形物體,而是仍在持續演化中的過程,因此對於 ICH 的持久接觸,是社區和群體對其歷史和社會演變之回應的「恆定再生」(constant recreation)。再者,ICH 能作為社區和群體中,各具異質性或特質的創作者與其傳承者之間的深層連結。此外,不同於有形的文化遺產中所涵具之「人造的」成分,ICH 所呈現的是其創作者與傳承者之文化的「真實性」(authenticity)。最後,ICH 呈現了與「人權」(human rights)間深刻的內在互動關係。此一互動關係一則呈現在作為將人權合法化表現的遺產上,二則呈現在與遺產互動時,促進人權發展的工具性效應。例如,主流藝術史常被當代學者批評的即是缺乏對於女性及少數族群藝術表現的記錄與關注,由於 ICH 強調呈現某文化群體真實性生活的完整樣貌,將能使被主流歷史觀點忽略及隱去的少數族群之價值得到彰顯。

1990 年代中葉,伴隨著數位科技的大幅進展,以及網路環境的成熟化,文化遺產被以數位化建置而成為「數位文化遺產」(digital cultural heritage, DCH),為文化遺產的保存、應用和傳遞帶來了深遠的變化(Dalbello, 2009; Ledig, 2009)。根據 Pruulmann-Vengerfeldt 與 Aljas(2009),DCH 對於儲存機構與社會群體有三項基本功能。首先,DCH 可作為一種輔助保存的方式。其次,DCH 可作為向廣泛公眾開放的一種方式。最後,DCH 可作為邀請觀眾成為積極的參與者,對於文化遺產進行瞭解、學習,以及互動,並在過程中接受儲存機構給予之文化遺產相關訊息,或者以社區成員的身分賦予文化遺產其自身的詮釋。因此,對於年輕世代而言,DCH 是以其熟悉的數位化方式,提供理解過去的歷史以及前人的集體記憶。儲存機構的作用,則是透過當代數位科技的應用,系統化的妥善建置、保管文化遺產,以傳承給下一世代。

今日 DCH 日益重要的原因之一,除因數位科技的成熟外,尚因各類文化遺產的範圍繼續擴張。在 1970 年代,最初的文物典藏方式是透過圖書館和博物館目錄的建立,便於使用者到儲存機制依據索引查閱。1980 至 1990 年代間,前述文物典藏的範疇擴大,及於畫作、手稿、書籍、古蹟、遺址的數位版本圖像,重點仍然集中在有形的文化遺產。20 世紀末至 21 世紀初,在 UNESCO 努力下,「非物質文化遺產」開始被重視,

各文化群體的口頭傳說、語言、音樂、舞蹈，和習俗等均成為典藏目標，擴展了 DCH 的範疇。隨著 21 世紀初自然與人為災害頻仍發生，更加突顯了 DCH 的重要意義。對於數位視覺文化藝術教育而言，前述包含有形及無形的數位典藏物件，均成為當代重要的藝術教學素材。

二、數位典藏的定義與意義

「數位典藏」意指長期的儲存、保管及取用原生的數位資料或將原始資料數位化後的數位資料，以確保資料的可用性、持久性，以及智慧整合性，其形式包含紙本轉成的數位媒體資源與純粹數位形式之資源，如聲音、圖像、影帶等（Kochtanek, Kassin, & Hein, 2001）。藍文欽（2004）指出，數位典藏不僅是將文化資源諸如圖書文獻、檔案文件、器物、書畫、照片、影音資料、考古文物等有系統的予以數位化，更重要的是對文化資源的再認識與組織整理，以提供更周延的檢索與利用。張嘉彬（2006）認為，數位典藏主要是利用數位多媒體技術，將各項有形或無形之藝術與文化素材或資料等予以數位化，同時結合資料庫串連，將數位化後的素材放置在網路上，提供使用者查詢、瀏覽，亦可為教學現場使用作為數位學習之教材。綜合上述，數位典藏具有典藏、展示、教育、研究等功能，當著眼於數位典藏在數位視覺文化藝術教育之應用時，主要則聚焦於如何將數位化之 DHC 內容設計成教材、教案，提供更方便之教授與學習，以達到教學成效。

Manoff（2004）指出，自 1990 年代開始，關於「檔案」（archive）的論述提供了一個跨領域學門專業工作者對話的窗口，並獲得不同領域的關注。一般對於檔案的界定，大多依據《美國傳統英語字典》（*American Heritage Dictionary*）的定義，認為其為「一個包含對於富歷史重要性的記錄、文件或其他素材之地點或收藏」。[1] 一般論者多同意，檔案像一個文物的儲存及收藏庫，其相關領域包含美術館、博物館，圖書館和檔案館等人類社會現存的歷史記錄（Manoff, p. 10）。但是，

---

[1] 該句原文翻譯為 "A place or collection containing records, documents, or other materials of historical interest"（Answer, n.d.）。

Derrida（1995, p. 57）認為，檔案是一個非常不清晰的字詞。Derrida（p. 9）指出，檔案一詞源於希臘文「arkhe」，含有「開端」（commencement）與「戒律」（commandment）的雙重意義。亦即，檔案可被視為是一個儲存文件的空間，因之與人類的記憶相關，但檔案也可被視之為是過去的知識體，當檔案文件者有權力處理、選擇，進行將文件「檔案化」（archiving）的動作時，必定包含某種忽視、壓抑「其他」文件的行為。所以這些歷史性的檔案，同時具有「幽靈」（spectral）的性格，不斷往返在過往歷史時空以及當代的此時此地。因此，檔案不僅包含了過去、現在，同時還承載未來。檔案保留了過去的記錄，體現了現在的認知，以及現在對於未來的承諾或規訓。同時，檔案所「召喚」的「記憶」並非實體資料，而是潛藏在實體資料背後，不可見的「陰影檔案」，而在記錄與封存、回憶與遺忘之間，乃有著各種文化上的想像與思辨。

　　在前述觀點之下，當任一知識領域的工作者查驗其所屬專業發展過程的檔案時，即應同時體察可見的檔案，以及不可見的「陰影檔案」。因之，當數位革命迅速轉化了人們如何接收、開發、整合和交流知識，擴大了資訊來源，產生了新的社會互動時，相對的，數位革命也挑戰傳統專業知識的結構層次和權威性。以往藝術界權威知識來源的美術館或藝術專業領域同樣既必須要因應科技發展的轉變，又必須接受因科技發展對於其權威所帶來的挑戰。數位時代對於美術館的挑戰包括，如何強化觀眾的經驗與參與層次，以及如何藉數位科技強化觀眾對藝術品及藝術家的理解等。Yarrow、Clubb與Draper（2008）指出，加強圖書館，博物館和檔案館間的合作有其正面或負面效應，但由於能聚集資源，共享專業知識，將有助於促進社會包容性，能滿足平常難以觸及之群體的特殊需求，並觸動其生活。

　　事實上，1990年代中葉，當數位科技甫於不同領域展露其轉化的效能時，已對藝術界權威知識來源的美術館或藝術專業有所衝擊。Marchionini與Maurer（1995）即指出，數位科技將圖書館、博物館等數位化後，原屬封閉性的典藏資源傾向開放化，所帶來最重要的變化可能是增進了使用個體之藝術相關的「非正式學習」（informal learning）。在此情況下，「追求自己的藝術學習」，即成為數位科技為個體自身藝

術知能與學習權力的增益。進入 Web 2.0 時代後，Srinivasan、Boast、Furner 與 Becvar（2009, p. 265）認為，博物館、美術館中的內容變得愈發有趣並具互動性，使閱覽者「自己的藝術學習」更趨活潑，也使博物館或美術館發揮了「博物館2.0」（Museum 2.0）、「美術館2.0」的潛力，向數位時代晉級。

　　藝術文化的產物及相關活動既是人類過往文明發展的銘記，也是未來人類文明永續發展的依據。在今日全球化激烈競爭的環境中，不論是古典以及現代的文化遺產，均是國家的重要資產。Pugliese 與 Da Sacco（2007）指出，在當代的全球化態勢下，文化遺產為影響所在國家社會的價值觀、經濟成長、在地發展，以及與國際交流的重要因素。因此，今日國家或社群之文化遺產成為「社會經濟成長變因」（socio-economic development factor）之一。例如，在全球旅遊人口中，有 37% 是因為文化動機而進行旅遊，而各國「旅遊產業」的勃興與否，即是文化遺產對於在地經濟成長影響的例證。Cleere（2011）亦指出，自 1970 年代以來，世界各國旅遊業的發展雖對擁有世界知名文化遺產和自然遺產的國家與機構帶來挑戰，但也創造了可觀的新經濟契機。

　　然而，各類不同文化遺產除前述重要的經濟價值外，對於文化群體的歸屬與認同之影響可能更具長遠意義。文化遺產涵蓋了許多社會面向，如藝術、音樂、文學、建築、風俗、禮儀和日常物件，而這些林林總總的事物便構築了「個人我」或「群體我」的過去。因此，Serageldin（1997）認為，從某種意義來說，對於文化遺產的保護如同保護「我們是誰」的認同感。同時，「我們的過去即是將來」（our past is our future），保護過去即是護衛將來。在全世界幾乎均對西方資本主義敞開大門之際，對於藝術與文化產物的保護及推廣，將有助於國家公民對於自身文化認同與歸屬感的建立，並進而賦權增能，而相關教育機制的推動則是關鍵因素（Pugliese & Da Sacco, 2007）。透過相關教育機制的推動，能提高對文化遺產的覺知和保護文化遺產的倫理意識，幫助社區開發和護衛其遺產資源。同時，學習者將能援用其對有形之文化遺產的接觸經驗，轉化為對非物質性文化遺產資源的感知，從而理解過去之「文化遺產」和當代之「文化資產」的重要性，建立對國家、社區身分意識的共同認知概念。

21世紀進入第二個十年，數位科技改變以往對於藝術相關活動與內容的消費、分享和創作方式。隨著科技的進展以及觀念的改變，使藝術與文化產物等資源的處理及傳播過程變得更加透明，也使數位典藏的意義與價值有更大的加值效能。透過數位典藏資源的挹注，藝術教學界能在教材來源上有所擴增，在教學方法上有所更新，帶動藝術教育之內涵與時俱進，使數位典藏與藝術教育皆呈現積極正面的互惠發展。

三、數位典藏在國外的發展與應用

目前數位典藏為許多科技先進國家之藝文與科技重點計畫，如聯合國 UNESCO 組織推動之「世界記憶」（Memory of the World）計畫；美國國會圖書館「數位學習網」（The Learning Page）推動之數位典藏計畫「美國記憶」（American Memory）；加拿大國家圖書館及檔案館的「數位學習中心」（Learning Center）推動之「加拿大虛擬博物館」（Virtual Museum of Canada, VMC）計畫；英國的國家型資料服務計畫「藝術與人文科學資料服務」（Arts and Humanities Data Service, AHDS）挑選大英博物館館藏規劃數位化藝術教育主題等。在歐洲方面，如梵蒂岡博物館（The Vatican Museums）將珍貴的教廷手稿數位化，提供全球學者進行研究；羅浮宮（The Louvre）則以典藏數位化為主，重視多媒體技術的展現等。在亞洲方面，有日本東京研究所與民族學博物館合作的「全球數位博物館計畫」，以博物館教育為重點，支援檢索網路上不同的數位典藏資料等。以下擇取美國、加拿大、英國具代表性的數位典藏學習網為例，說明其內涵。

（一）美國數位典藏融入教學計畫──以美國國會圖書館為例

美國「國會圖書館」（Library of Congress）是美國四大官方國家圖書館之一，於 1990 年代起，美國國會圖書館即開始系統化的收集各項資源作為路網路教材，透過網際網路將各種珍貴文化資源與素材予以數位化存儲，如畫冊、文獻資料、手稿、照片、錄音、錄影、地圖、樂譜等，建置供教育工作者進行教學設計或提供自學的數位教材（鄭兆喻，2009）。為有效提供線上教學與學習，美國國會圖書館特別設計了「學

習網」（The Learning Page）（Library of Congress, n.d.）提供各階層民眾進行不同目的之學習，在學習網中不但提供寓教於樂的活動來讓學習者認識美國國會圖書館，同時也提供教育工作者輔助之教學設計指引，以協助規劃教學內容，並配合圖書館與相關網路資源引導學生進行學習。

「美國記憶」（American Memory—The Historical Collections for The National Digital Library, AM）是美國國會圖書館極具代表性的國家數位化圖書館計畫（鄭寶梅，2007）。選擇了國會圖書館內代表美國文化遺產的歷史性檔案館藏，以數位化方式轉化，建立數位圖書館，藉由歷史人文與自然地理的分類，和事件、人物、地點及想法的記載，勾勒出美國各個時期的多元面貌，並以歷史變遷和文化傳承的主題方式，呈現美國經驗。「美國記憶」數位計畫的範疇，包括有館藏物件的選擇和數位化、提供更方便有效的檢索方式、設計適合多元使用者的數位圖書館架構等層面。其設計宗旨是讓所有的學校、圖書館、家庭等使用者，與在圖書館內公共閱覽室的在場讀者一樣，能夠於其所在地點，透過網路便捷地接觸到這些原本難以觸及的重要資料，並按個人需求瞭解、整理、詮釋和使用這些資料。

自1997年至2001年，美國國會圖書館進一步組織「美國記憶伙伴計畫」（American Memory Fellows Program），將學校教育對數位典藏的需求反應在「學習網」的建立上，讓豐富館藏資源發揮最大效益。「美國記憶伙伴計畫」（Veccia, 2000）共邀請250位美國國內包含高中以下之中小學教師，在館員的指導下以六天時間學習如何使用「美國記憶」網站資源，並研究如何把網路資源和各人的課程相結合。在教師們回到學校後，其設計的課程將通過討論，再上傳到學習網，使數位典藏的建置跨越時空限制，成功地達到資源共享的目的，並提供各方使用者終身學習的管道。

（二）加拿大數位典藏融入教學計畫——以國家圖書館與檔案局為例

加拿大「國家圖書館與檔案局」（Library and Archives Canada, LAC）擁有數量龐大的歷史文獻以及音樂館藏，為使這些珍貴的資源能於網路上提供使用者應用，並使各級學校學生得以藉此豐富學習經

驗，乃有其「學習中心」（learning centre）的建置（吳明德、許凱琳，2005）。LAC將學習中心的使用者分為教師及學生，兩者皆可於網站中得到以教學為主或以網路資源為主的輔助，如LAC館藏的網站、教學建議，以及包含紙本文件、日記、地圖、插圖、繪畫、手稿、樂譜以及音樂在內的數位化資料等。LAC認為上述資源能夠激發學生的想像力以及批判思考的能力，同時也能幫助教師們更加生活化地教授加拿大的歷史、藝術文物以及音樂。

LAC學習中心主要有「教師專區」、「學生專區」、「工具箱」等不同分類（Library and Archives Canada [LAC], n.d.）。提供教師的部分主要有教學資源資料庫、問題區、專業發展等，提供完整的教案以及可運用的相關教材，如教案、學習單、教學方法、評鑑方式與網路資源等教學素材。同時，並就教案建議其適合年級與可配合使用的教科書單元，使相關教學資源可供教師在課堂中直接使用。提供學生的部分主要有專為學齡兒童所製作的雙語教育內容網站、課外閱讀的建議指南等。於工具箱中則提供協助教師與學生們增進研究技巧的方針，包含教導教師和學生如何運用第一手資料、如何在網路上搜尋資訊以及有關著作權的資訊等。

（三）英國數位典藏融入教學計畫——以大英博物館為例

英國「大英博物館」（British Museum）位於英國首都倫敦，是世界上規模最大也最著名的博物館之一。大英博物館的「數位資源網站」（Collections Multimedia Public Access System [COMPASS], n.d.）提供5,000件藏品多媒體資料庫，讓使用者透過博物館網站，操作館藏品的3D立體圖像，並連結說明資料，以探索典藏品的歷史和文化內涵（楊翎，2004）。除了快速檢索功能外，還有「who、what、how、where、when」等類似人、事、時、地、物資訊的查詢機制（陳百薰、項潔、姜宗模、洪政欣，2002），為英國數位博物館的重要代表。

COMPASS於2002年在企業的協助下建置「兒童數位資源網站」（Children's COMPASS），設定的目標對象從學前至小學五年級，自館內數位化資源中擷取部分，因應學童特質重新撰寫編排。此外，協助

學童學習的教師及家長，也是兒童數位資源網站的目標族群，因此，協助教學相關的部分即主要集中在「教師、家長專區」（teachers and parents）（吳明德、許凱琳，2005）。為了更拉近與中小學的關係，兒童數位資源網站將博物館舉辦的繪畫競賽優勝者的作品，展示於網站上公布欄，在各數位物件下則附有各類型的學習協助連結，提供教學建議或教案。同時，兒童數位資源網站的互動機制頗具特色，可分為使用者與電腦的互動、使用者與人的互動，以及專為學習設計的個人化資料夾。個人化資料夾的功能設計為兒童數位資源網站最大的互動特徵，針對個人化學習歷程提供服務，讓每一使用者都可以將觀看後喜歡的物件放置在個人資料夾中，便於日後尋索使用。

四、數位典藏於臺灣的發展脈絡與應用

　　1990年代中葉美國國會圖書館成功地推動了「美國記憶」數位典藏計畫，帶動各國對於數位典藏的重視，並投入數位典藏計畫的進行，為世界性數位競逐的重要面向。1990年代中葉之後，臺灣也自圖書館界開始，啟開了國內推動數位典藏的大門（項潔，2004）。將各式文物、藝術品數位化典藏為目前各科技先進國家的重要發展方向之一，然而，完整的數位典藏模式除將豐富的文物資料數位化典藏外，尚強調須更進一步的推廣典藏內容與成果，讓學術界、產業界、各級學校、各界人士以及普羅大眾，均能深入且便捷地瞭解數位典藏資源的意義。由於近代歷史上政治發展的特殊性，臺灣累積了多樣且豐厚的文物內涵，並在當代資訊科技產業的發展上展現了成熟的優勢，因之具備了推動數位典藏機制的條件。在世界科技發達國家紛紛著力於數位典藏工作之際，我國也與國際同步，進行將藝術文物數位化典藏的時代使命。自1998年開始，我國政府正式開始推動數位典藏計畫，至今已進入第二個十年，使目前臺灣的數位典藏藝術文物資料，日趨完整且富多樣性。

　　自1990年起，行政院國科會為加強人文社會科學的研發以及科學教育工作，開始推動「迎向新千禧──以人文關懷為主軸的跨世紀科技發展」方案，「數位博物館專案」為其中的計畫之一（陳昭珍，2002）。

1996 年由中央研究院執行的「臺灣研究網路化」主題計畫（Taiwan Studies Over the Internet）整合該院各領域學者，將臺灣本土資訊數位化整合呈現於網際網路中，為臺灣早期的數位典藏計畫（嚴漢偉，2007）。1998 年國科會開始推動「數位博物館計畫」（Digital Museum Project），並於 2000 年進行第二期計畫。2000 年，行政院通過成立「國家典藏數位化計畫」，並於 2002 年將「數位博物館計畫」、「國家典藏數位化計畫」、「國際數位圖書館合作計畫」、「國家典藏數位化計畫」整編為「數位典藏國家型科技計畫」（National Digital Archives Project, NDAP），將重要文物數位化，建立國家數位典藏資源，期望以數位典藏促進我國在人文與社會、產業與經濟面向上相輔相成的發展。同時，行政院亦通過「數位學習國家型科技計畫」的構想，強調建立數位學習產業，以數位學習加強國家競爭力以增進社會福祉（數位典藏與學習計畫百科，n.d.）。

2002 年間，行政院通過「挑戰 2008 國家發展重點計畫」（行政院，2002），強調建構全民數位學習內容及學習環境的重要性。從 2007 年開始，數位典藏國家型科技計畫邁入第二期，主要目的在落實數位典藏資訊的知識化與社會化，朝向知識社會的發展與建構。其中依據學習對象的差異，又區分為四個子計畫進行推動，包括：「教育部數位教育與網路學習計畫」、「全民勞教 e 網計畫」、「公務人員數位學習計畫」及「藝文網路學習發展計畫」，分別由教育部、勞委會、人事行政局與文建會等部會參與推動。由教育部專責之「教育部數位教育與網路學習計畫」便針對正規學校教育階段，規劃自國小、國中、高中職，以及大專校院的完整數位教育與網路學習應用鏈。主要工作內容為數位人才培育與學習、高中職資訊科技融入教材發展與評估、大專校院數位學習課程與數位典藏內容融入教學，並以擴大與深化數位典藏成果再教育、文化面的應用為主要目標。在中小學的實施重點即為應用數位典藏內容融入國中小教學中，提供全國中小學教師數位典藏教學資源，一方面為數位典藏加值，另一方面達成精緻化的資訊融入教學之目標。

2008 年起，行政院國科會將「數位典藏國家型科技計畫」與「數位學習國家型科技計畫」兩個國家型科技計畫整合而成「數位典藏與數位

學習國家型科技計畫」（Taiwan e-Learning and Digital Archives Program, TELDAP）（行政院國家科學委員會，n.d.），引進 Web 2.0 的概念，目的在建置更豐富的數位學習資源，以達成全民終身學習的願景，是國科會八個國家型計畫中，最為著重人文內涵的國家型計畫。「數位典藏與數位學習國家型科技計畫」的總體目標為「典藏多樣臺灣，深化數位學習」，積極推廣數位典藏與數位學習的應用，永續經營國家重要文化資產，並將臺灣的數位發展經驗推廣於國際，與國外博物館或圖書館交流合作。根據李德財（2008），相較世界其餘國家，臺灣是少數以國家機器的力量來整合各公、私立部門及學科領域，進行國內重要文物典藏的數位化工程，並以數位典藏內容來引導數位科技，建立跨學門、跨領域的資料庫與應用者。

除前述由行政院國科會推動的國家型數位典藏計畫外，國內尚有由行政院文化建設委員會[2]推動的「網路文化建設發展計畫」。文建會「網路文化建設發展計畫」係行政院「挑戰 2008：國家發展重點計畫」──「數位臺灣」項下之計畫，目的為蒐集、調查全國之藝文資源，並進行拍攝、建檔、數位化等工作，使分散各地的藝文資源，得以透過網際網路提供整合性的查詢應用，進而經由各界創意加值而產生文化經濟效應。為打造本土化、國際化的數位文化環境，文建會文化網路發展計畫針對全國文化資產、圖書、藝術相關人才、活動與資源進行全面性網路的建置，建立全國文化資源的入口網站，其數位化資料內容包含美術、音樂、舞蹈、戲劇、文學、建築、電影、古文書、老照片等九類，共有文字、圖片、聲音、影像等四種數位形式（項潔、高世芯，2004）。

2008 年 12 月，行政院經建會為擘劃國家未來的科技發展與民眾生活願景，通過了「新世紀第三期國家建設計畫（98-101 年）」，其中「國家發展政策主軸」之「空間再造」第五項即為「智慧臺灣」計畫（Intelligent-Taiwan, I-Taiwan）。「智慧臺灣」是以「建設安心、舒適、便利、永續生活的智慧型社會」為願景，其主要目的有三，分別為：建構智慧型基礎環境，發展創新科技化服務，提供國民安心便利的優質生活環境；發展文化創意產業，形塑臺灣生活及文化風格；強化語文、閱

---

[2] 行政院文化建設委員會簡稱「文建會」，已於 2012 年升格為「文化部」。

讀及資訊能力，形塑學習型社會，並藉由高等及技職教育品質的提升，完備人才培育。「智慧臺灣」計畫與以往類似計畫最大的差異在至為注重科技與人文的結合，並強調著重以應用為導向的科技發展，加入節能減碳的概念，以創造優質環境。就教育面向而言，「智慧臺灣」計畫強調建立數位學習均等機會，創造多元人才培育環境，自現有的教育基礎進行改進與強化。2009 年 1 月「新世紀第三期國家建設計畫（98-101 年）」（行政院經濟建設委員會，2009b）正式實施，強調加強中小學資訊科技教育的推動發展，培養學生應用資訊科技的能力，透過資訊與網路進行國際合作與交流，強化國際觀。在前述政策帶動下，使數位學習已然成為我國政府擘畫未來發展時，不可或缺的關鍵指標之一。

在前述十數年之間，數位科技的衝擊效應，使原處學術領域金字塔頂端的專業體制紛紛發生「寧靜的革命」，將專業知識開放，將專屬資源共享已為大勢所趨。握有藝術學門金字塔頂端之藝術文物所有權與知識詮釋權的博物館、美術館等機制同樣受到衝擊。如何轉化自身的形象，將典藏品的資料數位化，並建置數位典藏資料庫、資源網，以進行推廣的工作，成為各國博物館、美術館等機制晉級升入 21 世紀的重要代表性指標。臺灣各大博物館、美術館，以及文化館在內的藝術機制，也在近十年之間投入大批資源，亟思如何應用影響全球人類生活以及知識體系的數位科技，重新構築其機構的當代形像、經營方式以及知識體系。以我國最具代表性的藝術機構——國立故宮博物院而言，自 2001 年即開始規劃長期的數位典藏計畫，並於 2002 年成為「國家典藏數位化專案計畫」的主要機構計畫之一（國立故宮博物院，n.d.-a），逐步將院內所收藏藝術文物資料完成數位化收錄，並通過網際網路提供給全球的使用者檢索，如「故宮精緻文物數位博物館知識庫建置計畫」等，以達到將我國藝術文物知識傳播、交流與商業加值的目的。同時，故宮博物院並透過相關學習資源網站的建置，如「故宮 e 學園」、「虛擬博物館」等，與學校教育結合，進行館校合作等教育推廣活動。

數位典藏機制的普遍推廣，使藝術文物更加親民，為專業藝術機構開拓了廣大的觀眾群，也為藝文知識體系注入新的詮釋活力。當數位典藏機制與社會媒體結合後，更擴大了其影響力與價值。於 2011 年初成立

的虛擬實境網路美術館「Google 藝術計畫」（Google Art Project），[3]即是一個結合了社會媒體與數位典藏機制的里程碑。Google 藝術計畫甫成立時，僅包含 17 個博物館與 1,000 幅畫作（Brown, 2011）。至 2012 年，Google 藝術計畫的內容已擴增至全球 40 個國家中 151 座博物館的 30,000 件各類藝術品（Wikipedia, n.d.-l），我國故宮博物院也是成員之一，[4]與前述 151 座博物館共同成為當代世界公民數位藝文素養的沐化者。

當數位科技所衍生的知識與能力成為社會個體人文素養的重要變因時，「數位人文」（digital humanities, DH）即成為當代最具潛力的新興學術領域。根據 Burdick、Drucker、Lunenfeld、Presner 與 Schnapp（2012, pp. 122-123），數位科技不僅將以往藝術人文學科的概念擴大，更將「數位」與「人文」兩者鎔鑄為一個「全新之集體的單數」（a new collective singular）。因此，「數位人文」即是由學術界、數位典藏相關機制、政府與民間合作進行之數位相關跨領域的研究、教學，以及產出物。當代之世界遺產、文化遺產、ICH、DCH 等數位典藏圈及所衍生的研究、教學，以及產出物，即為當代「數位人文」的重要內涵。

綜觀目前我國所發展的數位典藏計畫，從傳統文化的保存和發揚到新興文化的肇始與傳承，從生態和環境關懷到科學和醫學素養的普及與提升，以及從產業的成長到經貿的進展等，已涵蓋了諸多社會發展面向（中央研究院數位文化中心，n.d.）。樣貌多元的數位典藏內涵為當代臺灣凝聚了堅實的數位人文範疇，教育的推廣與革新則為數位人文永續發展的基石。從數位視覺文化藝術教育的角度而言，國家歷來豐富的文物資產，藉由數位科技不斷地發展、繁衍，推出各式形態的數位典藏內容，藝術教育界則持續地轉化、應用，賦予數位典藏新生命形式。透過數位典藏和藝術教育兩者的相融整合，將使數位典藏發揮最大加值效益，也將擴增學校藝術教育之教學內涵。數位科技的進步不但已改變教育學習

---

[3] Google Art Project 融匯 Google 地圖（Google Map）、Google 街景視圖（Google Street View），以及 Picasa 技術（Picasa Tool），可在網頁上以高畫質全方位瀏覽全球博物館重要經典館藏（Google, n.d.-b）。

[4] 目前計有 15 件故宮博物院的典藏精選，包括「翠玉白菜」、「毛公鼎」、「谿山行旅圖」等，被納入 Google 藝術計畫中。

機制,也成為各學門領域無法逸脫的時代潮流。在數位視覺文化的時代氛圍下,如何將數位學習機制與以往的藝術教學方式有效結合,為我國藝術教育開展新契機,是當代藝術教育工作者的重要使命之一。

第二節　數位典藏的學習理論與藝術教學應用

藝術文物是國家重要資產,也是新世代學習者應深入理解的文化瑰寶。數位典藏資源之價值雖不待言,但如何讓數位典藏融入藝術教育,潛移默化,以讓社會個體能體會其深厚意涵,卻是應予重視的議題。前一章中曾指出,目前我國所建置之數位典藏網站,內容多元且面向廣泛,由於藝術教育的彈性特質,不同領域所建置的數位典藏資源,皆能成為規劃藝術課程時的重要素材。換言之,以數位科技為教學方法的後盾,以各類跨領域、跨國家疆界之數位典藏資源為藝術教學的內涵,能連結藝術文物與當代生活的密切關係,厚植對藝術文物的深化瞭解,進而省視自身之文化認同觀點。為使前述時代使命能確實落實,對於數位典藏融入藝術教育之理論與相關學習理論的探究乃有相當意義。在當代,藝術文物的產生受到數位科技的影響,藝術文物的保存與推廣亦因為數位科技,得以有嶄新的方式出現,為藝術教學帶來擴充的可能性。以往失之於抽象不易瞭解,或因時空距離難以親身經歷的藝術學習內容,可經由數位虛擬實境的方式讓學生理解,激發學習動機,使教學有別於傳統教學方式,呈現更新奇有趣且內涵豐富的教學氛圍。於本節中,將先探討數位典藏的學習理論,再梳理其於藝術教學中的應用意義與教學策略,並以第二章所提及之超深超廣課程建構模式說明數位典資源藏融入藝術教學之課程建構過程。

一、數位典藏的學習理論

在檢視相關文獻與研究時,發現常為學者援引為數位典藏融入教學的理論與教學策略多出脫自當代的教育思潮,諸如從認知學派中衍生出來的學習理論,包括建構主義論述、鷹架教學理論,以及專題式或問題

導向式學習等。建構主義的教育觀點主張人們是主動的學習者及知識建構者，知識產生於人與環境的互動中（Schunk, 2004）。由於數位資源的呈現脈絡不同於傳統的知識結構，建構主義的教育論述常為研究者探討數位學習模式時所引用。王全世（2001）即指出，當數位等資訊科技融合於課程中時，教學模式將會趨向建構式的教學策略，學生不再是被動地聽教師講解，而是主動運用數位資訊科技來建構自己的知識，完成目標。因此，教師可設計學習主題，讓學生分組合作學習，在表達自己與尊重他人的環境中讓自己的知識成形，並鼓勵學生將研究報告或作品發表於網際網路上進行分享，以引發學生自動學習的興趣。

　　鷹架學習理論主張教學時應能為學習者建置一個暫時性的支持架構，主要目的是協助個體學習能力的擴增與成長（Reiser, 2004）。在數位學習的情境下，學習者需面對大量的數位資料庫，教師可經由搜尋引擎架設鷹架，發揮知識引導者的角色，協助學生在多元化的知識庫裡搜尋資訊，以建構學生「自己想要的」知識。例如，王淑玲、徐典裕與楊宗愈（2007）在探討中小學數位典藏教學資源應用網之規劃與創意教學範例時，即以鷹架學習理論開展其數位典藏教學模式的建構。王淑玲等認為，若能將教學模式之靜態鷹架發展為教師能進行動態應用的教學平臺，並整合數位典藏資源規劃應用範例進行研習推廣，將能促進落實數位典藏的普及應用，幫助教師在數位典藏融入教學模式上的認知、轉化、建構與運用。因此，王淑玲等以鷹架理論為核心，建置以數位典藏融入教學之鷹架式數位教學平臺，建構教學模組工具，幫助教師整合教學策略以有效運用數位典藏資源。

　　在數位典藏融入教學的教學策略以及模式上，則常見以「專題式學習」及「問題導向學習」（problem-based learning, PBL），或兩者結合之「問題導向專題式學習」等為策略進行引導（Chen & Chen, 2010）。根據徐新逸（2001），「專題式學習」是建構取向的學習方法，提供學習者複雜且具真實性的專題計畫，使其找出主題、設計題目、規劃行動方案、收集資料、執行問題解決、建立決策行動、完成探究歷程，並呈現作品。例如，陳佳琪（2007）探討學習者在利用專題式學習的網路學習歷程中，數位資源之學習歷程及學習成效的差異，認為數位典藏資源

在支援專題式學習模式上，相較於網際網路中的開放式資源具有較高的學習成效，同時就學習者輔以不同組織方式的資源進行專題式學習而言，數位典藏資源較開放式網路資源也具有較高的資源使用滿意度。

潘文福（2006，2007）則提供包括建構教學、合作學習、個別化學習、情境學習、概念構圖、學習單、影像框架、問題解決等八種教學策略，作為整合數位典藏融入社會與自然領域教學的參考。潘文福同時也嘗試將創意思考之引導作為數位典藏融入教學可引用的教學策略。他認為，透過正式課程的機會教育，可讓學生學習數位典藏的潛在課程，並將數位典藏與其原有的學習脈絡相結合，形成內化的認知結構，或形成記憶主題的多重編碼，幫助學生增強原有的學習記憶。潘文福指出，教師可以先瀏覽數位網站進行自我學習之後，並以網站所提供的範例教案為參考，利用數位典藏中可自行下載的圖像資源，結合現有的數位教學素材如故事動畫等，發展適合的在地化教案，進行現場教學活動，最終達到將數位典藏資源應用於教學場域的目標。

其次，廣為數位學習領域發展教學系統所應用之ADDIE（analysis, design, development, implementation, evaluation）策略，也常為數位典藏融入教學所引用（Rodríguez, Nussbaum, & Dombrovskaia, 2012）。例如，蔡順慈與姚佩吟（2007b）即採用ADDIE教學系統，透過設計步驟說明如何結合數位典藏資源應用，以作為教師在課程和教學設計時之參考。趙貞怡、林懷駿與陳宥妤（2008）利用ADDIE教學系統設計課程，搭配合作行動研究的方式，發展數位典藏素材融入國小藝術與人文領域課程之教材發展的模式，提供教師設計數位典藏相關課程時參考。林榮泰與鄭淳恭（2006）則提出數位典藏融入創意學習與創作課程的教學五步驟，依序為：教師先瞭解並彙整數位典藏資料提供學生參考與教學、教師運用創意學習法引導學生進行發想並以情境式教學法引導學生抒發感受、教師協助學生彙整草圖概念指導學生創作、教師指導學生紀錄創作過程並檢討、教師引導學生展演活動並進行評量檢討。

除前述在教學現場被以具體方式規劃實施之學習理論外，尚有部分隱性之學習特質，同樣能用以詮釋數位典藏機制的學習模式。例如，由Web 2.0所形塑的參與式文化以及知識共構的氛圍等，對數位典藏資源的

學習機制同樣形成影響。Bertacchini 與 Morando（2013）在探討因數位科技所引發之藝術相關資源的使用方式，即能顯示前述隱性的學習特質。根據 Bertacchini 與 Morando（pp. 6-9），由於數位科技的介入，使美術館或博物館中的藝術相關資源產生數種不同的開放類型，而不同類型的開放資源，又能因應不同使用者的需求，呈現殊異的應用方式。其中第一種藝術資源的開放類型是「線上展示」（online display），主要的使用者為觀眾、學者、網路使用者，其價值取決於無障礙的近用、圖像品質、具權威的可信內容，主要資源來自博物館、藝術館等典藏物件的間接取用，代表例子如 Google 藝術計畫即是。第二種開放類型是「專有影像授權」（proprietary image-licensing），主要的使用者為學術界或商業界的出版者，主要資源來自直接取自影像的擁有機制，價值取決於圖像品質、具權威的可信內容，代表例子如各類商業機構、教育平臺，以及如「美術館影像聯盟」（The Art Museum Image Consortium [AMICO], n.d.）、「藝術數位影像典藏資料庫」（The ARTstor Digital Library, ARTstor）等。

　　數位科技所帶來藝術相關資源的第三種開放類型是「開放授權」（open licensing），主要的使用者為網路使用者，主要資源來自網路社群提供的間接取用，其價值取決於「使用者生產知識」（users-generated knowledge, UGK）、分享權威內容（sharing authoritative content），代表例子如 Flickr[5] 所建置的「共享」（The Commons）計畫，以及「創用 CC」（Creative Commons, n.d.）等，使用者參與了公開的授權機制後，能擷用影像資料庫並展示自己的「創意」與「使用」等。數位科技所帶來第四種藝術相關資源的開放類型是「使用者生產數位內容」（users-generated digital content），主要的使用者為網路使用者，主要資源來自網路社群提供的間接取用，其價值取決於使用者生產知識，代表例子如藝術史的開放式教育資源「Smart History」（Khan Academy, n.d.），以及維基百科所建置的「維基百科熱愛藝術」（Wikipedia Loves Art）計畫等，均是由網路使用者主動自發參與的網路藝文機制。

---

[5] Flickr 為 2002 年由 Ludicorp 公司在加拿大溫哥華於所開發設立，提供免費及付費數位照片儲存、分享方案之線上服務及網路社群平臺，為應用 Web 2.0 技術的機制（SmugMug, n.d.）。

數位典藏資源為當代新興之藝術資源，由於數位科技的特質，使數位典藏資源對不同需求的使用者均能提供相當的開放性，對藝術領域之學術研究與教學實務有深入影響。就教學實務而言，數位典藏資源的相關學習概念兼融數位學習理論以及當代教育論述。同時，由於數位典藏資源的圖像特質，藝術教育體系長期以來累積之藝術鑑賞及個體認知發展等學習理論，仍為重要參照依據。然而，藝術教育之學術研究與教學實務工作者亦須與時俱進，持續進行不同探研，以理解當代新興之藝術資源的學習意義與應用方式。

二、數位典藏的藝術教學應用意義

　　目前我國許多藝術與文化機構於數位典藏資源的建置上已有相當成果，為藝術教學工作者以及專業藝術研究者提供了理想的資源與素材。在進入數位時代之前，藝術教學工作者以及專業藝術研究者若需使用各藝術文化機構的典藏作品，往往由於近用權、版權等極難取得，需耗費相當時間，對藝術教學與學術研究有掣肘之感。前述狀況行之有年，復加上以往藝術教育思潮對於經典藝術文物的推崇與重視狀況，使得國家的藝文典藏與普羅大眾的關係遙遠而疏離，以致影響國家藝術文化以及國民藝文相關素養的發展。國家的藝術文化產物為公民資產，應能為國家公民自由接近，在進入數位時代後後，數位典藏的機制使得前述理想有了落實的可能性。

　　黃壬來（2002）指出，現今的藝術教育已脫離技術本位及精緻藝術所主導的教學模式與限制，邁入了以更自主、開放與彈性的全方位人文素養為內容的藝術學習。此一狀況使當代藝術教學的重心不再局限於創作表現課程，教學內容與題材也大幅擴展，而藝術教育的目的為協助個體往全人的方向整合並發展。藝術教育工作者則應依據時代變遷，隨時調整強化藝術教育的「科際整合」與「應用導向」，重視培養藝術人文素養，以多元化與生活化為藝術學習的主要內涵。當將面向多元之數位典藏資源融入藝術教學時，由於能觸及不同文化圈、不同時期之藝術文化與社會生活中的不同面向，因之有助於藝術教學的整合與創新。

然而,儘管數位典藏資源融入教學已廣為教育界所認同,有效的教學模式與學習理論仍待持續開發(陳志銘、陳佳琪,2008)。由於數位典藏資源融入藝術教學為一新興的學習方式,其究竟應該如何教、如何深化,尚有許多探討空間。數位空間是未來各學門知識累積與整合的重要場所,王鼎銘(2003)認為,圖像具有普及性、真實性、間斷性以及隱喻性,當進行藝術教育網路學習環境的規劃,以及接觸網路學習環境中的數位素材時,教學者必須思考如何讓學生瞭解數位影像的意義,教學內容必須能夠反應數位影像的發展與趨勢,理解虛擬或者隱喻在數位圖像中的意義。此外,王鼎銘也指出,數位環境為開放空間,在資源的多元化以及資訊的建構性之下,如何引導學習者判斷其正確性是教學工作者所應注意的。當以數位典藏資源融入藝術教學時一則必須思考如何將之有效運用作為教學資源,二則必須提供學習者對於網路所呈現內容進行判斷的學習機會,培養學生對「被建構」之典藏相關訊息與知識內涵「存疑」的批判思考態度。否則,若未經過適當的引導,數位典藏等網路資料雖然可能成為藝術學習的重要資源,但亦有可能成為拓展學科知識體系開放觀點時的新路障。

數位典藏資源為數位視覺文化藝術教學的重要教學內涵,以下自數位科技應用於藝術教學之優勢,檢視數位典藏資源對藝術教學所帶來的價值與意義。

(一)數位典藏資源之豐富性能引發主動學習,強化藝術學習成效

多位學者指出,以數位科技融入教學可使教材內容生活化、故事化、多樣化、新鮮化,有別於傳統教學形式,能引發學生主動學習的學習興趣(徐新逸,2003;郭文毅,2004)。藝術教學層面尤然,根據陳一平(2011),視覺機制為個體學習的重要途徑,相較於文字,圖像對於觀者有相當直接的吸引力,應用在學習時,可吸引學習者的注意力並提高學習者的學習興趣。鄭明憲(2003)認為,視覺意象對於學習個體的文化認知有關鍵性影響。張世宗(2008)則提出「游藝學」的觀點,強調寓教於樂對當代藝術學習的意義。黃虹霖與羅美蘭(2012)亦指出,透

過「藝教於樂」的方式，能加強對於學習個體的文化理解與審美關懷。數位科技的多元幻化特質，有助於教學環境的生動化，當以數位典藏資源融入藝術教學時，透過情境的營造能引發學生的學習動機，深化課程學習，提升學習成效。

（二）數位典藏資源之多樣性能充實教學內涵，提升藝術教學品質

前述中曾經提及，目前數位典藏資源的範疇極為多元，舉凡人類文明發展軌跡、自然地理變遷、藝術文物累積長河等，俱在其中。當藝術教師運用數位典藏資源時，可發揮數位巡航的能力，連結並汲取多樣教學素材，使用 ICT 教學科技進行教學活動的規劃，使教學多樣化、豐富化（李堅萍，2004；葉俊顯，2003）。郭文毅（2004）亦指出，應用數位環境進行藝術教學可以突破時空與環境限制，同時，由於數位教材可共享與循環重複，更能節省教學資源，呼應今日的環保訴求。數位典藏的資訊網絡如同巨型資料庫，其中蘊藏著多樣化的素材，若能將數位素材轉化為教材並實際運用在教學上，將提升教學效能與品質。透過數位典藏資源的應用與融入，善用不同面向的網路資源，能發揮典藏物件的加乘效益，跨越時空與環境的局限，並提升藝術教學的品質與效率。

（三）數位典藏資源之建構性能因勢利導，增益數位視覺文化素養

在探討數位典藏融入教學之學習理論時，建構主義的教育觀點為相關論述的主軸。透過網際網路的搜尋，知識領域將隨之擴增，從而使個體的知識系統，產生新的建構方式以及內涵（徐新逸、吳佩謹，2002）。教育的初衷是為受教者儲備因應生活需求之素養知能，在數位視覺文化的時代下，個體所需要的知能與素養不同於以往的各個時代，其內涵除數位素養、數位視覺素養等之外，尚須包含對於所處數位環境中，各式數位相關之圖像、物件、經驗的理解、詮釋與批判。由於數位典藏資源內涵多元，其特色為時時累積進展中的動態氛圍，並能展現各典藏機制以及群體對於所典藏事物內涵的選擇與詮釋。在學習個體接觸數位典藏資源的過程中，透過教學活動的進行，能與各方典藏主體進行對話，進而提升自身的省察能力，增益教師與學生之數位視覺文化素養。

除前述外，數位典藏機制的發展對於藝術教學尚有其餘深層意義。Bertacchini 與 Morando（2013）認為，因數位科技所引起的典範轉移，使藝術文化產物以及相關機制的典藏物件在數位化時代創造了新的價值，此一價質當然對藝術教育產生了另一類連動式的典範轉移。因此，Bertacchini 與 Morando 認為，數位時代下博物館等藝術專業機制面臨的重要議題是，應如何在分享本身資源，以及專業藝文所有權與守門人的腳色間保持平衡。Bertacchini 與 Morando 指出，以博物館等機制為例，數位科技對數位圖像及文化藏品的影響，也改變了作為藝術與文化等知識內容「生產商」和「經銷商」之博物館等機制的作用和使命。以往博物館等機制作為藝術與文化物件等藏品的管理者，主要的任務即是收羅並展示其收藏物，但當數位革命從根本上改變了文化消費的生產模式時，迫使博物館等機制重新思考如何與作為文化內涵真正決定主體的普羅大眾產生連結與共鳴。尤其在數位典藏蔚成當代藝術與文化產物的重要儲存及傳遞機制後，固然使博物館實現了增加觀眾，以將館藏傳播的目的，然而，卻同時影響了博物館對專業藝術知識及典藏物件的控制權與詮釋權，以及其在藝術專業領域的翹楚地位。

自 1990 年代中葉至今，從數位典藏網站之建置主體以及建置內涵的改變，即可窺見前述典範轉移的軌跡。早期的數位典藏網站多以單一機制或機構為典藏計畫的建置主體，其後隨著網際網路的成熟，開始有大型聚集式的數位典藏群集，提供了更大的整合式平臺。例如，歐盟之「Europeana 數位典藏資料庫」（Europeana, n.d.）成立於 2008 年 11 月，是歐洲數位文化遺產的入口，主要意義為聚集並整合歐盟會員國包括各美術館、博物館、圖書館在內的數位典藏資源，提供歐洲文化遺產的平臺資源。目前 Europeana 計有超過 1,200 萬筆來自 1,500 個機制所擁有，並以數位化形式建檔的藝術品、書籍史料、地圖文件、影音資源等，有效提供各方對於歐洲文化或科學遺產的近用。Cousins（2011）即指出，Europeana 是「歐洲之旅」（Europe's journey）的記錄，呈現了歐洲認為值得被保存、瞭解以及研究之組織化及可信賴的知識。Cousins 舉 Europeana 數位典藏資料庫的「新藝術運動」（Art Nouveau）[6] 主題為例，

---

[6] 新藝術運動為歐洲從 1880 年代至 1910 年代的藝術風格，其風格與特性為具有活力、波浪形和

當使用者造訪 Europeana 中「新藝術運動」頁面時，即能發現數千筆匯流自歐洲美術館、畫廊、博物館、檔案資料庫之關於新藝術運動的繪畫、音樂、影帶、建築以及書籍文本，提供各方需求者所使用。

前述單一機制或聚集式的數位典藏主要是以各機構之館藏品為主的典藏計畫。另外亦有以特定主題，包含紀念天然災害、凝聚公共記憶（public memory）及社會記憶（social memory）的數位典藏計畫。例如，美國之「911事件數位檔案」（The September 11 Digital Archive）（Haskins, 2007; Roy Rosenzweig Center for History and New Media & American Social History Project/Center for Media and Learning, 2002）、臺灣之「921網路博物館」（財團法人賑災基金會，2009），以及中國之「汶川大地震數位檔案」（The 5‧12 Wenchuan Earthquake Digital Archive, WEDA）（Cai, Yao, & Liu, 2013）等。也有以公共參與議題為主軸以匯聚「數位文件遺產」（digital documentary heritage）的數位典藏計畫。例如，柬埔寨的「巴揚寺數位典藏計畫」（Bayon Digital Archives Project）（The University of Tokyo, 2003），即是透過數位文化遺產典藏計畫之建置挽救並儲存將消失的藝術與文化古蹟（Ikeuchi et al., 2004）。

除上述外，晚近尚有個人、家庭、家族、社區等小眾群體建置之數位典藏計畫，顯示了數位典藏機制的意義漸有改變。例如，提供學界研究與教學資源的「第一次世界大戰詩作數位典藏」（The First World War Poetry Digital Archive）（Lindsay, 2009; University of Oxford, n.d.）。同時，伴隨著數位相機、社會媒體，以及數位編輯軟體的簡易就手，建置家族或個人的數位典藏資料日趨普遍。以目前「雲端儲存」（cloud storage）機制而言，即常被與家族或個人的數位文件、影音檔案等合併使用，建置私人的數位典藏機制（Ashenfelder, 2013）。McKemmish（2011）即以「我的證據」（evidence of me）為個人典藏的主題，檢視自1996年開始，其「自身的轉變」如何在數位時代中「改變」（mutation in technology changes），見證了當數位科技成為變因時，對於個人生活及與外界社會互動的影響之紀錄。

流動的線條（Wikipedia, n.d.-b）。

數位科技的發展帶動以往較屬封閉的藝術專業體系形成典範遷移的翻轉，使這些專業知識體系能提供不同社群接觸與使用，藝術知識的產製不盡然再是以往的「由上而下」，而是逐漸「由下而上」。藝術教育同樣顯示類似的發展軌跡。以往對於藝術作品的詮釋多以專家觀點為主，今日則鼓勵學習者自在表達對藝術作品的個人看法，甚至藉戲仿或挪用加以詮釋。前述狀況，說明數位典藏資源的擴充性，也說明今日數位典藏機制對於「開放式藝術資源」的提供，所形成之「開放式藝術教育」以及「自學式藝術教育」的氛圍。

三、超深超廣之數位典藏課程建構模式舉例

藝術教學的特質之一即是對於圖像資源的重視，而數位典藏機制所提供高品質的圖像資源，則為理想之教學素材。為了推動以數位典藏資源融入教學，許多機構均建置有數位典藏教學網，目的在鼓勵教學工作者使用數位典藏學習資源，規劃教學活動，讓教師和學生在不同的教學領域使用豐富多元的數位教材，激盪出更多元的知識火花（高震峰，2011）。目前學校教師只要在大型搜尋引擎鍵入所需查詢之關鍵字，上萬筆相關資訊便不受時空限制，立即一一出現。網路科技使知識學習的範疇大幅擴增，也為身處數位化時代的人類，帶來空前的召喚。數位典藏的最終目的就是維護、保存文物資源，並發揮其共享、加值應用的最大價值，而數位典藏資料庫豐富的內容與知識，是藝術教育工作者的巨大教材庫。本書於第二章第三節中提及於規劃數位視覺文化藝術教育的課程時，可以採用「超廣度與超深度」的建構模式作為依據。以下即以高震峰與鐘儀君（2007）針對我國故宮博物院之數位典藏資源，所建議之「超廣度與超深度藝術課程發展模式」為例，作為說明。

高震峰與鐘儀君（2007）「超廣度與超深度藝術課程發展模式」之基本理念為以一個或一組「數位典藏品」為基礎，建構兼及深度也顧及廣度的藝術教學單元。因此，該「數位典藏品」的選擇即相當重要，須能選擇貼合教學目的並具延伸性的作品，以利課程之發展。其次，高震峰與鐘儀君指出，其超廣度與超深度藝術課程發展模式並非要全盤取代

教科書或藝術教師原先所使用之教學單元，而是提供藝術教師在符合課程綱要的前提之下，能建構符合「地域性」，如不同之族群、文化圈、社區、學校、班級等需求的「在地化」課程，以擴增教科書原先已設定且較屬一致性的內涵。換言之，超廣度與超深度之藝術課程發展模式強調每一個教學單元都能透過文本互涉的連結，使內容更為豐富、飽和，達到超廣度與超深度的要求。由於「超廣度與超深度藝術課程發展模式」可依不同的教學需求調整其中的步驟或元素，並加以增減以達到教學目的，因之可以呈現較教科書之內容富有調整彈性的教學內涵。

在前述概念下，當進行超廣度與超深度的數位典藏資源融入之藝術課程設計時，即能依據課程需求，選擇一件或一組數位典藏品，進行「水平軸線」的廣度連結及「垂直軸線」的深度追索。在「水平軸線」的廣度連結部分，教學者或學習者能從課程中的「刺點」出發，在自身的生活經驗中尋找「莖節」，進行與課程內涵的水平式連結延展。在「垂直軸線」的深度追索部分，由於數位視覺文化藝術教育的觀點，是將每一件數位典藏品均視為文本互涉的文本，因之每一件數位典藏品的背後均可考掘出形塑該典藏品的文化脈絡來源，而每一文化脈絡來源又能再深掘出其背後的文化來源，因而能使此一深度考掘進行「文化岩層」的多層級梳理。當依據前述課程概念從數位典藏品出發進行超廣與超深的連結時，即如同地下莖的延展一般，能視教學的彈性，進行具涵各種可能的課程發想。

以下即根據高震峰與鐘儀君（2007）的課程建構模式，說明以數位典藏品為主軸之「超廣度與超深度藝術課程發展模式」的五個步驟（表1至表5）與其意涵。

依據我國目前藝文教學的狀況而言，按照課程綱要編撰的各版本教科書是中小學藝文教師據以教學的重要參考（徐立璇，2010）。然而，教科書畢竟僅能呈現一部分的文化觀點，與之相較，各博物館與美術館等機制的數位典藏雖然亦有範疇與典藏標準的限制，卻包含不同時期、不同時代與不同文化團體藝術創作思維的累積，記錄了不同的文化精神和意義。若能以之作為教學資源，透過文本互涉的連結，學生較得以理解過去人類社會的生活經驗。同時，受網路資訊與後現代社會的衝擊，當代的藝術氛圍與大眾生活形成了一種「超級扁平」的文化互涉現象，

使得藝術教育的範圍更形廣泛且紛雜。面對此一情境,如何選擇兼含自我文化內涵與多元文化特質的教材成為藝術教育工作者重要的課題,但也從而開闊了選擇教學內涵的彈性。在前述狀況下,當以「超廣連結」與「超深詮釋」的概念進行文本互涉的課程建構時,透過對不同典藏作品與視覺文本之間的互動關係,較能夠對藝術的跨領域教學意涵達到既深且廣的理解,進而實踐數位典藏資源融入藝術教學之意義。

從另一個角度而言,數位典藏之機制於剛推動時,主要以各博物館與美術館的藝文典藏作品為對象,隨後逐漸擴及至不同的文化產物與人類行為的典藏。諸如老照片(陳秋瑾,2010)、飲食文化、刺繡、建築、童玩等,均成為數位典藏的對象。同時,除大型機制或藝文機構外,個人、家族、或其餘小眾社群也均能建置屬於自己的數位典藏資料庫,使數位典藏資源的擷取更形寬廣,也更得發揮數位視覺文化現象的地下莖特質——只有異質性的連結,而無終點。

從數位視覺文化藝術教育的觀點而言,數位典藏資源融入中小學藝術教學的基石理念為:透過藝術典藏品或數位視覺文化的產物能「揭露」學生的自我認同、道德價值觀、美學標準及藝術概念等,引領學生進行對自身的省察。因此,為了使學生的相關意識形態能在藝術學習的過程中披露出來,挑選供學生學習和詮釋的藝術典藏品或數位視覺文化產物便是藝術教師發展課程,運用「超廣度與超深度藝術課程發展模式」時的重要任務。同時,為使這些藝術典藏品或數位視覺文化的產物能與學生的藝術創作產生關聯,學生自我的藝術創作亦應結合對這些視覺文本的詮釋與省思。在如是的教學情境中,透過學生的創作,教師與學生都將能有機會深入瞭解相關知識與經驗、道德價值觀以及美學標準等「迷因」對於形塑自身主體意識的作用與影響。

今日的藝術教育思潮強調從日常生活為出發點,重新詮釋藝術作品、文化物件與視覺經驗等,並在延伸的過程中產生新的概念,進而創造未來。在建構數位典藏資源融入藝術教學之課程時,能以「超深度」的縱向詮釋,將現在與過去、未來做對照,並以「超廣度」的橫向連結,將不同時空、地區的藝術、文化與社會現象進行分析、比較。因之,數位典藏資源能擴展與加深原有藝術教材內容的深度與廣度,使藝術課程成

為超廣度與超深度的藝術學習單元，彰顯今日的時空之下，數位視覺文化藝術教育的學習價值。

第三節　數位典藏相關議題的問題與挑戰

　　數位紀元在世界展開，Web 2.0 科技的發展使網路平臺成為共享資源、傳遞知識的便捷場域，也促使數位典藏機制大幅進展。數位典藏資源的內涵包括各類藝術文化產物與數位遺產，具有多元特色，其豐厚的後設知識內涵、網頁互動性、龐大資料庫、無遠弗屆的鏈結等，對藝術領域的教學方式與學習內涵均有所助益。Fernánde Martín、García Fernández、Delgado del Hoyo 與 Finat Codes（2012）認為，文化遺產有三類重要價值，分別為經濟的價值、教育的價值，以及文化的價值，數位典藏資源的意義自不待言。人類發展史上新科技的出現往往帶來新的時代契機。1960 年代開始，電腦科技的發展帶來世界面貌的改變，1990 年代之後，網際網路等數位科技的出現，更使人類生活產生了前所未有的變革。數位典藏等數位機制的出現確實為藝術教育的發展注入活水，使當代藝術教學形式有別於傳統模式，展現不同樣貌。在國家推動數位典藏政策邁入第二個十年後，已累積有相當成果，對其價值與意義的回顧與檢視，將有利政策之修正與實務之調整，俾於未來永續發展。於本節中，將先陳述數位典藏對臺灣整體藝術教育與公民素養之意義，再檢視並歸納數位典藏資源融入藝術教學時的問題與挑戰，最後則探討面對數位典藏機制時須思考的衍生議題。

一、數位典藏機制對臺灣藝術教育與公民素養的意義

　　在經歷前一世紀勞力密集的工業時代後，全世界邁向知識經濟的新局面，發展知識經濟以提升競爭優勢，成為今日各國努力的目標。文化是知識累積和傳承的重要表徵，因之文化相關產業即為本世紀初知識經濟的主要脈動之一。將對國家的文化認同轉化運用並深入表現在日常生活裡，進而產製相關文化創意物件，為符合時代趨勢又能造就新經濟力

量的方法。劉豐榮（2010）指出，藝術是每天之日常生活的文化與實踐。因之，藝術教育與社會個體的生活關係緊密，也對國家文化與經濟的發展影響至深。於本章第二節中，提出三項數位典藏資源對藝術教學帶來的價值與意義，分別為：數位典藏資源之豐富性能引發主動學習，強化藝術學習成效；數位典藏資源之多樣性能充實教學內涵，提升藝術教學品質；數位典藏資源之建構性能因勢利導，增益數位視覺文化素養。由於數位典藏資源中蘊藏了人類文明進展的縮影，其發展對於國家整體之藝術教育與公民素養尚具有下列三項重要性。

（一）落實數位典藏資源融入教學，增益藝術教育實施效能

　　藝術教育自來是學校教育中極為重要的一環，其實施成效與國家文化活動之發展息息相關。檢視藝術教育之發展史，可發現藝術教學的取向與內容隨著時代之變遷而有所轉變。其中自 1980 年代開始，學者們考量藝術教育對一般大眾的意義，主張將原有以創作為主的教學導向轉為與鑑賞並重的教學取向，可說是在藝術教育思潮發展史中的一個重大轉變（趙惠玲，2010）。雖然於鑑賞教學取向中又由於著眼點的不同，而有不同之觀點，但鑑賞教學在今日藝術教育之重要性確乎日趨顯著。然而，相關研究指出，由於實施鑑賞教學需有適當之視聽設備，且傳統教學形式中之鑑賞教學資源準備較為耗時耗力，以致影響部分教師進行鑑賞教學的意願（葉玲瑤，2000）。因此，當將數位典藏資源融入藝術教育時，由於其內涵包括豐厚的各類藝術文物，能協助藝術領域教師以較有效能的方式進行鑑賞教學，因而能助益學校藝術教育之推動與發展。

　　其次，從數位視覺文化藝術教育的角度而言，數位視覺文化的內涵廣闊，並不局限於專業藝術或精緻藝術領域，但凡數位環境中之精緻藝術、工藝／設計、表演藝術與藝術景觀、大眾及電子媒體，以及被視覺化後的自然景觀，或數位科技與個體藝術相關主體意識的關係，如審美觀點、觀看經驗、互動行為，乃至文化認同與全球化觀點等，均屬數位視覺文化藝術教育的涵蓋範疇。在範疇廣闊的情況下，教學素材的準備雖然更具彈性，可供教學者發揮教學創意，但也有其在收集上掛一漏萬的難度。由於目前各領域建置數位典藏資源的面向愈趨多元，相關網站

的互動性、親和性也愈見理想,當以數位典藏資源融入藝術教育時,即能提供藝術教育工作者便於就手的豐厚資源,使藝術課程的規劃更趨完整,進而增益藝術教育的實施效能。

(二)營造開放式藝術學習氛圍,培養終身數位學習公民

教育部於近年間頒布之高中以下的藝術類課程綱要中,資訊教育為其中重點項目,強調國民應能正確、安全和有效地利用科技,蒐集、分析、整合與運用資訊,以提升學習效率與生活品質,揭示了學校教育中資訊科技的重要地位(教育部,2008a,2008b)。在即將推動之12年國民教育政策中,數位素養亦為國民五大素養的一環。依據前述教育精神,學校教育各學習領域均應使用資訊科技作為輔助學習的工具,以擴展各領域的學習並提升學生的數位能力。當將數位典藏資源融入藝術教育時,除提供藝術教育工作者於實務教學策略上的協助外,進而對國家教育理念中強調數位科技的學習亦能有所助益。

數位典藏的無疆界特性,使得教育資源的提供與吸收呈現了跨界的開放性質,一則可降低藝術教育資源的供需成本,二則可擴充既定藝術教育模式的可能性。同時,自1970年代之後,終身學習的理念廣為國際間重要教育組織大力推動,也使推動終身學習,建立數位學習社會之概念,蔚為當前各國教育界的發展趨勢之一,也成為本世紀我國12年國民教育政策的重要發展原則與方向。欲推動國民終身學習的習慣,個體對於數位學習資源的接觸為其中重要元素,以確保每一個體均能平等地參與開放學習和遠距離學習,並能與日俱新,更新其數位能力,以運用數位科技為個人學習方式,進行終身的學習探索(Smidt & Sursock, 2011)。數位典藏是數位科技的一環,也是我國推動數位學習的重要政策,能提供學習者無疆界之藝術學習的數位氛圍。因此,當將數位典藏融入藝術教育時,將能增益學習個體的數位能力,進而成為終身進行數位學習之公民的時代使命。

(三)開拓藝術與人文全球化視野,提升公民人文素養

對於國家藝術文化傳統的瞭解與認同,是公民人文素養中重要的一

環。根據鄒川雄（2012），「文化啟蒙」為公民人文素養中的重要成分，對傳統文化的傳承、汲取與創新至為重要。目前在各大學校院的通識教育中，公民人文素養為國家致力強調的教育政策，然而，對於學習個體相關素養的沐化應自小開始，方能收潛移默化之效。在中小學藝術與人文學習領域的教材中，雖對我國藝術文化有所涵蓋，但受限於授課時間以及教科書篇幅，難以進行較具系統性的介紹。近年來政府為保存文化產物，致力於推展國家數位典藏計畫。同時，近十數年間亦是臺灣各類性質之博物館、美術館以及文化館蓬勃發展的時期，各不同館所的特質與文物典藏方向均有不同，再加上其餘藝術文化機構或社群、個人設置的多樣典藏計畫等，無形中為我國數位典藏資源奠定了完整架構。當將數位典藏融入藝術教育時，將能引導學習個體接觸不同藝術文物與文化面向的機會，藉著個體終身數位學習之習慣的養成，使國家藝術與文化傳統在基礎教育中達到文化扎根，從而提升公民人文素養。

此外，在今日全球化的氛圍中，除本國的藝術與文化傳統外，對於不同國家、族群的藝術與文化發展，亦為公民人文素養中重要的環節。目前許多國家均將其文化遺產進行數位化保存，世界知名博物館、美術館等藝文機構，也將數位典藏的概念充分運用，不斷推出多樣的數位典藏學習機制、遠距教學、虛擬實境等。再加上近數年間，各類網路平臺、社會媒體愈趨日常生活化，使得全球的藝文氛圍與數位遺產能在一方螢幕中得見風貌。當將數位典藏資源融入藝術教育時，即能透過全球藝文網路的鏈結，深化學習個體對於各國藝文體系與文化樣貌的理解，進而豐厚國家公民的全球化藝術人文素養。

二、數位典藏資源融入藝術教學的問題與挑戰

在國家教育政策大力推動之下，數位典藏資源為今日臺灣教育體系可茲援用的教學資源，但是如何將之整合並融入教學且適當的呈現教學內容，讓教師與學生均能便捷應用，仍是各學門教育工作者的挑戰。換言之，在將藝術與文化產物數位化保存為數位典藏資源之後，應探討如何將數位典藏素材進行教育加值與應用，轉化為適合學校教學環境之教

材，方能既發揮國家數位典藏資源最大的核心價值，並增加各學習領域的教學效能，收雙贏之效。對於藝術教育領域而言，亦應檢視數位典藏資源融入藝術教學的問題，俾思考因應的教學措施。在探討文獻以及檢視我國中小學藝術教學現況後，發現以下值得關注的問題與挑戰。

（一）數位典藏資源應超越「數位化的補充教材」，擴充藝術教學模式

自數位典藏融入教學成為國家重點教育政策以來，已累積有相當數量之教學案例。當檢視這些案例時，發現大多數的數位典藏資源融入教學之模式，多為將之作為原有教學框架中的補充資料，換言之，仍止於將數位典藏資源視為「數位化的補充教材」，以致當與傳統教學方式相較時，少見教學模式在本質上的大幅差異。尹建中等（1997）在檢視資訊科技對國家人文、社會層面的衝擊與影響時指出，當資訊科技於數十年前乍現光芒之際，論者常預測將會對教育模式產生重大的變革，但檢視今日學校中教與學的模式，似乎仍停留在教師於臺上講授，學生在座位聽講的傳統教學方式。顯示資訊科技對教育誠然有一定程度的影響，但仍多只是輔助性、點綴性的補充性質，未見革命性的實質衝擊。

類似的狀況同樣發生在數位典藏資源融入教學的情境下。陳志銘與陳佳琪（2008）在查驗數位典藏支援數位學習的現況時，發現支援教學雖為數位典藏加值應用的重要方向，然而國內仍然缺乏數位典藏在教育場域中教學模式的基礎研究。陳志銘與陳佳琪認為，由於對數位典藏融入教學之教學模式缺乏實證性基礎研究，以至於數位典藏仍然停留在「支援教材」的階段，無法充分展現其教育功能與價值。雖然目前許多典藏機制提供有數量豐富的數位典藏資源，教育界亦頻頻舉辦相關教案比賽，但若教學模式未見擴充，只停留在「瀏覽」的輔助層級，則無法讓數位典藏有效的支援數位學習。對於向來需應用大量圖像資料的藝術教學領域，數位典藏雖為理想的輔助資源，唯究竟數位典藏融入藝術教學時應如何發展更切合的教學模式，應能有更多的探討。

（二）數位典藏資源融入藝術教學應增加基礎研究，建立專屬學習理論

教育作為一項專業領域，除具有普遍性的基礎理論外，尚因不同的教學領域及對象而有專門的學理脈絡。在檢視數位典藏與數位學習相關理論時，發現一般在探討數位典藏融入教學的教育理論時，學者多援引自數位學習的理論，少有針對各學門的不同特質，發展具學門屬性之數位典藏學習與教學理論者。林信榕（2004）在探討教師實施資訊科技融入教學之現況時，即指陳資訊科技融入教學之方式並非隨興所至，而需奠基於與學門相關的學理基礎上，始能彰顯其教育意義。在梳理相關研究後，發現學界對於數位典藏資源融入藝術教學有相當期許，而藝術教育界也由於數位科技的勃興，帶動了數位視覺文化思潮的發展。藝術教學工作者在期許藝術教育之內涵能與時俱進的使命感下，確實應思考將數位典藏資源融入藝術教學時的學習理論，以據之調整教學方法。

誠然，欲建構學習理論並非易事，必須累積長期且大量的基礎研究，唯若欲深化數位典藏資源的教育功能，事不容緩。Fullan（2003）在討論教育場域的變動時指出，教學場域的變革須能有堅實的教育理論以及強烈的變革動因作為基礎，方能成功並久遠。否則，若缺乏堅實的教育理論，僅有強烈的變革動因，則此係為變革而變革。反之，若缺乏強烈的變革動因，僅有堅實的教育理論，則此係為表象的變革，兩者均將難以持久或進而改變教學場域。目前數位典藏資源與當代藝術教育思潮均擁有許多論述，若未能將兩者有意義的結合，則數位典藏資源融入藝術教學將呈現「表象的變革」，無法產生深遠影響。因此，應累積數位典藏資源融入藝術教學的基礎性研究，透過專屬學習理論的建立，使在數位視覺文化的時代下，藝術教學能產生因應時代變遷之深遠的改變。

（三）數位典藏資源融入藝術教學應建立評量策略，發展實施方式

在教育專業中，具有效度的評量機制有其不容忽視的重要意義。在數位典藏推動超過十年並累積有相當的教學實例之後，檢視相關文獻，發現不論是對於教學者的教學成效，或是學習者的學習成果，尚須累積具效度的評量規準，以避免使教學成效難以深化。張嘉彬（2006）在剖

析數位典藏支援數位學習的成效時，即提出建立管理與評鑑機制的重要性。黃仁竑（2002）亦指出，數位典藏支援數位學習的成功與否，在於數位學習環境之功能是否完整適用、教材的設計與呈現是否適合數位學習、教學策略的設計是否得當，以及學生是否具有主動學習的動機與意願等，而前述要項均有賴明確評量規準的建立。

在相關文獻中，雖不乏提及數位學習時能應用的評量方式，然而多為一般性教育評量理論的援用。例如，探討使用數位科技融入教學的活動設計時，多僅提及一般學習理論的一些基本元素，如教學目標或能力指標、教材資料來源、教學活動、教學媒體與輔具、教學步驟，以及教學評量等，少有呈現數位學習機制的獨特性者。而以經年推動數位典藏融入教學的國科會教案競賽評量規準而言，除去「內容」占有三分之二的重要性外，尚強調需考量創意性，如視覺設計、創意表現等，以及人機介面之互動性，如回應速度、資料結構及連結等（姜宗模，2003，2005），也少見強調數位典藏資源之特殊性部分。因之，未來若欲使數位典藏資源融入藝術教學能有更為深化的實施成效，其評量機制的建立當屬重要。

（四）數位典藏資源建置宜參考藝術教學需求，加強轉化與連結

一般而言，數位典藏網站所建置的數位內容，常為某一專業領域之文化資產或知識內涵，多數經過嚴格的考證與收集，其知識正確性較高，也有相當學術意涵。然而，數位典藏網站的立意與呈現質感雖高，若無法具備「可親性」，則其在教學場域的應用成效不免受到限制。吳明德、陳世娟與謝孟君（2005）在訪談15位曾參與「數位典藏國家型科技計畫」舉辦之中小學教案設計比賽並獲得優勝的教師後，發現教師認為數位典藏資源之內涵為由專業人員撰寫，用字遣詞採用較專業的術語，內容可能過於艱深，未必能符應青少年的認知能力。林羿妏與林佳蓉（2009）的研究則顯示，當教師必須花費相當時間將學術傾向的數位典藏內容，轉換為可運用的上課教材時，將影響其使用意願。除去前述教材轉化的問題外，鍾季娟（n.d.）也發現，數位博物館的網頁架構與內容有時層級過多，因而超出學生的電腦操作能力。

臺灣目前在數位典藏建置的質與量雖已達一定水準，唯數位典藏網站能否永續經營，其加值與應用是一大關鍵因素。即便再卓越的數位典藏內容若乏人問津，也僅徒為資源的浪費。項潔（2007）指出，因為數位典藏為近年間數位科技進步之下的產物，一般人普遍不熟悉其操作技術與應用方式，以致影響在不同領域的應用成效。是以，如何將學術意涵濃厚的數位典藏資源加以轉化，加強與不同實務領域的連結，是活化數位典藏融入教學的重要課題。從藝術教育的角度而言，尚宜加強數位典藏資源的視覺元素與藝術成分，使數位典藏網站的內容與介面能吸引學生的注意力。

（五）數位典藏資源庫應加強整合規劃，建立後續維護機制

國家推動數位典藏最重要之目標，即為文化遺產與藝術瑰寶的保存、應用與推廣。藉由數位化科技，文物得以有機會將其完整的面貌永續傳承，其資源也能應用在學界、教育界，以及其他相關文創產業上。經由數位典藏計畫多年來的推動，目前臺灣的數位典藏資源已達一定質量。然而，誠如前述，數位典藏內容的加值與應用是數位典藏能否永續經營，發揮典藏價值的關鍵因素，否則優質的數位典藏資源，若無法擴大應用的客群，終將曲高和寡。同時，數位空間浩蕩無垠，數位典藏網站散置網海之中，或互有連結或各自為政，有時讓使用者難以尋索，甚或顧此失彼。因此，自教學應用的角度而言，量多而質佳的數位典藏網站，若能予以適當整合，將更具使用效益。

同時，自從數位典藏成為國家重點政策以來，建置數位典藏資料庫一時之間蔚為風潮，然而，這些網站資源若缺乏後續的維護，將如同遊蕩於網際網路中的幽靈一般，乏人聞問。姜宗模（2005）、蔡順慈與姚佩吟（2007b）在檢視數位典藏資源的應用成效後，強調數典藏資源網宜有專業人士或機制負責後續運作的處理，避免網站內容逐漸耗盡而空泛、連結不正確或停止維修等。吳明德與許凱琳（2005）以及林羿妏與林佳蓉（2009）則認為，目前數位典藏的主題網站分散於不同典藏機構，搜尋檢索不易，教育相關機制中可建置數位典藏網站整合入口，以使各方數位典藏資源能持續進行教育推廣與應用，達到將典藏知識與資源整合、加值的成效。

三、數位典藏機制的衍生議題

　　科技之進展是人類文明發展的重要變因，也是影響每一個時代文化特徵的因素之一。觀諸人類歷史，新科技的出現在為社會生活帶來相當助益的同時，也往往伴隨著一體兩面而應被檢視的議題。從數位視覺文化藝術教育的角度思考數位典藏機制引發的議題時，發現數項應予關注的部分，包含：數位典藏資源的選擇與建置等權力相關議題、數位典藏資源中藝術文化物件的詮釋觀點等相關議題，以及當將實體物件和文化活動數位化建檔後，對其真實性的影響及與生活間之斷裂等相關議題。

　　首先，在數位典藏資源的權力相關議題部分，當一般提及「檔案」一詞時，常認為檔案是某一事實的具體存在證明，然而，Manoff（2004）認為，當思考「檔案」的意義時，應能理解「檔案」事實上是被社會、政治、科技等力量所選擇並形塑的物件。換言之，當各領域或學術界決定何者為重要的、適當的，甚或法定的知識時，以及決定何者為能隨著時間推移或學科知識體系發生轉變後，仍應被視為是有價值、有貢獻，而應被保護的「檔案」時，即在進行某些政治性的思考。Manoff 指出，例如當英國的博物館進行大英帝國殖民時期檔案的建制時，對於這些檔案的選擇、記錄，以及文件化，即是對於殖民霸權的某種支持。如此一來，即使是英國已未再對這些殖民區域施以主權上的控制，但卻透過英國博物館的策展，在意識形態上對這些殖民區域進行了某種層面的後殖民霸權。同樣的，當前任何文化圈中凡以類似之「歷史事件」為主題建置的檔案資料庫，固然能反映該歷史事件的某些面貌與過程，卻同時也體現了該文化圈中，有權力進行「檔案選擇」以及有技術與能力進行「檔案建置」之機制或主事者對於該歷史事件的解讀觀點。

　　數位典藏資源的特質之一，是將具物質性之藝術文物等文化遺產，以數位方式檔案化。因此，數位典藏機制所衍生的議題中，各類檔案資源的「選擇權」等權力相關議題，即是當援用數位典藏資源時應被審慎查驗的部分。McCrary（2011）在探討「數位視覺文化遺產」（digital cultural heritage, DCH）時，即認為，當代社會中的許多藝術與文化機構，如圖書館、博物館、美術館等典藏機構，就是移轉知識和權力典範

的機制。McCrary（p. 357）指出，由於物質性的文化遺產難以避免的將受到某些顯而第易見，或隱而不現的政治力量和社會力量所影響或引導，因而產生關於「真實性」（authenticity），「詞彙操控」（vocabulary control），「圖像操控」（image control），和「意識形態操控」（ideology control）等議題，而這些實體之藝術與文化物件所涵具的議題，同樣的存在於被數位化後的典藏檔案上。McCrary 由是強調，DCH 事實上可被視為是一系列的政治概念以及實踐，是典藏資源所在社區和典藏機構通過數位科技的中介後，行使其文化和政治權力，透過對 DCH 的選擇、呈現，與詮釋來重塑社會的過程。

在前述概念之下，當以數位典藏資源融入藝術教學時，雖可擴增教學內涵的廣度，以及助益教師之教學效能，但亦須謹慎查驗，避免產生將數位典藏資源可能具有的意識形態等，進行複製或加以強化的狀況。Srinivasan 等（2009）即指出，長久以來，美術館、博物館為論者詬病之處，即在藝術領域專家所持之過於單一化的專業霸權觀點。雖然近年來許多藝術工作者或學者已查覺並想打破此一態勢，但長期累積的封閉環境與專業意識形態並不容易在短期之內即有大幅轉變。甚至亦不乏有相關專業人員仍維持藝術金字塔頂端的身段，對主流藝術機制所凝聚的美學觀點有著不容越權或挑戰的專業迷思。近年時見臺灣大型美術館往往花費巨額資源，辦理諸多西方「特展」所引發的爭議，即為一例（王嵩中，2011）。換言之，當欣見數位典藏機制的發展，能改善原來較難為一般大眾近用之國家藝術文化資源的封閉狀況時，亦須檢視是否數位典藏機制將成為「主流藝術意識形態迷因」大量繁殖增生的傳播管道。

從藝術教育思潮的發展過程而言，1980 年代前後的藝術教育主流思潮為強調藝術學科獨立價值與學習內涵之「學科取向藝術教育」思潮，其對藝術典範的詮釋觀點以主流藝術史上的菁英作品為主。1990 年代之後，視覺文化思潮等多元論述的觀點促使藝術教學的範疇從菁英藝術，擴增為對學習個體日常生活多元視覺經驗的關注，主張主流藝術史上的菁英作品所代表者僅為社會多元美學觀點「之一」，而不是「獨一」。如前述所言，從國家藝文產物資源共享的角度而言，目前的數位典藏機制不啻是對於普羅大眾的藝術文物近用權有所彰顯。然而，由於國家數位典藏機制的藝文

典藏物件，多屬於以往歷史上為菁英階級所喜好與選擇的藝文產物，其所反映之藝術現象與藝術品味僅為藝術美感樣貌的一種。當選擇數位典藏資源融入藝術教學時，教師應應注意對於典藏物件的詮釋態度與多元思維，並引導教學活動的參與者，使其能意識此一狀況。

前述狀況說明了數位典藏機制的另一個衍生議題，亦即數位典藏資源中藝術文化物件的詮釋觀點等相關議題。由於數位典藏資源可能僅呈現單一或少數文化階層的詮釋觀點，使數位典藏資源所呈現之同質化學習的狀況，對學習者的文化認知或將產生不平衡的影響。在 20 紀末，許多文化學者對於當代全球化效應下，地球村所呈現的同質化現象提出許多省思。Delacruz（2009）指稱，數位科技將使得藝術教師有機會引導學生共同創造、參與並建構一個全球性的文明社會。然而，當從另一個角度思考此一觀點時，即發現此一觀點體現了數位典藏資源一體兩面的一項盲點。也就是說，資訊時代中數位科技的發展，某種層面上雖意味知識取得的管道日趨便捷，因而有所謂「知識民主化」的說法，然而，此一說法的反面則是網路資訊對個體思維所產生之同質化型塑危機，使「運用科技即等同於進步」的思維，成為數位時代之集體迷思。

謝清俊（1997）在對資訊時代的現象進行思考後，提出質疑，認為當個體唾手即可得到網路資訊時，應能思考所獲得之資訊的意義。換言之，個體應能警覺，若未對資訊的意義與來源有所思考，則自身將僅為網路資訊的「接收器」或「傳播站」，而非「擁有者」。石計生（2008）在檢視「數位典藏教育」作為「文化全球化」的現象後，也指出其間的斷裂現象，認為數位典藏資源為當代數位學習的重要「奇觀」，突顯了當代的學習個體正處於社會認知脈絡消失的時代。

Yim（2004）指出，當談及文化一詞時，往往將之兩極化為西方文化與非西方文化、男性文化與女性文化、菁英文化與普羅文化，或有形文化與無形文化等互相對立的兩端，其中前者又常被視為文化位階較高者。以西方文化而言，在人類歷史進入近現代後，「西方文化」常被視為較「非西方文化」更為理性，因而更有價值、更為卓越。在世界進入全球化氛圍後，在跨國寡頭企業的推波助瀾之下，西方文化的「地盤」更為擴大，也加劇了較其他非西方文化優越的地位。同樣的，相對於男

性文化,「女性文化」長期以來被認為是感性而溫和,以致具有較次等的價值和重要性。而「普羅文化」則被視為是平凡、瑣碎,或俚俗的,因此較菁英文化低下。至於「非物質性」文化產物的相對重要性也被視為次於有形之文化產物。在近數十年間,隨著學術圈對於文化研究、人類學、多元文化、性別研究,以及小眾敘事等的關注,使論者警覺長期以來世界益發傾斜的文化層次結構,國際間萌生對文化多樣性的重視,建立保護非物質文化遺產的共識,認同所有的文化均有其自己的方式與價值,需被適當維護。在數位典藏機制被推動後,保護文化多樣性的理念得以實踐,也展現了數位科技的時代價值。

然而,古往今來,文化變遷在人類歷史的發展過程中不斷發生,不論出於天災或是人為因素,當舊文化的「活性」殆盡後,終究會被新文化所取代。如本書第二章在探討文化基因論述時所陳述,文化傳承的最小單位是迷因,新舊迷因將依據競生原則進行自身生存繁衍的角力。在一個社會中,每一個文化類別為提高自身的存活機率,將透過不斷轉化以及自我調整,使自身成為更具競爭優勢的強勢文化。當一個區域產生數種新文化類別時,這些新文化類別又會依據競爭力的強弱相互淘汰。因此,當失去競爭力時,文化的消失即屬自然。Yim(2004)因而提醒,數位典藏機制對於消失中之非物質性文化雖具保護意義,但亦有相對危機。非物質文化遺產既是仍在持續演變中之「活的人類寶物」(living human treasures),當以「人工」方式「保育」時,可能將逆反歷史原本應有的自然規律。前述辯證確實難以定論,但McCrary(2011)強調,由於DCH的產生有其政治性因素,以至對於社區文化的真實性、詮釋和傳播等,可能有所限制,面對此一現象,應深入文化區域,與社區人士共同定義數位化對象。換言之,就如同文化研究者進行人種誌、人類學研究時一般,以進入「田野」的方式,深度「近用」非物質文化遺產,以對DCH提供較深入的詮釋、較厚實的描述,以及較接近真實的呈現方式。

當產生前述有關數位典藏資源之詮釋觀點等相關爭議後,數位典藏機制應被檢視的另一類衍生議題,也接續浮現。亦即,數位典藏資源是否「真實的」呈現了「活的人類寶物」之樣貌,亦或如同數位科技的「優化」特質一樣,有將被典藏之文化遺產的面貌美化、概念化之虞。數位

典藏資源雖然提供學習個體無遠弗屆，親近藝術文物的無疆界優勢，但當檢視數位典藏網站時，可發現其隱藏著「優化藝術文物」的意識形態。固然盡可能呈現典藏文物的閱覽價值是數位典藏機制的初衷，然而，從教育的立場論之，卻不能輕忽其可能衍生的負面影響。也就是說，當學習個體在螢幕上移動滑鼠，觀視典藏作品的 3D 數位影像時，其腦海中是否能自動地將虛擬幻象與真實物件融為一體，亦或自發地將其間的斷裂弭平？當學習個體透過數位典藏資源進行學習時，其所熟悉的對象是真實物件，亦或將產生對虛擬幻象比對真實物件更「熟悉」的「虛擬認知」？換言之，在數位科技強大的優化功能下，究竟數位典藏資源是真實物件被數位化的摹本，抑或真實物件成為數位典藏資源的摹本？再者，數位典藏資料庫為提升點閱率，常使用許多遊戲化的互動機制，而遊戲化的美學價值是否等同於理解文物的內化價值？均是必須深思的議題。

數位科技的發展對當代社會以及文化變革有深厚影響，然而，水能載舟也能覆舟，數位科技亦然。Bertacchini 與 Morando（2013）認為，數位科技雖能逼真肖似的仿真，但無論其擬仿的成效如何驚人，仍然非屬實體，真實情境中「活生生的」的氛圍難以被數位方式所營造。數位科技之擬仿技術的宿命之一，即是對於「真實」永難企及的追求。畢竟所謂擬真，意味著其充其量只是「近似為真」，但終究是不會是真，因之真實與虛擬之間的落差無法被消除，僅能規避。Harvey 與 Bastian（2012）即指出，對於教育工作者來說，真實和虛擬之間日益擴大的差距，往往造成在實體課堂上學生透過數位環境學習時與課後真實生活間的斷裂。因此，在數位科技的發展銳不可擋之際，教育工作者應思考，如何透過教學策略的使用，縮短前述斷裂。同時，亦應思考如何將「數位科技」結合教學策略，使之轉化為「數位教學科技」。本書第三章中提及之 ICT 教學科技，便是一個例子。由於 ICT 教學科技之目的與發展具有教育意涵，即能規避或校正一些虛擬與真實間的斷裂狀況。

然而，從另一個角度思考，數位典藏機制固然產生前述衍生議題，但對於社經位階不利的個體而言，確實也提供了得以窺見世界樣貌的機會。Sawai、Wakaki、Ikeda 與 Kunifuji（2005, p. 71）指出，今日無處不在的網絡（ubiquitous-networking）提供了一個活躍的數位學習環境，透

過個人移動式數位輔具以及 ICT 科技,個體可以在任何地方,以任何風格隨時隨地學習,因此,若當代青少年習於使用 DCH 學習,能將之內化為「數位文化基因」(digital cultural genes),增加對於世界的瞭解。

根據前述,從藝術教育的角度觀之,對於無法實際接觸藝術文化遺產的學習個體,「數位策展」提供了跨越地理限制以接觸全球藝術文化遺產訊息的可能環境。但是,在使用數位典藏機制提供之資源的同時,教育工作者須能理解論者所警示的,「在數位時代,控制數位科技者,即能擁有權力」,以避免於藝術教學場域使用數位典藏資源時,讓掌握數位典藏資源控制權之政治權力得以於藝術教學場域施展。當援用數位典藏資源時,教學者須時時引導學習個體思考,美術館或博物館的館藏眾多,是誰決定哪些藝術文物資源應被典藏?為何典藏機構有權力做如是決定?為什麼某些藝術典藏品被用這樣的觀點詮釋而某些藝術典藏品被用那樣的觀點詮釋?為什麼有些藝術典藏品能被置放於數位典藏網站的首頁,而不是其他典藏品?當學習個體能習於思考此類問題時,即較能減緩數位典藏機制所衍生之爭議議題,並能潛移默化,檢視自身的審美意識形態。

當代日常生活為各式影像洪流所充斥,視覺文化藝術教育思潮的要旨即是引導個體以具批判力的觀看視野,敏銳察知日常生活影像所隱藏的意識形態(趙惠玲,2005)。因此,前述辯證並非質疑數位典藏資源的存在價值,反之,對於前述議題的討論,能幫助個體不但能「使用」數位典藏資源,更能「有意義的使用」。於前一章中,本書曾提及「數位落差」的議題,並指出,在網路近用權的比例快速普及的當代,「接近電腦或網路的機會」與「使用電腦網路的能力」或者都不再難以達到,但是「參與的差距」可能成為今日數位落差的關鍵。當從藝術教育的面向檢視數位視覺文化之「參與的差距」時,即是青少年對於所接觸的數位相關藝術文物資源,是否具有省察能力以及批判思維?亦即,當接觸數位典藏資源時,除鑑賞其藝術與文化的美感或價值外,亦須能敏銳察知其背後的意識形態與權力議題。如此一來,方能不致只是「為了使用數位典藏資源而使用數位典藏資源」,而是能發揮每一件數位典藏作品最大的藝術教育加值效應。

數位革命在世界發酵，使網路平臺成為共享資源、傳遞知識的便捷場域，也促成數位典藏機制的發展。對於傳統之藝術文化遺產的識別和保存鞏固了社會群體的文化身分，以及作為社會個體的認同與隸屬感。對於當代之非物質性文化遺產的保育與維護，彰顯了對於不同文化群體人權的正義思維，以及對於異質文化的尊重。縱觀歷史，人類一直不斷的嘗試用不同的方式記錄文化標誌，以維護文明與知識的發展。記錄文化標誌的方式與技術或有不同，但其價值與意義則屬恆定。從簡單的洞穴壁畫圖像符號到複雜的數位檔案系統分類，世界的知識體系不斷擴大，必須以更有效益的方式紀錄，數位典藏機制即為當代記載文化標誌的重要方式。於本節中，檢視數位典藏資源的應用價值以及衍生議題後，顯示當以數位典藏資源融入藝術教學時，契機、問題與挑戰並存。為能夠深化未來數位典藏資源於藝術教育上的多元發展與加值應用，亟待進行數位典藏資源融入藝術教學的各類基礎研究，以提供藝術教育工作者以「具意義的教學活動」引導學習者共享數位時代下的藝術與文化近用權。

第五章　互動式電子白板於臺灣中小學藝術教學場域的實踐

第一節　互動式電子白板的發展脈絡與教育意義

　　隨著ICT廣為各國教育界運用，數位化教學蔚為一種國際教育趨勢，高互動教學環境也成為改進傳統教學模式，使學校教育邁入數位學習時代的重要指標。在高互動教學環境中，「互動式電子白板」（interactive electronic whiteboard, IWB）為使傳統的教學環境「質變」成為數位化教學環境的重要環節，也使以往以紙本為主的教學資源，提升為數位化資源，產生無疆界發展的可能性。在傳統教學環境中，黑板、白板乃至升降式的播放螢幕等，均屬一座具備有書寫式功能的「展示機制」，然而IWB則為一組「數位化機制」。由於IWB除具有不同教學功能外，尚能連結網際網路，當教師使用IWB時，即不再僅是黑板上書寫式知識體系的單向提供者，而可藉由IWB諸多功能與網路的合作，組構富有機性延展可能的教學環境。在過往的藝術教學環境中，受限於黑板、白板或播放式螢幕的限制，即便藝術教師擷取數位典藏等數位資源，也須將之先轉化為「類紙本」的圖片式教學文件後，方能在課堂上呈現。在使用具高互動特質之IWB的教學環境下，藝術教師可連結數位典藏與其他數位資源，使數位資源能以「現在進行式」的方式呈現，活化藝術知能的教與學。於本節中，將先陳述IWB的發展脈絡，再梳理其於各國教育界中的應用狀況，最後則探討其教學意義，以及於應用時需考量的因素等。

一、IWB 的發展脈絡

在「學校」成為近代人類知識傳遞、個體學習成長的主要機制後，「教室」即成為組構學校的重要單位。一般當想起「教室」的圖像時，除了教師以及一群學生的存在之外，尚須具有一些必備的元素，諸如教室中的課桌椅，以及不可或缺，且往往占據教室中重要位置的「黑板」。目前咸信，「大型黑板」是於 19 世紀初期，伴隨著美國學校制度的確立與發展，開始進入美國的學校教室中。1801 年，兩位分別來自英國的教師 George Baron（1769-1812）與 James Pillans（1778-1864），被認為是在美國剛脫離英國而獨立的初期，最早使用黑板進行教學的先鋒（Villarreal, 2008）。其中，前者以大型黑板進行數學教學，後者則以黑板及彩色粉筆教授地理。自此，黑板開始進駐美國學校體系中，逐漸被視為是教室結構中的一個必備部分。在大型黑板開始被使用之前，學生多擁有自己的一塊「石板」（slateboard），於石板上進行反覆書寫，教師則以類似行間巡視的方式，進行一對一教學。在使用大型黑板後，教師的書寫得以讓全班學生同時看見，呈現一對多教學的可能，大幅提升了教學效率。因此，大型黑板使當時的美國學校教育發生了教學形式的巨幅轉變，而有「黑板的革命」（the blackboard revolution）之喻（Betcher & Lee, 2009）。在被使用達兩百多年之後，黑板幾乎成為傳統教育的同義詞，被視為學校教學的基本配備，對近兩個世紀間受教者的影響至深。

臺灣的學校體制主要建置於日治時期，早在日治時期，黑板即為學校教室中的重要設備。對於視覺藝術教學領域而言，視覺藝術教學的創作特質，使教師的技法示範具有一定的教學意義（王麗雁，2008）。在早期物資缺乏的時代，紙張昂貴，且懸掛展示較受限制，黑板成為教師示範繪畫技巧的理想方式，「黑板畫」乃成為日治時期，除了「板書」之外，臺灣師範學校教師必須修習的圖畫科課程內容，目的即在教導職前教師如何在黑板上繪圖，以作為輔助教學之用（林曼麗，2000）。黑板對於早期臺灣視覺藝術教學之重要性可見一斑。

戰後臺灣教育日漸普及，尤其在國民義務教育開始推動後，國家不僅對於教學內容有所規範，對學校的設備也有一制性的要求，黑板即為

學校教學設備中的基礎結構。在高中以下的學校教學中，絕大多數科目均以黑板書寫之形式為主要的教學方式，板書也持續為接受師資培育訓練的職前教師必須修習之課程（施枝芳，2002）。直至今日，在全國中小學所舉辦教師甄選考試的過程中，板書仍是諸多需具備的教學技能之一。對於 1990 年代以前成長的臺灣群眾，就讀中小學時輪值值日生的重要工作之一，必然包括擦拭黑板、清潔板擦的工作內容，而下課時，因「打板擦」使教室粉塵飛揚的情景，應為曾在 20 世紀接受學校教育之個體的共同記憶。

大型黑板的出現，將兩個世紀以前，一位教師於同一時間之內僅能面對個別或少數學生施教的方式，轉變為一位教師可同時面對多數學生的施教方式。此一發展確立了今日教室中以大班進行教學的形態，也使此一教學形式成為過去兩個世紀中，學校教育的主要教學樣貌。其後，雖有顏色不同的黑板以及形式不同的白板等出現，但大至上仍維持類似的教學功能，對教學本質的影響並不大。進入 21 世紀後，IWB 的出現則大幅改變了教學的樣貌，引起了一個因科技而發生的教學革命（Betcher & Lee, 2009），使當代的學校教育與數位科技的發展同步前行。

目前在推動 ICT 融入學校教育的國家中，IWB 為廣被使用的代表機制。IWB 最早是於 1990 年，由美國 Xerox Parc[1] 所開發，主要被使用於商業機制的會議場所中。至 1991 年，美國 Smart Technologies[2] 介紹了該公司的第一具 IWB，其結構僅為一架 LCD 燈具與一座電腦的連結，設備簡單，被視為是今日教學用 IWB 的起源（Betcher & Lee, 2009, p. 5）。其後，自 1992 年起，相關研究經費逐漸挹注，至 1990 年代末葉，各類 IWB 相關軟硬體設備陸續被發展並不斷改進，諸如板擦、彩色註記筆、背光投影（back-lighted projection）等。同時，許多製造商逐漸發現中小學為 IWB 具發展潛力的市場來源。2001 年 eInstruction[3] 公布該公司第

---

[1] Xerox Parc 成立於 1970 年，位於美國加州，是數位科技研發公司（PARC, n.d.）。

[2] Smart Technologies 成立於 1987 年，位於加拿大，以開發 Smart Board IWB 聞名（SMART, n.d.）。

[3] eInstruction 成立於 1981 年，以開發互動式反饋系統聞名（eInstruction, n.d.）。

一座可移動式的 IWB（mobile interactive whiteboard），由於使用無線網路，因此使用者可以不受電腦設備置放地點的限制，在教室中自由移動。2009 年，eInstruction 又公布了一套系統，包含遙控器和迷你白板（remotes and mini-board），加入互動的功能，讓每一位學生在教室中的座位上定點不動，即可加入教學活動，與教師或同儕互動，使高互動的教學環境達到更大的彈性。

在世紀交替之際，教育界感受到必須隨著時代更替而有所轉型的迫切性，數位化教學環境的建置成為教育體系進入新世紀的表徵之一。隨著 IWB 逐漸發展成熟，帶動了學校教學環境的數位化氛圍。雖然學校中的教室仍是以實體形態存在的有限空間，但 IWB 的介入，卻使學校教室在教學內容與教學情境的呈現上，有跨越實體空間之限的可能性，啟開了學校教學環境在數位時代的新扉頁。

二、IWB 於學校教育中的應用

進入 21 世紀之後，國民的數位素養幾乎被視為等同於國家的經濟競爭力，數位教育蔚為各國致力發展的教育政策。ICT 科技被視為是將學校教育現場轉化進入數位時代的重要環結，為全世界教育領域關注的成長新動能。自 20 世紀末至今，IWB 從無到有，從商業界開始發展，進入教育界後大放異彩，並成為本世紀初最具代表性的數位教學輔具之一。當 IWB 開始被應用於教學場域後，許多國家即紛紛投入大筆經費挹注 IWB 的開發與使用。

在各科技發達國家中，英國為推動 IWB 起步較早也發展最力者（Moss & Jewitt, 2010）。英國教育當局於 2002 年 1 月宣布，將投入 990 萬歐元（約 3.8 億臺幣），提供英國每所小學一組以及每所中學三組的 IWB 設備。又於 2003 年 9 月宣布實施「Schools Interactive Whiteboard Expansion」（簡稱 SWE）計畫，從 2003 年至 2004 年提撥 2,500 萬歐元（約 9.7 億臺幣）的經費預算，用以支援英國中小學於 IWB 設備的採購（Beauchamp, 2004; Moss et al., 2007）。2004 年間，英國時任之教育部長 Charles Clarke 宣示，未來英國學校的每間教室裡都會裝

設 IWB，同時聲稱，「科技已經將學習革新」（technology has already revolutionised learning）（Arnott, 2004）。在國家以政策進行宣示後，更加速了英國 ICT 融入教育的速度。至 2004 年為止，英國有 63% 以上的小學、92% 以上的中學，以及 72% 以上的特殊學校擁有至少一套以上的 IWB（BECTA, 2004）。一年以後，在 2005 的秋天，BECTA（2006）指出，英國有 93% 以上的小學、96% 以上的中學，以及 85% 以上的特殊學校擁有至少一套以上的 IWB。2007 年，英國全部的小學、98% 以上的中學擁有至少一套以上的 IWB。於 2009 年時，幾乎所有英國的中小學都至少擁有一套 IWB，並以 IWB 進行課程教學。

當西方各國注意到英國等國家積極以 ICT 融入教育的發展後，隨之投入巨額資源，複製英國經驗，資助學校採購 IWB，以避免在數位世紀的開始即有所落後。澳洲政府於 2007 年也開始推動「數位教育革命」（digital education revolution, DER），領導其國民接受「世界級的教育」（the world class education）（Rudd, Smith, & Conroy, 2007），為之培育數位世界應具備的生活能力。由歐洲超過 30 個以上國家教育相關部會所組成的非營利聯盟「歐洲學校網」（European Schoolnet, EUN），[4] 在 2008 年成立「歐洲學校網 IWB 工作團體」（The European Schoolnet Interactive Whiteboard Working Group, IWB WG），[5] 目的便在分享各國推動 IWB 的經驗，並進而解決各國推動 IWB 的困難。

目前 IWB WG 計有 15 個會員國，分別為澳洲、捷克、丹麥、芬蘭、法國、匈牙利、義大利、愛爾蘭、盧森堡、挪威、葡萄牙、西班牙、瑞士、土耳其，以及英國（Bannister, 2010）。其他國家如紐西蘭、智利、墨西哥等國等國，亦投入教育經費，建置 IWB 相關設備。例如，墨西哥於 2005 年採購 10 萬片 IWB 安裝於教室並應用即時反饋系統（interactive response system, IRS），以提高學生上學興趣，降低全國輟學率（陳惠邦，2006）。

---

[4] 「歐洲學校網」成立於 1997 年，是一個由 30 個以上的歐洲國家教育相關部會所組成的非營利聯盟，成立宗旨在透過數位科技，促進歐洲國家各級學校教學的革新，並達到會員國家教育溝通與資訊的交流。其主要對象包含各會員國教育決策者、學校人員、教師及研究者（European Schoolnet, n.d.）。

[5] 「歐洲學校網互動式電子白板工作團體」為 EUN 所成立的五個工作團體之一。

在美國、加拿大、荷蘭、德國、巴西、阿拉伯聯合大公國等國家的政府或教育部門，亦有針對 IWB 的預算案和技術白皮書，並持續有穩定的發展（DiGregorio & Sobel-Lojeski, 2010; SMART, 2011）。其中如美國政府即宣布在 2017 年之前，美國中小學教科書將全面數位化（Tom, 2012）。

在亞洲地區，包含日本、韓國、新加坡、香港、中國等國也致力推動 IWB 在學校教育中的落實。日本自 2007 年開始進行先導性教育資訊化推進計畫，針對 IWB 於正規教育應用之情境進行調查研究；於 2008 年 3 月頒布國中小學習指導要領並於 2011 年全面實行。日本文部科學省為配合新學習指導要領的實行，編列約 4,000 億日圓之學校 ICT 化追加預算，為日本全國的公立國中小學配置 IWB，以及增加電腦等設備，使教師透過數位化的教學活動提升學生學習意願（蔡佩珊，2009）。韓國政府則投入 20 億美元發展數位化教科書，預計在 2015 將該國教科書全部數位化，並將所有的教材放在雲端（Harlan, 2012）。以新加坡而言，該國教育部也在五所「未來學校」（school of the future, SOF）中，全面廣泛應用 IWB、筆記型電腦和無線網路等資訊科技來創新教學（蔡佳燕、李開菊、車筱慧、黃以敬，2007）。

香港教育局則自 2003 年起選擇 ICT 績優學校為學習中心，IWB 融入教學的實驗即為其主要項目；於 2004 年香港教育局開始於各中小學推行 IWB 試點計劃，進行數位學習輔具應用於課堂的教學策略及學生的學習成效等相關研究（莊護林、李肖蘭，2007）。在中國的部分，雖然相較於其他國家，中國推動 ICT 融入教育的起步較晚，但近年間中國以其經濟跳躍發展的優勢，並配合「文化共用」、「班班通」以及「中小學遠端教育」等教育資訊化的國家政策，使中國的 IWB 於 2007 年進入成長期。在 2009 年，IWB 在中國銷售量約有 6.7 萬臺，至 2010 年，IWB 在中國銷售量為 10.64 萬臺，兩年間增長率近 60%（中國投影網，2011；搜狐網，2010）。2012 年，IWB 在中國銷售量為 40.77 萬臺（許逸琦，2013），呈現巨幅的倍數跳躍成長，形成全球最大 IWB 市場，其中大多是應用於學校教學領域。

在我國的發展狀況方面，自 2006 年底起，教育部（2006）為建構整體資訊化基礎環境以共享數位化學習資源，實施「建構縣市 e 化學習環

境」計畫，補助各縣市部分學校推動資訊化校園，建置「e 化教室」，試辦 IWB 融入教室教學，進行 IWB 的教學實驗。2007 年間，教育部與行政院國家科學委員會為了推動 e 化教學，擴大執行「資訊融入教學 ICT 計畫」，全面補助 15 個縣市、上百所國中小學，正式引進 IWB（蔡佳燕等，2007）。在 2008 年，教育部（2008c）提出「中小學資訊教育白皮書（2008-2011）」，包括有八項目標，20 項推動策略，49 項行動方案。其中第 29 條行動方案，強調加強一般教室的資訊科技設備，第 30 條行動方案則強調推動多功能 e 化專科教室，兩者均包含 IWB、單槍投影機、無線網路、電腦、攝影機、可攜式電腦及可寫式電腦等設備。

　　2009 年間，行政院經建會的「振興經濟擴大公共建設投資計畫——建置中小學優質化均等數位教育環境計畫」（行政院經濟建設委員會，2009a）正式啟動，宣告我國數位教育環境將邁向新的里程碑，其中諸如「國民中小學多功能 e 化專科教室」、「國民中小學多功能 e 化數位教室」、「高中職班級 e 化教學設備」等主軸項目的重點，即是讓學生能運用資訊科技增進學習與生活能力、教師能善用資訊科技提升教學品質、教室能提供師生均等的數位機會、強化高中職資訊科技應用於教學環境、強化中小學校園基礎網路及教室網路環境等。在為期四年 5,000 億的振興經濟方案中，特別編列有 71 億經費的「建置中小學優質化均等數位教育環境計畫」，加強建置 6,500 間 e 化專科教室與 25,700 間 e 化數位教室。總觀近五年間，我國各縣市教育局與各級學校推動上述國家 ICT 教育政策的狀況可發現，IWB 融入教學已為臺灣學校教育與世界各國同步發展的趨勢。

　　數位化的教材需賴數位教學設備將之呈現，IWB 勢將成為本世紀各國教育界的 ICT 科技代表。然而，政策上的推動及經費上的挹注，若未有在教學實務上的實質踐履，仍難落實。因此，第一線教師如何運用數位資源發展多元教學策略，將 IWB 整合為教學活動的一環，並啟發學生的數位學習能力，是當前教育界的重要課題。

三、IWB 的教學意義

　　「教育科技」（educational technology, ET）是透過開發、使用以及

管理科技的適當過程與資源，以助益並提高學習績效的相關研究及道德實踐（Association for Educational Communications and Technology, 2004）。「教學科技」（instructional technology, IT）則源於教育科技，目的在透過各種科技的方法提升教師教學以及學生學習的品質（林麗娟，2012），其內涵包含教學媒體，和使用實體科技進行教學過程中的人、事、地、物等涉入元素，以及其間的互動關係。當教學媒體未曾發生變異時，教學科技與教育科技也少有轉變。一旦科技進展帶動教學媒體的變革，教學科技的定義與類別也隨之不斷有所轉變。

近20年間隨著數位科技的進展，數位教學科技在教育領域中扮演著愈趨重要的角色。Betcher 與 Lee（2009）認為，在各式數位教學科技中，IWB 不但有其應用上的潛力，也是連結教學環境與數位世界的首要助力。Betcher 與 Lee 以電腦的發展過程為例指出，個人電腦雖已在發展後25年內便改變了商業界、工業界、個人專業，乃至社交環境，但在教學場域中的影響則屬有限。儘管教師們使用個人電腦與網路收集教學資料，或凝聚個人社交圈，可是在學校「教學現場」中的應用則不明顯。但是，在 IWB 出現後，個人電腦開始在教學現場扮演了更積極的角色，使 IWB 成為連結學校教學現場與數位世界的重要環節。

Betcher 與 Lee（2009, pp. 4-10）在觀察 IWB 於教學現場的應用後，提出六項 IWB 與其餘數位教學科技的不同，分述如下。

（一）IWB 是在諸多電子教學科技（electronic instructional technology）中，第一項為教師而設計的專用教學設備。觀之目前的學校教學場域，在諸多常為學校教學所使用的教學科技中，如影片、電視、音響、個人電腦等，其最早的設計出發點，皆是為了一般社會大眾所設計，於普及之後才被引入教學現場作為教學媒體之用。IWB 則不然，第一具 IWB 於1991年問世後，即在1990年代中葉銷售至學校中。由於在初設計時即是以教學現場為其銷售場域，如何滿足教師之教學需求乃成為主要的發展訴求，也使 IWB 成為第一項專為教師而設計的專用數位教學設備。

（二）IWB 是在諸多數位教學科技中第一項，也是唯一可以提供學校中

每位教師在其日常教學中所使用者。如同黑板適用於學校教育中的不同學科，IWB 亦有類似特質，能提供學校中不同學科的每一位教師在其日常教學（every day by every teacher）中所使用。同時，Lee 與 Winzenried（2009）的研究發現，使用 IWB 的教師，幾乎大多數教學素材均使用數位資源，Lee 與 Winzenried（2009, p. 185）將這樣的浪潮稱之為「數位起飛」（digital takeoff）。相較於以往非數位的傳統紙本教學（paper-based teaching），「數位起飛」不僅只是意味著教學資源的形式不同，也代表教師對以往的傳統式教學有所檢討。雖然並非所有教師都已使用數位資源，但 IWB 的進入，對於提升教師使用數位資源的習慣將有所助益。尤其當 IWB 進入教學場域後，引發了一連串教師專業發展與訓練活動，使 IWB 似乎扮演著刺激教師進一步瞭解數位教學科技的「入門」（gateway）角色。一旦跨過門檻之後，教師便進入廣闊的數位教學空間。

（三）IWB 安裝簡易，可以立即且安全的提供教師與學生在每間教室中使用。於本書第三章中，曾提及「數位落差」為當代決定社會個體競爭力的關鍵因素，世界各國並致力減除此一落差。若要提升學生的數位科技能力，最有效的方法自然是使每位學生都能擁有電腦設備，並有進入網際網路的條件。然而，目前對於許多學校或家庭而言，未必能承受此一經濟負擔，也突顯了數位科技所形成之階級議題。由於 IWB 類似是一具可供多人共同使用的電腦，能讓全班學生均有機會接觸數位訊息，並操作數位機制，因此能達到相當的經濟效益。也由於 IWB 的使用具有普遍性，可以在日常學校中的任一學科使用，也能配合不同的教學環境，乃使 IWB 無形中達到削減數位落差的目的。

（四）IWB 能因應各種教學風格，並能適應人數不同的教學團體。傳統黑板能被應用於不同的教學場域以及人數不同的教學團體，使殊異教學風格的教師都得以使用黑板傳遞知識。IWB 的特質之一，也是能應用於不同的教學場域以及人數不同的教學團體，也同樣能使殊異教學風格的教師得以使用 IWB 進行教學。同時，IWB 適

用的教學對象廣泛，上自成人教學對象，下至學齡前幼兒，皆能應用。然而，學者也強調，任何一種教學科技都將因為使用者的「貧乏」而失色。因此，若 IWB 為不勝任的教師所使用，其效能將僅與傳統黑板類同，但若能為勝任的教師所使用，則能發生吸引學習者的加乘效應。

（五）IWB 能輔助其他數位科技，為之增加教育性的能量。就其表面機制而言，IWB 是一組大型螢幕，然而，就其性質而言，IWB 是一組數位教學環境的核心，擁有「不斷發展中」（ever-evolving）的數位工具，使傳統教學進化為數位學習。由於 IWB 能將各式在網路上存在的數位資源，諸如文本、影像、聲音、影片等所有能拖曳的（draggable）元件，均整合進入教學活動中，使教學環境靈活而具變動可能。因之，善用 IWB 的教師，將能更快速的吸收其他數位教學科技，營造有趣的教學環境，使其數位教學氛圍不斷具現活躍的教學能量。

（六）IWB 機制獲得全球性相關企業的支持，使之具有不斷前進的潛能。觀察指出，相較於其他教學科技，IWB 機制得到了更多企業界的支持。這些全球性的相關企業為了開發更具銷售力的 IWB，不但至為關注教師的使用意見，並提供教師免費訓練、免費軟體，以及建置大批的網站資源。誠然相關企業的支持有其商業考量，但在大量且不斷增加的企業界挹注之下，教師在 IWB 相關使用知能的成長可獲得相當的協助，進而對於經營具有效能的數位教學環境也有正向發展。

除前述 IWB 與其餘教學科技不同之處以外，在諸多教學特性中，IWB 的高互動特質尚使其具有數項於教學上應用的意義。一般認為，教學場域中師生之間的互動是影響教學成效的重要因素，而 IWB 的最大特色即為可大幅增加教學活動中的互動性（吳維慈，2010；陳惠邦，2006；Betcher & Lee, 2009; DiGregorio & Sobel-Lojeski, 2010）。因此，在討論 IWB 的教學成效時，認為 IWB 於教學法、[6]學習動機、學習成效

---

[6] 有關對 IWB 之視覺藝術教學方法的討論，參見本章第二節。

上的助益，有相當部分是來自 IWB 的高互動特質，使能促進學生的互動參與。由於 IWB 的最大特色即為使用者可以到白板前操作如標記、書寫、移動、旋轉、縮放等功能，也可以觀看影音動態教材以加深記憶。當教師使用手指或觸控筆將教授重點進行彩色標註或劃記、以具體動畫圖像呈現抽象概念，或是利用放大、隱藏和遮幕等功能作為講解輔助時，都可以滿足學生的視覺需求，並激勵學生上臺操作或回答問題。同時，在教學過程中，教師或學生都可以在 IWB 上書寫並儲存內容、分享個人看法、記錄教學過程或學習成果，進而促進課堂中的互動參與。

Miller、Glover 與 Averis（2004）在討論 IWB 的互動機制時，將之區分為三個階段，第一個階段為「教授支持階段」（supported didactic stage），在此階段，IWB 是被用來展視覺可見的教材，並未被融入教學策略中，也是 IWB 剛被引入教學現場時，一般對其存在意義的普遍認知。第二個階段為「互動階段」（interactive stage），在此階段，IWB 的不同功能被用來展示、發展以及評量具體的學習內涵。第三個階段為「增強互動性階段」（enhanced interactivity stage），在此階段，IWB 的多樣化功能被融會嫻熟的運用於增強課堂的討論、解釋、假設，以及評量等活動。「增強互動性階段」需要規劃包含口語、視覺，乃至音效等感官訊息在內的教學活動，以及對教學過程的適當掌控，以用來呈現具體的教學內涵。Miller 等指出，使用 IWB 時，應能達到第三個階段，方能有意義的助長教師的教學引導，引發學生的學習興趣與動機，提升其學習成效。

由於每一學習個體的學習特質與風格殊異，如傾向觸覺型、視覺型、聽覺型或者口語互動等，各不同類型學習個體所適合的學習方式也有所不同。IWB 教學機制中除了傳統黑、白板的功能外，尚整合了多媒體、網際網路等各種教學媒體與資源，使教學形式和內容的呈現豐富。許多研究顯示，在適當的教學方式引導之下，IWB 對於不同學習風格的學生，能提供助益學習成效的機會（Moss & Jewitt, 2010; Schuck & Kearney, 2007）。同時，當學者討論個體學習成效的內涵時，常將之區分為認知領域（cognitive domain）、技能領域（psychomotor domain）以及情意領域（affective domain）等三部分，其中情意領域關乎學習個體的感覺、情緒、態度，以及興趣等，與個體的學習動機和學習態度直接相關

（Birbeck & Andre, 2009）。在探討IWB對於個體學習內涵的助益時，許多研究指出，相對於認知、技能領域的學習，IWB對於提升學生情意領域學習成效的助益更為明顯（DiGregorio & Sobel-Lojeski, 2010）。因之，IWB的教學能引發學生的學習興趣與動機。

學生的學習動機與學習態度對於其學習成效有直接相關，由於IWB機制具備了新奇有趣的互動特性，學生對於應用IWB之教學活動展現出高度的學習興趣（陳惠邦，2006；Schuck & Kearney, 2007; Slay, Siebörger, & Hodgkinson-Williams, 2008）。在觀察使用IWB上課的情形和教師訪談時發現，學生展現了如發表踴躍、討論氣氛熱烈、喜歡上臺操作IWB、學習更專注等特質的學習興趣與主動性表現（吳維慈，2010）。然而，研究也顯示，學生的學習動機可能來自於對接觸新教學媒體的新鮮感，其學習興趣可能隨著對IWB的熟悉度增加而遞減，唯若能增加學生使用IWB的機會，則可提升其學習動機。Slay等乃提醒，應藉由IWB教學策略的開發來維持學生的學習動機。同時，值得注意的是，研究顯示，相較於年紀較長的學生，高中以下的學生對IWB顯露出較明顯的學習動機（DiGregorio & Sobel-Lojeski, 2010），顯示IWB對於中小學的教學場域有其應用價值。

當然，在學校的學習環境中，影響學習成效的變因甚多，如課程設計或教師的教學態度等都是影響學習成效的重要因素。IWB雖提供多元的教學功能，但仍須視教師是否能靈活使用。換言之，教師方是IWB的互動機制能否達到較高層級，並進而提升教學成效的決定因素。DiGregorio與Sobel-Lojeski（2010）指出，IWB除了能提高學生的學習動機外，另一項重要的意義是對教師之教學效能的提升以及潛在教學能力的引發。在以往使用傳統黑板進行教學時，教師若欲交替應用不同媒體形式之教學資源，每須不斷往返於講臺及教學設備放置處，使用較為不易。在使用IWB後，教師可避免課堂上往返黑板與教學設備之間，不致使學生分散注意力或延宕教學節奏，將使學習過程更有連貫性。同時，研究也顯示，當教師初使用IWB進行教學時，必須進修吸取相關新知，此一刺激也相當程度的更新了教師的教學動機（Schuck & Kearney, 2007）。由於使用IWB進行教學的科技門檻並不高，部分年齡較長或資

訊科技能力稍弱的教師，亦可以應用 IWB 的基本功能進行教學，使 IWB 同樣地能夠提升教師的教學樂趣，進而強化教師之教學信念。

在教學場域中，教師與學生互為教學情境的共構者，也同為促進教學成效的夥伴。教師的教學信念、教學方式，學生的學習動機、學習態度，以及師生互動等層次，對於教學情境的建構俱屬重要。IWB 的高互動特質，能提供教師規劃與學生互動的教學策略，而 IWB 的數位化教學機制則可以協助教師靈活運用多媒體資源及網際網路資源。當教師能在教學過程中提供學生立即的回饋與探索概念的機會，對於其學習動機及學習興趣的延續上，將有助益。因此，適當應用 IWB，能使教學情境呈現正向的氛圍，形成良性的循環，有助於教學效能的提升。

四、應用 IWB 教學需考量的因素

每一項教學科技都有其限制，在 IWB 自 1990 年代開始發展，並於近十年間被如火如荼推廣後，相應的檢視也逐漸被提出。Lee 與 Winzenried（2009, p. 187）在觀察近年間各國推動 IWB 之教育政策時，發現了幾個值得注意的現象。首先，Lee 與 Winzenried 發現，目前各國在推動 IWB 時，多是落實於一般學校的一般教室，而非特定專科學校或特別的學科教室，顯示 IWB 對於某些特殊學科的應用，尚未被充分關注。其次，IWB 常被優先使用於許多社經條件較為落後地區的學校，並提供教師完整的使用策略與情境，以確保教師能於日常教學中使用，顯示政策決定者試圖藉著 IWB 教學機制的介入，提升弱勢地區學校的教學品質，以達到公平的競爭環境（level the playing field），因而具有政治性思維。最後，Lee 與 Winzenried 也發現，在政策推動下，雖已有為數不少的學校設置有 IWB 設備，但卻因教師不會使用以致使用頻率並不高，甚且部分學校之行政人員不鼓勵學生於課堂上觸碰 IWB 設備，以避免損毀設備。前述觀察顯示，IWB 於教育界的應用上仍有許多待澄清以及克服之處，但學者們仍然認為 IWB 為劃時代的教學科技，具有於教學現場確切落實的價值。

DiGregorio 與 Sobel-Lojeski（2010）分析歷來對於 IWB 的研究，

發現有關 IWB 相關的研究大多集中於 IWB 的成效，以及在教學法、動機引發、互動學習與學習成就等。然而，DiGregorio 與 Sobel-Lojeski 指出，與前述成效息息相關的，應是 IWB 的「情境因素」（contextual factors）。DiGregorio 與 Sobel-Lojeski（pp. 258-261）認為，IWB 的情境因素攸關 IWB 的實施效能，為 IWB 融入教學時，學生學習成效的重要影響因素。在討論與教學相關之情境因素時，計包含有：學校文化、教師訓練、教師實踐與準備的時間、教師的自信與技術的支援，以及其他諸如教室的安排、設備的品質等。以下將影響 IWB 實施成效的情境因素，分為學校文化、教師訓練與教師信念，以及技術層面等進行討論。

在學校文化部分，Schuck 與 Kearney（2007）針對六所中學以下學校實施 IWB 的經驗進行研究分析後，發現「學校文化」是攸關該六所學校實施 IWB 成功與否的最重要情境因素，而其中又包含兩個部分，一是校方是否期待教師使用 IWB 進行教學，一是學校中支持教師使用 IWB 的「親師文化」（parent-teacher culture）。學校行政需適時地提供 IWB 的教育訓練，提升教師對於數位科技的概念與運用方式，且教師若要使用 IWB 作為教學輔具，需要學校提供大量的經費支援。因之，尋求學校的鼓勵與支持、發展教學技能、管理課程資源、參與專業培訓、評鑑學生學習成效、瞭解學生學習參與情形等，是教師掌握 IWB 融入教學是否成功之重要因素（Glover, Miller, Averis, & Door, 2004, 2005）。DiGregorio 與 Sobel-Lojeski（2010, p. 259）乃指出，一個「全校參與的模式」（a whole-school approach），將保證教師對於 IWB 教學環境的使用效能。當學校提供 IWB 給教師使用時，有些技術性問題會造成授課教師的困擾。若學校有適當的技術人員，能提供教師諮詢或適時在教學中給予技術協助，甚或能在網路上為實施 IWB 融入教學的教師，提供討論空間，建立討論社群等，皆會使教師較有意願在教學中應用。

在教師訓練與使用信念部分，學校中的任何變革及教育相關政策，若能獲得教師的接受，則其落實效能事半功倍，反之則否。對於 IWB 的推動亦然，諸多研究顯示，教師的訓練及專業發展與 IWB 的實施成效至為相關（Glover et al., 2004, 2005; Slay et al., 2008）。在 IWB 被積極的推動之際，常見相關機制舉辦有短期訓練式的推廣模式，以為教師增能。

對學校而言，編列預算購置IWB後，請廠商提供使用說明會，也為常可見到的模式。然而，任何教師的專業發展及教學信念，均非僅依賴短時期的訓練就可一蹴而成。在缺乏落實的訓練計畫之下，使教師的IWB應用知能與信念，成為影響IWB實施是否成功的重要因素。

　　Greiffenhagen（2002）指出，教師如果把IWB視為普通的教具或輔具，而不是將之整合為教學方法的一部分，那麼IWB在課堂中所能帶來的影響將會有所局限。Newhouse（2002）亦指出，教師在初接觸IWB時，往往會先帶入以往使用傳統黑板的經驗，將IWB視為傳統黑板的替代品。事實上，在教師沒有接受持續的專業成長培訓之下，IWB設備將只會淪為大型的展示螢幕。應用IWB雖不需改變教師原有的上課方式，但若無充足的使用經驗與數位教材，其使用效能將大打折扣。所以，教師仍需接受充分之教師進修或訓練，熟悉IWB的功能並精熟練習，以在實際教學活動中操作與應用，並開發適用於所教授學科教材內容的教學策略。Glover與Miller（2001）對於教師的研究指出，當教師應用IWB教學時，常常會使耗費比傳統教學更多的準備時間，但受訪教師們也一致認為，要把投入於IWB的訓練、教學準備及資源開發等的時間當成一種「投資」，在經過一段時間後方可以看見收穫。亦即，在充分的準備下，長期使用IWB教學將能節省準備教學材料及重複發展教學活動的時間。

　　教師的參與程度是IWB等教學設備能否發揮最大功效的主要因素。在使用IWB的初期，對於新教學媒體的新鮮感的確能使教師們的使用意願提高，但若缺乏實務的專業發展以及教學方法的培訓，即使是長期使用資訊科技融入教學的教師，也往往無法持續的使用下去（Walker, 2003）。Blau（2011, p. 287）的研究顯示，經過IWB專業成長的課程後，教師顯示了應用IWB教學策略的高層次情況，同時，其所使用的教學活動也顯示出與教學科技的相符性。亦即，教師鼓勵進行「學生－IWB互動」（IWB-student interaction）將多於「同儕互動」（student-student interaction）。然而，Blau發現，教師雖適應了「非線性」的網路教學科技，但往往仍使用「線性」的方式準備IWB教材。唯整體而言，Blau認為，經過IWB專業成長的課程後，教師較像是居於一旁的輔導者（guide on the side），提供學生鷹架式的輔助，而非知識的直接傳遞者。與此同

時，教師亦能建立自身的 IWB 使用信念，由於今日的學生對於教師是否有能力使用數位媒體可能頗為敏感，使教師的 IWB 信念與使用自信相對重要。

在技術支援的層面部分，Hall 與 Higgins（2005）指出，當代的學生為數位時代的產物，對他們而言，教師的教學媒體使用過程若發生問題，將帶來上課節奏的延滯及挫折。固然技術的問題不易預測或先行避免，但若能有技術維修人員協助，將有所幫助。然而，在今日學校體制中，似乎難有此一人員編制。除此之外，一般使用 IWB 教學時，大多是全班性的教學，即使有機會讓學生上臺操作，也僅限於少數幾位，如此一來將減少學生操作 IWB 設備的機會。若是於下課時間中，常常又因設備價格昂貴、維修費用高等考量因素，使教師通常較不願意開放讓學生使用，以避免設備損壞之風險（Glover & Miller, 2001）。同時，若無法得到技術層面的支援，將減低 IWB 提供學生觸覺學習面向的機會。因此，Newhouse（2002）認為 IWB 的主要用途，在於教師使用並對全班學生展示資訊，如果要有效增加師生和學生間的互動，就必須另行規劃設計，如讓學生使用手持輸入裝置操作 IWB 等，將能增加學生和 IWB 間的互動。

我國自從 20 世紀末推動資訊議題融入教育之課程政策以來，學校資訊教育設備的補助大幅增加。教育主管機關投入龐大的人力、物力建置數位教學資源以及設立教學網站，累積有相當的教學資源。以 IWB 融入教學活動，最主要的考量目的是增進學生學習效能，因而如何應用 IWB 的特質開發有效的教學策略，為教學工作者應持續努力的方向。IWB 教學機制雖受學界及實務界相當肯定，但其應用仍有須考量的議題。在數位視覺文化的時代氛圍下，年輕世代所接收的刺激多樣，藝術教育的發展面向也趨向多元，教師確乎應該思考如何將藝術學科的知識體系透過當代的數位教學設備，發展因應的教學策略加以活化。以 IWB 等數位學習輔具進行藝術教學，可藉其高互動的教學特性，強化學生的學習動機、學習興趣與學習態度，並經由全班性合作學習的方式，增加同儕之間互動的機會，藉此提高學習成效。透過教學媒體的改變，教師可融合創新的思維與數位學習的潮流，提升學生對藝術學習的興趣，協助學生親近藝術，進而體會藝術學習的意義，為藝術教育發展新的視野。

第二節　互動式電子白板的藝術教學機制與策略

在高互動教學環境中，IWB 為其中最具代表性的教學輔具之一，是將以往的教學環境轉化成為數位教學環情境的重要變因。於近十年間，引發各國教育界積極討論與落實，也蔚為許多國家在 21 世紀初的重要教育政策。隨著臺灣 ICT 融入教學之教育政策的推動，IWB 也成為我國廣被發展並應用的數位教學科技，迅速地於臺灣國中小的教育現場推展。IWB 的重要特質為其互動性，透過不同教學功能的使用，開發教學策略，能經營高層次的師生互動氛圍，引發學生學習興趣與動機，從而提升教學成效。同時，由於 IWB 能便捷的將不同的視覺訊息、圖像、影音等拖曳入螢幕，並援用各式數位典藏等數位資源，對於視覺藝術教學能提供相當之助益。鑑於第一線教師如何運用外在的教學資源與多元的教學策略，來整合 IWB 於教學活動中，啟發學生潛藏的學習能力，是需以長遠的眼光來正視的重要課題。於本節中，將先對 IWB 的特質進行陳述，再探討 IWB 的視覺藝術教學特質，最後討論 IWB 融入視覺藝術教學時能使用的應用功能層面，以梳理 IWB 於藝術教學的應用可能。

一、IWB 的特質與應用意義

IWB 的主要樣貌，是由一座大型的觸控式白板、感應筆、電腦與投影機及其餘操作系統軟體等組合而成的互動式教學機制。就其結構而言，IWB 主要分為三個部分，分別為電腦、大型的觸控螢幕與單槍或三槍投影機。其主體外觀為與傳統白板相似的大型電子觸控螢幕，連結電腦、投影機而運作。觸控螢幕為數位訊息輸入及輸出的設備，也是個人電腦的監視器。因此，相較於傳統黑板，IWB 同時扮演著「大型黑板」與「電腦螢幕」的雙重角色。IWB 的感應筆是相當於滑鼠功能的感應器，具有數位墨水的功能，能進行不同顏色的書寫及繪圖。當使用 IWB 進行教學時，教師可直接使用感應筆於觸控螢幕上操作各種應用軟體，方便師生共同瀏覽網頁或啟動其他教學軟體，並可以任意地使用 IWB 所擁有的其他功能，如：拖曳、書寫、繪圖、聚光燈、多頁面版、螢幕遮蔽、素材資源庫等。簡而言之，IWB 將傳統書寫式的黑板或白板活化，使之與個

人電腦間雙向互動，透過驅動軟體連結網際網路或衛星傳輸，形成人機、人際之間多重且高度互動的教學體系，改善了以往教師需在黑板與電腦間來回移動的困擾（吳維慈，2010）。在 IWB 所形成的「數位中樞」（digital hub）中，所有的教學材料，不論是影音檔、聲音檔、圖畫作品、手寫資料，甚至上課的教學過程等，均可同步顯示，並可轉為數位化檔案進行儲存，再匯出作為教學檔案。

在討論 IWB 融入教學的成效時，一般多認為 IWB 具有「整合多媒體與多感官呈現」之特點，有助於提高學生注意力與學習動機，並可協助理解抽象的概念（Betcher & Lee, 2009; Hutchinson, 2007）。而在探討 IWB 的學習機制時，多認為 IWB 所具備之「高變通性」及「整合多元資源」等機制，為提升學習動機、促進互動參與、助長學習成效，進而提高教學效能的重要因素。

以「高變通性」而言，由於 IWB 的結構除觸控式白板外，尚包括一系列之各類數位設備及操作軟體，使得 IWB 與一般黑、白板的單純書寫功能相較，具有更多的變通性（Hall & Higgins, 2005; Türel & Johnson, 2012）。因此，當應用 IWB 教學時，教材的傳遞方式不再是固定的印刷式紙本或是書寫式文本，而是能夠根據教學的內容，使用如：註記頁面、隱藏、操作、移動、焦點呈現、翻頁、複製及儲存等功能，進行彈性調整，使教學更具彈性，也能夠依據教學情境，視學生的程度來調整教學進度。同時，由於課堂中所書寫畫記的符號或文字等均可隨時記錄儲存，提供教師於教學活動進行時隨時再予重現，亦可在課後提供學生反覆練習、複習，或當教師下一次上課提示進度之用。因此，當教師使用 IWB 授課時，可以立即搜尋當下進度所需要的資源，減少尋找與重複書寫的成本與時間耗費，對課堂中的變化亦能因勢利導、隨機應變。此外，學校的教學往往是不斷重複的教學循環，教師使用 IWB 授課時，能將教學內容儲存作為教學檔案，作為下一教學循環之參考資料。而當下一個教學循環開始時，教師即能再次應用所儲存之教材資源，節省備課時間。從整體教育氛圍而言，當學校教師均習慣以 IWB 教學機制進行授課時，將能有效率的與同伴進行教學資源的分享，有助於凝聚群體的夥伴共識。

以「整合多媒體資源」而言，使用 IWB 時可以在不改變現有的教學

情況下,直接地使用多媒體資源,包含各類形式的動畫、影片、圖片或影音資料等。Levy(2002)指出,相較於其他資訊設備,IWB 軟體程式的整合特質使教師教學能突破時空限制,更容易應用多媒體和各不同種類的教學資源,讓教學內容更具有多樣性與豐富性,提升學生學習興趣,也有助於學生對抽象概念的學習。以往在使用黑板或白板進行教學時,教師若欲使用不同媒體形式之教學資源,常需停滯教學節奏進行轉換,使用 IWB 後則可使教學過程更具連貫性。Cuthell(2007)進而指出,如果教師們將各自的教學資源透過網際網路上傳,形成一個教學資源共享的社群時,除可減輕教師準備教材的壓力之外,也可將各科教材整合,完成教師無法單獨完成的工作,強化不同學科教師之間的合作關係。另外,配合多媒體的呈現,教師在教學時可以採取不同的教學策略,如問題解決、合作學習、闖關遊戲等方式,加深學生的獨立思考與凝聚力(周孝俊,2008),使不同學習特質與訊息接受偏好的學習者,皆得透過 IWB 的多媒體課程與活動內容滿足各自的學習需求。

　　前述相關研究多對 IWB 融入教學的成效持正向態度,然而,值得注意的是,由於 IWB 的「白板」一詞,容易使人誤以為其僅為傳統書寫式黑板或白板的代替物,因而「淺化」了 IWB 的教學功能,使相關教學策略未能被深化探討。事實上,如前所述,IWB 的結構是「一組」數位化教學設備,由於整組數位化機制的協作效果,方能建構 IWB 獨特並有潛能的教學功能。換言之,IWB 的重點不在視覺可見的電腦觸螢幕幕本身,而是在於其機制中內建的附加物件,以及這些軟、硬體交互運用時所產生的互動性。此外,Slay 等(2008)認為,當教師使用 IWB 時,如果僅以使用傳統黑板的方式使用之,則 IWB 將僅為一座連結著電腦設備與資料庫的投影機器。Schuck 與 Kearney(2007)發現,在教學現場中,許多教師在使用 IWB 時,雖有應用其附加物件規劃互動式教學活動,但多僅使用於團體式的班級討論互動,未讓學生有個別機會親自操作 IWB 的各項機制。鑑於 IWB 機制的高互動特性,其互動關係應能發生在人際(教師與學生、學生與學生、教師與教師),以及人機(教學參與者與 IWB)之間。Moss 等(2007)乃指出,如果教師未能透過教學研究,探討 IWB 的教學機制並發展應用的教學策略,則 IWB 僅能提供非常低度的教學輔助,或未能對改善教學成效帶來任何影響。

於前一節中曾提及，Miller 等（2004）認為 IWB 的互動性可分為三個階段，分別為「教授支持階段」、「互動階段」，以及「增強互動性階段」。Miller 等強調，若期望能達到 IWB 的教學成效，教師須至少能將教學活動的互動性從第一個「教授支持階段」，提升至第二個「互動階段」，否則 IWB 只是一個教室中的科技添加物。DiGregorio 與 Sobel-Lojeski（2010）認為，IWB 是極具教學潛力的數位學習科技，然而，由於從表面上看來 IWB 的使用簡易，反而使教師忽略其教學潛能，而未積極開發 IWB 的教學策略。若未能在教學環境中被積極使用，IWB 將僅只為教學環境中提高數位化學習表面效度的科技裝飾。在教學科技的重要性日益被關注之際，新的數位化教學科技應能為教學現場帶來獨特的教育價值，對 IWB 於不同學科的應用意義與獨特方式，應被各學科之教育工作者所關注。

二、IWB 的藝術教學特質

新的教學科技帶來新的教學可能性，不同時代的科技除對藝術的表現與創性思維有所影響，也使藝術教育的實踐產生變革。Phelan（2006）認為，由於新興科技的衝擊，當代藝術教學正經歷「戲劇性」的變化，包含因應新興科技發展新課程內涵的需求，以及要求教師將新興科技轉化為教學技巧，應用於藝術課程的需求。高震峰（2011）認為，當將數位科技融入藝術教學時，須將之視為一種工具、方法與機制，並確實融入教材、教學與課程中。進入數位紀元以前，藝術教學受限於場域的封閉性，教學資源的提供與吸收多呈現單向的線性特質。IWB 機制的特性，使其對藝術教育之課程建構觀點、多元創造力的培養，以及當代藝術創作形式的呼應上，都能有所踐履。當以 IWB 科技融入藝術教育時，藝術教育工作者即應依據藝術教學場域與學習對象的特質，以及藝術教學的需求，進行教學實驗，以探索 IWB 機制對於深化藝術教學的作用。

就課程建構的觀點而言，藝術教學的特質之一是以圖像、影像作為教學文本，而當代藝術教育思潮主張日常生活影像與藝術作品皆為具意義的教學素材。於本書第二章中指出，數位視覺文化藝術教育課程的建構強調以「超廣超深」的概念，超廣連結生活相關面向，超深梳理藝術

文物脈絡。既可從日常生活經驗出發，橫向連結當代藝術文化與社會環境的多元面向，亦能深度尋索過往藝術文化的發展歷程。根據此一概念，舉凡任何一個「視覺文本」，均能依據文本互涉的方式，與其他無數的文本進行或具象物件，或抽象思維的互涉，產生既具廣度亦具深度的連結，建構具多元意涵的課程。

在 IWB 教學環境中，由於能將不同形式的圖像、影音、數位資源等文本交織並置，可讓教師因勢利導，並因應教學需求隨時援引所需教學素材。數位視覺文化藝術教育的課程內涵廣泛而有彈性，鼓勵教師依據個人教學情境以及學生學習需求，吸納不同來源的多樣化素材，而 IWB 的應用，即對今日藝術教育「超廣度」與「超深度」課程建構觀點的落實有所助益。

就多元創造力的培養而言，Loveless（2002, 2007）認為，數位科技能提供個體經歷類似創造思考過程中，對自身的想法以遊戲、探索、反思的方式反芻並加以紀錄的體驗。同時，透過學習主體具有主控性的知覺方式，如視覺、聽覺及觸覺等感官進行學習，可獲得較理想的學習成效，而 IWB 即兼具了上述三類知覺的模擬效果。Terreni（2011）指出，由於 IWB 的最大特色為使用者可親身觸動各式功能，使用虛擬工具模擬物體現象的變化，當教師使用感應筆將重點標註顏色，或以圖像、動畫、影音呈現抽象概念，或利用縮放和遮罩等功能輔助講解時，都能滿足學生的視聽需求，激勵其創性思維。同時，相較其餘學科多半必須要求學習的正確性，藝術學習則不但容許並鼓勵學習者能發揮自身的獨特性想法，使藝術教育的學習價值之一，即是能引發學生的創意潛能。在 IWB 學習機制能「整合多媒體與多感官呈現」之特點下，在教學過程中，學生時時能受到多元訊息的激發，將有助於跳脫原先的思考路徑，進而培養多元的創造力。

就對當代藝術創作形式的呼應而言，藝術品的創作向來與科技發展息息相關，在視覺科技不斷的變革下，使藝術創作活動有多元的面貌。藝術史上各類藝術創作的形式均有其價值與傳達意義，也有其依賴的視覺化科技，今日藝術物件的產出自然也深受數位科技的影響。藝術作品在不同時代，均扮演著連結個人經驗與社會認知的角色，也不乏透過創作手法提

供個體思考自身與主流科技之間的關聯性者，當代藝術創作者同樣也有引導觀者與當代數位視覺文化現象進行互動，並加以反思者。[7] Tillander（2011）認為，如同藝術家戮力將數位科技與個人創作、生活經驗磨合後應用，藝術教育工作者亦須透過藝術課程，提供學生理解當代科技與個人藝術創作、生活經驗互動的第一手經驗。正如 Fuglestad（2010）所指出的，IWB 教學環境能使教學在多元的教學層次下，提供學生使用數位的方式創作（digitally draw），以虛擬的方式安排藝術物件（virtually arrange），並透過視覺理解的方式（visually understand）認識藝術概念的機會。在前述 IWB 對於數位創作機制的操作下，學生即有機會一則理解當代藝術創作的數位化視覺科技，二則感受自身與數位科技的互動並反思。

三、IWB 的視覺藝術教學功能

為建構以 IWB 應用於藝術教學時能運用的教學策略，高震峰與吳維慈（2012）根據藝術領域的學習特質，透過教學實驗，規劃以「IWB」及「非 IWB」[8] 介入之視覺藝術課程方案，並經過教學現場的教學循環與觀察，比對以「IWB」為教學媒體以及以「非 IWB」為教學媒體的教學活動之差異，釐清並歸納以「IWB」進行視覺藝術教學之五項應用功能。高震峰與吳維慈所提出之五項 IWB 視覺藝術教學功能分別為：重點提示、提問教學、鑑賞教學、示範教學以及資料補充。五項功能中，「鑑賞教學」與「示範教學」兩項應用功能與視覺藝術教學之課程主軸直接相關，「重點提示」、「提問教學」以及「資料補充」為一般教學科目均可應用之功能，但於視覺藝術教學時有其特殊的使用方式與價值。以下分別闡釋之。[9]

---

[7] 進入 21 世紀後，許多當代藝術家均以電腦遊戲或動漫現象等作為創作議題，如臺北市立美術館於 2007 年 11 月 17 日至 2008 年 2 月 17 日舉辦之「欲望與消費——海洋堂與御宅族文化」展，以及臺北當代藝術館（MOCA Taipei）於 2008 年 2 月 23 日至 4 月 13 日舉辦之果凍時代（Infantizationt）展覽均是一例。

[8] 「IWB」係指教學時以 IWB 為主要教學媒體，而「非 IWB」意指教學時以一般常見之 PowerPoint 簡報軟體、單槍投影機，以及個人電腦等為教學媒體。

[9] 各類 IWB 與非 IWB 之視覺藝術教學功能對照表，以及各類 IWB 功能之視覺藝術教學方式與內容舉例參見附錄一。

（一）IWB「重點提示」之視覺藝術教學功能

「重點提示」功能意指使用 IWB 教學時，教學者為加強學習重點，於觸控式白板上進行文字或符號的書寫，並視教學需求做重點提示，以加強學生的學習印象。IWB 可使用於重點提示之功能分別有「書寫」、「螢光筆」和「雷射筆」等三種。

IWB 的「書寫」功能類似傳統教學的「板書」功能，但黑板、白板之書寫用筆為粉筆或是白板筆，粉筆需以「板擦」手動清除，白板筆同樣需以「白板擦」手動清除。IWB 的「書寫」功能則可使用感應筆或以手指直接在白板上進行書寫、註記、圈選、輔助講解或作記錄，將授課的內容或重點即時呈現。在傳統以黑板進行教學時，教學者必須走到黑板前書寫板書，若板書面積不足或書寫的面積較大時，必須要先進行擦拭黑板的動作，清理出乾淨的書寫區域，才能再繼續進行教學，學習者乃無法參考之前的教學重點。使用 IWB 的「書寫」功能時，可取代傳統板書功能，直接在 IWB 上書寫，節省下教學者從電腦位置走到黑板寫板書的時間。其次，IWB 書寫功能與傳統教學功能最大不同之處，在於它有無限延伸版面的功能，教師可隨時點出新版面進行書寫，省下傳統教學時擦拭黑板的時間。而當學習者須參考之前的教學重點時，教師又可將之前儲存的版面拉回，提供參考或者來回複習。

在「螢光筆」功能部分，其教學特質為能直接利用感應筆或手指作註記，並營造出具螢光效果的筆觸狀態，且以筆觸效果做教學重點的提示。由於螢光線條的透明光感，因而能較一般白板筆的筆觸吸引學生的注意力。同時，教學者亦可透過運筆力道的大小，以及線條的粗細或方向經營出筆觸的視覺效果。在「雷射筆」功能部分，其特質為可利用筆或手指直接作註記，於書寫後會出現閃爍狀態，並可透過顏色深淺的閃爍變化來吸引學生的注意力，直到進行下一個教學活動。「螢光筆」及「雷射筆」兩項功能為在以黑板、白板進行教學時，無法達到的效果，若以 PowerPoint 簡報軟體（以下簡稱 PPT）進行教學時，則需要以滑鼠控制，方能達到類似效果，然而使用方式無法如 IWB 機制一般流暢。整體而言，前述三項 IWB「重點提示」之功能與傳統教學最大不同之處，為可以即時地在 IWB 上呈現授課的內容與重點，並增加各類富視

覺性的注目效果。對於視覺藝術教學而言，由於教師多為具有專業藝術教學素養的教師，即能彈性使用IWB「重點提示」之功能，營造富視覺變化的手繪樣貌之IWB書寫情境。

（二）IWB「提問教學」之視覺藝術教學功能

「提問教學」功能意指使用IWB教學時，教學者透過問題，引導學生思考，並與學生互動以促進學習的教學方式。一般認為，教師於課堂上所提出的問題應具有教學目的，例如：探查學生對所學事物的瞭解程度，或者瞭解學生的先備經驗等。IWB可使用於「提問教學」之功能分別有「遮罩」、「挑人程式」等兩類。

IWB的「遮罩」功能意指教學時，教師可以透過拖拉螢幕色塊來遮蓋螢幕上預期學生要回答之內容的教學特質。在進行提問教學時，當教學者提問時若需要學生就問題進行思考時，即可先以「遮罩」功能遮蓋IWB上的內容，其後再公布答案。同時，進行教學活動時，教師可以預先在IWB上設定好色塊的位置與移動方式，教學時再依照學生的回答狀況與進度決定色塊移動速度。由於此一功能帶有部分遊戲性質，可增加師生間的互動性，提高學習興趣和學習參與率。在以傳統的黑板、白板進行教學時，雖能進行提問教學，但無法達到IWB「遮罩」功能的效果。而若以PPT進行教學，教師需花費相當準備時間，事先設定好多層次的圖層動畫，並須以操作滑鼠或鍵盤控制播放。同時，以PPT進行教學時，亦較難依據學生回答的狀況隨時調整播放進度。

在「挑人程式」功能部分，其教學特質是一組抽籤挑號碼的獨立程式，由於並非是內建功能，教師可以彈性選擇是否與IWB搭配使用。由於挑人程式能搭配塑造緊張氣氛的音樂，再配合教師的口語引導，成功地提高學生學習的興趣和專注力，也能增加師生間的互動性。在授課時，教師若有需要請學生回答問題時，即可使用挑人程式功能，亦可搭配口頭點人的方式，或請學手自動舉手，或點專心程度待加強的學生發言。挑人程式主要是以隨機的方式挑選學生回答問題或發表意見，使用時教學者可視上課氣氛的營造需求，適時的應用，能將較為低沉的上課氣氛再度熱絡化，提高學生注意力。在「非IWB」的環境中，當教師提問時，

多依自願舉手、抽籤桶或翻頁碼等來決定學生回答問題或發表意見。當使用IWB「提問教學」之教學功能時，透過適時的提問後，由於可將答案以「遮罩」功能掩蓋，「延宕」揭開答案的時間，引導學生先各自探索問題的答案，讓學生有比較多思考的機會，並檢視自己的想法。而「挑人程式」功能則可營造教學互動的熱絡氛圍，兩者互相配合，有助於經營鬆緊有致的教學節奏。

（三）IWB「鑑賞教學」之視覺藝術教學功能

「鑑賞教學」功能意指IWB功能中，能應用於視覺藝術課程中之鑑賞教學的數位機制。鑑賞教學的特質為以藝術作品及視覺文化圖像、影像為主要內涵，引導學生進行欣賞、分析、比較、判斷，與多元詮釋。因此，當以IWB機制為教學媒介時，著眼點即在於IWB機制中能提供前述鑑賞教學需求的部分。在IWB機制中，能應用於鑑賞教學的功能，包含有「放大縮小」、「聚光燈」，以及「螢幕分割」等三項功能。

在IWB教學環境中，「放大縮小」功能意指以IWB進行教學時，能使觸控式螢幕上的頁面放大或縮小的功能。由於進行鑑賞教學時，需要對於作品或視覺影像進行仔細的查看，在IWB教學環境中，使用放大縮小的功能時，能直接在作品或視覺影像上點選放大或縮小鈕，例如可以先讓學生觀看整幅圖像，再逐次進行各部分細節的觀察，培養學生對於圖像更敏銳的視覺觀察力以及專注力。同時，由於「放大」功能可以將畫面視需求放大，其優點即為不受學生與講臺的距離之限，使位於教室後方或兩側的學生亦可清楚觀看。在非IWB教學環境中，若未使用任何電器化設備，必需事先準備圖卡進行教學，也需事先準備細部放大圖，但因圖卡畫幅大小受限，也難將畫面每一部分均先行一一放大，在此一限制下，往往使座位於教室後方或兩側的學生有看不清楚的狀況。若教學者適時的進行行間巡視，雖能方便學生觀察圖例，但又易影響教學的進行或教學秩序的維護。而若使用幻燈片或PPT教學時，亦需事先準備作品圖例，並選擇須放大細部之部分，逐一處理，教學時再依序播放。然而，以幻燈片或PPT預先處理圖像時，其放大程度與所選擇的細部圖位置均有受限，無法於教學過程中，因應教學情境與需求而彈性處理。

在「聚光燈」功能部分，是指在IWB教學環境中，可以視教學需要，直接在作品上點選聚光燈，以即刻照亮螢幕上的某個區域，並可移動、旋轉，或調整聚光之光源大小的教學效果。在進行鑑賞教學時，由於需對畫面做不同層次的說明與提示，當教師欲強調圖片或螢幕上的某一區域或重點時，即可點選使用此一功能，使欲聚焦的部分呈現較為明亮的色調，聚焦以外的部分呈現較暗色調的視覺效果，能使學生更聚焦於課程所欲強化的重點，增加教學活動中的互動性，進而提高學習專注力。在非IWB教學的環境中，如以PPT進行教學時，教師需事先以繪圖軟體，或以PPT的特效先逐一依據教學腳本進行製作，才能呈現出聚焦的效果，無法因應教學情境而隨機處理。雖於上課時可直接以書本或紙張遮住不欲呈現的部分，但效果較不理想。若以圖卡教學時，則需事先印製好擬強調的局部圖片，或者上課時直接以書本或紙張遮住，但因畫幅面積原就有限，當進行時也可能會造成後排、兩側學生看不清楚的狀況，教學者雖可適時的手持圖卡行間巡迴，但較易影響教學活動之進行。

在「螢幕分割」功能部分，是指在IWB教學環境中，可以直接點選分割功能，將畫面進行區塊數量不一的並置畫面。由於在每一分割畫面中均能清楚提供圖例，因此可讓學生能立即比較出兩幅或多幅圖像間的異同處。一般在實施鑑賞教學時，常需進行作品風格、技法、媒材、形式、內容等的比較，當於IWB教學環境中進行鑑賞教學時，即可使用「螢幕分割」功能，提供對照的效果，讓學生進行不同作品、視覺影像的比較與分析，教學者亦可於教學過程中，根據學生的反應再加以補充。需注意的是，當在IWB教學環境中進行此一教學功能時，可在編輯教材時即預先思考並進行編輯，若為在教學過程中因應教學情境，臨時使用螢幕分割功能，則需先從媒體功能置入圖片，才能進行螢幕分割之比較。至於在非IWB教學環境中，若欲以幻燈片形式教學時，需以前後次序的放映方式，呈現欲比較之圖例，失去比較時「同時並置」的特性。或者需以兩座以上的幻燈機及螢幕同時呈現圖例，但較難於一般日常教學時進行。當以PPT教學時，則需事先準備或編輯妥當，才能呈現出對比效果。而若以圖卡進行時，所面臨的問題亦為後座及兩側學生觀看圖片的條件不佳等。

前述三項在 IWB 教學環境中處理圖像的原則，各具其應用特質以及教學效果，於教學過程中可以單獨使用，也可以綜合運用，或者因應教學進行時的需求，隨機彈性使用。在藝術課程中欲進行鑑賞教學時，圖像或作品的畫質精緻度與呈現方式的彈性，能協助教師鑑賞教學策略的發展與應用，對教學成效形成影響。前述三項 IWB 鑑賞教學功能除各自獨立運用外，尚能與其餘 IWB 功能混合使用，激發教師安排鑑賞教學活動的想像力，也可進而落實當代數位視覺文化藝術教育的教學理念。

（四）IWB「示範教學」之視覺藝術教學功能

　　「示範教學」功能意指 IWB 功能中，能應用於視覺藝術課程中之示範教學的數位機制。示範教學的特質為以技法、媒材、形式結構等視覺藝術創作技能為主的教學內容。由於創作課程是視覺藝術教學範疇中重要的核心領域，示範教學在中小學藝術教育中有不容忽視的重要性。因此，當以 IWB 機制為教學媒體時，著眼點即在於 IWB 機制中能提供前述示範教學需求的部分。在 IWB 功能中，能應用於示範教學的功能，包含有「黑板／白板頁」、「智慧筆」，以及「板擦」等三項功能。

　　在 IWB 教學環境中，「黑板／白板頁」的功能意指以 IWB 進行教學時，可使用「新增頁面」的方式，隨時增加頁面，進行示範和註記重點。新增頁面的內容不一，可包含螢幕視窗畫面、白板頁面、藍板頁面、黑板頁面和背景頁面等。由於頁面不同，每一個不同頁面對於教學雙方即是一個獨立的教學空間，教師可以於各個不同的頁面中，進行不同的教學活動，讓學生瞭解所學習的進度與內容，並可即時讓學生看清楚教學者的示範，或教學者口述的注意步驟。由於教師可以直接在黑板頁或白板頁上書寫，能節省教學者從電腦到黑板之間書寫板書的時間，也因為各個頁面皆有無限延伸版面的功能，可以視教學需求繼續延伸書寫空間，因而能節省擦拭黑板的動作。在非 IWB 教學環境中，教學者必須走到黑板前書寫板書，若板書或示範的面積較大，則必須要先擦拭黑板，清理出書寫的空間後，才能再繼續進行教學。

　　在「智慧筆」功能部分，由於 IWB 的智慧筆擁有基本圖形辨識功能，可自動辨識手繪線條，能在手繪線條時自動辨識該線條為直線、箭頭、

三角形、矩形或橢圓型等。因此在 IWB 教學環境中，可以使用智慧筆對繪製的圖形進行識別，並針對不同圖形提供不同的控制點，對圖形的形狀加以調整、修正。於進行示範課程時，即能夠進行多種變化線條的示範，或進行構圖的舉例講述等。由於當使用智慧筆時，可搭配色彩及筆觸等功能，選擇所需要的顏色及線條粗細、肌理等變化，因之可以在示範技法時，彈性使用。在非 IWB 教學環境中，教學者若欲進行類似示範，需以黑板或白板進行繪製，唯粉筆或白筆在肌理呈現的清晰程度，以及色彩的飽和度及選擇上均較受限，可能將影響全班學生的可視性，而若板書上示範的面積不足，又必須要先作擦黑板的動作，才能再繼續進行教學。

在「板擦」功能部分，是指 IWB 的機制中對於手繪痕跡的刪除功能。IWB 功能中，主要有三種類型的刪除操作，分別為「區域刪除」、「清頁」以及「點刪除」，可以分別呈現三種不同的筆觸效果。由於藝術創作的手繪技法中，強調創作者於筆觸質感與肌理的獨特手法及多元特性，前述 IWB 的刪除功能，可模擬傳統板擦的效果，一點一點的擦除 IWB 上的畫筆內容，可呈現如刮除、擦抹等特殊肌理質感，體現手繪技法的筆觸等肌理特質。於進行創作課程時，即能利用前述三種刪除功能進行示範教學，操作不同的筆觸效果。除教師示範外，於進行教學時，亦可結合教學活動，鼓勵學生上臺操作，個別與 IWB 互動，體驗以數位媒材進行創作的感受，以及提升學生參與課程的意願。在非 IWB 教學環境中，雖然亦能進行手繪式的技法示範，但往往需以分組示範或個別示範的方式進行，較難控制教室秩序。

藝術創作的類別多元，在數位科技成熟以前，包含素描、水彩、水墨等手繪媒材為創作課程的主要類別，受限於媒材的特性與紙張的限制，在課堂進行示範時，較難達到理想的教學效率。在 IWB 教學環境中，教學者進行示範教學時，可以直接用智慧筆、板擦與繪圖的功能進行圖像繪製，並嘗試「玩出」各種筆觸的肌理痕跡，提升學生參與創作活動的興趣，亦能增加對以數位媒介進行創作的經驗，體現數位視覺文化時代下藝術媒介的開放彈性。同時，除了以上三種功能之外，在 IWB 教學環境中進行手繪媒材，如水墨、水彩等之示範教學時，亦可搭配實物投影

機，將示範教學的過程即時投影在 IWB 上，讓每一位學生均能清楚地看到教師創作的過程、方法以及步驟，與非 IWB 示範相較，可節省多次重複示範的時間，並將節省下的時間，適時地運用在個別學生的指導，或引導其餘的教學活動。

（五）IWB「補充資料」之視覺藝術教學功能

除前述四項功能外，由於 IWB 的「數位中樞」特質，在進行教學時，能增補大量的數位教學資源，例如各類數位典藏資源、數位教材、相關藝文網站、多媒體網站或數位元件資料庫等，符應數位視覺文化藝術教育思潮所強調之超深超廣的課程建構需求。在 IWB 功能中，能應用於補充資料的功能，包含有「媒體播放」、「切換模式」，以及「匯出功能」等三項功能。

在「媒體播放」功能部分，意指在 IWB 教學環境中，能透過媒體播放功能，在不需調整教室內光源的情況下，於所設置的頁面上播放各類型多媒體檔案和 Flash 等影音動畫檔案。透過多媒體資源的整合，即時讓學生觀看各類影音素材，可以創造具引導性的學習情境，強化學生對不同學習形式的學習機會，也能引發學習興趣。在非 IWB 教學環境中，如以 PPT 進行教學時，則需事先編輯好各類超連結，才能於教學時點選播放，或者暫時跳出 PPT 頁面再播放。如以其他方式進行教學時，則須換用其餘影音播放設備，並須關燈或拉上遮蔽光源的布幕，以便於觀看。

在「切換模式」功能部分，意指在 IWB 教學環境中，能透過 IWB 軟體及視窗畫面的切換，自由操作電腦功能，當切換到視窗畫面模式時，主工具列也會自動轉成桌面快捷鍵模式，讓學生能跟著教學者一起搜尋網頁，連結到與課程相關的數位資源網站，並可即時地在所搜尋的網頁上進行教學。由於「切換模式」功能可即時切換至網頁模式，進行教學資源的補充，並可在網頁模式上進行書寫、註記和圈選功能，提供了增補數位教材資源的可能性與靈活彈性。在非 IWB 教學環境中，如以 PPT 進行教學時，雖可切換至網頁連結，進行數位教材資源的補充，但無法在網頁上進行書寫、註記和圈選功能。

在「匯出功能」部分，意指在 IWB 教學環境中，能將上課所使用之

教學資源，包含圖片檔、PPT、PDF、HTML等檔案格式均匯出保存。匯出時，亦可選擇欲匯出的頁面範圍，進而增加檔案的通用性，方便傳送與使用。由於使用「匯出功能」時，可匯出完整的上課資料和上課筆記，進行教學資源的保存與再利用，除可提供學生作為上課筆記和課後複習的資料，亦可作為教師授課資料的儲存。在非IWB教學環境中，學生上課時須自行抄寫筆記，由於無法參考上課資料，教學者必須要另行給予上課檔案，亦無法提供課程發展過程中的創作紀錄等。

在數位時代，資訊傳遞的便捷性攸關學習個體創造力的激發，數位環境中富於靈動性的連結力與偶發力等學習特質，能觸動學生的思考動能，使IWB教學環境中「補充資料」的功能顯得相形重要。IWB所形成的數位中樞教學環境，可以使用媒體播放功能，即時置入動態影像，而不影響教學流程的順暢進行。當使用切換模式功能後，教學時隨時依據教學進度或學生反應連結到與課程內容相關的網站，並且能在所連結的網頁上，進行書寫、註記與圈選功能，以作為即時重點提示。當教學過程結束，使用匯出功能後，能將所有的教學材料，不論是影音檔、聲音檔、圖像檔、手寫資料，甚至上課的教學過程等皆可轉存為數位化檔案儲存，並匯出作為教學資料以及授課記錄。

前述五類功能為應用IWB時，能因應藝術學科之學習特質的視覺藝術教學機制。事實上，IWB的功能多元，每一位具個人獨特性的教學者均能依據自身的教學需求與教學創意綜合活用，衍生出許多可能性。本書於第二章中討論數位視覺文化藝術教育的課程特質時，提及地下莖理論的異質性連結、文本互設以及超深超廣等特質。在IWB教學環境中，由於教學者能自在地連結數位空間，並靈活擷取、應用各類數位資源，將能具體呈現數位視覺文化藝術教育的地下莖式課程特性，發揮創造力，經營蓬勃並富延展性的藝術教學環境。

第三節　互動式電子白板融入國小階段藝術教學之實驗研究

　　IWB 自進入臺灣教育界後成長快速，於不同學科領域已累積有頗多研究，然而與國外發展狀況類似，相關研究也多集中在數學、英語、自然與社會等學科領域，與藝術教學相關者較少（林志隆、江心怡，2012）。在藝術教學研究上，雖有部分探討其教學成效者，但於應如何深化運用 IWB，以發展 IWB 之視覺藝術教學策略等議題，則少被討論。新的教學科技需仰賴大量的教學研究以累積基礎理論。於前一節陳述了 IWB 教學機制中可提供視覺藝術教學應用的五項具體功能，目的即在探討以 IWB 融入視覺藝術教學的可行方式。該五項 IWB 視覺藝術教學功能分別為重點提示、提問教學、鑑賞教學、示範教學以及資料補充。其中，「鑑賞教學」與「示範教學」兩項與視覺藝術教學之課程主軸直接相關，其餘三項為一般科目均可應用之功能，但於視覺藝術教學時仍有其使用方式與價值。鑑於 IWB 融入藝術教學將為新世代藝術學習之重要方式，IWB 應如何於藝術教學現場被深化運用，以及使用後之教學成效等應被檢視。於本節中，將先陳述應用 IWB 視覺藝術教學功能之實驗研究，以之作為 IWB 於我國中小學藝術教學領域踐履之舉例，再探討 IWB 對數位視覺文化藝術教育的意義，以及對 IWB 融入藝術教學相關議題之討論。

一、以臺灣國小高年級視覺藝術教學為場域之 IWB 教學實驗研究[10]

　　高震峰與吳維慈（2012）為瞭解以 IWB 應用於視覺藝術教學的可行方式，執行「互動式電子白板融入國小高年級視覺藝術教學之實驗研究」，其研究目的為探討 IWB 之教學特質，釐清其應用於國小階段視覺藝術教學的方式、策略與成效。根據前述研究目的，高震峰與吳維慈以

---

[10] 本研究為高震峰 2009 年之國科會專題計畫研究（NSC 98-2410-H-133-013- MY2）研究成果。並於 2012 年與吳維慈共同發表於《藝術教育研究期刊》。

IWB作為教學媒介,規劃以「IWB」及「非IWB」介入之視覺藝術課程方案,[11] 進行實驗教學研究,瞭解應用IWB之視覺藝術教學對學生「學習態度」、「學習成效」與「學習反應」的影響。於進行研究時,高震峰與吳維慈先透過前導教學歸納出重點提示、提問教學、鑑賞教學、示範教學以及資料補充五項IWB視覺藝術教學功能,[12] 再以國小高年級視覺藝術教學為場域,選取一所設置有IWB設備之臺北市國民小學,並以該校兩班六年級學生為實驗對象,進行實驗教學。

為確定IWB介入視覺藝術教學對學生藝術學習的影響,高震峰與吳維慈(2012)的實驗教學採用「不等組前、後測設計」。其中,實驗組接受「IWB之視覺藝術教學」,對照組接受「非IWB之視覺藝術教學」,兩組之課程、教學內容、教學活動、教學進度、教學資源、評量方式均相同,僅實驗組以IWB為教學媒介,對照組則以黑板、投影機、電腦,以及PPT簡報等播放軟體為教學媒介。該研究共進行為期五週之教學,每週各有兩節連排之視覺藝術課程,每節40分鐘,總計十節共400分鐘。兩組均由同一位研究人員進行教學,原任課教師則隨班觀察。在學習內容部分,實驗組和對照組皆相同,均為所選取實驗學校原有教學進度中之課程。在評量工具部分,實驗組和對照組皆相同,均使用包含學習單及作品評量單在內之評量工具。高震峰與吳維慈之研究結果顯示,以IWB融入視覺藝術教學對學生的「學習態度」、「學習成效」與「學習反應」均有顯著影響,以下逐一說明。

(一)IWB融入視覺藝術教學對學生學習態度影響之分析

在討論IWB對於教學成效的影響時,許多研究指出IWB對於學習者情意層面的影響較認知層面明顯(DiGregorio & Sobel-Lojeski, 2010)。學者對於情意目標的界定為對所學習事物的態度、感情與喜好,因之學習態度是觀察學習者情意層面具代表性的一個面向。高震峰與吳維慈(2012)為瞭解實驗組學生在接受IWB融入之視覺藝術教學後,其

---

[11] IWB與非IWB教學實驗之課程內涵與教學單元舉例參見附錄二。

[12] 五項IWB視覺藝術教學功能的內涵參見本章第二節。

「學習態度」與接受非 IWB 融入之視覺藝術教學的對照組學生是否有顯著差異，發展「學習態度量表」，以收集學生接受實驗教學前、後之學習態度的改變。

高震峰與吳維慈（2012）的學習態度量表共包含五大向度，分別為「學習認知」、「學習情意」、「學習行為」、「學習情境」和「學科價值」。其中，「學習認知」之向度是指學生對於視覺藝術課程的認同度，包含對視覺藝術課程知識吸引度的看法，對視覺藝術課程與個人學習能力、作品創作能力、欣賞作品能力、創造力的看法，以及對視覺藝術課程所學於生活中應用之普遍性的看法等。「學習情意」之向度是指學生對於上視覺藝術課的感受，包含是否喜歡上課、是否樂意參與教學活動、是否樂意與同儕互動、是否樂意與教師互動、是否樂意完成作品、是否樂意進行欣賞活動，以及是否樂意再多上一些課程等。「學習行為」之向度是指學生對於上視覺藝術課時自身行為表現的看法，包含上課的專心程度、對課堂所學是否樂於反覆練習、是否樂於解決課堂所遇到的問題、是否樂於參與和課程相關的課外活動等。「學習情境」之向度是指學生對於上視覺藝術課程的感受，包含對上課的氣氛、教師的教學方式、補充的教材、使用的教學設備、觀看圖片或作品時的呈現方式等。「學科價值」之向度是指學生對於視覺藝術學科之價值的看法，包含是否認為視覺藝術課是重要的、學習視覺藝術是有意義的、學習視覺藝術可以增加知識、視覺藝術成績好讓人羨慕，以及學習視覺藝術對人生是有幫助的等。

為能確實瞭解學生接受 IWB 融入之視覺藝術教學對其「學習態度」的影響，高震峰與吳維慈（2012）於實驗教學前先讓實驗組與對照組接受學習態度量表的測試，確認兩組於實驗教學前於學習態度量表上無顯著差異，可以進行後測之比較。在實驗教學結束後，實驗組與對照組再分別接受學習態度量表的測試，並檢視兩組在學習態度量表後測以及前、後測進步幅度的差異。高震峰與吳維慈的研究發現，實驗組在接受「IWB 融入之視覺藝術教學」前，與對照組在接受「非 IWB 融入之視覺藝術教學」前，兩組於學習態度量表「前測」的得分並無顯著差異。在接受實驗教學後，實驗組與對照組在學習態度量表的得分均有顯著進步，但實

驗組的進步幅度除高於對照組外，其進步幅度亦達到顯著差異。因此，高震峰與吳維慈的研究結果顯示，以 IWB 融入國小階段高年級之視覺藝術教學，對於學生的學習態度有正面的影響。

（二）IWB 融入視覺藝術教學對學生學習成效影響之分析

學習動機與學習興趣的增進，有助於學習者對於教學活動的參與，然而，學習動機與學習興趣的增進是否能反映在認知學習以及技能面向上，需予關注。IWB 教學環境對於學生的學習態度有正面影響，唯其須能對學生知識層面的深化也有所助益，方能成為全方位之教學輔助科技。Blau（2011）即認為，在應用 IWB 於教學環境時，應著重 IWB 對於學生認知層面的影響之探討。高震峰與吳維慈（2012）為瞭解實驗組學生在接受 IWB 融入之視覺藝術教學後，其「學習成就」與接受非 IWB 之視覺藝術教學的對照組學生是否有顯著差異，發展「藝術知能測驗卷」以及「作品評量表」，以收集學生接受實驗教學前、後，於認知與技能層面之學習成就的改變。

高震峰與吳維慈（2012）的「藝術知能測驗卷」以及「作品評量表」係根據實驗教學的課程內容而編製。「藝術知能測驗卷」之內涵區分為「美感知覺」、「鑑賞知能」、「創作知能」和「獨立思考」等層面，題型包括有選擇題以及是非題兩類題型。在「作品評量表」部分，共包含有「創作步驟的發想」、「創作技法的運用」兩大部分，每一部分又分為數類面向，各面向並規劃有不同之評分層次與評分標準。此外，由於「藝術知能測驗卷」採前、後測方式進行，為避免有「練習效應」，在「藝術知能測驗卷」部分，又分別設計「A 卷」、「B 卷」兩卷，兩卷的命題內容與方式均同，但「B 卷」難度高於「A 卷」。在實驗教學前，實驗組和對照組均接受「藝術知能測驗 A 卷」，確定兩組的成績並無顯著差異，可以進行後續比較。在實驗教學後，實驗組和對照組均接受「藝術知能測驗 A 卷」後測及「藝術知能測驗 B 卷」測驗，兩組的作品並分別接受「作品評量表」之評分。

高震峰與吳維慈（2012）的研究結果顯示，在接受實驗教學前，實驗組與對照組在藝術知能測驗 A 卷的前測成績並無顯著差異。在接受實

驗教學後，實驗組 A 卷的後測成績顯著高於對照組 A 卷的後測成績。為避免有練習效應，兩組再施以難度較高的藝術知能測驗 B 卷後，發現實驗組的 B 卷成績以及在 A 卷前、後測的進步幅度均顯著高於對照組。前述研究結果顯示，實驗組在接受 IWB 融入之視覺藝術教學後，其藝術知能的學習成績顯著高於接受非 IWB 融入之視覺藝術教學的對照組。其次，在作品評量部分，實驗組學生的整體成績亦較高於對照組，顯示接受 IWB 融入視覺藝術教學的實驗組學生在創作知能的學習成效，較接受非 IWB 融入視覺藝術教學的對照組學生有顯著的差異。此一結果顯示，在接受以 IWB 作為教學媒介融入之視覺藝術教學課程後，學生於鑑賞及創作的學習內涵均獲得了顯著之學習成效。因此，以 IWB 環境輔助視覺藝術教學時，對於學生認知層面與技能層面的藝術學習應有正向的助益。

（三）IWB 融入視覺藝術教學對學生學習反應及學習回饋之分析

完整的教學成效評估，除學習者的學習態度與學習成效層面，尚包括學習者對於教師教學過程的學習反應，IWB 作為強調互動性的數位學習科技，學生對 IWB 教學環境的看法與回饋更有其重要性（Hall & Higgins, 2005）。因此，除前述之學習態度與學習成效的檢驗外，高震峰與吳維慈（2012）為瞭解實驗組學生在接受 IWB 融入之視覺藝術教學後，其「學習反應」與接受非 IWB 之視覺藝術教學的對照組學生是否有顯著差異，發展「教學回饋問卷」以及「訪談提綱」以收集學生接受實驗教學後的學習反應與回饋。

高震峰與吳維慈（2012）的「教學回饋問卷」共分為四個向度，分別是學生對於實驗教學之「教學內容」、「教學方式」、「教學態度」、「學習狀況」的看法，並在實驗教學結束後，由實驗組與對照組分別填寫。其研究結果顯示，實驗組在接受 IWB 融入視覺藝術教學後，在教學回饋問卷的整體得分顯著高於接受非 IWB 融入教學的對照組，同時在教學回饋問卷之教學內容、教學方式、教學態度以及學習狀況等四層面的分項得分亦均高於對照組。此外，為瞭解實驗組學生接受 IWB 教學後的學習回饋，高震峰與吳維慈於實驗教學後，根據學習態度量表、藝術知能測驗和作品評量成績，選取實驗組中高分群男、女學生各一名，低分群男、

女學生各一名,以及學習態度量表進步幅度大,但藝術知能測驗和作品評量為低分之男、女學生各一名,進行訪談,以瞭解不同學習表現學生對 IWB 教學的看法。訪談提綱則包含對使用 IWB 上課的感受,以及對課程內容、教師教學、同儕互動等的看法。

在學習回饋部分,高震峰與吳維慈(2012)的研究結果顯示,IWB 的「新奇有趣」、「遊戲性」、「方便性」以及「環保特質」是讓學生印象最為深刻之處。學生認為 IWB 新奇有趣,能提高學習興趣與專注力。與以往的教學方式比較,由於以 IWB 上課時可以即時補充新資訊,也可以立刻連結不同的網頁,使學生認為教師教學時變得很方便,自己也比較喜歡上課,上課時比較專心也比較認真。其次,以 IWB 進行教學時的遊戲性也讓學生印象深刻,表示以 IWB 上課時會讓自己想上臺試試看,甚至以前少有主動參與動機的同學也因為 IWB 有趣又好玩,所以會想嘗試。至於親手碰觸 IWB 的感受,則令人難以忘懷,有學生以「美勞課的大 iPhone」[13] 來形容對 IWB 的感受。在 IWB 的教學功能中,學生認為「挑人程式」最能營造出高昂的學習氛圍。也因為如此,學生認為以 IWB 上課時同儕的互動有所增加,跟同學、教師間有較多的分享和互動。除前述外,學生也認為,由於以 IWB 上課時不需擦黑板,不會製造粉筆灰,因而比較環保。顯見學生對於 IWB 有別於傳統黑板教學,教師不需因書寫新資料頻頻擦拭黑板以致產生粉筆灰的特質,印象頗為深刻。

在 IWB 的鑑賞教學功能部分,高震峰與吳維慈(2012)的研究結果顯示,學生對「放大/縮小」、「遮罩功能」與「挑人程式」等 IWB 功能的反應良好。學生對於 IWB 放大及縮小的功能印象深刻,認為當欣賞作品時,可以馬上放大畫面,可將作品看得很清楚,使得上課時感覺不再被局限,可以看到更多細節。也有學生反應,以前上課時因為自己坐在教室後方,當教師展示圖卡會有看不清楚的狀況,或是僅大概知道輪廓而已,現在則感覺比較實際,因為 IWB 可以將圖片放大,即便座位不在教室前方,也可將教師描述的細節仔細觀看對照。高震峰與吳維慈在課堂觀察中也發現,學生於欣賞作品時會主動要求用放大功能來觀看作

---

[13] 目前在國小與國中階段,均為「視覺藝術課」,但仍有學生或教師習慣以舊有之「美勞課」稱之。

品細部的處理。在其餘的 IWB 教學功能部分，受訪學生認為遮罩功能也頗能輔助鑑賞知能的學習。由於教師進行提問時會先以遮罩功能將答案遮住，待公布答案時再把遮罩拿掉，反而易使學生更積極思考正確答案，進而促進了學習的效果。而當教師公布答案時，全班隨之而起的驚呼聲或遺憾聲，則顯示 IWB 的使用營造了熱絡的學習氛圍。

在 IWB 的示範教學功能部分，高震峰與吳維慈（2012）的研究結果顯示，在以 IWB 輔助創作教學時，學生對上課時能以同步投影的方式仔細觀看教師示範的過程，反應良好。學生認為，以往教師進行示範時，受限於教室的場地，往往難以清楚觀看，在使用 IWB 的教學環境中，透過同步投影方式的輔助，即能看得很清楚。由於上課時可以知道教師正在進行的活動，因而也較有參與教學的真實感受，除了能學到教師示範的技能，也使得自己比較專心。也有學生分析，以往教師進行示範時，為了讓每一位學生都能瞭解創作過程，常會每一組都分別示範一次，當教師進行分組示範時，班級秩序不免受到影響。在 IWB 教學環境中，由於教師只需示範一次，即可讓全班同學清楚地觀看，使教師能有較充裕的時間針對學生的狀況個別指導，也避免分組示範時的秩序問題。同時，由於時間較為充裕，教師也能有示範多元技法的教學彈性。

整體而言，高震峰與吳維慈（2012）的研究結果顯示，應用 IWB 視覺藝術教學功能對學生學習有顯著影響，並獲得學生正面的學習回饋。同時，五類 IWB 視覺藝術教學功能各具教學特質，其中鑑賞教學與示範教學兩項功能與視覺藝術之課程屬性直接相關。在鑑賞教學功能部分，由於 IWB 能將鑑賞教學所需圖例、影像根據學習需求進行放大或縮小等機動性調整，並根據講述需求標示重點，使學生對作品的細節及視覺形式等能有更細微的觀察、分析與比較，從而強化鑑賞學習的深度。此一結果，符應了文獻對 IWB 能擴充多元感官學習，助益藝術領域學習成效的看法。在示範教學功能部分，由於 IWB 能將教師之示範活動同步投射，呈現創作細節，使示範過程能為每一學生仔細觀察，並節省授課時間，增加創作課程中個別教學的彈性空間，進而深化創作學習的經驗。此外，高震峰與吳維慈也發現，IWB 的互動性特質，使鑑賞課程中的同儕討論與發表，以及創作課程中的操作練習與作品回饋等教學活動，均能營造

出積極且有趣的互動歷程，引發學生的參與動機。在前述教學氛圍中，IWB 對視覺藝術課程之鑑賞及創作兩大教學面向，皆產生了正向的活化意義，也能提升學生的學習成效，值得藝術教育工作者予以重視。

二、IWB 對數位視覺文化藝術教育之意義

　　為瞭解融入 IWB 之教學對視覺藝術學習成效的影響，高震峰與吳維慈（2012）透過前導教學過程，歸納出重點提示、提問教學、鑑賞教學、示範教學以及資料補充等五類 IWB 視覺藝術教學功能，並以之規劃視覺藝術教學活動，進行國小高年級的實驗教學。整體而言，其研究結果顯示，學生對於 IWB 教學有正面的學習回饋，認為相較於非 IWB 教學，IWB 教學新奇有趣，可以營造活潑的鑑賞學習氛圍，教師也能以更有效率的方式進行示範教學，班級的互動學習狀況也佳。此一研究結果呼應了相關研究認為，以 IWB 作為教學媒介的方式有助於維持學生學習注意力，提升學習興趣與動機。同時，前述提及，有效能的教學科技，除能提升學習興趣與動機，尚應能提升學習成效。高震峰與吳維慈的研究結果也顯示，IWB 的教學環境可提升學生在藝術鑑賞與藝術創作的學習成效。因此，IWB 經營教學氛圍的潛力，以及對於視覺藝術學習的助益，確實具有將數位世代「寓教於樂」的學習氛圍於藝術教育中實踐的可能。

　　當新興教學科技問世之後，教育工作者的態度以及實務踐履至屬重要，IWB 等 ICT 教學科技亦然。許多研究指出，ICT 雖在一般教育界獲得相當重視，但在藝術教學場域的實踐卻尚未見積極成效（Bamford & Flood, 2007; Black & Browning, 2011; Gregory, 2009）。歸納其原因，Black 與 Browning 發現，藝術教師未於教學現場使用 ICT 的主要因素可能是不知如何應用，畢竟認識 ICT 是一回事，但理解如何應用 ICT 於教學現場卻是另一回事。Gregory 則認為，由於藝術學科的特質使然，部分藝術教師擔心藝術學習的感性特質將因 ICT 等教學科技的介入而稀釋。Gregory 於是建議，欲將 ICT 融入藝術教學的當務之急是探索能為藝術教師所應用，並彰顯藝術學習特質的有效策略。Black（2009）亦同意，藝術教師若有意願將 ICT 科技融入其教學，即須先檢視所欲應用教學科

技之特質，並在教師與學習者均能認同該教學科技對藝術學習之助益後，方能發展通用的教學策略。Phelps與Maddison（2008）在瞭解藝術教師對ICT的應用狀況後指出，藝術教師對ICT的「信念」與「實踐」對ICT於教學現場的落實與否扮演了同等重要的角色。Loveless（2011）進一步強調，欲建置具建構性、互動性及複雜性的ICT教學策略，需深入教學現場，觀察教學過程，並透過實務踐履方能奏效。

　　藝術教育與科技向來具有互相依存的關係，但由於藝術領域與科技相關領域常被以二分法進行區分，新興之教學科技在藝術教學場域的實踐往往相對緩慢，當代數位視覺文化思潮認為不同的世代有不同的文化承載媒介，數位形式即為今日學生習常使用的文化載體。當學生的日常生活經驗有許多是發生在不同的數位螢幕中時，藝術教學的形式即需有所變革，以符應學生吸收訊息方式的轉變。視覺藝術的教學特質之一是以各式圖像、影像作為主要教學文本，IWB教學環境除對視覺影像的處理具備優勢，於影音聲光等亦有理想的傳遞效果，能支持視覺藝術教學之多樣化需求。在以往的藝術教學環境中，藝術鑑賞資源的提供受限於黑板、白板或升降式螢幕等的限制，往往須將創作與鑑賞課程區分施教，使原本應屬整合性的藝術經驗有被分裂的狀況。根據高震峰（2010），當代的課程強調以學生為主體，並以學生生活經驗為主軸進行課程設計，學生的藝術學習亦應能呼應生活經驗的整合特性。IWB教學環境的特質使藝術教學能呈現更大的整合彈性，因此IWB融入藝術教學除提供教學實務上的協助，也使當代數位視覺文化藝術教學能為學生帶來全面之整合性的藝術學習經驗。

　　自發展至今，IWB獲得教育界許多正面的評價，亦成為各國追求教育現代化的績效指標。以IWB融入藝術教學對學生視覺藝術的學習有正面影響，學生也對IWB表現出肯定的回饋，藝術教育工作者應根據此一結果，思考藝術教學方式的改變可能。同時，於本書第四章提及，數位典藏資源融入藝術教學，對引導學習個體檢視自身的文化認同，以及理解世界的發展脈絡等具有相當的意義。今日許多國家均將藝術文物透過數位典藏的方式保存並活化，使藝術文物的觀看可能逐漸被「全球化」。而當代許多世界遺產、文化遺產乃至不同文化圈的生活樣貌、風俗習慣等，亦被以數位化方式典藏並進行推廣。當以IWB經營藝術教學環境時，

透過數位機制,能即時擷用跨越地理疆界的各類型數位典藏資源,並連結數位空間的各類異質性鑑賞素材,讓不同類型的文本能與藝術創作教學實務於課程中並行,使學校藝術課程除了增進學生於藝術學科本質的學習之外,尚能協助學生培養作為一個當代世界公民所應具備的世界觀。

三、對 IWB 融入藝術教學相關議題之討論

觀諸人類教育活動發展的過程中,在不同的時期有不同的主流教學科技。緣於每一種推陳出新的教學科技都有其特質,對當時的教育氛圍也形成影響。然而,人類社會的教育內涵面貌多元,教學需求與日俱新,學習者的背景也殊異不同,難以由單一教學科技所滿足。同時,每一種教學科技雖然都有其特質,但也將有其限制。當為新興教學科技的功能所吸引時,需能查驗其未及之處,否則若過度依賴或遷就某一教學科技,也可能將導致某些教學內涵與面向的偏失。換言之,當一個新興現象過盛之際,往往意謂著該時代正往另一邊逐漸傾斜,因之必須要審慎思考該新興現象不及之處,或嘗試尋找校正該現象之必要的「補充物」。作為數位化時代教學科技的代表,IWB 確實有其教學貢獻,因之受到跨國際以及跨領域教學界的關注與支持。Kennewell(2006)即指出,檢視各項教學科技的發展過程,向來少有任何教學媒體如 IWB 一般,於短時間內即累積有如此大量的研究,顯見由於 IWB 具有不同於其他教學科技的獨特教學特質,方使其成為各國教育界與教育政策圈爭相競逐的對象。檢視學者對於 IWB 的討論,有關 IWB 的質疑包含有對 IWB 增益學生學習表現的疑慮、對其互動性意涵的疑慮、對教師職能與教師培訓的疑慮,以及對各實施層面如經費與技術支援的疑慮等。以下自藝術教學的角度,探討 IWB 的相關議題。

首先,在對 IWB 增益學生之學習表現的疑慮部分,論者認為,當相關研究認為 IWB 能協助學生的學習表現時,宜先澄清,究竟學生的學習表現包含哪些內涵?以及有哪些足夠的證據佐證 IWB 對那些學習表現確實有所進益?Smith、Higgins、Wall 與 Miller(2005)指出,檢視大量的 IWB 相關教學研究,可發現多集中於對學生學習動機與學習興

趣等情意層面的正向影響，但對學生「學業成就」的相關研究則相對較少。Kennewell（2006）認為，在諸多相關研究中，並未有足夠的證據顯示 IWB 能幫助學生在認知層面的學習。Higgin、Beauchamp 與 Miller（2007）也指出，雖然 IWB 改變了教學環境，也提升教學動機與學習動機，但是這些都非學業成就的必要指標。再者，雖然文獻對於 IWB 的成效及教學潛力給予極為正面的評價，但是 Smith 等認為，相關文獻主要是根據教師和學生的意見等非科學化的證據，少有真正根據學生學習成就等證據所做的結論。

就視覺藝術相關研究而言，Terreni（2011）以幼稚園階段學童為研究對象，發現 IWB 能引發學童的學習興趣。Kocen（2008）以國小階段藝術教學為研究場域，探討 IWB 教學對不同學習風格學生視覺藝術學習成效的影響、融入教學花費的時間與教學風格的兼容性等。其研究發現，雖然教師須花費相當時間規劃 IWB 教學方案，但能提升學生 60% 的學習效益，也能因應不同學習風格學生的需求。在國內部分，除前述之高震峰與吳維慈（2012）的研究外，賴瓊瑜（2009）、李怡君（2012）、林侶鈞（2011）、楊才秉（2011）等都對 IWB 於學生藝術知能的學習成效有所探究。唯教學科技的成效需經長期的研究，若 IWB 將成為未來藝術教育現場的主流教學媒介，除前述研究之外，尚需透過長程的教學觀察，以進行大量且涵蓋各學習階段的 IWB 藝術教學實務研究，方能收集更完整的研究資料。

其次，對 IWB 有助於教學互動性的疑慮部分，雖然高互動性是 IWB 最具代表性的特質，也有大量的研究支持 IWB 對於教學互動氛圍的助益。但是，前曾述及，教學過程中的互動行為有不同的層次，若欲達到相當的學習成效，必須提升教學互動的層次。Northcote、Mildenhall、Marshal 與 Swan（2010）認為，IWB 於輔助教學互動性最大的問題是，多數教師多僅使用 IWB 達到第一層次的互動，亦即僅視 IWB 為講述教學的輔助物，而未能有更深層次的教學互動行為。當教學行為僅及表層的互動層次時，教學活動可能看起來頗為熱鬧，但是在表層的熱鬧下，有多少能內化為學習內涵的獲得，仍待檢視。從另一個角度而言，當 IWB 於輔助教學互動性上仍止於表層的現象，而未有深化時，即難將之轉化為對 IWB 能幫助學習成就的有利支持。

在對 IWB 之教學互動性進行觀察後，Kennewell（2006）質疑，教學現場中 IWB 所產生的互動性仍是以教師為主體的行為，而非以學生為主體的互動行為。此外，IWB 的教學環境的確使教師更為積極，但反之卻也使學生似乎顯得較為消極。因此，當 IWB 的互動特質被視為 IWB 教學環境中的重要利勢時，Hall 與 Higgins（2005）則關切 IWB 教學環境中，有關師生權力、地位以及主控權的議題。Hall 與 Higgins 質疑，IWB 教學環境是否能真正達到以學生中心為主體的學習氛圍，亦或只是加強了教師中心的權威態勢，若為後者，則以 IWB 輔助教學的措施將適得其反。

從藝術教學的狀況而言，藝術的學習內涵充滿彈性與創意，不著重標準化的學習成效，而是希望每一位學習個體都能自在地以多元媒材來表現自己的想像與情感，並能對視覺物件與經驗表達具個人批判視野的觀點。因此，不論是鑑賞或是創作教學的過程中，皆期望能透過活絡的互動氛圍，鼓勵學生勇於表達自我，激化其創意與想像力。藝術教師多受過專業藝術訓練，須能不受個人藝術風格喜好傾向之囿，善用 IWB 的互動特質，以使本書於第三節中提及之「偶發力」特質，能在無法預期的活絡互動氛圍下，得以隨機性的迸發。

在 IWB 教師職能的疑慮部分，雖然相關研究顯示 IWB 有助於提升教學成效，但是亦有學者關切究竟要投入多少時間，方能獲得相應的回報，畢竟引發 IWB 互動性的，不應只是科技，而應該是教師自身（Wood & Ashfield, 2008）。Heyser（2010）以學區內十位國小藝術教師為研究對象，輔以學生學習狀況的資料收集，瞭解 IWB 對藝術教師之教學影響的看法、對教學投入的看法，以及如何使用 IWB 提升學生參與等。其研究結果發現，教師視 IWB 為正向的教學添加物，也認為須投入更多時間方能增進學生互動，但教師並未使用如預期般多的 IWB 教學功能。Türel 與 Johnson（2012）的研究顯示，IWB 於教學場域的效益源自使用 IWB 的教師是否是積極的 IWB 使用者，而教師雖認同 IWB 能激發學生學習動機，但教師未必能設計一個讓學生可以積極參與活動並合作學習的 IWB 教學環境。同時，雖然教師相信 IWB 能增益其教學成效，但許多教師承認他們無法找到足夠的時間讓學生使用 IWB。Türel 與 Johnson 也發現，

教師認為 IWB 使用的機會愈多，自己累積的 IWB 教學能力也愈高，而教師學習使用 IWB 的來源主要是有經驗的同事。因此，如欲藉 IWB 增益學生學習，教師需能主動增能，並積極與同儕進行夥伴合作。

前述主要是關於在職教師如何增益 IWB 職能的疑慮，另外在師資培育的疑慮部分，亦值得關切。亦即，當 IWB 在學校中積極的推動時，教育機制的上游，負責師資培育的師培機制是否也有因應時勢，隨之改變教育學程中之教材教法等相關課程的學習內涵。否則若職前藝術教師在師培機制仍然接受著傳統的教材教法訓練，當其投入教學職場後，將無法因應可能比師資培育機制更為「先進」的中小學藝術教學環境。Campbell 與 Martin（2010）乃強調，師資培育工作者應著眼於銜接師培課程與新興教學科技間的斷裂。前述狀況在今日臺灣師資培育採取自由開放的機制之下，尤其需予關注，

除上述外，有關以 IWB 融入教學之相關問題尚包括其餘實務層面的問題。首先，IWB 的成本頗高，目前各推動國家往往以教育政策的方式進行推展，並提供大筆經費購置相關的設備。未來當政策面的動因消失，IWB 的推展能否繼續維持，恐有待觀察。其次，IWB 是新興之數位科技，需有技術層面的維護與更新，因之學校現場能否負擔技術層面以及修繕服務的人力支援，亦須被考量。再者，前文曾述及，由於 IWB 造價不低，其推廣與研習常由 IWB 生產企業與廠商所舉辦。這些研習固然能提供在職教師許多進修的機會，但相關資方與企業主在商言商，其推廣的主要動機是基於商業需求，所規劃的培訓內涵能否反映教育的價質，應被審慎檢視。Northcote 等（2010）即認為，當教師被鼓勵使用 IWB 時，似乎有忘卻其教學初衷，而是被「教學時尚」所吸引，以致有「為使用 IWB 而使用 IWB」之虞。

任何一種教學方法或教學技術若被過度使用都可能招來反效果，IWB 亦然。Deubel（2010）指出，教師對於 IWB 的多樣性、多媒體機制，以及對提升學生學習動機、學習注意力的特性確實感到新奇；學生則喜歡 IWB 的有趣及遊戲特質，認為 IWB 至少能使原來比較難的科目學起來較為簡單。然而，IWB 也確實有其使用上應被關注的兩面刃效應。例如，

在我國政府大力推動 IWB 融入教學的政策數年之後，目前 IWB 對於幼齡學童視力的影響已被關切，並訂定法則予以規範（教育部，2013）。因此，若 IWB 的教學成效僅止於教育政策上的「短線操作」，或是國家為了表彰國力的某種宣誓或競爭，其很可能將淪為教室中「昂貴的裝飾品」（漚汪國小，n.d.）。教室中的裝飾品假以時日後可以將之搬除或報廢，但當學生已經習慣「花俏」的教學方式後，俟教學環境返璞歸真，是否能重新接受平實的教學活動？將是使用任何新興教學科技時，須思考的議題。

數位革命來勢磅礡，數位化成為教育發展史上的新典範，數位學習輔具則為其重要環節。在教育發展歷史上的每一項教學科技，都可能曾有過「成名15秒」的新奇效應，一旦未來 IWB 成為教室中的基本設備，其對學生的吸引力恐將消解。目前坊間教科書出版商為增加市占率，提供有配合教科書之 IWB 數位教材，若教師僅制式化的使用這些教材，則不啻僅為「數位材料包」，失去 IWB 獨特的教學價值（高震峰、吳維慈，2012）。不論 IWB 的教學成效如何，其仍然只是一個工具，是諸多教學科技中的一項，即便每一間教室都能有一座 IWB，也不代表學生就能擁有 21 世紀學習個體所應具有的數位素養。如同其他教學科技一樣，IWB 不是一步到位的解決方案，也難以滿足具殊異需求的多樣化學習者。新興科技起落之間，為藝術教育不斷帶來發展契機。對真正決定教學成效並須時時吸引學生關注力的視覺藝術教師而言，必須對每一新興數位科技所宣稱的教學效能保持警覺，方能在堅持自身藝術教育理念的前提下，思考如何充分應用數位學習科技，提供學生創新的藝術學習經驗，彰顯藝術學科的價值，展現數位時代下所應具有的優質教學素養。

第六章 部落格於臺灣中小學藝術教學場域的實踐

第一節 Web 2.0 及部落格的發展脈絡與意義

　　網際網路的發展帶來全球化衝擊，改變了個體的溝通與學習模式，也使教學媒體及教學形式產生變革。網路科技自問世之後迅速進化，從 Web 1.0 演化至 Web 2.0 時代，再至逐漸成熟的其餘階段等，使網路的使用者不再是被動的訊息接收者而成為主動的訊息掌控者與傳遞者，也使今日數位學習的模式較之過去更為多元。今日網路以其高度互動的分享機制使教學形式產生巨大轉變，透過網路進行教學，或應用網路資源輔助教學，已逐漸成為當代教學的重要方式，也成為各領域學門知識建構的重要模式。目前在東、西方科技發達國家被普遍應用，並持續成長的「部落格」（blog），便是在 Web 2.0 的快速發展下，所產生之資訊傳遞、溝通、互動的網路科技，也是極具教育潛能的數位機制與社會媒體。在諸多社會媒體中，相較於許多盛行的微型網誌，部落格強調分享、互動以及能深度發表的機制，使之具備了「知識共構」教學媒體的特質，成為實踐當代強調以學習者為主體，共組學習社群的適當教學場域。同時，由於部落格容許圖文、影音等資源拼貼、並置，也使其成為藝術教學的理想環境。由於部落格為 Web 2.0 的代表性機制，而 Web 2.0 的發展對於數位視覺文化之相關現象的影響至深，於本節中，將先梳理 Web 2.0 的發展脈絡與意義，再陳述部落格的發展脈絡與意義，以及於臺灣的發展與應用。

一、Web 2.0 的發展脈絡與意義

「網際網路」的歷史可上溯自 1950 年代電腦技術開始發展之際,隨著 1960 年代美蘇冷戰時期(Wikipedia, n.d.-m)對於軍事與科技的競爭而日漸熱化,從僅於軍事及科學界應用,逐漸擴展至商業界、娛樂界、教育界,以及個體的日常生活,對人類社會及文化演變的影響至為深遠。雖然網路的發展歷史已超過半世紀,但今日網路使用者習常使用的「全球資訊網」(World Wide Web, WWW)之發展,則自 1979 年才開始。第一個全球資訊網的發明者以及關鍵人物為 Tim Berners-Lee(1955–),[1] 於 1989 年,Tim Berners-Lee 撰寫了第一套系統伺服軟體(hyper text transfer protocol, HTTP)和網路瀏覽程式(hypertext browser),並於 1990 年啟用,於 1991 年 8 月 6 日成功上網,為世界網路發展史的重要里程碑(Wikipedia, n.d.-n)。自此,「WWW」在 Tim Berners-Lee 促進人類藉分享資訊的方式進行溝通(communicate by sharing information)之夢想下,以「超文本連結」(hypertext link)的方式,啟開人類文化進展歷程的全新扉頁(Berners-Lee, 1998)。自 1989 年發展至今,WWW 歷經不同的發展階段,每一階段均有其不同的性質,而每一階段對於當時社會的樣貌以及生活與思考方式均產生相當影響。在今日社會中,舉凡商業、政治、娛樂、教育、醫療,乃至個體的私領域生活,幾可說皆籠罩在網際網路之下,使得當代科技發達國家的個體,已難以想像沒有網際網路存在的世界將是何種狀況。

網際網路的進展迅速,鑑於其對人類歷史的深遠影響,乃有許多論者嘗試描繪網際網路的發展系譜。然而,儘管網際網路的歷史剛過 20 年,由於其進展過程即是近 20 年間人類生活與數位科技之發展、進化與演變交織的連動性過程,要清楚分割其中的段落並非易事。Pally(2010)在梳理網路的發展時,將其歷史進程分為 WWW、Web 0.0、Web 1.0、Web 2.0、Web 3.0、Web 4.0 等階段。其中從 1991 年至 2002 年之間屬於 WWW 的時期,是網際網路的萌芽時期。從 1991 年至 1996 年之間

---

[1] 全球資訊網的第一個網站網址為:http://info.cern.ch/hypertext/WWW/TheProject.html。

為 Web 0.0 階段，是「圖書資訊期」（library of information），為 Tim Berners-Lee 將 WWW 成熟化的階段。從 1997 年至 2002 年之間是 Web 1.0 時期，是為「商業網路期」（commerce web），凸顯了商業界對於網際網路的驚艷與追逐，而大量「網路相關企業」（dot-com 和 .com）之興衰所造成的「網路泡沫化」（the dot-com bubble）為此時期的特色（Wikipedia, n.d.-h）。在 2000 年之後，網際網路發生本質上的改變，根據 Pally，從 2001 年至 2007 年之間是 Web 2.0 時期，為「星群網路社區期」（constellations of connected communities, CCC），此一階段的代表特色即是各類以爆炸方式萌發的社群網站，也是使網際網路轉變為影響人類社會模式重要推手的階段。

Pally（2010）認為，從 2006 年至 2011 年之間是 Web 3.0 時期，是「巨大全球圖譜」（giant global graph, GGG）[2] 的階段。Web 3.0 時期包含兩個段落，其中 2006 年至 2007 年間是 Web 2.0 與 Web 3.0 交錯的時期。此一時期網際網路的特色為「語義網」（semantic web）及「全方位功能網」（omni-functional web）。網路不再只是提供資料或社交空間，而是能以「電腦加工意義」（computer-processable meaning），可以實際理解文字的意義，並依據使用者的需求來整合資訊，而「語義網」的發展仍在進行階段。Pally 指出，自 2011 年之後至 2025 年未來網際網路的可能樣貌為「智能沉浸式」（intelligent immersive Imagion, III）時期，其間又分為 2011 年至 2015 年的 Web 3.2「沉浸網」（immersive web）時期，2014 年至 2020 年的 Web 3.5「學習網」（learning web）時期，以及將於 2020 年至 2025 年間發展的 Web 4.0「知識網」（knowledge web）時期。Evans（2007）在檢視從 Web 1.0 到 Web 4.0 的發展時認為，搭上 Web 2.0 便車的企業可說是大發其達，Web 3.0 雖有稱號但並未成功，而今日的網路世界則已進入 Web 4.0 的時期，只是其樣貌尚未能被清楚描繪。亦即，Web 4.0 的技術雖已到位，但社會氛圍卻尚在醞釀之中。

網際網路發展的二十年間，世界也同時發生許多變化，諸如全球化與

2　「Giant Global Graph」係於 2007 年由網路創始人 Tim Berners-Lee 提出，以之區別 World Wide Web 與 Web. 3.0 的不同。

地方化的辯證、跨國企業的壯大、政治環境的影響等，使網路的變革產生許多可能性。在前述的發展過程中，Web 2.0 是為網際網路發展歷史中的里程碑，也是使今日社會聚斂出數位文化氛圍的轉捩點。在 Web 1.0 的時代，網際網路是由少數人設置並書寫後，提供大量的讀者瀏覽閱讀，以從網頁中得到知識及訊息。因此，Web 1.0 是一個透過網際網路存取的超文本互連式系統。全球資訊網的發明者 Tim Berners-Lee 即描述 Web 1.0 是「僅供閱讀的網路」（read-only web），是一個建置好的網站，提供使用者查詢資訊之用（Naik & Shivalingaiah, 2008, p. 500）。進入 Web 2.0 時期，則意味著進入一個嶄新，且全面改變了人際關係以及知識生產方式的時代。

　　事實上，當梳理 Web 2.0 的發展脈絡時，發現 Web 2.0 與「後現代」（postmodern）一詞之相關概念的發展有著異曲同工之妙。在 1980 年代前後，雖然「後現代」的現象已於社會中快速發展，但「後現代」一詞的定義卻是雖已然浮現，卻又仍有模糊空間，使各界對其概念仍未清晰理解。在各界嘗試瞭解「後現代」一詞的過程中，隨著「後現代社會」的樣貌愈趨明朗，各界方逐漸將其概念澄清。但當「後現代」的概念被澄清時，「後現代」也已成為人類生活的尋常樣貌，而不再新奇。換言之，雖然 Web 2.0 的「存在事實」已然發生，但由於各界尚未能窺見其全貌，乃有不同的定義與詮釋出現。但當各界對 Web 2.0 有所理解之後，Web 2.0 也已成為當代人生活中不可分割之整體生活情境的一部分，也不再新奇。Matthew（2009）即指出。當目前使用 Web 2.0 一詞時，不是僅將之當成一個科技詞彙，而更是一個想法、觀念以及生活方式，意指網際網路時代進入新的紀元。換言之，瞭解 Web 2.0 一詞產生的緣由不僅意味著意圖理解一項新科技的發生，其更大的意涵是伴隨著對 Web 2.0 發生脈絡的追尋，進而能理解 Web 2.0 的意涵，以及其對社會形貌的深鑄之功。

　　目前咸認，Web 2.0 的創始者是 Tim O'Reilly（1954–）（Wikipedia, n.d.-w），然而，作為一個詞彙，「Web 2.0」最早是於 1999 由 Darcy DiNucci 所創造（Wikipedia, n.d.-x）。Darcy DiNucci 針對 1999 年的網路環境，認為當時的瀏覽視窗所呈現塞滿整個全螢幕的靜止畫面，是「網路」（web）樣貌的萌芽，未來人們即將要看到「Web 2.0」的出現，她並以「碎片狀的」（fragmented）一詞來形容她心目中 Web 2.0 的可能圖像（DiNucci,

1999）。其後，直至 2002 年，Web 2.0 一詞才又由 John Robb 等人再次使用。其中，John Robb 於其部落格中，提及 Web 2.0 打破了舊有模式的「集中式網站」（centralized Web sites），而使網路就像「電腦桌面」（desktop）一樣（Cervinschi & Butucea, 2010, p. 39）。隨後，於 2003 間，Tim O'Reilly 及 Dale Dougherty 為籌備其公司「O'Reilly Media」以及「Media Live」（MediaLive, n.d.; O'Reilly Media, n.d.）預定於 2004 年所舉辦的研討會而進行腦力激盪時，認為網際網路是一種商業的、科技的與社會的特殊現象，並認為電腦視窗上網頁「彈跳」出現的狀況，意味著網際網路的轉捩點到來，於是產生「Web 2.0 已然到來」的共識，並於 2004 年 10 月 5 日至 7 日，於美國舊金山舉辦首次「Web 2.0 研討會」（The Web 2.0 Conference 2004）（MediaLive International & O'Reilly Media, n.d.; O'Reilly, 2007）。在此次著名的 Web 2.0 研討會舉辦之後，Web 2.0 一詞不但逐漸成為資訊業界新興的重要術語，更延伸成為各領域描述該領域因應此一新興網路時代出現而發生的改變時，所借用的熱門詞彙，並從此影響世界大矣。

在首次舉辦的 Web 2.0 研討會上，John Battelle 與 Tim O'Reilly 提出了「網路就像平臺」（the web as platform）的概念，可謂是今日一般對 Web 2.0 看法的濫觴（O'Reilly, 2007, p. 19）。相較於僅能閱讀的 Web 1.0，Web 2.0 提供了「讀、寫與執行之網路」（the read/write/execute web）的功能（Evans, 2007）。Web 2.0 的基石概念即是豐富的使用者經驗、使用者參與、動態內容、後設資料、網頁標準（web standards）以及擴充性（scalability），而其最高指導原則是「互動性」（interaction）（Cervinschi & Butucea, 2010, p. 39）。因此，Web 2.0 所強調的精神是使用者的分享、貢獻、參與，並產生「群眾分類」（folksonomy）的現象。

當比較 Web 1.0 與 Web 2.0 時，Web 1.0 的主要特點在於使用者通過瀏覽器獲取資訊，網路的使用目的是閱讀與下載資料。而 Web 2.0 的使用則是上傳與分享資料，注重使用者間的互動與分享，使用者既是網站內容的消費者，也是網站內容的製造者（O'Reilly, 2007）。Web 2.0 的核心觀念就是以使用者為中心，將網路作為平臺，鼓勵使用者參與內容創作，進行互動，進而引領「集體智慧」（collective intelligence），透過開放的討論，豐富使用者的經驗，發揮使用者網絡的外部延展性，形成

「去中心化」的型態。在 Web 1.0 時代，網站服務大致是以匯集各類資訊為主的入口網站、提供訊息的新聞媒體類別，或是電子商務類型網站等。進入 Web 2.0 時代，主導權交回到使用者手中，使「我們就是媒體」（we the media）成為可能（Gillmor, 2004）。

在 2004 年的 Web 2.0 研討會上，Web 2.0 一詞雖然以醍醐灌頂之勢出現，但對於其定義仍未有明確共識（O'Reilly, 2007），甚且伴隨著批判與反對的聲浪。例如，Graham（2006）認為，Web 2.0 一詞甫出現時，僅是一個不具意義的「標籤」，其作用僅為科技商業界舉辦研討會的口號。Matthew（2009）則認為，Web 2.0 是由科技商業界提出，以之保護自身公司的態勢。其他的批評尚包括 Web 2.0 是企業霸權在網路泡沫化後的一種還魂方式，以及是電腦企業霸主如 Bill Gates、Steve Jobs（Wikipedia, n.d.-e, n.d.-t）等基於自身企業利益所鼓吹（Graham, 2005; Matthew, 2009）。亦有評論者認為，支持 Web 2.0 的人士大張旗鼓的吹擂其將改變人類溝通的方式等說法，太過誇飾等（Davies, 2007）。前述批評論述顯示，似乎喜 Web 2.0 者，認為其將對商業機制、民主社會、娛樂活動、教育現場等帶來新貌，而惡 Web 2.0 者，則擔心其如洪水猛獸，將摧毀人類文明數十世紀以來累積的殊異文化特色與多元社會價值。

雖然對於 Web 2.0 的功過未有共識，但 2000 年 4 月開始的網路泡沫化，使得企業界紛紛視 Web 2.0 為一劑解藥。自 2005 年起，隨著第二屆 Web 2.0 研討會的舉辦，Web 2.0 開始廣被討論並使用。至 2006 年，論者對於何謂 Web 2.0 的爭議與困惑似乎漸減，對於 Web 2.0 的相關討論已轉變為在 Web 2.0 出現後，社會中發生了什麼變化。至 2007 年，Web 2.0 被視為是「已知的事實」（a given），各界對此一詞彙的合法性不再置疑，轉而解決其所產生的問題。也因為 Web 2.0 強調使用者之間的互動，「社會性軟體」（social software）常被視為是 Web 2.0 的同義字（McLoughlin & Lee, 2008）。至 2009 年，Web 2.0 成為日常用語之一，各學術領域或社會活動在描述當代數位氛圍下，與傳統型態區隔的新樣貌時，常理所當然的冠之以「2.0」[3] 字樣。在教育界，也由於 Web 2.0 的

---

[3] 諸如 education 2.0、learning 2.0、e-learning 2.0、media 2.0，乃至 Taiwan 2.0 等。

出現，產生學習氛圍的變革。例如，Downes（2005）指出，因為 Web 2.0 不是一場「科技革命」（technological revolution），而是一場「社會革命」（social revolution），使原有的 e-Learning 概念因 Web 2.0 的出現，成為 e-Learning 2.0。或者如 Zajicek（2007）所言，Web 2.0 的最大貢獻是啟開了網際網路的互動時代，使人類生活中的各式需求，包含社交活動、購物行為、旅遊規劃等社會性行為，均得以用更有效率，或更節約的方式在網路上完成。

在 2007 年底，於 Google 搜尋引擎上輸入 Web 2.0 一詞時，有 12,300,000 筆引用 Web 2.0 的資料。[4] 四年之後，於 2012 年初，在 Google 搜尋引擎上則有 1,920,000,000 筆引用 Web 2.0 的資料。[5] 回顧網路的發展歷程，Murugesan（2010）認為，Web 1.0 是連結「資訊」，Web 2.0 是連結「人」，Web 3.0 是將資料、知識、資訊整合並於網路平臺運用，使網路平臺更具意義，而 Web 4.0 則是將人與機器的智慧力量匯合，駕馭於到處存在的網際網路，在 Web 4.0 中人與機器已不僅是「互動」，而是以靈活的方式「互助」。目前 Web 2.0 已然到位，至於 Web 3.0、Web 4.0 等，有些論者認為仍蓄勢待發，但也有些論者認為如同 Web 2.0 出現及普遍化的過程一樣，在各界對 Web 3.0、Web 4.0 或 Web X + 1.0 仍有討論之際，當代生活早已「沉浸」其中。雖然網際網路的發展將進入何種世代尚難以想像，可以確定是，在數位科技無縫接軌的狀況下，藝術教育將會是 Web X + 1.0 演進過程中不會缺席的一分子，而 Web X + 1.0 也將會是影響數位視覺文化藝術教育形貌不可忽略的一環。

二、部落格的發展脈絡與意義

Web 2.0 科技的出現，標誌著網際網路邁入新的階段，使網路空間成為當代社會人際之間互動與合作的重要場域，而「部落格」的崛起則是 Web 2.0 時代，最易被識別的特徵之一（O'Reilly, 2007）。部落格又被稱

---

[4] 於 2007 年 12 月 30 日之搜尋結果。
[5] 於 2012 年 1 月 24 日之搜尋結果。

為「網誌」、「網路日誌」或「博格」等。其英文原文為「weblog」，目前多使用簡稱「blog」，意指用「網頁」（web）來呈現個人「日誌」（log）的溝通型態，亦即「網站的紀錄」或「網站的流水日誌」（洪千凡，2007；Brouwer & Brown, n.d.）。[6] 一般公認首創部落格以及「weblog」一詞的人是 Jorn Barger（1953–）（Downes, 2004; Wikipedia, n.d.-o）。Jorn Barger 於 1995 年開始經營自己的網站「Robot Wisdom」（Barger, 1995），於 1997 年 12 月 17 日，Jorn Barger 在其網站首頁貼上不同「連結」（link），同時針對連結的內容，以類似日記的方式，抒發個人想法，並將這樣形式的紀錄稱之為「weblog」，意指「網路日誌」（web log）。而 Peter Merholz 於 1999 年 4、5 月間，戲將「weblog」重新拆解發音為「wee- blog」，或簡稱為「blog」，使「blog」一詞自此一錘定音（Merholz, 2002）。

1999 年，美國舊金山的電腦公司 Pyra Labs 發布了架設部落格的簡易網頁環境「Blogger」（Google, n.d.-a），宣稱可以提供使用者即時的溝通力量，讓使用者在有書寫衝動時，隨時在網頁上「一按就可發表」（push button publishing），讓部落格在簡易的使用條件下如雨後春筍般成長（Boyd, 2006）。隨著部落格設置愈多，其面向愈來愈多元，內容愈來愈豐厚，影響力也日趨普遍。部落格也隨之成為繼電子郵件（e-mail）、電子布告欄系統（bulletin board system, BBS）[7] 和 MSN（The Microsoft Network, MSN）等即時通訊軟體之後，所出現透過網路交流的重要方式。

部落格在媒體圈、商業圈快速風行後，逐漸受到學術圈的重視和認可。在 2003 年 3 月，「牛津英語詞典」（*The Oxford English Dictionary*）將部落格加入其字彙中，認為部落格可作為名詞及動詞使用，並解析「使用部落格」（to blog），是「成為一個聰明並能嫻熟使用科技，且對某一新素養有創新意圖之承諾社群的一員」（Boyd, 2006）。[8] 2004 年，部落

---

[6] 參見 http://blog.elixus.org/。

[7] BBS 以建立一個即時、免費、開放且自由的網路言論空間為目的，強調保持學術中立、不營利不商業化，目前各大專院校皆設有 BBS，廣為學生使用（洪千凡，2007）。

[8] 原文為："To blog is to be part of a community of smart, tech-savvy people who want to be on the forefront of a new literary undertaking"（BBC News, 2004）。

格成為美國權威字典「韋氏詞典」（*The Merriam-Webster Dictionary*）最熱門的查詢條目，榮登 2004 年的「年度代表字」（word of the year）。韋氏詞典將部落格定義為「一個在線的個人日記，包含感想、評論，並常由作者提供超連結」。[9] 在部落格成為具體的社會現象後，因應其使用機制，也產生許多相應字彙，如「部落客」（blogger 或 weblogger），意指習慣使用部落格的個體，或稱為網誌作者、網誌人等；「部落格行為」（blogging）泛指所有參與者在部落格裡讀、寫的行動（洪千凡，2007）。「部落圈」（blogosphere）則指由部落格使用者所築構而成之「具知識性的網路空間」（intellectual cyberspace）（Ferdig & Trammell, 2004, p. 12），是由各「部落格個體」以及「部落格群體」所結構之整體的「部落格網絡生態」。

　　基本上，部落格是按照時間順序在網路上定期或不定期發表內容的一種網頁形式，其主要介面需具有「彙整」（archives）、「靜態鏈結」（permalinks）、「時間戳印」（time stamps）、「日期標頭」（date headers）等特色（Hourihan, 2002）。部落格的創始者 Jorn Barger 認為，部落格就是一個作者記載了自己認為有趣網站或內容的網頁（Blood, 2004）。Jorn Barger 將其個人網頁「Robot Wisdom Weblog」，建構有包含：趣事（fun）、藝術（art）、媒體（media）、主題（issues）、網路（net）、購物（shop）、科技（tech）、科學（science）、歷史（history）、搜尋（search）等的編類，建立了今日部落格網頁中將發布內容進行分類的雛型。在發展初期，部落格多為私人所架設，主要是由具有架設網站技術的個體所使用，以快速提供新聞、時事的連結，並對事件做出個人的評論。由於人人皆可使用部落格機制，並針對新聞事件進行評論並發表，Blood（2003）即指出，「業餘報導」（amateur reporting）是早期部落格的特色，也將是未來「移動式科技」（mobile technology）愈趨發達後，新聞文化的發展趨勢。1999 年底，Pitas 推出第一個免費平臺，部落格正式普及，形式與功能也開始擴張，使用上也更趨便利。免費平

9　原文為："A Web site that contains an online personal journal with reflections, comments, and often hyperlinks provided by the writer."（Merriam-Webster, n.d.）。

臺的興起，進一步讓網路上開始產生頻繁的社會互動，部落格之間也形成「社群連結」，開拓了其使用的可能性。

在網路於 1990 年代發展以來，各式網路溝通機制發展迅速。由於部落格作者往往以「對抗官方新聞產業」的角度，對時事提出個人看法並加以針砭，使「批判的態度」也成為部落格參與者最初的精神。因此，相較於其餘網路溝通機制，部落格所具之「社會變革」（socially-transformative）以及民主化的潛力氛圍濃厚（Herring, Scheidt, Bonus & Wright, 2004）。在部落格的發展史上，亦不乏有因部落客的介入，導致輿論或新聞發展轉向的例子。其中 2004 年在美國大選期間的「Rathergate 事件」（Wikipedia, n.d.-q），即為美國哥倫比亞廣播公司（Columbia Broadcasting System, CBS）等主流媒體界，不敵「業餘媒體」，亦即參與此一事件之部落客等的著名例證，也使 2004 年被稱為「部落格年」（the year of the blog）（Nolan, 2006）。

部落格的原始樣貌是個人以網頁定期或不定期記載的日記形式，但是由於「網站摘要」（rich site services, RSS）技術的發展、「靜態連結」（permalink），以及能將前述訊息按時間順序組織的特質，使部落格得以組成不同的傳遞、宣傳、討論、聊天，以及交友的價值鏈（value chain），而成為「活的網站」（live web）（O'Reilly, 2007, p. 40）。由於部落客們往往都是最積極與快速反應的網路使用者，因之部落客們對某一事件的關注，會強烈影響搜尋引擎的搜尋結果，也擴大所關注事件的能見度與影響力，甚至形成滾雪球式的效應。在 2006 年，一位加拿大的部落客 Kyle MacDonald 進行了一項「紅色迴紋針」（one red paperclip）[10] 的部落格交換計劃，最後成功地以一枚紅色迴紋針換取到一棟房子，證明了部落格跨越時空的連結潛力與巨大影響力。

自萌芽迄今，部落格以多樣化的形式快速發展，不斷進化，兼具個人空間及資訊共享的功能，逐漸推廣到社會各個領域，並與其他的軟體、

---

[10] Kyle MacDonald 於 2005 年 7 月 14 日在其部落格上發布一個計畫，希望以一根紅色的迴紋針換到一棟房子。2006 年 7 月 5 日，歷經一年共十四次的交換後，MacDonald 換得了位於加拿大 Saskatchewan 區的一棟兩層樓房屋（Wikipedia, n.d.-s）。

媒體，如即時通訊軟體、網路相簿等結合。從各方論者對於部落格不同的定義和看法中，也反應了部落格的各種應用面向。例如，Godwin-Jones（2009, p. 4）視部落格為「個人的出版業」（personal publication），因此，所有使用部落格的人便成為獨立的出版者。Lankshear 與 Knobel（2003）則視部落格為個人的傳播工具，認為部落格是一個「備用頭腦」（back up brains），提供使用者一個根據其當下的興趣，整合數位資訊以進行研究和學習的空間，使「研究即部落格，而部落格即研究」（research as blogging, and blogging as research），並且能以書寫達到實踐。此一說法確乎貼切地形容了部分使用者在其部落格中所經營出的知識深度。

　　Nardi、Schiano 與 Gumbrecht（2004）指出，比起個人日記，部落格更像是「廣播」（radio shows），因其主要目的除記錄之外，尚在「播放」個人想法。因此，部落格與日記最大的不同之處在於，不論使用者本身是否有意識地與他人對話，部落格裡都存在著一群「潛在的觀眾」，或者隱性或者顯性地分享著個人情緒，或傳遞訊息。Nardi 等乃認為，部落格是一種「社會活動」（social activity），在此一社會活動中，部落格創造其觀眾，其觀眾也創造部落格，部落客與觀眾間透過閱讀與書寫互動，在彼此的期待與肯定中持續推動部落格的進化。O'Reilly（2007, p. 26）則認為，Web 2.0 的特質是利用集體智慧，使網路成為「全球性大腦」（global brain），而「部落圈」則像大腦機制中的「前額葉」，專司提供意識層面的訊息，並對擁有大腦的主體施予莫大影響力。從前述比喻而言，「部落圈」不啻是數位空間中，個體及群體智慧的統合機制，對當下數位世代理解訊息、建構知識的影響力，超過以往的任何媒體形式。

　　儘管對部落格的定義眾說紛紜，但學者們不同的看法蘊含了對部落格機制的多元期許。部落格無遠弗屆的影響力，不僅在世界各地引起風潮，也逐漸擴展到社會各個領域，並帶領網絡環境正式進化至 Web 2.0 的世代。在梳理部落格的歷史演變後，洪千凡（2007, p. 14）將之歸納出三個重要階段，從 1986 年至 1997 年，為部落格的「萌芽期」，此時期的部落格功能以提供「連結」為主；從 1997 年至 1999 年間，則為部落格的「快速擴張期」，此時期中各類線上日記、個人或團體的日誌式部

落格大量勃興；1999 年之後則為部落格的「多元發展期」，部落格的型態複合多樣，介面也更為健全。

整體而言，自發展至今，「部落格現象」於 2005 年前後到達巔峰，之後因臉書（facebook）、噗浪（plurk）、推特（twitter）、掘客（digg）、鄰客音（linkedIn）、聚友網（MySpace）等社交網站的興起而略有平息之勢。但是，部落格樣貌多端，呈現的內容多元繽紛，並具有深化的知識承載度，加以其為個人所擁有，能呈現個人批判觀點的特質，使得部落格儼然成為「個人媒體中心」，因而仍具有相當的使用率。由於部落格既能以公開卻匿名的形式來發表個人想法，也允許觀者給予回應，同時具有個人獨特性與隱私性，亦具社會性，正符合當代氛圍中鼓勵「小眾」發聲的時代趨勢。各個領域的使用者似乎都透過部落格，看到自身領域在 Web 2.0 世代的契機，也藉著部落格來面對自身領域在 Web 2.0 世代所遭逢的挑戰。在商業領域中部落格契機無限，已無庸置疑，在教育學習的領域中，部落格也嶄露頭角，為數位時代的教育，提供不同的可能性。

三、部落格在臺灣的發展脈絡與意義

自 1997 年左右問世至今，部落格的歷史剛滿 15 年，其影響力卻已橫跨傳播娛樂、電子產業、藝文出版、政治金融，以及教育界。以資訊科技進展著稱的臺灣，亦在部落格逐漸成熟後，展開「全民部落格的網路時代」（天下數位電子報，2006）。在 2004 年之後，臺灣各大傳播媒體、新聞企業、商業集團均開始成立部落格，以之作為與大眾互動的管道。各不同領域之個體亦以個人部落格進行發表，招募自己的部落格閱覽群眾，各式部落格比賽亦紛紛舉行，[11] 漸次凝聚出「臺灣部落圈」。

就普及的狀況而言，「98 年個人家戶數位落差調查研究」（行政院研究發展考核委員會，2009）顯示，臺灣介於 12 歲到 20 歲的民眾有超過六成以上擁有個人的部落格，21 歲到 30 歲的民眾設立個人部落格之比率也超過四成。在 30 歲以下網路族相當盛行，其中又以 15 歲到 20 歲的

---

[11] 例如，由中時電子報主辦的「全球華文部落格大獎」即於 2005 年開始舉行。

民眾最為風靡，有 60.9% 經常上網瀏覽自己或他人的部落格，31.0% 偶爾瀏覽，比率合計達 91.9%。根據行政院研考會公布的「99 年個人家戶數位落差調查研究」（行政院研究發展考核委員會，2010）顯示，臺灣 12 歲以上網路使用人口已超過 1,446 萬人，較 98 年增加約 80 萬人；國內上網家戶（80.7%）及上網人口（70.9%）也雙雙創新高。其中特別的是，在 51 歲到 60 歲間民眾的上網率，由 98 年的 37.8% 增加為 47.5%，成長幅度最大。在下一代的數位化情形方面，臺灣地區國中小學生有高達 99.7% 曾經使用電腦，幾乎已是人人會電腦，而學生最初接觸電腦的年齡平均則為 7.9 足歲。從前述調查可發現，目前臺灣已然形成了一群「部落格世代」。在 Web 2.0 的現象之下，由部落格潮流帶動的網路互動文化，確實改變了年輕世代的網路使用行為，以及人際間的互動方式。

新興的數位科技，使年輕世代成為「數位新貴」，從被動的資訊接受方轉而成為主動的資訊傳遞與創造方。當社會的中堅族群積極參與各知識領域的建構與經驗分享時，自然使當代的文化生產方式以及內涵發生質變。事實上，雖然部落格迅速在臺灣形成火紅現象，但在其瞬間即被廣為接受前，臺灣網民的數位素養已先經過相當時日的鋪陳。洪千凡（2007）即指出，臺灣的部落圈透過相關電子媒體如 BBS、個人電子報、個人新聞臺之努力運作，才有繁榮的景況。然而，在臺灣部落格的使用蔚為流行風潮之後，個人電子報與個人新聞臺等也漸從階段性的發展任務中功成身退。

陳文生與楊建民（2005, pp. 17-62）在梳理臺灣網際網路的發展時，將之趨分為四個時期，第一個時期是醞釀期，約為 1985 年到 1991 年，其間於 1991 年由教育部支援各大學建立校內的學術網路系統，並與美國普林斯頓大學（Princeton University）接軌，使臺灣成為國際網路的一分子。第二個時期是發展期，約為 1992 年到 1995 年，其間 HiNet（中華電信，n.d.）經過一年多之建設與測試，於 1995 年正式開放商用營運。第三個時期是成長期，約為 1996 年到 2000 年，其間於 1999 年 6 月國內網路用戶數突破四百萬，1999 年 12 月 29 日「臺灣網路資訊中心」（Taiwan Network Information Center, TWNIC）成立。於 2000 年 1 月「中華民國網路消費協會——網路 080」正式啟用，而全球第一個網路教育城市「亞

卓市」（EduCities）亦於 2000 年 1 月成立。第四個時期是應用擴充期，為 2000 年到 2005 年，其間「臺灣部落格」於 2003 年 3 月成立，為臺灣第一個結合 RSS 新聞交換站臺與部落格網站連結的實驗網，而「維基百科」（Wikipedia, Wiki）於 2003 年 4 月進入臺灣，在 2005 年 3 月間，TWNIC 辦理全國首次之「網誌青年運動會」（2005 Taiwan Blogger BoF）活動，希望能促進部落格在臺灣的普及應用。

　　從前述臺灣網際網路的發展觀之，臺灣網路建設的時間雖然不長，卻以驚人速度成長與擴張，而部落格則在其中扮演了重要的角色。2002 年，臺灣首度出現第一個免費提供部落格的平臺「藝立協」，臺灣網路正式邁入 Web 2.0 的紀元，至 2005 年為止，臺灣已有超過 20 個繁體中文的部落格媒體平臺（洪千凡，2007）。部落格的「廣告性」與「即時性」帶來的商業利益使新聞媒體、網路媒體、小型企業使用部落格作為行銷的管道，而博物館、美術館也開始使用部落格展現與民眾溝通的親和力，政治人物、演藝人員與公眾人物更前仆後繼地經營個人部落格，以創造個人優質開明的形象。

　　不過數年之間，部落格已自原屬獨立的、具叛逆精神的小眾媒體，轉化為既普羅又複雜的面貌。新聞媒體、網路媒體以及通訊軟體等推出自己的部落格平臺，吸引更多的消費者；獨立的部落客則建置私屬部落格，記錄自己的生活、想法，或獨自喃喃細語。由於免費部落格平臺的出現，使出版行為平民化，人們擁有更多的方式與力量展現自我。與此同時，臺灣一些經營良好的部落格也造就出了一股「部落格名人熱潮」（李佳霖，2011），這些「部落格名人」雖然原本可能是平凡大眾，但在刻意或不經意地運用部落格和網路的力量後，成功地樹立起個人的部落格風格和知名度。[12]

　　媒體理論家 Marshall McLuhan（1911-1980）在 1960 年代即預言：「媒體即訊息」（the medium is the message），認為每一種媒體科技都是「人

---

[12] 在諸多部落格名人中，「彎彎」為其中最具代表性者，從一個無名個體上班心情的抒發到具圖像創作意涵的知名部落格名人，其部落格「彎彎的塗鴉日誌」（http://cwwany.pixnet.net/blog）至 2012 年為止，已累積有 2.5 億點閱人次（維基百科，n.d.-c）。

的延伸」，影響了人的心理層面，也產生了社會效果（McLuhan, 1964, p. 7）。透過部落格，每個人都可以成為發布訊息的媒體中心。在臺灣的部落圈中，小眾個體書寫部落格、逛部落格、建立自己的部落格交友圈。政治人物經營部落格，運用部落格塑造自身的民主形象。商業團體建立部落格，運用部落格達到宣傳行銷的目的。前述群體的使用，使部落格從原本僅為簡單而樸素的網頁介面，卻醞釀出複雜而豐富的社會意義，說明了以部落格進行社群經營模式之潛力。就教育領域而言，部落格運用了強大的社群力量，讓學習者可以透過部落格的社群討論空間，將學習的心得和見解發表在部落格上，讓網路學習機制和部落格社群溝通行為整合，成為一個提供輔助性學習資訊的場域。

　　從藝術教育的角度而言，雖然部落格本身可能仍將隨著網路技術的進展，不斷地進化而產生新變革，但部落格對影像傳輸以及圖像處理的便捷性，具有成為藝術教學媒介的潛力。部落格的互動特質與分享機制，也使網路的學習環境除了正規的數位教學平臺之外，還有參與討論的可能，當以部落格應用於藝術教學時，將使教學呈現鮮活的面貌。例如，Melanie Buffington 將藝術教育、美術館教育，以及 Web 2.0 的科技結合；[13] Craig Roland 應用 Web 2.0，規劃建置「藝術教育 2.0」（Art Education 2.0），作為藝術社群溝通學習的平臺。[14] 在臺灣藝術教育界，許多藝術教學社群亦應用部落格機制建立「社群式部落格」等教學平臺。例如，從中央到各地方縣市之藝術教育輔導團，即多有成立特色互異的部落格教學社群，進行相關藝文訊息的發布、藝術教學資源的共享，以及社群成員的藝術教學理念與心得分享等。[15]

　　除前述多為在學校體制內之藝術教育相關部落格外，在臺灣藝術教

---

[13] Melanie Buffington 任教於美國維吉尼亞州立邦聯大學（Virginia Commonwealth University）藝術教育系。

[14] 其中 Art Education 2.0 的訴求即是「連結全球的藝術教育工作者」（connecting art educators around the globe）（Sandagata, n.d.）。Craig Roland 任教於美國佛羅里達大學（The University of Florida）藝術教育系，其計畫內容參見 Sandagata（n.d.）。

[15] 例如，宜蘭縣國教輔導團即已建置「國小藝術與人文領域部落格」來推動藝文教育（宜蘭縣國教輔導團，n.d.）；高雄市國教輔導團藝文領域亦建置有「藝域部落」來推動藝文教育（高雄市國教輔導團藝文領域，n.d.）。

育界尚有許多在學校體制之外的藝術教育相關部落格，亦是數位視覺文化藝術教育值得觀察的面向之一。例如，由藝術教育界之學術人士或實務工作者自發性成立的藝術教育相關部落格，[16] 即是一例。此外，尚有許多由民間人士或由小眾個體所經營的藝術教育相關部落格，也呈現了有趣的藝術教育樣貌。其中，在部落格問世後，許多「部落格父母」[17] 將部落格作為自家子女成長過程的紀錄場域，細心描繪兒女成長過程的點點滴滴，即不乏發現有部分以幼兒之藝術創作發展與成長過程作為部落格編織主軸進行描述者。[18] 這一些「業餘藝術教育部落客」，雖然未必依循藝術教育的學理行事，但所呈現的卻是藝術教育對個體之普同影響力的自發性田野探查，展現了當代數位視覺文化藝術教育的動人一景。由上述學校體制內及學校體制外之藝術教育部落圈所共同凝聚的氛圍，使臺灣藝術教育界與部落格網路機制的整合應用方式與面向，仍如同數位科技的進展一般，尚處於進行式中，值得予以期待並持續探究、觀察。

第二節　部落格的學習理論與藝術教學應用

　　部落格為網際網路進入 Web 2.0 世代的代表機制，自 20 世紀末葉發展以來，以多樣化的形式快速成長，廣為社會不同領域所使用。以往的教育體制受限於實體教學環境的封閉性，教育資源的提供與吸收較為單向，數位科技的介入則使教學環境數位化，教育資源的提供與吸收更具彈性。前曾述及，不同的數位教學科技有不同的教學功能，如 IWB 對於教學環境的經營以及 IRS[19] 於課堂上教學活動的即時反饋等。近年間微型網誌等社會媒體盛行，成為年輕世代傳遞訊息的主要溝通工具，數位教學科技逐漸與不同社群機制結合，發揮綜效作用。相較於許多微型網誌

---

[16] 如「全球藝術教育網」即由臺灣藝術教育學術與實務工作者所組構。

[17] 於本書中，以「部落格父母」一詞，形容許多以部落格紀錄子女成長點滴的父母。

[18] 例如，記錄一對雙胞胎姊妹「左左」、「右右」成長過程的部落格「一開始就不孤單」、「一開始就不孤單 II」，即詳細的呈現了兩位姊妹的藝術教育成長歷程（Hung, n.d.-a, n.d.-b）。

[19] IRS 為「即時反饋系統」（interactive response system）的簡稱，俗稱「按按按」，能透過遙控器收集課堂中學生的回應資料，以達到對教學即時反饋的效果（高震峰，2005）。

著重於訊息分享等增進人際關係的功能，部落格在文字處理、影像傳輸以及圖像處理具有專業性及深化程度，能在以實體教學為主的教學型態中發揮擴充功能。同時，Web 2.0 的機制特性，使部落格具備「往返互動」以及「無疆界」的特質，讓教學情境呈現跨界的開放彈性，擴充了既定的教學方式。目前在教育現場已有許多「個人式部落格」以及「社群式部落格」的建制，當瞭解部落格的應用可能時，亦應探查其應用於藝術教學之相關理論與現象。於本節中，將先梳理部落格的教育意義與學習理論，再分別陳述部落格於教育界以及藝術教育界中的應用樣貌。

一、部落格的教育意義與學習理論

如前所述，任何一個教學科技，都有其在教育現場的應用特質，也應建立其學習理論的基礎，以使之能有深化應用的可能性。Enonbun（2010）指出，在全球化的刺激下，傳統教學的界限被移轉，拓寬了教育的「地平線」。在世紀之交，網路科技從資訊提供式的 Web 1.0，到 Web 2.0 資訊互動化的大幅改變，使網際網路被應用作為協助教育和學習方式進行變革的助力。然而，在時代快速變遷的當下，究竟以往的學習理論是否能因應學習者的需要，或是符合當代的環境之需，則是教育工作者應審慎思考的議題。Harris 與 Rea（2009）認為，今日的學生與以往大不相同，他們的實體身軀雖受既定教育機制的框架所限，必須依據學校課表，定時、定點於某一段時間坐在某一間教室中，但是，他們的心靈思維卻可能透過手機等個人數位機制遨遊數位海，與不認識的網路使用者結為盟友，在網路遊戲中與敵隊廝殺。換言之，教育氛圍若不改變，便是以上一個世紀的教學機制來教育 21 世紀的青少年。因此，在面對今日的「數位原民」時，使用 Web 2.0 等機制融入教學即具有相當意義，將使學校教學環境與學生的日常生活產生更多的連結可能。

Crook（2008, pp. 7-8）在探討 Web 2.0 的教育潛能時提出，Web 2.0 機制在不同領域所激發的相關活動，正實現了人類四個典型性格的社會化行為，分別為「嬉戲」（playful）、「表現」（expressive）、「反思」（reflective）和「探索」（exploratory）。其中「嬉戲性格的社會化」

（socialising the playful）之典型的例子是電腦遊戲及虛擬世界。意指在 Web 2.0 環境中，透過軟體或網頁提供的商業或非商業機制，進行娛樂行為的社會化能力。其中，電腦遊戲從早先僅為個人的娛樂消遣，成為今日網路社群的合作與競爭活動，並容許地理位置散置全球各處的使用者參與，已成為教育界廣為使用之寓教於樂的方式。至於虛擬世界的代表例子即是目前許多教育機構紛紛規劃的虛擬教室，例如於「第二人生」（Second Life）（Linden Lab, n.d.）的教學應用部分即為一例。

「表現性格的社會化」（socialising the expressive）之典型的例子是媒體設計、分享以及發表等。意指在 Web 2.0 環境中分享、交換和發表媒體檔案的社會化能力，例如：音樂、影帶、數位影像的下載機制與傳遞等。同時，基於使用者在數位環境中將表現性格社會化的需求，從而帶動了相關的創作者與業餘人士，以及應運而生的各類數位創作科技。目前廣被年輕族群所使用，能整合網路上多個資料來源或功能，以創造新服務、新趣味或新風格的網路應用程式「混搭」（mash up），即是 Web 2.0 環境中表現性格社會化的產物之一。透過數位方式進行表現性活動成為使用者實現自我的一種方式，並透過數位科技的分享、傳遞等機制社會化實踐。

「反思性格的社會化」（socialising the reflective）之典型的例子即是部落格、社交網絡，以及維基百科等。以往個體進行反思的主要媒介常是手寫式日記或筆記型電腦等，在數位環境中，這些媒介被社會化為不同形態的 Web 2.0 科技，部落格為其中最具代表性者，可依據使用者需求，置放文字、聲音、圖像、影帶或網站連結等。其餘不同形態的微型網誌等社交網站，則可被視為 Web 2.0 科技中具反思性格且更細緻緊密的社會化發展。於這些 Web 2.0 的社交網站機制中，各方參與者透過各種互動及數位檔案的分享，進行新聞事件的討論、網路遊戲的合作，以及對不同人、事、物的戲仿及惡搞等，逐漸發展出自身的人格特質與自我認同。

「探索性格的社會化」（socialising the exploratory）之典型的例子是綜效現象（syndication）、推薦系統（recommenders），以及群眾分類（folksonomies）等。在 Web 2.0 的數位空間中，愈來愈趨顯著的參與式文化氛圍，使得個體必需能即時地瞭解永遠不間斷出現的新訊息，讓個體搜索和過濾資訊的活動也獲得了新的社會化可能。綜效現象的例子如「播

客」（podcast），可自動「餵食」使用者所要求的影音材料並更新其瀏覽器。推薦系統及群眾分類則如一些企業透過使用者的某些搜尋行為，將使用者進行客群分類，並推薦類似產品的選擇。例如，全球最大的網路線上零售商「亞馬遜」（Amazon, n.d.），在使用者發生購買行為後，即透過電子信或個人帳戶分類，持續通知使用者有關類似產品的新消息等。

前述四個典型性格的社會化樣貌，也在應用 Web 2.0 機制的教學環境中呈現，並聚煉出 Web 2.0 的學習特性。Crook（2008）指出，由於能實踐前述性格的社會化，使 Web 2.0 成為教育界的新利器。當使用 Web 2.0 進行教育實踐時，將呼應個體學習經驗的四個面向，包含與社會層面相關的「合作」（collaboration）與「發表」（publication），以及與個體認知成長相關的「素養」（literacies）及「探查」（inquiry）等。

在「合作經驗」部分，Web 2.0 的機制支持學習社群的發展，允許學習者依據需求調整其活動的深度，從僅只消極的參與社群活動到積極的互動討論及辯證。在「發表經驗」部分，Web 2.0 的機制支持學習者將學習過程與學習成果進行發表，不論是讀寫特質、圖像特質、影音特質等的學習資料，均能在 Web 2.0 機制中進行上傳，當學習者能將個人學習成果分享時，將加強其學習的信念。在「素養經驗」部分，學校教育的目的即是培育個體因應社會文化之需的讀寫素養，在數位時代個體的素養內涵有所改變，如本書第二章第三節中所提出之數位素養、數位視覺素養，以及數位視覺文化素養等。Web 2.0 等數位機制則可提供前述素養的新形式與內涵，以支持學習者發展新素養及相關創造潛能。在「探查經驗」部分，Web 2.0 的機制提供了學習者進行個人化研究的機會，也提供個體結構資料的新方式、新的訊息搜尋工具，以及新的資料來源等，這些對於探查需求的支持機制能為學習者賦權增能，並提升其主動學習的動機。

部落格為 Web 2.0 的代表性機制，前述學習個體四類典型性格在 Web 2.0 環境中的社會化，以及所獲致四個面向的學習經驗，均得以於部落格機制中體現。部落格的基本精神在於使學習者能夠透過部落格的分享、回饋等功能，達到知識建構與共享的目的。因此，當將部落格應用於教育體系時，能使個體的學習過程以及學習本身，產生能見度，得以與他人或社群夥伴分享。由於各領域學門應用部落格機制時，主要著眼點為其共構知

識社群的特質,高震峰(2012)在檢視部落格之相關學習理論時,即認為部落格學習社群的理論基礎與建構主義論述關聯密切,而社會認知理論(social cognition theory)、社會文化理論(sociocultural theory)、社會建構主義(social constructivism),以及自我調整學習理論(self-regulated learning)等,即為學習者透過網路環境進行合作學習過程的立論基石。

社會認知論者認為,「個人」、「行為」與「環境」三者為影響個體學習的決定因素。多數個體的學習都發生在與社會環境的互動中,透過觀察與互動,學習者可獲得知識、技能、策略,信念與態度(Bandura, 1986)。社會文化論及社會建構主義代表學者則主張,實質參與的社會互動和文化活動,是個體發展的必要條件。當落實於教學中時,教師即須透過教學歷程的動態情境,引導學生思考、協商與討論,並在反覆修正中產生真實的知識(Vygotsky, 1978, 1986)。自我調整學習理論的主要關注點在探討學習者的學習歷程中,包含動機、認知、後設認知等自我學習策略之運用與學習成就的關係(程炳林,1995)。歸納前述論述,當代的學習理論多認同知識的產生須源於人際間互動、分享的氛圍中,而社會環境因素對學習與發展具有重要影響,Wenger(1998, 2000)乃進而提出「實踐社區」(community of practice)的概念,說明了部落格等網路學習社群的重要特性。

「實踐社區」的概念包含三個部分,分別為共同的領域與興趣、共同參與的活動與討論,以及共同的實踐(Wenger, 2006)。Wenger(2000)強調,在實踐社區中,社會能力、個人經驗,以及承諾、想像與結盟等三類「歸屬模式」(modes of belonging)至屬重要。當學習者在部落格等網路環境中,透過心得與資源分享、回饋與討論等互動活動,將能共組具歸屬感的學習社群。由於此一學習社群成員具有共同的發展目標,個體即能在所建構的網絡社會中,透過與社群成員的互動,隨時調整自我的學習策略,增進學習效益,為社群共同的目標努力。

整體而言,學者們檢視部落格學習機制的成效時,多同意其機制對於教學活動參與者共同意識的建構與實踐。Carraher(2003)分析了部落格對整個教育領域各種角色,如學生、教師、教育研究者、師資培育者、課程開發者等的幫助,並指出其中的關鍵是部落格使這些成員能彼此交流、

分享和互動，從而改善自身所扮演的每一個角色。Carraher 認為當前的教育存在有兩個重大的問題，以致影響教育的成效。首先，在傳統的教學場域中，學生往往處於消極的地位，未能發揮作為一個積極知識生產者的作用。其次，教學場域中存在著「防火牆」（firewall），使教育相關研究者難以進入並改善現有的教學系統，甚且課程開發者也常被擋在牆外。Carraher 認為，部落格機制如果能運用得當，則將對教育參與者產生「相互砥礪」的刺激，營造積極的學習過程。Flannery（2005）也強調，部落格的技術能讓成千上萬的人不但分享想法，還進一步激盪出更多的想法，使部落格成為一個比圖書館還要更為便捷的溝通園地。Flannery 認為部落格所具備之閱讀、書寫和評論的基本力量轉換了過去網路的用途，學生將能從資訊與知識的被動消費者，轉而成為活躍的資訊提供者與評論者，甚且能更進一步與教師合作，共同成為知識的構築者。

由於我國中小學的學習型態主要是以「班級」為主，班級乃成為應用部落格機制建置學習社群時的潛在基礎群組。盧姵綺（2007）提到，班級同儕部落格間的分享會影響學生使用部落格的行為與頻率，在同儕分享部落格比較盛行的班級，其部落格教學的反應亦會較佳，部落格之迴響與互動也較積極，顯示同儕間的影響力與合作相當重要。除前述外，Ferdig 與 Trammell（2004, pp. 14-15）列舉四項部落格對於學習者的可能益處，分述如下：

（一）使用部落格能讓學生成為「學科專家」：當學生「走訪」不同部落格時，即是在閱覽部落格中的知識內涵，並類似學科專家一般經由過濾的程序，吸收覺得具有意義的內容。當學生進一步將具意義的內容反芻到自己的部落格或學習環境中時，即已在所浸淫的知識內涵中得到某種程度的內化。

（二）使用部落格能增加學生對學習的興趣以及擁有權：當學生使用部落格時，是以主導的狀態進行巡弋部落格的過程，也採用主動的方式尋找資訊。因之，對於學習較能產生具主體意識的決定感，進而對於學習內涵產生擁有的主權感受。

（三）使用部落格能提供學生參與教學活動的機會：教育的目標之一是使學生能適應所屬社會的文化類型。由於當學生使用部落格時，

能體識其潛在觀眾除教師及同儕外，尚包括其餘有機會進入數位環境的使用者，因而能與其餘個體互動。

（四）使用部落格能提供學生接觸多元觀點的機會：以往的教學環境中，受實體教室環境之限，學生較難與不同對象積極互動。當學生使用部落格時，教室的實體空間轉變成為無疆界的數位環境，從而能吸納教學環境之外的多元域外觀點。

Harris 與 Rea（2009, pp. 141-142）則提出以部落格進行教學的優勢如下：

（一）學生能成為課程的一部分（students become part of the lesson）：當應用部落格進行教學時，學生能透過部落格上傳自己的看法與提供資訊，並與同儕及教師互動。因此，學生能有機會積極的參與課程，而成為課程中的一部分。

（二）世界成為教室（the world becomes the classroom）：當應用部落格進行教學時，教室不受實體疆界限制，整個數位環境甚至全世界，都成為學生汲取訊息的場域，並與不同國家、文化圈的部落客同儕互動，成就其全球化的視野。

（三）以合作與競爭增益學習（collaboration and competition increases learning）：合作與競爭對於學生學習動機的增益早為教育界所認同，當應用部落格進行教學，學生與同儕共同成就其學習部落格，從而透過良性的合作與競爭強化學習效益。

（四）教室不打烊（the classroom is available 24/7）：當應用部落格進行教學，由於其存在空間位於數位環境中，可對學生提供一周七天，一天24小時的全天候開放，學生可依據個人的學習進度與需求，隨時進入「部落格教室」中學習。

整體而言，學者多認同部落格的書寫或創作活動除有助於學生心智思考上的發展，對於學習的行為本身或是教學活動有相當助益。在嘗試使用部落格進行教學後，Poling（2005）甚至視部落格為「成功的學校生活之基礎」。而 Downes（2004）在其課堂上實施了以部落格為基礎的教學後，提出了五項部落格在教育上的價值，適可說明以部落格建置藝術教學社群的意義，該五項價值分別為：

(一) 部落格如班級的聯絡簿一般，成為教室的延伸空間，能組構更及時與緊密的聯絡網，具整合班級事務討論的功能，也讓班級更有凝聚力。

(二) 部落格形成知識上的串連，教師可針對個別學生的學習狀況做即時性的補足和指導。

(三) 部落格活潑、自由的形式能鼓勵學生「多做一點」的意願，使書寫或發表的經驗增加，無形中磨練了技巧，也更新了學習的態度。

(四) 部落格反映出一個人的興趣、文化，以及想法，因此能讓學生更瞭解自己，同時也改變其對人、事物、世界的看法。

(五) 部落格帶領生活進入學習的情境（bring life into learning）。個體一生中的學習有 90% 都是來自於正規學習環境之外，部落格族群中大量的學生人口數量顯示出，部落格讓學習融入生活之中，而這類「非正式的學習環境」，能將學習轉化成為終身性的學習行為。

二、部落格在教育界中的應用

　　由於部落格的建置軟體方便且易於入手，不具太多科技相關經驗的使用者均能夠輕易的建立自己專屬的部落格，其使用族群乃自成人逐漸擴張至各個年齡層的學生，教育學者也開始重視部落格與教學上的關聯。研究指出，比起傳統的課堂閱讀與書寫，青少年在部落格中進行了更為頻繁、內容更豐富的讀、寫活動（Littrell, 2005）。一般網頁的重點是呈現的「內容」，而部落格的特色則在於「溝通」。是以，就部落格的媒介特質而言，由於其介面能提供「給予回應」的功能，使部落格賦予了作者與觀者間的有機性互動，也使部落格較一般網頁具備著明顯的社會動力與社會目的，成為以學習社群為導向的平臺。

　　基本上，部落格在教育上的應用可分為兩個面向。一是掌握部落格的特性，以部落格為教學媒介或學習工具輔助教學，如前一節提及 Lankshear 與 Knobel（2003）認為將部落格的知識共享特質運用在教學上，能形成一個「備用頭腦」，有助於學生建構自己的知識脈絡。其次是將部落格視為教師與學生的教學及學習檔案資料庫，紀錄個體教學

及學習的成長歷程,如 Baumgartner(2005)視部落格為「數位檔案」(e-portfolio),有助於學生個體的成長以及新型態學習文化的發展。

在觀察部落格在教育上的運用實例時,Oravec(2003)與 Ferguson(2005)等學者指出,在美國高等教育界已早有許多知名大學將部落格引入校園,作為學術交流工具。例如,美國哈佛大學(Harvard University)和史丹福大學(Stanford University)等名校都已將部落格作為學校網站的重要部分,提供各類交流;另外,美國杜克大學(Duke University)曾為其大一新課程提供免費的 iPods,普渡大學(Purdue University)曾免費提供 60 門課程的「播客」(podcasting)服務,而卓克索大學(Drexel University)則規定校內的每一課程均須使用 iPod,並且須提供維護。自數位科技逐漸為教育界援用以來,由於部分數位設備造價不斐,使昂貴的技術、複雜的操作、標準化的課程介面等,成為推動教育數位化的門檻。部落格的出現,不啻是為教育數位化的訴求啟開另一可能性。Martindale 與 Wiley(2005)即指出,部落格成功地降低了網際網路的「科技門檻」,並有將個人意見推展至世界各地的可能性,因此具有能在學術界以及教學界發展的實務潛能。

除去前述外,由於部落格的科技運用簡便,在中、小學界也有相當的發展空間。Dyrli(2005)在實地觀察後,發現部落格在美國中、小學教育中均成為一項重要的線上溝通工具。同時,Dyrli 認為,由於部落格已經廣被應用於企業界、商業界、政府、媒體與一般民眾之間,儼然已成為公民的必備科技素養之一,是以中、小學生也能瞭解部落格,並習慣以部落格為獲取資訊的一項重要來源。陳順孝(2004)在討論部落格在教育上的運用時,以美國馬里蘭州的小學教師為例,提出部落格對於教師以及學生的優點。他認為,對於教師而言,部落格一則可以作為教學輔助媒體,提供教師儲存授課綱要和補充教材、儲存重要作業,方便學生預習和複習,可讓教師匯集課程相關網站,勾勒知識地圖,讓學生按圖索驥、自行學習;二則可以作為教師專業發展的媒介,儲存個人的教學研究檔案,或公開自己的教學研究成果、記錄自己的教學經驗,以與他者交流,形成教學社群。對於學生而言,陳順孝認為部落格可以作為學生之間或師生之間的對話基地,可以隨時在此提問或回應,讓教室

裡的討論得以延伸、深化，讓上課時沒機會發言或不敢發問的學生能在網路上現聲，也可讓學生適宜的公開學習心得、作業等，並觀摩同儕作品，進行交流。

三、部落格在藝術教育中的應用

　　一個科技現象的產生，其背後常與時代性思潮的推波助瀾有所相關。在 Web 1.0 所掀起的第一波網路革命之後，Web 2.0 的出現，即是補足 Web 1.0 在使用機制上的限制，也體現當代思潮中，對於「小眾敘事」精神的彰顯。於本書中曾指出，當檢視藝術教育的發展歷史時，曾提及藝術教育思潮與各時代科技理論的進展過程間，有著互相呼應的關係。因此，從藝術教育的角度檢視 Web 2.0 與部落格的機制時，便發現其不僅是一個大眾文化的當紅現象，也呼應了當代數位視覺文化藝術教育的思潮和理論。換言之，教育科技的改變不僅是技術層面的變遷，更攸關乎因技術層面的改變隨之而來思想與觀念上的改變。

　　黃壬來（2002）認為，自 21 世紀開始，臺灣社會朝向五個方向變遷：資訊化、多元化、疏離化、高齡化及休閒化，而其中除高齡化的人口結構現象之外，其餘四個面向都與臺灣的網路資訊發展，有著正向或負向相關。從國家教育政策而言，九年一貫教育推行的十項課程目標中，強調了學生運用科技與資訊的能力和主動探究的精神，在九年一貫教育改革後的藝術與人文學習領域的精神，更強調是「以人文素養為核心內涵之藝術學習」（陳瓊花，2005）。因此，在社會脈絡及時代變遷的趨勢下，當代臺灣藝術教育既著重人文素養之培養，以及多元文化和生活藝術的內涵，也強調數位資訊能力的提升。在前述狀況下，兼容數位資訊、生活經驗，以及創作潛能的部落格場域，在當代數位視覺文化藝術教育思潮的氛圍中，即能在藝術鑑賞以及藝術創作等教學上，展現其著力之處。

　　對於藝術教學而言，各類數位科技的融入，使藝術教育呈現了不同的面貌，在教學方式及教學內容上都有更為多元的彈性。以往在教室中進行創作或鑑賞教學時，囿於傳統的教學形態，師生及同儕間的互動性較少。在有限的時間與空間限制下，教師較難關注每一學生的創作想法，並提供

建議及展示其作品，以確實做到以學習者為主體之教學情境的經營。在當代數位學習科技挹注下，前述狀況得以有改善的空間。就教學的內容而言，增進對國家藝文產物的瞭解，關乎下一世代的文化認同觀點，加強國家之文創競爭力，為今日世界各國藝文政策的發展趨勢。由於數位科技的發展，部落格機制在圖文、影像處理的便捷性，具備了藝術教學媒介的重要特質，而國家數位典藏資料庫豐富的圖文資源，也成為藝術教師開發教材的理想來源。因之，如何因應學校藝術教學的情境，融入部落格的機制特性，應用數位典藏資源，豐厚教學內涵，以引發學生學習興趣，為當代藝術教育工作者可茲思考的課題之一。例如，Buffington（2008a，2010）即嘗試探究應用 Web 2.0 於學校與美術館之藝術教育的可能性，進而建置「Art Ed + Web 2.0 + Technology Blog」之部落格，提供學生、教師、美術館等相關從業人員與藝術愛好者進行發表與分享。

　　由於部落格可提供學習者做單一學期或長期的作品紀錄保存，並記載與他人就藝術學習進行互動的經驗與過程，因之能作為個人的「藝術成長檔案」（document of artistic growth）（Buffington, 2008a, p. 38）。Buffington 認為，由於部落格建置容易且不需經費，是學生保存個人藝術作品最有效也最簡易的方式。透過部落格，學生除存放其作品檔案外，並能將創作過程與心得上傳，使其每一階段的作品與創作思維都得以被紀錄保存，以在日後進行回顧與反思。在教學情境中，部落格可提供學習者與其同儕、教師甚或家長互動的機會，所有教學活動的參與者均能就學習者之作品及創作理念提供建議，並進行討論。Buffington（2008b）進而指出，「分享」為當代藝術活動以及部落格等數位媒體的共同本質，引導學生透過部落格等數位媒體作為中介，鼓勵其分享藝術作品、創作心得並與其他個體或資源連結，為全球化時代下公民素養的一種體現。Delacruz（2009, p. 16）亦認為，透過具社會互動性的數位機制作為媒介進行藝術教學，將使學習者的作品發表與分享進展到新的層次，進而落實藝術教育工作者對全球公民社會（global civil society）的當代責任。

　　李家菁（2006）則從臺灣中小學藝術教學的現況，思考部落格的藝術教學意義。李家菁認為，當使用部落格輔助藝術與人文教學時，教師可以使用部落格作為備課工具，在部落格中呈現教學計畫、教學設計、講義、

習題等資料。李家菁指出，由於臺灣中小學之藝術與人文課程節數不多，教師通常一星期和任課班級僅能共聚一、兩堂課，在班級經營部分常感到困擾，部落格便提供了一個自由、簡便的空間，讓教師可以記錄不同班級的教學進度、教學日誌，也讓學生能對教師更瞭解，拉近師生距離，凝聚藝術學習的向心力，家長也可由部落格得知子女在學校的上課進度，與教師聯繫，掌握學習狀況。在藝術與人文課程中，學生的作業常包含有文字、聲音、影像、圖畫等不同形式的文本，而部落格所提供的功能即適用於承載不同資料，不僅學生的學習檔案更多元化，教師也可藉之來評量學生的學習方法與態度。當師生互動不限於實體課堂時，學生可隨時提出問題或回應，讓教學討論能更深化，使教學歷程得以視需求而延展至課堂之後。

部落格平臺以其建置快速、便捷，並且幾近無成本負擔的特質，除成為當代新興之藝術教學場域之外，尚能更進一步地實踐了「人人都是創作者」的時代意義。Stone（2002）和Park、Kim與Kim（2004）在探討部落格創作樣貌的發展歷程後，將部落格的發展分為兩個「世代」（generations），第一代的部落格通常是以「文字」作為主要表現素材，部落格作者發表的目的在於訊息分享。隨著部落格的機能快速擴展，圖像、影像逐漸成為部落格裡不可缺少的視覺元素。因此，第二代的部落格，在內容表達上傾向將文字內容與影像、圖片結合，以達到部落格作者「表達主體個性」的重要目的，讓部落格更接近個人創作空間的需求，有時部分部落格的「創作意圖」甚且更勝於「資訊分享」。綜合兩個部落格世代的特質，目前部落格裡的創作元素可以分成三個主要的形式，分別為：文字文本、靜態圖像、動態影音。基本上，只要能呈現創作意圖的素材即為創作元素，因此大致而言，能置放在網路上的任何素材，都能成為部落格創作者的使用媒介。

在觀察部落格機制與藝術創作的關係後，洪千凡與趙惠玲（2008）提出「視覺創作型部落格」的觀點，認為部落格數位影像操作介面的便利和平臺的普及，使其能便捷的呈現作者的視覺創作，也使以視覺創作為表現手法的部落格成為新興之大眾藝術展演場域。[20] 洪千凡與趙惠玲指

---

[20] 本章第二節中述及之部落格名人「彎彎」，即是一例。

出，部落格的特質是經由「人為的書寫與操作」方能建構，無論部落格所呈現的內容為簡單或是豐富，都是部落格作者創作行為下的產物，若部落格中是以「視覺影像」為主要發表題材，包含漫畫、插畫、攝影、視覺影像設計、動畫，甚或影音錄像創作等類型之部落格，即屬於「視覺創作型部落格」。視覺創作型部落圈裡的藝術創作不是單向性的產出，而是以「超文本的網狀創作結構」在網域蔓延，讓藝術創作活動成為部落圈「人人共享」的集體活動，部落格的創作歷程則成為參與者集體建構之創作過程與成果。從某種程度而言，部落格的藝術創作活動不啻打破了精緻藝術與普羅藝術間的藩籬，同時也反映出社會大眾藝術價值觀之變遷。

同時，如第五章所述，作者創造部落格，觀者也創造部落格，在視覺創作型的部落圈中，部落格創作歷程形成了一種作者與觀者「互為主體」的「藝術展演共構關係」。亦即，由於部落格的機制賦予觀者觀看的權力與發表的管道，可以在作者藝術創作的旁邊公開、直接或私下表達看法，而觀者的意見又為部落格作者相當重視的評論來源，觀者乃間接的參與了部落格藝術創作的過程。由於部落圈中的每一個體都能參與創作活動，視覺創作型部落格即將「藝術創作權」下放到每一位參與者的手中，任何一個「無名小眾」都能在部落格的創作歷程中發聲，使部落格的藝術創作具有「常民化」的特質（洪千凡、趙惠玲，2008）。在這種「常民化」的氛圍下，不但藝術創作物的內容逐漸以大眾共鳴為依歸，在藝術創作的表達形式、美感價值的取決與評價等，也漸次以觀者喜好為取向，使視覺創作型部落格除了醞釀出具生活意義的藝術表現之外，藝術活動的「入世」精神亦被戮力實踐。儘管部落格的圖文藝術創作是以數位媒材為主，不若傳統藝術創作講求手繪技法，但「人人皆能操作」的特質，使部落格藝術創作在創作概念的表達上、個人想法的抒發上皆更加自在。同時，部落格數位化的藝術創作形式，更顯現其未來的發展彈性，與當代視覺文化藝術教育強調創作價值並非來自於媒材或技法，而是創作者自身經驗與創性思維的觀點，有所應和。

每種藝術創作的方式，以及藝術教學的媒體都有正面與負面兼具的使用經驗。任何新興科技均是具有一體兩面效應的工具，其成效仍是取

決於使用者觀念的改變。一般而言,學校的教學環境相對安定,不若其餘職業類別須與社會脈動有較直接的聯繫,因之,學校教師必須能保持敏銳的求變心態,以與外界環境不致有過度脫節的狀況。部落格機制的優點之一,在於其可讓使用者依據部落圈中參與者有意義的回饋,對於自己的行為以及產出之物,進行具批判性的省察。因此,對於教育工作者而言,當建立自己的教學部落格,或參與部落格教學社群時,即能透過與部落圈中參與者的互動,砥礪自己接受教學新知或檢視教學成效,如此一來,部落格便提供了藝術教育工作者一個可以改變自身藝術教學思維與行為的機會。

　　對於學生而言,由於部落格教學機制容許每一學習個體發表自己的想法,並接觸包含教師、同儕,以及其他教學圈之域外人的觀點,使藝術知識的來源與價值,不再僅限於課堂與教科書上的一元化論述,而能透過部落格去實踐與體驗,深化對於相關議題的多元化理解與多面向思考。同時,於前文中曾比較部落格與其餘微型網誌的差異,即是一般網誌往往快速地汰換訊息,使閱覽者或使用者缺乏細細咀嚼思考的機會。當使用者在部落格中書寫或閱讀時,則給予作者及觀者相當的空間與時間,容許其細膩並重複地梳理自身感受。長此以往,學習個體在部落格教學機制中將逐漸培養發表自身意見與作品的習慣及自信,藉由自主地掌握表達空間與節奏,進而瞭解自我,甚或改變自我。

　　在藝術教育的發展過程中,藝術教育思潮與各時代教育科學理論的進展之間,有著相互呼應的關係。數位視覺文化藝術教育呼應當代思潮,主張將數位生活中的影像觀視與創作經驗納入教學範疇,引導學生成為具「批判眼光」的數位時代公民,也主張透過「透明化的」課程設計,讓學生與教師自建構課程的過程中,省視自身的意識形態。部落格具有分享、互動的機制,具備了「民主化教學媒體」的特質,對參與者的思維能產生相當力道的撞擊。同時,部落格中除文字的書寫簡便之外,尚能自由放置圖像、影像,容許各式數位文本與圖像影音素材拼貼、並置,對於當代藝術教育界而言,具有為臺灣下一世代累積終身學習藝術之數位學習力與創造力的潛能。

第三節　部落格融入國小階段藝術教學之實驗研究

　　自數位科技發展以來，Web 2.0 機制的開放性、互動性、個性化等特質，使人類生活型態發生巨大改變，對教育體系也產生深遠影響。今日數位環境中舉凡與人際互動、資訊形成及分享有關的媒體，幾乎都與 Web 2.0 相關。各類 Web 2.0 機制有各自不同的特質，部落格既具備了提供人際互動與資訊製播的功能，又能提供使用群體就單一議題進行深層反覆討論的環境，相較於其他社會媒體，更符應當代建構主義之下的教育氛圍。因此，部落格成為 Web 2.0 機制中，能組成學習社群以實踐知識共構理念的數位教學科技。從藝術教學的需求而言，部落格能呈現圖像、影音等鑑賞教學必備的資源，也能記錄、發表與展示創作教學的成果，可提供不同教學取向的藝術課程所用。任何一種教學科技，都可能因教學者的需求與獨立特質，呈現不同的應用可能，以及衍生不同的教學模式，新興之 Web 2.0 教學科技也不例外。於前一節中梳理部落格的學習理論，以及於教育界及藝術教育界的應用面向之後，於本節中，將先舉以部落格融入臺灣國小高年級視覺藝術之實驗研究為例，陳述其規劃與實施，再說明實驗研究後對學生之學習反應的影響，以說明部落格於我國中小學藝術教學領域之踐履，最後則討論以部落格融入藝術教學之相關議題。

一、以部落格融入臺灣國小高年級視覺藝術教學實驗研究之規劃與實施[21]

　　當以部落格建立學校場域之學習社群時，其性質與一般個人、新聞媒體或商業機制有所不同。一般個人、新聞媒體或商業機制部落格的成員可能較無背景限制，但學校場域之學習部落格，尤其在中小學階段，則多以教學活動參與者為部落格主要社群成員。由於目前我國中小學的學習型態主要是以「班級」為主，「班級部落格」乃成為學校教育中應用部落格

---

[21] 本研究係依據高震峰（2006）之國科會專題計畫研究（NSC 97-2410-H-133-008- MY2）研究成果所撰寫。該研究曾於 2012 年發表於《藝術教育研究期刊》。

機制建置學習社群時的基礎群組。高震峰（2012）在探討部落格的學習理論，並分析國內數位典藏知識庫內容後，即以國小高年級班級為單位，建立「視覺藝術部落格教學社群」，並選擇臺北市某一小學之一班五年級學生共 32 人，進行教學實驗。鑑於在數位時代，教學挑戰往往不在於是否有接觸數位環境的條件，而在於如何引發學習者的學習興趣及動機（Deng & Yuen, 2012），使學生的學習反應，為教學成效的重要指標。因此，高震峰乃著眼於探討以部落格作為教學媒介進行視覺藝術教學時，其教學部落格建構之歷程、教學過程，以及學生的學習反應等。

應用數位教學科技作為教學媒體應注意的影響因素之一，為教學環境中網路的近用性。因此，於應用部落格作為中小學之教學媒介時，即需能確定影響網路近用性的兩項因素，其一為學習者數位科技的操作能力，其二為部落格的建置環境。由於以部落格輔助教學時，強調學習者能以之進行互動、發表的彈性，而中小學階段的學生來自不同家庭，社經背景不一，可能原先即具備不同的電腦及網路使用經驗，或將影響學生的學習成效與學習反應。為避免學生於網路科技前備經驗的落差過大，影響教學成效，高震峰（2012）於不同階段的教學過程中，均先引導學生學習使用部落格的功能，並確認每位學生均能具備教學過程中所需之操作部落格的能力，以降低可能之數位落差對學生學習成效的影響。其次，在進行教學前，須先擇取建置部落格的數位平臺。由於中小學之教學係以班級為群組的「班級部落格」，在對可使用之部落格平臺進行瞭解與測試後，高震峰選擇為國內中小學普遍使用之「優學網」（uSchool）[22] 建置教學實驗之班級部落格，以之瀏覽數位資源，進行教學，展示學生作品，並提供學生進行同儕回饋與互動。

在課程內涵部分，部落格機制對於圖像、影音等資源處理便捷，適用於鑑賞教學，然而，視覺藝術教學的課程主軸包含鑑賞課程以及創作課程，全方位的藝術教學活動應能同時包含多元的藝術知能學習。此外，部落格的特質之一是使用者之間能進行反覆的互動，而國小階段高年級學童已能對於與自身生活環境相關的創作議題，進行較深化的思考。因

---

[22] 「uSchool 優學網」（普富科技，n.d.）設立有許多國中、小班級網頁，並可經由學校或教師申請建立班級部落格，每一位學習個體亦能建置個人部落格。

此為符應數位時代的變革，以及數位視覺文化藝術教育對於學習個體日常生活經驗的重視，高震峰（2012）之課程規劃中，在鑑賞教學部分選擇數位典藏資源作為主要教材，在藝術創作教學部分，則著重學生對於生活議題的省思。其課程規劃包含有三類教學目的，分別為：藉由數位典藏資源瞭解藝術作品的視覺特徵及時代背景、理解與比較我國社會古今生活習俗的異同並進行創作、操作並熟悉班級藝術教學部落格的使用。

根據前述教學目標，高震峰（2012）於進行實驗教學前，先實施試驗教學，並修正教學活動，確定使用部落格之時機。其實驗課程[23]共以四個教學階段依序進行。第一個階段主要的教學內容為引發動機與以數位典藏資源為主軸的藝術鑑賞教學，第二個階段為以古今生活習俗省思之創作為主的藝術創作教學活動，第三個階段為班級部落格之發表、迴響與討論，第四個階段則為部落格回應分享以及課程總結。

在數位典藏知識庫部分，由於國內數位典藏資料庫眾多，在考慮課程需求，並落實對我國藝術文物的推廣價值，以及強化學生對國家藝術文化的認同後，高震峰（2012）選擇故宮數位典藏知識庫（國立故宮博物院，n.d.-b）為教材主要內容，並選擇能引發學生對自身生活環境進行連結思考的《清明上河圖》為典藏資源之主要教學內容。其課程第一階段之教學活動為以鑑賞藝術作品為主之教學活動，主要目的在引發學生對整體課程之學習動機與數位典藏資源教學。由於探究式教學法常為議題式教學活動所援用，於該階段中即以問題引導學生思考。例如，詢問學生是否具備美術館參觀經驗？如果不能實地參觀畫作，能透過哪些方式接近藝術名作等問題，使學生理解數位典藏資源的時代意義。其次，於部落格中連結網路進入數位典藏網站，以數位典藏網站所提供之互動導覽資源進行教學。第二階段之教學活動為以議題創作為主之教學活動，主要目的在引導學生以創作表達個人所體會之古今生活習俗的異同比較。於進行教學前，先引導學生自對《清明上河圖》的觀察，激盪討論古今生活對照中印象最深刻的主題，再從主題中選擇個人有共鳴之場景，作為繪製「現代清明上河圖一角」作品的創作發想。

---

[23] 實驗教學之課程內涵與修正內容參見附錄三。

高震峰（2012）實驗課程第三階段之教學活動為透過班級部落格進行發表、迴響與討論之課程。在進入該階段教學活動之前，先行確認每一位學生皆能理解並操作部落格的使用功能，並練習上傳及回應的過程。同時，在前一教學階段創作活動結束後，即已將學生創作圖像陸續上傳至班級部落格鼓勵學生閱覽，並確定每位同學都有足夠時間進入班級部落格發表心得並進行回應。同時，高震峰認為，雖然國小高年級學生已能有較高層次的思維，但仍須要給予明確的教學提示。因此於此一階段，即提醒學生理解「回應」的意義與思考點。例如，請學生思考同儕作品吸引自己的元素？喜歡同儕作品的哪些部分？或是欣賞同儕作品的那些表現方式？在第四階段之教學活動為部落格回應分享及課程總結，教學主軸著重於針對同儕的意見進行回應、交叉分享與討論，以落實部落格學習社群的互動機制。在回應告一段落後，全班共同檢視班級部落格中的同儕作品與回應意見，並對作品進行講評，亦就回應內容引導全班進行討論，進而激發對同儕作品與回應意見的不同想法。

二、部落格融入臺灣國小高年級視覺藝術教學實驗研究之學習反應

　　在完成前述教學過程後，高震峰（2012）為瞭解學生對教學內容的看法以及對部落格教學社群的學習反應，計收集有三類研究資料。其一為以「數位典藏教學內容滿意度問卷」收集之研究資料，目的在瞭解學生對數位典藏教學內容的滿意度；其二為以「班級部落格學習社群滿意度問卷」收集之研究資料，目的在瞭解學生對部落格平臺的使用滿意度；其三為學生於部落格回應內容的質性分析，目的在瞭解學生與同儕間的互動狀況，以及其回應內涵的深度層次，並以教學過程中之教學日誌、觀察日誌等資料輔助分析。以下依序說明其研究結果。

（一）數位典藏教學內容滿意度分析

　　在對數位典藏教學內容滿意度的部分，鑑於藝術教學常需使用大量圖像，雖然目前網路便捷，然而對教師而言，應如何自龐雜眾多的網路

資源選取教材，仍形成相當的教學負擔。其次，部落格雖漸為藝術教育工作者所關注，但相關研究多聚焦於部落格「機制」的應用，較少及於其「內涵」的思考。考量部落格作為一具互動性的「對話平臺」，對其「對話內涵」亦應有所規劃，方能深化部落格的知識共構潛能。高震峰（2012）於建構其「視覺藝術部落格教學社群」時，除應用部落格的機制外，同時思考部落格中學習內涵的選擇，並以已具建置成熟度之故宮數位博物館作為主要數位典藏資源。因此在瞭解課程實施成效時，亦以滿意度問卷瞭解學生在接受部落格融入視覺藝術教學之課程後，對於所使用數位典藏教學內容的認同程度。

　　根據其研究結果，高震峰（2012）發現，學生對於以部落格融入視覺藝術課程的整體認同程度在「非常同意」、「同意」之間。顯示整體而言，學生對於以數位典藏資源為教學主體的授課內容表達相當的接受程度，並自覺在接受教學後有趨向正面的學習成效。大多數學生認為經過教學後，自己能對教師所介紹的藝術作品有清楚的認識（30人／93.7%）；也認同使用數位典藏教材能使自己更清楚的觀賞藝術作品（28人／87.5%）。同時，多數學生對於是否喜愛藉由數位博物館來觀賞畫作表達了認同的態度（29人／90.67%），也表達了樂於瀏覽數位博物館的態度（28人／87.5%）。另外，課堂觀察也顯示，在使用數位典藏資源時，發現數位典藏網站的互動式活動能引發學生學習興趣，使其展現對課程的專注力。尤其在瀏覽典藏網站中的互動式網頁時，學生的反應有別於以往教學時的狀況，不但反應熱絡，對於提問也能踴躍發言，顯示學生對於融入數位典藏資源的視覺藝術教學內容表示了相當程度的認同。

（二）班級部落格教學社群滿意度分析

　　在對班級部落格社群學習反應的部分，高震峰（2012）所收集之研究資料包含對使用班級部落格發表作品、使用班級部落格討論同儕作品、使用班級部落格發言的方式、使用班級部落格功能的容易度、使用班級部落格進行討論對理解學習內容的影響、使用班級部落格對創作活動的影響、對使用部落格和同儕互動方式的喜好，以及使用班級部落格對學習興趣的影響等部分。

整體而言，高震峰（2012）發現，學生對於班級部落格的認同程度在「非常同意」、「同意」之間。顯示學生對於使用班級部落格發表作品和進行回應、討論的學習方式有趨向正面的看法。多數學生認同使用班級部落格發表作品的學習方式（24人／75.0%），並喜歡使用班級部落格討論同儕作品（27人／84.4%），顯示學生對於使用班級部落格發表作品、觀看及討論、回饋同儕作品，有正面的認同態度。同時，大多數學生認同使用部落格進行討論可以幫助個人更瞭解教學內容（28人／87.5%），並認同透過部落格分享與討論，對創作活動有所幫助（24人／75.0%），顯示學生認同使用班級部落格能幫助自己進行藝術學習的看法。此外，由於部落格機制容許每位學習個體都有發言機會，高震峰也發現，多數學生認為使用班級部落格來分享感想比在課堂上更能勇於發言（25人／78.2%），也認為班級部落格可以引起學習的興趣（25人／78.2%），且認為班級部落格的功能使用容易（26人／80.3%），也表示喜歡使用部落格進行討論（21人／65.7%）。

　　在使用部落格發表作品和以往課堂發表的差別上，高震峰（2012）發現，部落格的「隱匿」特性，使學生認為其發表機制較課堂發言不具壓力。由於以部落格發言是透過鍵盤打字書寫的間接方式進行，不同於課堂上以口語方式直接發言，對於較易害羞的學生，比較能自在發表，減緩了發表意見的壓力，也能相對增加發表意見的頻率。其次，部落格機制的特質與便捷性，也是令學生印象深刻的部分。許多學生認為透過電腦鍵盤打字書寫並發表意見的方式比較有趣，也較能獲得同儕的回應。在傳統課堂中發言時，由於干擾因素較多，很難聽清楚同儕的發言，以至於很難在課堂上知道大家的想法。反之，使用部落格發表時，由於有足夠的沉澱時間做仔細的閱讀，能清楚的得知同儕的想法，再加上使用部落格發表時同儕常會給予回饋，使發言者能感受到成就感。然而，值得注意的是，高震峰同時也發現，亦有學生認為用部落格發表意見需依賴鍵盤打字，有其困難度，以致影響發表意見的動機。此一結果顯示了教學科技於使用時，所呈現之一體兩面的狀況。

（三）班級部落格回應內容分析

　　除前述發現外，為能深化以部落格融入藝術教學的學習意涵以及互動成效，高震峰（2012）的研究也就學生於班級部落格的回應內容進行分析。其研究顯示，課程進行過程間部落格的回應記錄中，扣除部分以同樣內容多次發送的情況，總計在教學過程中，全體共 32 名學生所發表之回應計有 765 則，平均每人有 23 則左右的發言次數，為以往傳統上課方式中難以達到的狀況。在分析回應內容後，高震峰發現其內容大致有兩大面向，大部分為針對同儕作品發表回饋意見，共計有 744 則，另外一部分數量較少，為學生就同儕對自身作品的回饋意見，再進行回應者，共計有 21 則。

　　在針對同儕作品進行回饋的 744 則發言部分，高震峰（2012）依據發言內容的深化程度，又將發言內容區分為三個層次，分別為：「形容直觀的感受」、「指出喜惡的原因及建議」，以及「給予判斷或與同儕對話」。在全部發言次數中，有超過半數的發言內容（388 則）為僅說出對同儕作品的直觀感受，並未表達產生感受的原因，或做進一步說明，因此較難判斷對同儕作品是否有更深入的感知或省思。另外，有 237 則為能指出喜惡原因或建議者。此類發言內容對同儕作品能有較深化的描述，亦能展現課堂學習之藝術知識。亦即，在表達對於同儕作品的感受時，此類發言內容能自畫面的色彩或內容等指出喜好原因，而非僅是純粹的直觀情緒表達。除去前述兩類外，尚有約六分之一（119 則）的發言能針對同儕作品有更深化的描述及評論，或有較具批判性的看法，或能與其他影像連結比較，以及與同儕對話，由回應內容呈現了班級部落格中同儕學習的意義，也深化了以部落格融入藝術教學時，對學生批判思考能力的影響。

　　高震峰（2012）的研究目的在根據部落格學習理論，探討融入數位典藏資源之視覺藝術部落格教學社群的建構過程、教學歷程，以及學生的學習反應。其研究聚歛出三項結論，顯示在部落格數位教學環境的中介下，能提升視覺藝術教學活動的成效，增益學生的學習興趣與學習成果。首先，其研究發現，在我國中小學藝術教學界，以「班級部落格」

建構視覺藝術教學社群為可行之教學模式。由於目前我國國小階段主要為以「班級」為群組之學習型態，當以部落格建置教學社群時，班級即為理想的部落格學習社群。同時，由於部落格不受限於固定時空，「視覺藝術部落格教學社群」可將教學活動延展，使學習者於課後仍能持續其學習活動。因此，以「班級部落格」建構教學社群，為藝術教學工作者可參考之視覺藝術教學模式。

其次，高震峰（2012）的研究認為，由於目前國內數位典藏資源豐富，確實為視覺藝術教師可以援用的教學資料來源。透過具互動性數位博物館導覽介面，學生除可欣賞畫質理想的圖像，透過互動式的操作設計，尚能增益學習成效。由於數位典藏資源多為系統化教材，使用便捷，融入教學時亦可結合教師依學生特性自編之其他教材，因而具備應用的廣度與彈性。因此，在部落格教學環境中，「數位典藏資源」有助於提升視覺藝術教學之學習成效。最後，高震峰的研究發現，「視覺藝術部落格教學社群」獲得學生正向之學習反應，學生對於以班級部落格展示作品、觀賞同儕作品並進行互動討論的方式，多表達正面的認同態度，也樂於接受此一教學方式。相較於傳統教學方式，學生認為部落格機制能提供更多表達的自由與空間，也能讓自己較勇於表示意見。在部落格回應意見的分析部分，發現部落格互動機制使得同儕之間能有較多深入交換意見、進行群我回饋的機會與可能性，也發現學生對於同儕作品呈現了不同層次的觀看反應。

三、部落格融入視覺藝術教學之相關議題的檢視

由於數位科技快速進展，在當代的教育氛圍中，「寓教於樂」（edutainment）已成為促進學習效益的重要趨勢（Santoso, Yan, & Gook, 2012）。相較於其他學科，藝術相關學習領域有更多的彈性能發揮此一精神。使用任何教學科技的最終原則即是增加學習效能，Web 2.0 機制不若許多傳統學習機制般已有穩定的發展歷史，也存在有許多仍待解決或可能難以解決的爭議，對教學者與學習者均帶來挑戰。於本節所例舉之教學實驗研究中，發現學生對具互動特質的數位典藏資源有濃厚的學習

興趣，亦對班級部落格的教學模式有正向的學習反應，顯見部落格等數位機制對於藝術教學而言，應具有相當的發展可能。數位科技與日俱新，除部落格外，許多新興之數位機制亦有其應用於藝術學習領域的潛力，值得透過教學研究持續開發。在今日的時代氛圍中，如何活用並發揮不同數位科技的特質，一則用之輔助教學者進行課程開發與教學活動規劃，增加學習者於藝術學科的知能學習外，二則能不為科技所役，避免為使用科技而使用科技，確實為今日藝術教育工作者回應時代趨勢，改進自身教學成效時應面對的重要課題。

　　就教育面向而言，雖然數位學習科技已成為促進今日教育系統革新的重要工具，但是如何將數位科技整合並融入教學且適當的呈現教學內容，使學生與教師能夠便利應用，仍是各學門教育工作者的挑戰。就時代面向而言，在經過資本與勞力密集的工業時代後，世界已邁向知識密集的新局面，在這樣的潮流下，藝術與文化產業成為新世紀知識經濟的主流之一，應用數位科技為藝術與文化產業加值，以發展文化經濟俾提升競爭優勢是各國爭相努力的目標。由於「部落格」的形式與機制特性，可以用於不同學門的知識管理系統，建構具知識深度的「數位學習社群」。因此，建立「部落格式」的「藝術與人文數位學習社群」，能擴展藝術與文化學習的層面。其次，前曾述及，多數部落格相關教學研究，往往多著眼於部落格的使用機制，較少關注其學習內容。在數位環境中，數位內容為其主要教學素材，而數位典藏資源即提供了理想的素材來源。當以部落格作為我國學校藝術教育的學習機制時，透過對數位典藏資源的使用，對於數位典藏之藝術文物有加值成效。是以，整合與應用藝術與人文部落格學習社群的形式，能將中小學的藝術教學個體加以串連，共同建構教學內涵，使國家投入巨資的數位學習知識庫更得發揮。

　　再者，當以部落格或其餘 Web 2.0 機制進行教學時，尚能激化數位相關藝術教育資源的開發，建立藝術教育與實務界的環向連結，進而促進相關數位學習產業之發展。數位科技之快速發展雖僅是近十餘年之間的現象，有些國家由於起步較早，其在教育界之應用成果亦較彰。我國電腦硬體產業競爭力雖不弱，但數位科技與日俱新，以數位科技融入教育的面向將持續有發展需求，須繼續著力，方能在快速變遷的數位時代

之下，不啻不至落後，甚且能在國際數位內容產業競爭的舞臺上有突出表現。在藝術教學中如何有效且成功的使用數位科技，發展便捷之教學平臺與數位教學內容，均是相關之數位內容產業重要的一環。因此，部落格相關教學科技的應用與實務發展的過程中，能促進藝術領域中產、官、學、研各界密切的環向連結。

　　數位時代的知識內涵替換迅速，使終身學習成為今日社會公民的重要能力。Dunlap 與 Lowenthal（2011）指出，Web 2.0 相關科技有助於營造開放的藝術氛圍，培養學習者成為終身透過數位方式，進行藝術學習的公民。由於部落格的無疆界特性，將使得教育資源的提供與吸收亦呈現跨界的開放性質，一則降低教育資源的供需成本，二則擴充既定教育模式的可能性。同時，自 1970 年代之後，「終身學習」的理念廣為重要國際組織大力推動，並為世界各國教育界在 21 世紀的重要發展原則與方向，為當前國際教育的趨勢之一。由於「部落格」本身即為一個具開放性的傳播和學習工具，可以提供多層面和多方式的教育環境，滿足終身學習的需要。當學習者透過部落格，向網路進行加深、加廣的學習時，不僅可以尋找同層次的合作學習者，還可以尋找專家，向專家學習。當將中小學之藝術與人文部落格學習社群與數位學習資源整合連結後，能提供參與者無疆界的藝術學習彈性，培育其成為終身的數位學習公民。

　　Web 2.0 是網際網路等數位科技發展過程中的里程碑，其在教育體系應用的特質、優勢以及須思考之處，均應被討論。在部落格等 Web 2.0 產物對教育體係的影響與日俱增之際，亦有論者對之有所檢視。部落格的最大優點，在於可讓使用者依據各方有意義的回饋，對自己的學習與創作進行更具批判性的省察，具有將組構日常生活之溝通與社會互動行為繼續轉化的可能性。然而，雖有許多研究顯示部落格融入教學能增益學生的反身自省、批判性思考、書寫能力與合作學習的態度，但學者亦發現學生使用部落格的比例少於一般所預期，不在少數的學生因為不喜歡開放式平臺的特性，仍傾向選擇一對一的溝通方式（West, 2012）。Harris 與 Rea（2009, pp. 141-142）也提出四項 Web 2.0 相關機制在教學應用上的疑義，包含教學環境中是否具有充分且就手的數位資源、置於開放網路空間中的教學資源可能被損壞，也可能遇到抄襲的狀況，以及

網路空間中的隱私權等議題。Selwyn（2008）則指出，目前教育界對於 Web 2.0 輔助學習雖具有熱情，但也有相對的疑慮，例如擔憂 Web 2.0 會加劇學習者對於正式教育體系的脫離、異化以及失聯，以及 Web 2.0 使學習工具及過程簡易化，可能會對學習者的傳統知能和素養產生不利的影響。

在前述憂慮之下，即有論者認為，由於學習者能輕易在網路上搜尋學習資源，而年輕世代對於數位科技的操作能力可能優於教師，使 Web 2.0 在學習者及學校教育體系的教學者之間形成了一個「無禮文化」（a culture of disrespect）的發展（Kirkpatrick, 2011, p. 24）。亦有些論者將前述狀況稱之為「當代科技的險惡負面」（the sinister downside of modern technology）（Selwyn, 2008, p. 13）。這些論者認為，數位科技的介入原本是要加強學習，但是在教育現場往往看到的僅是數位科技對於學生「愉悅性」的提供。例如，作為「臉書世代」（the Facebook generation）的學生在上課時傳送簡訊、在實驗室裡講手機、在聆聽講座時卻同時聽著 iPod 等（Bugeja, 2006）。也有論者批評，「Google 世代」（Google generation）[24] 的學生不習慣做「深刻的」學問探究，而是囫圇地在網站上搜尋「速食知識」（Rowlands et al., 2008）。似乎 Web 2.0 相關機制雖然為教育體系帶來曙光，但是也使教育體系重新面對亙古存在的老問題。亦即，這些具有吸引力之數位教學科技的崛起，是否可以將教育和學習重鑄，使之變得更有活力；是否確實能使教育體制更趨近理想和民主化，還是由於這些「花俏」的數位新產物的入侵，反而將致使教育體制和學習者更為停滯不前等。

Jenkins 等（2009, pp. 16-27）認為，Web 2.0 的重要貢獻是締造了「參與式文化」，但是在參與式文化的教育氛圍中，卻也有三項核心的關鍵，是教育工作者在面對年輕世代的學習者時，必須加以關注者。此三項核心關鍵分別為：「參與落差」（the participation gap）、「透明議題」（the transparency problem），以及「倫理挑戰」（the ethics challenge）。「參

---

[24] 「Google 世代」係指於 1993 年之後出生的學習網體，其特質是生活中以網際網路與移動式數位輔具（如手機等）為資訊取得的重心。

與落差」包含年輕世代用以參與未來世界發展所需之數位能力與機會的不平等，諸如使用 Web 2.0 相關機制的經驗、技能和知識等。「透明議題」意指年輕世代面對 Web 2.0 相關媒體所提供，以致形塑世界樣貌之訊息的真實性及意識形態的挑戰。「倫理挑戰」意指在 Web 2.0 相關機制的學習特質下，年輕世代對於自身原本之傳統學科訓練、知識來源，以及教學參與者角色認知的崩解。

因此，面對前述議題時，教育工作者即應思考，如何能確保每一學習個體都有獲得所需要知能和經驗的均等機會，以使其能成為社會中各個面向，包含文化、經濟、政治、藝術，乃至娛樂等的全面參與者。亦即，不論學科領域為何，當教育工作者嘗試引入新興科技時，須時時檢視並確保每一學習個體都有能力來表達其對於目前由各類媒體所形塑之世界的看法，以及確保每一學習個體都能接受適當的社會化訓練，以使其能成為該領域的專業人士、業餘人士，以及相關之媒體參與者、社區參與者等。

長久以來，藝術課程的教學重點之一是引導學習者理解新的媒材與技法，以運用這些「藝術元件」表達自我，以培養具創意以及批判思考能力的使用策略，進而解決問題。因此，1960 年代開始，「自己動手做」（do it yourself, DIY）的概念即與藝術類教學活動產生聯結。在數位時代之下，DIY 產生了新的意涵。首先，以往的「藝術元件」從手繪式素材轉變成為「數位化藝術元件」，創作的場域也發生在數位空間。其次，青少年不僅只使用「數位化藝術元件」完成作品，他們尚且在透過數位社會媒體分享及接受資源之餘，更透過「數位創作工作坊」進行 DIY，產製「數位創意產物」（Knobel & Lankshear, 2010）。今日的年輕世代，嫻熟地使用數位化視覺科技，產製自己的媒體以及創作物件，成就了一波數位形式的 DIY。在數位時代的 DIY 運動中，青少年自行拍攝數位影像、數位影帶，自己編輯、美化，進行「混搭」，並在參與式文化的氛圍下，於各式 DIY 的部落格、臉書中進行自己的「雲端策展」（cloud curation）。Jenkins 等（2009）根據今日參與文化的氛圍，界定了 12 項「新媒體素養」（the new media literacies），其中第 12 項即是「視覺化」（visualization），是指解釋和創造「資料再現」（data representations）的能力，以表達想法、尋找模式，以及確定趨勢等，闡釋了數位化 DIY 與部落格等當代社會媒體的密切關係。

新興數位科技推陳出新，教育工作者確實須因勢利導，充分運用不同教學科技的特質，保持教學效能的不斷進步。在時代發展的趨勢下，教學科技的應用能力已成為提升藝術教學成效與教學品質的重要教學素養。然而，此一現象並非認同科技決定論的思維，無論是 IWB、部落格或是其他 Web 2.0 相關機制，都不是教育的「唯一處方」。畢竟教育工作者的教學信念以及如何因應學生需求與特質，發展適當教學策略，方為教育的核心本質。同時，對於每一項新興的教學科技，除理解其優勢外，亦應查驗其限制，以對其應用面向有更深層的理解。部落格是當代產生之數位媒介，能對藝術課程與教學活動之規劃帶來助益。然而，具互動性之部落格等 Web 2.0 科技的本身並不能保證帶來教學效能的提升，或使學生自動自發地學習，使用科技的教師仍為高品質藝術教學的主要影響因素。

彰顯學習者為主體之知識共構論述為當代的重要數位學習理論，但對於學習者而言，結構式的、系統化的教學引導仍有其重要意義。漫無邊際，過於發散式的學習將影響學生的學習成效，降低其學習動機。教學科技雖確為重要的學習輔助工具，卻非萬靈丹。不論數位時代下教學科技的進展如何迅速，其為教學「輔助」之本質尚未被翻轉。當援用部落格等 Web 2.0 科技，或未來的「Web X + 1.0」等科技時，教學活動的主導位置仍在教師端。

第七章 數位典藏融入臺灣中小學藝術教學之內涵與現況

第一節 數位典藏融入藝術教學的理論與模式

　　數位典藏資源為數位時代新興之教學素材，其於藝術教學之應用方興未艾。在探討數位典藏融入藝術教學之重要性等「應然面」後，須對數位典藏融入藝術教學的課程理論、教學模式、評量機制等「實然面」進行基礎研究，以建立數位典藏資源融入藝術教學的教學模式與相關理論，深化未來數位典藏資源於我國藝術教育上的多元應用。教育機制的層面複雜，對於一項新興科技與資源於教育界的發展及應用，往往難以一蹴而成，須有賴不同面向且大量的實務性基礎研究。為瞭解數位典藏資源於我國中小學校藝術教育界的應用理論與應用狀況，本章透過三個不同的面向進行理解，於本節中，先陳述數位典藏融入藝術之教學理論與模式的建構意義，再透過分析我國推動數位典藏融入教育政策以來所累積具代表性藝術教學案例的內容，以及藝術教育相關理論的探討，建構數位典藏應用於臺灣中小學藝術教學之理論、模式與意涵，並作為本章第二節、第三節之理論基礎。

一、數位典藏融入藝術教學理論與模式之建構意義 [1]

數位革命促成當代數位典藏機制的發展。透過數位科技,豐富的藝術文物資源以及人類文明進展的樣貌,得以被記錄與保存。藉著藝術教育界對不同形式數位典藏資源的轉化與應用,賦予數位典藏資源新的使用價值,使學校藝術教育擴增教學內涵,彰顯了數位時代下藝術學習的意義。自數位科技逐漸成熟以來,即陸續於藝術教學界有所應用,並有相關研究與教學理論的發展。於本篇前述章節中,已自不同的著眼點,探討不同的數位機制相關學習理論與藝術教學的應用層面。然而,相較於學校藝術教育的歷史,以數位科技輔助藝術教學的發展尚為短暫,其相關之教學概念以及學習理論尚有發展的空間。數位典藏為當代新發展之藝術教學素材,目前國內外已建置有相當數量之數位典藏資源,並繼續不斷增加中,唯其應用於藝術教學領域之相關學理則尚待累積。由於數位科技與網路科技的彈性特質,使數位典藏資源與以往藝術教學時常使用的紙本教學資源或靜態電子圖像等有所不同。首先,如本書曾於第四章中所提及,數位典藏資源的內涵廣闊,除與藝術教學直接相關之博物館、美術館中的藝術文物典藏外,亦包含不同類型的數位化資源,例如文化遺產、非物質文化遺產,以及在數位視覺文化藝術教育的思潮下,小眾個體建置的數位典藏資源等。其次,由於 Web 2.0 等數位科技的發展,許多數位典藏資源的網站建置有不同教育推廣機制,如互動式、虛擬實境的功能等。使數位典藏資源並非將以往以紙本或電子化方式呈現的藝術文物等物件數位化紀錄而已,而是富「有機性」的活化藝術教學素材,因之使數位典藏資源具有與以往之藝術教學素材不同的應用可能性。

---

[1] 本節撰述之「數位典藏融入藝術教學理論與模式」資料出自高震峰與陳明溥(2013)國科會多年期專題研究計畫「數位典藏融入藝術教學知識體系之建構——以國內外實務案例為研究場域」(NSC 98-2410-H-133-013- MY2)之部分成果報告(執行期程為自 2010 年 8 月 1 日至 2013 年 1 月 31 日),以及該研究之研究助理余采樺(2011)所撰寫碩士論文「數位典藏資源融入教學案例內容分析之研究」之部分內容,本書並加以改寫。另高震峰與陳明溥之國科會多年期專題研究計畫累積之研究成效除成果報告外,尚包含碩士論文兩篇,分別由研究助理余采樺、郭子菁(2013)所撰寫。

自學校藝術教育體制確立後，藝術課程的教學內容以及教學方式即成為不同時期藝術教學工作者所關注的議題，並產生不同的藝術教學論述以及教學理論。於1960年代以前，藝術教學的主軸為創作類課程，各式手繪創作媒材以及名家作品或範例圖卡為主要教學資源。1960年代中葉之後，藝術教育的思潮逐漸變遷，鑑賞課程漸次於1980年代間成為藝術教學的主軸之一，與創作課程並駕其驅，並陸續累積進行教學的理論範疇。在鑑賞課程中，作品或範例等圖像之教學資源日趨重要，唯此時的藝術教學論述以教授主流藝術史之名家作品以及手繪創作為主。1990年代中葉後，視覺文化藝術教育的思潮萌生，藝術教學論述擴增至涵蓋日常生活的視覺經驗。整體而言，雖然在近半世紀之間，藝術教學論述有大幅的進展，但目前藝術教學界所匯聚之相關理論，需能有所擴增，方能應用於以數位典藏資源融入藝術教學的實務情境中。數位相關資源為數位時代下藝術教學的主流教學素材，以數位典藏資源融入藝術教學的課程建構方式、應用之教學策略，以及在數位典藏資源融入藝術教學的踐履下，藝術教育的本質性意涵等，均為藝術教育工作者應積極探討的面向。

　　當學校教師於教學過程中，運用數位典藏網站之各項資源進行教學活動時，即屬數位典藏資源融入教學的範疇。因此，「數位典藏資源融入藝術教學」，係指教師將數位典藏資源應用於藝術教學活動的過程中，使數位典藏網站之圖像、影音、文本等素材成為藝術教學過程中的策略、方法或工具。數位典藏資源融入藝術教學的目的即為透過數位典藏資源的融入，提升藝術教學品質，增益學生藝術學習，培養其數位視覺文化素養。由於數位典藏資源於我國教育界的應用是透過國家政策推動，方得以快速實施，其於藝術教育上的應用潛能與應用機制也尚有開發空間，但在國家積極推動相關政策後所累積之具代表性的教學案例，則為理想的研究素材。

　　為建構以數位典藏融入藝術教學之理論與模式，余采樺（2011）、高震峰與陳明溥（2013）透過對近十年間我國所累積具代表性之數位典藏融入藝術教學案例的分析，以及藝術教育論述的梳理，逐步形成數位典藏融入藝術教學的理論架構。在建構時，考量完整的教學論述所包羅

的面向應包含有課程建構的方式、教學進行的過程，以及教育理念之哲學性觀點等，因此，余采樺以及高震峰與陳明溥將數位典藏資源融入中小學藝術教學的理論基礎，自三大面向進行建構，分別為數位典藏資源融入藝術教學之「課程建構模式」（curriculum model）、「應用策略」（application strategy），以及「融入意涵」（integrated value），各面向中並包含不同的類別或層次。在數位典藏資源融入藝術教學之「課程建構模式」部分，余采樺以及高震峰與陳明溥將其定義為「藉由數位典藏資源，融入藝術教學所建構之課程及與其他學科互動之模式」。

在數位典藏資源融入藝術教學之「應用策略」部分，又區分為四類，分別為數位典藏資源融入藝術教學活動之「使用時機」、「教學策略」、「評量模式」，以及「數位典藏評量資源之評量模式」。其中使用時機之定義為「藉由數位典藏資源，融入藝術教學所呈現之使用時段與融入時機」；教學策略之定義為「藉由數位典藏資源，融入藝術教學所運用之策略方法」；評量模式之定義為「藉由數位典藏資源，融入藝術教學所運用之評量方式」；數位典藏評量資源之評量模式定義為「藉由數位典藏資源，融入藝術教學所運用數位典藏評量資源之評量方式」。在數位典藏資源融入藝術教學之「融入意涵」部分，又分為兩類，分別為數位典藏資源融入藝術教學活動之「藝術課程教學主軸」以及「藝術教育價值取向」。藝術課程教學主軸之定義為「藉由數位典藏資源，融入藝術教學所發展之課程教學目標」；藝術教育價值取向之定義為「藉由數位典藏資源，融入藝術教學所發展之教育價值內涵」。以下逐次描述各面向的內涵。

二、數位典藏資源融入藝術教學之「課程建構模式」

在探討藝術領域課程的建構方式時，學者多認為，由於藝術活動本身的複雜性與多樣性，使藝術領域的課程建構方式極為多元，除作為獨立之學習領域外，並能與其他學科領域進行不同層次的統整（Burton, Horowitz, & Abeles, 2000）。隨著藝術課程建構目的之不同，調整教學內涵，即能達到不同目的之學習效益，諸如以藝術學習支援其餘學科以達到

其餘學科的學習目標、跨學科領域的學習目標，以及生活議題的統整，或協助學生的認知成長、支持社會的變遷等（Charland, 2011）。檢視近代藝術教育思潮的發展，亦可發現，在不同藝術教育思維的著眼點之下，藝術課程的建構觀點與模式亦有不同。1960 年代中葉之前，藝術創作為藝術教學的主軸，課程的建構以教授媒材、技法的實作性課程為主。1960 年代中葉至 1990 年間，藝術教育思潮以學科取向為主流，課程建構模式為強調藝術課程作為一獨立的學科。1990 年代之後，受各式多元觀點所影響，如視覺文化、多元文化、社區取向、生態議題等的觀點均為藝術教學的可能取向，「課程統整」成為常見之藝術課程建構模式。

Krug 與 Cohen-Evron（2000, pp. 256-271）在探討藝術學科的課程統整典範時，提出四種課程統整的模式如下：

（一）以藝術作為其他學科的資源（using the arts as resources for other disciplines）：藝術教學的目的是促進其他學科領域的學習需求，因此是以藝術作為其他學科的教學資源。由於實施目的是透過藝術活動達成其他學科的知識、技能等學習成效，因而不介意藝術學習本身的破碎性。

（二）以藝術來擴大課程組織的中心（enlarging organizing centers through the arts）：藝術教學的目的是以藝術來建構各學科之間的聯繫，並將聯繫各學科的核心概念或議題加深或加廣，擴展各學科學習的廣度與深度。由於能將不同科目之間的界限打破，同時鼓勵學科專家共同努力，因此能同時保持藝術領域專業知識的完整性和權威性。

（三）透過藝術詮釋科目、理念或主題（interpreting subjects, ideas, or themes through the arts）：藝術教學的目的是以跨學科的形式結合不同學科來看待概念和想法。因此，於教學時常提供關於藝術家、藝術風格或藝術創作表現等的內容，學生能經驗各類複雜的知識領域，並以藝術語言豐富、深化對學科主題的理解。

（四）瞭解以生活為中心的議題（understanding life-centered issues）：藝術教學的目的為建構從學生之生活經驗出發的課程，讓學生及

教師能理解教育與生活的意義。因此，常將藝術與其餘學科領域進行有意義的聯結，並綜合個人、生活、社會的相關議題，共同尋求解決之道。

在 20 世紀末葉，各級學校課程政策的修訂為我國進入新世紀的重要教育改革，課程統整則成為九年一貫中小學課程綱要的重要課程建構理念與方式。陳瓊花（2004）即從兩大面向來探討統整課程的模式，分別為從「學科為本位的統整」來思考，包括單科的、跨科的、科際的統整；另一方面則是從「以學習者為本位的統整」來思考。其所探討之統整模式如下：

（一）單科的統整：是以傳統的分科教學為基礎，將單一學科的不同內容間作有意義的統整，使相關的知識能夠類化，以利於新舊課程的銜接。例如，將藝術學科知識領域中的鑑賞與創作課程統整，或鑑賞課程中的藝術史與藝術批評統整等。

（二）跨科的統整：是屬於領域內的課程統整，統整的學科橫跨兩個或以上者。或以一個學科為核心，結合二者或更多學科的課程設計。例如，視覺藝術與音樂的結合，或視覺藝術與表演藝術的結合，或視覺藝術與音樂及表演藝術的結合等。

（三）科際的統整：是以某一主題、事件或問題為中心，聯結不同學習領域，也可以稱為跨領域之統整。例如，將藝術與人文學習領域與語文領域，或社會領域等進行統整。

（四）以學習者為本位的統整：是以學習者為核心的課程設計。規劃時考量學習者的經驗、意識、能力、興趣及需要等，以作為統整課程設計或教材編選組織之銜接性、深度、廣度的參考。例如，為特殊學習需求學生規劃之藝術課程設計等。

前述文獻顯示，由於藝術領域的學習彈性，於發展藝術領域課程時，得以發揮其既能獨立成科，亦適於與其餘知識領域進行統整的特質。在檢視所收集之教學案例，並參考前述藝術課程建構理論後，余采樺（2011）、高震峰與陳明溥（2013）在數位典藏資源融入藝術教學之課程建構模式部分，將之定義為「藉由數位典藏資源，融入藝術教學所建

構之課程及與其他學科互動之模式」。同時，將數位典藏資源融入藝術教學之課程建構模式歸納為四類，分別為：「以數位典藏資源融入之活動，建構藝術單科課程」、「以數位典藏資源融入之活動，建構由藝術主題統整各學科學習之課程」、「以數位典藏資源融入之活動，建構以藝術連結不同學科學習之主題式課程」，以及「以數位典藏資源融入之活動，建構以藝術內涵輔助其他學科學習之課程」，以下分別說明各類建構模式之內涵。

（一）以數位典藏資源融入之活動，建構藝術單科課程：是指藉由數位典藏資源，深化對藝術知識的詮釋深度，以增進藝術知識與創作能力等涵養為主要目標。此一類型課程規劃的著眼點在於藝術學習本身，不涉及其他學科之教學內容。

（二）以數位典藏資源融入之活動，建構由藝術主題統整各學科學習之課程：是指藉由數位典藏資源，進行以藝術學習為主題之教學活動，主題內容則統整其他學科的學習。此一類型課程規劃的著眼點在於以藝術主題為學習核心，將其他學科與該藝術主題的教學內容統整，能達到較宏觀的藝術學習，也能兼及其他學科的學習。

（三）以數位典藏資源融入之活動，建構以藝術連結不同學科學習之主題式課程：是指藉由數位典藏資源，融入主題式的統整課程，課程建構時以某一主題、事件或議題為課程中心，分析出相關概念或問題，再依知識屬性歸入不同學科，針對不同學科概念進行探討。此一類型課程規劃的著眼點在於以藝術教學連結其他學科學習，藝術的學習是主題課程中的一個教學活動。

（四）以數位典藏資源融入之活動，建構以藝術內涵輔助其他學科學習之課程：是指藉由數位典藏資源之藝術內涵，應用藝術創作、藝術鑑賞等活動，作為輔助其他學科學習的媒介與資源，課程核心為以其他學科學習為主要目標。此一類型課程規劃的著眼點在於以藝術輔助其他學科的學習，藝術學習並非課程重心，也可能未列入評量檢測。

三、數位典藏資源融入藝術教學之「應用策略」

一般在討論教學策略時,多同意教學策略即是教師運用以提供教材內容的「方法」(methods)、「程序」(procedures)以及「技術」(techniques),其使用目的在達成有效之教學成果(Oliva, 2005, p. 344)。徐新逸、黃雅萍與林燕珍(2003, pp. 22-25)針對數位典藏資源融入教學之策略模式,分別提出準備模式、實施模式,與評量模式的結構化流程。「準備模式」是提供教師在進行教學前需要準備的各項要素,包括教學範圍、教學目標、教學內容、教學資源、教學方式、評量方式,以及教材製作。「實施模式」則是提供教師應用數位典藏資源於教學情境中可使用之教學方法與策略,分別為情境營造、課堂討論、網路互動式討論、專題學習、虛擬學習館,以及行動學習。「評量模式」為提供教師檢視學生之學習成效,教師可依據教學內容性質以及教學目標,選擇適當之評量方法,包括書面學習單、測驗題、線上測驗、群組討論、遊戲式評量、實作評量,以及學生互評等。

參考前述文獻以及教學案例,余采樺(2011)、高震峰與陳明溥(2013)在數位典藏資源融入藝術教學之「應用策略」部分,將之定義為「藉由數位典藏資源,融入藝術教學時所發展及使用之策略」。同時,並將數位典藏資源融入藝術教學之應用策略歸納為三類,分別為「數位典藏資源融入藝術教學之使用時機」、「數位典藏資源融入藝術教學之教學策略」,以及「數位典藏資源融入藝術教學之評量模式」。同時,在評量模式部分,由於部分數位典藏網站為便於教師應用,提供有不同之評量活動,因此在評量模式部分另增加「數位典藏評量資源之評量模式」之類別。以下逐次說明其內涵。

(一)數位典藏資源融入藝術教學之「使用時機」

由於數位典藏資源屬於教學活動進行時所援用的教學素材,其介入整體教學活動的「時機」有重要的教學意義,因此數位典藏資源融入藝術教學之「使用時機」為探討其應用策略時應瞭解的部分。同時,一般在規劃教學活動歷程時,普遍多依循「引起動機」、「發展活動」,以

及「綜合活動」等架構進行，在引起動機、發展活動，以及綜合活動等過程中，皆有可能因為課程建構目的之不同，而成為數位典藏資源融入藝術教學的時機。此外，數位資源的特質之一是利於學習者在非實體課堂上自我學習，使「課前預習」與「課後學習」兩部分也成為數位典藏資源融入教學時，能予以應用之時機的關鍵點。

考量前述，余采樺（2011）、高震峰與陳明溥（2013）將「數位典藏資源融入藝術教學之使用時機」的時間點區分為五項。分別為：「課前預習」、「引起動機」、「發展活動」、「綜合活動」以及「課後學習」。其中，「課前預習」意指學生於接受教學活動前，先行事先瀏覽、預習與課程相關之數位典藏資源，對教學相關資料進行初步瞭解。「引起動機」意指進行教學時，教師以融入數位典藏網站之圖像、影片、動畫等引起學生的學習動機，以導入主要教學活動。「發展活動」意指進行教學時，教師在引導教學主體活動時，以融入數位典藏資源的方式輔助進行，例如進行知識或概念講述，或引導課堂討論、發表與分享等。「綜合活動」意指進行教學時，教師以融入數位典藏資源的方式，或應用其線上測驗、遊戲及網站內容資源等，引導學生復習與熟悉課程內容，或完成學習單等。「課後學習」意指學生於接受教學活動後，自行複習、瀏覽數位典藏資源，進行對教學內涵加深加廣之自主性學習。

（二）數位典藏資源融入藝術教學之「教學策略」

數位典藏資源發展至今，累積有豐富多元的資料庫，透過適當之教學策略輔助，將於藝術教學有相輔相成之加乘效果。同時，當以不同之數位學習資源或輔具融入藝術教學時，應先考量藝術課程的目的與學習內涵，再理解數位學習資源或輔具的特性，思考其融入之意義、時機與融入方式。因此，適當之教學策略能避免「為融入而融入」，以致使相關資源與科技的融入對藝術教學產生負面效果。同時，適當之教學策略亦能協助教師不斷反思相關資源與科技介入教學的必要性與意義，並衡量教學改進的可能，進行反覆修正與調整。

不同的教學機制將衍生不同的教學策略。本書於前述章節中討論數位視覺文化藝術教學氛圍中的藝術教學機制時，提及在數位科技融入藝

術教學後所帶來學習理論與教學型態的變革。例如，教師由過去的主導者角色轉變為引導者、輔助者；學生不再僅全然被動地學習，而是逐漸成為課程規劃與教學活動的主體之一，擁有詮釋知識、建構知識的權能。因此，以往以學科知識體系為核心，循序漸進式的記憶性教材，轉變為以問題、議題為基礎，有彈性發展可能的經驗性教材。同時，在網路科技的推波助瀾之下，單向式的講授式教學策略已不敷使用，須轉化為師生間，或師生與教學輔具間互動式的教學策略。在前述教學情境的變遷之下，產生了許多因應數位學習科技以及網際網路之發展所產生的教學策略。例如，以學生為中心之網路融入教學活動設計「網頁主題探究學習」（WebQuest），以具有挑戰性的問題來組織學習活動模式之「專題導向學習」（project-based learning, PBL）或「問題導向學習」，以及主張學生主動收集學習資源以解決問題之「資源本位學習法」（resource-based learning, RBL）等（余采樺，2011）。

　　由於數位典藏資源為網路資源的型態，在其教學策略部分，張全成（2000）對於網路之藝術教學模式的討論，亦可作為參考依據，說明如下：

1. 線上教學方式：意指直接使用數位典藏資源網站目錄結構設計的瀏覽方式教學。由於數位典藏資源主要經由網路連線，線上教學方式之優點為應用簡便，但常受到網站本身設計活潑與否所影響。

2. 離線教學方式：意指先將數位典藏教學資源運用下載軟體儲存於硬碟或軟碟中，再以離線的方式教學。其特點是不受網路線路或傳輸頻寬的限制，對於教學者的機動性較高，且可以將數種不同的數位典藏資源結合其他教學資源，依教學者需求重新組構再進行教學。

3. 主題式教學方式：意指教學者先擬定適合學習者程度的主題為主軸，再由學習者運用數位典藏資源網站以及搜尋與主題相關之其餘資料，加以整理、分類、組織、評論或完成報告的學習方式。

4. 網路自編資料區教學方式：意指教學者將所選擇之數位典藏資源結合自編之藝術教材或相關資料，存放於某一指定的網頁中，由學生隨時到指定的網頁空間去閱讀或撰寫心得，以及討論、留言，可讓學習者在線上交互討論或交換不同角度的看法與心得等。

5. 網路藝廊教學方式：意指使用數位典藏資源網站之網路藝廊，或結合自設之網路畫廊進行教學。其教學方式可以由全體師生一起共同策劃，學習如何策展，使藝術教學活動更為活潑、多元，展出作品類別亦可以擴大，落實數位視覺文化藝術教學的內涵。

郭文毅（2004）亦對在網路環境中進行藝術教學時的教學策略，提出數項建議如下：

1. 主題式探索與整理之教學策略：實施時由教師提出主題或問題，學生須應用數位與網路科技搜尋相關資料，完成學習活動，有助於培養學生主動探索新知及資訊整理之處理能力。
2. 多媒材科技與應用之教學策略：實施時鼓勵學生運用數位科技產品，如數位相機、掃描器、錄音筆等進行學習活動，有助於培養學生數位科技知能的理解。
3. 心智工具應用之教學策略：實施時運用數位心智工具，如資料庫、試算表、語意網、專家系統、多媒體、超媒體及程式語言等軟體工具進行教學，有助於培養學生主動建構知識，並反應對知識概念的理解程度。
4. 合作式交流與溝通之教學策略：實施時運用網路溝通媒介，進行班際、校際，甚至跨國際之合作學習活動，有助於訓練學生主動溝通及表達能力。
5. 問題導向之教學策略：實施時由教師提供模擬真實學習情境的問題，學生須應用數位與網路科技尋找解決策略，有助於培養學生利用資訊科技面對問題的能力。
6. 以網際網路學習評量之教學策略：實施時教師以數位與網際網路快速且易於存取的特性，進行有效之學習評量，有助於多元學習評量策略的發展與運用。

從數位視覺文化藝術教育的角度而言，數位典藏資源是建立在過去人類文明長期累積的基礎之上，而今日的文化必定包含過去文化的延伸，在過去的傳統文化與許多外來文化交織下，方繁衍出當代及未來臺灣文化的形式與內涵。換言之，任何一個今日生活的圖像，都是由不同的文化圖層和文本交織所形成，並產生現今日常生活中視覺文化既多元又複

雜的面貌。也由於文化來源的複雜性，不同文化群體間甚或不免產生理解上的鴻溝。因此，高震峰（2006）即以故宮的數位典藏文物為研究素材，邀請富教學經驗的中小學藝術教師，開發將故宮數位典藏資源於教學場域的應用策略，並聚焦在過往與今日文化的互動上。其研究依據臺灣社會樣貌，以及中小學藝術教學的實務現況，提出七項教學議題，分別為：情感與關懷、信仰與想像、社會與文化、自然與環境、性別與階級、傳統與創新、觀念與表現。在內容題材部分，依據故宮數位典藏文物的特質，提出 11 項類別，分別為：官場文化、嬉戲宴飲、人與自然、軼聞趣事、多元文化、時尚風格、風土民情、教化繪本、宗教樣貌、習俗禮器、裝飾造型。在融入策略部分，則根據過往與今日文化互動的原則，提出三種方式，包含：古今比較、跨文化比較、傳統與當代比較。

　　根據文獻探討並分析教學案例後，余采樺（2011）、高震峰與陳明溥（2013）將「數位典藏資源融入藝術教學之教學策略」歸納為「數位圖文之問題導向教學」、「虛擬實境之情境教學」、「網頁主題之探究教學」、「互動式社群之專題討論教學」、「線上遊戲之體驗學習教學」、「網路藝廊平臺之展示教學」，以及「整合數位導覽之實地參訪教學」等七大類。其內涵如下：

1. 數位圖文之問題導向教學：意指在教學活動中，使用數位典藏之圖文，作為問題引導與探究之教學策略。教師於教學時，依據教學需求，應用數位典藏資源之圖像、文字與影音資料等作為問題引導與討論之發想。
2. 虛擬實境之情境教學：意指在教學活動中，使用數位典藏所提供虛擬實境資源，體驗真實情境之教學策略。教師於教學時，依據教學需求，應用數位典藏資源之虛擬實境資源，營造真實情境，以作為學習主軸與討論重點。
3. 互動式社群之專題討論教學：意指在教學活動中，使用數位典藏資源進行互動式社群專題討論之教學策略。教師於教學時，依據教學需求，應用數位典藏資源之共享性與即時性，進行具即時回饋特性的線上互動式專題討論。
4. 線上遊戲之體驗學習教學：意指在教學活動中，使用數位典藏線上遊

戲資源作為體驗學習之教學策略。教師於教學時，依據教學需求，應用數位典藏資源之線上遊戲進行體驗學習，藉可重複操作之遊戲加強重要概念之學習。

5. 網路藝廊平臺之展示教學：意指在教學活動中，使用數位典藏資源進行創作並建置網路藝廊平臺展示作品之教學策略。教師於教學時，依據教學需求，應用數位典藏資源進行創作活動，藉網路平臺進行不受時空限制之作品展示與分享。

6. 網頁主題之探究教學：意指在教學活動中，使用數位典藏資源進行網頁主題探究之教學策略。教師於教學時，依據教學需求，應用數位典藏資源針對主題進行網頁內涵探究，使用主題網頁資料庫搜尋相關影像資料，並加以分析、應用。

7. 整合數位導覽之實地參訪教學：意指在教學活動中，使用數位典藏網站導覽後配合實地參訪整合學習之教學策略。教師於教學時，依據教學需求，應用數位典藏資源進行教學主題之導覽，建立學生先備知識，再進行教學相關之實地參觀或參與校內動態活動，達到虛實整合之學習。

（三）數位典藏資源融入藝術教學之「評量模式」

在「數位典藏資源融入藝術教學之評量模式」部分，余采樺（2011）、高震峰與陳明溥（2013）將之分為三大面向，其一為教師僅使用數位典藏評量資源，其二為教師僅使用自編之評量工具，其三為兼具前述兩者，同時使用數位典藏評量資源並配合使用教師自編之評量工具。因此「數位典藏資源融入藝術教學之評量模式」部分包含有「僅使用數位典藏評量資源」、「自編評量工具」、「自編並使用數位典藏評量資源」三項。其內涵如下：

1. 僅使用數位典藏評量資源：意指教師僅使用數位典藏網站提供之資源進行評量，包括線上學習單、線上試題測驗、專題簡報製作、線上遊戲評量、線上作品展示等，並未使用教師自編之評量工具。

2. 自編評量工具：意指教師自行設計評量工具，包括學習單、測驗、創作活動等，並未使用數位典藏網站資源協助評量。

3. 自編並使用數位典藏評量資源：意指教師除使用數位典藏網站提供之資源進行評量，包括線上學習單、線上試題測驗、專題簡報製作、線上遊戲評量、線上作品展示等之外，並配合教師自行設計之評量工具，如學習單、測驗、創作活動等。

（四）應用數位典藏資源之「評量模式」

　　為瞭解教師對數位典藏網站所提供評量資源之使用層面與使用程度，余采樺（2011）、高震峰與陳明溥（2013）另將「數位典藏資源融入藝術教學之評量模式」中「僅使用數位典藏評量資源」與「自編並使用數位典藏評量資源」部分，有使用數位典藏評量資源者進行「應用數位典藏資源之評量模式」分析，並區分出五大類，以之作為「數位典藏評量模式」之內涵，包含「線上學習單」、「線上試題測驗」、「線上遊戲評量」、「線上作品展示」、「專題簡報製作」。其內涵如下：

1. 線上學習單：意指教師以數位典藏資源提供之學習單評量學生學習成效。
2. 線上試題測驗：意指教師以數位典藏資源提供之試題測驗評量學生學習成效。
3. 線上遊戲評量：意指教師以數位典藏資源提供之互動式遊戲教材評量學生學習成效。
4. 線上作品展示：意指教師以數位典藏資源提供之作品展示平臺評量學生學習成效。
5. 專題簡報製作：意指教師以學生所做之數位典藏資源製作專題簡報評量學習成效。

四、數位典藏資源融入藝術教學之「融入意涵」

　　數位典藏為數位時代下的產物，亦為當代新興之數位資源，由於其為不同文化圈所累積的藝術文化產物，既具歷時性亦具共時性，為藝術教師將教學數位化時重要的資料庫。數位典藏資源的數位化存在型態，使其在融入藝術教學時呈現與一般教學資源不同的使用方式。同時，當藝術教師應用數位典藏資源融入藝術教學時，除反映了其個人藝術教育

的信念以及觀點外，也可能隱藏有影響未來藝術教育思潮與藝術教育哲學觀點之更替的訊息。因此，在探討數位典藏資源融入藝術教學的理論架構時，除前述所呈現之應用層面的觀察元素外，亦須理解使用數位典藏資源時，對藝術課程深層意義的影響。

考量藝術教育的價值與意義，余采樺（2011）、高震峰與陳明溥（2013）在數位典藏資源融入藝術教學之「融入意涵」部分，將之定義為「藉由數位典藏資源融入藝術教學時，所呈現之藝術課程教學主軸、價值取向」等意涵，以下分別說明。

（一）數位典藏資源融入藝術教學課程之「教學主軸」

由於教學目標為教育活動之重要依歸，有關教學內涵、教學活動、教學評量等均與教學目標取向有著連動的關係。在理解數位典藏資源融入中小學藝術教學之藝術課程教學主軸時，余采樺（2011）、高震峰與陳明溥（2013）即將之定義為「當以數位典藏資源融入藝術教學時，所發展課程之教學目標取向」。鑑於目前臺灣高中以下學校教育均依循教育部頒布之各領域課程綱要，在歸納數位典藏資源融入中小學藝術教學之藝術課程教學主軸時，教育部所頒訂之國民中小學九年一貫課程綱要（教育部，2008a）與高級中學美術科課程綱要（教育部，2008b）即為重要參考依據。

九年一貫藝術與人文學習領域的課程目標主軸有三，分別為：「探索與表現」、「審美與理解」、「實踐與應用」（教育部，2008a）。「探索與表現」之課程目標，主要在運用媒材與形式，從事藝術表現，進行自我探索，覺知環境與個人的關係，以豐富生活與心靈。「審美與理解」之課程目標，主要在透過審美與鑑賞活動，體認各種藝術價值、風格及其文化脈絡，並熱忱參與多元文化的藝術活動等，強調藝術學習結果的重要性。「實踐與應用」之課程目標，主要再透過藝術活動增強對環境的知覺，認識多元藝術行業、珍視藝術文物與作品、尊重與瞭解藝術創作，並能身體力行實踐於生活中。高中美術科之課程目標則以「鑑賞」與「創作」兩大核心能力為主，其總目標有三（教育部，2008b），其一在瞭解美術的意義、功能、價值及其與社會文化的關係，以強化人文素

養與生命的價值。其二為培養創造力、文化理解、批判思考與敏銳的感知能力，以豐富創作表現與鑑賞的內涵及其文化背景。其三為透過校內外多元的藝術資源，培養審美能力，提升生活文化的品質與境界。

綜合前述我國高中以下視覺藝術類課程綱要之內涵，並分析教學案例後，余采樺（2011）、高震峰與陳明溥（2013）將九年一貫課程綱要中之「探索與表現」與「實踐與應用」，以及高中美術課程綱要之「創作」部分整合成為「藝術創作與自我實踐」，將九年一貫課程綱要中之「審美與理解」與高中課程綱要之「鑑賞」內涵歸納為「審美經驗與批判省思」，並將藝術課程教學主軸兼具「藝術創作與自我實踐」與「審美經驗與批判省思」的部分，歸納為「審美經驗、批判詮釋與藝術創作、實踐之交融」。以下分別說明：

1. 審美經驗與批判省思：意指數位典藏資源融入藝術教學之課程主軸在強調審美經驗與批判省思，透過觀看的過程，嘗試分析、詮釋和評價，解讀相關視覺影像之審美、社會、文化等意涵。
2. 藝術創作與自我實踐：意指數位典藏資源融入藝術教學之課程主軸在強調藝術創作與自我實踐，藉由創作活動表達想法，並進而傳達創作理念，自我實踐。
3. 審美經驗、批判詮釋與藝術創作、實踐之交融：意指數位典藏資源融入藝術教學之課程教學主軸在強調兼具藝術鑑賞與藝術創作兩類教學意旨，達到鑑賞詮釋與創作實踐之交融。

（二）數位典藏資源融入藝術教學之「教育價值取向」

藝術教育的歷史久遠，歷來藝術教育的價值內涵隨著時代的走向與社會需求而迭有調整。當探討數位典藏資源融入中小學藝術教學之藝術教育價值取向時，即應著眼於與當代藝術教育價值取向的呼應或差異，並思考其內涵。梳理相關文獻後，可發現當代藝術教育之教育價值多元，並顯示出對人文素養的重視，強調於學習有意義與內涵之創作與鑑賞知能時，應包含對在地認同與全球化議題的理解，並著重學習者創造力、文化理解、批判思考與敏銳之感知能力的培養（郭禎祥，2007；Freedman, 2003; Iwai, 2002; Seppa, 2010; Zimmerman, 2009）。綜合當

代藝術教育思潮中之關鍵精神，並分析教學案例後，余采樺（2011）、高震峰與陳明溥（2013）將數位典藏資源融入中小學藝術教學之藝術教育價值取向，定義為「當以數位典藏資源融入藝術教學時，所發展之藝術教育價值內涵」，並將之分為三類，分別為：「著重創造力與想像力之培養」、「著重文化價值與社會議題之關注」、「著重關照自省與自我意識賦權」。以下分別說明：

1. 著重創造力與想像力之培養：意指數位典藏資源融入藝術教學之藝術教育價值在強調創造力與想像力的引導及開發，讓學生透過創意思考的歷程與樂在其中的體驗，培養樂於創思與想像的能力。
2. 著重文化價值與社會議題之關注：意指數位典藏資源融入藝術教學之藝術教育價值在強調多元文化價值與社會議題的重要性，讓學生透過欣賞不同文化藝術之背景脈絡，進而重視文化理解並關注社會議題。
3. 著重觀照自省與自我意識賦權：意指數位典藏資源融入藝術教學之藝術教育價值在強調對自身意識的省思並能自我賦權，讓學生透過創作活動或議題討論，表達自身看法，提升自主意識，進而理解自身與所處的世界。

　　數位典藏資源為目前科技發達國家保護國家藝術文化產物、保存國家文明發展歷程、推廣國家文化特色，以及促進國家經濟發展的重要政策。因此，各國政府推動數位典藏相關教育政策最重要的原則，即為達到前述目標的實現。藉由數位化科技，藝術文物得以永續保存，學術界、教育界以及相關文化產業也可擷取此一資源提高相關學術研究與文創產業的品質。數位典藏資源為當代重要之藝術教學資源，對其應用理論與模式的瞭解能協助教學者的課程規劃與教學，進而助益數位視覺文化藝術教學的踐履。於本節中先分析數位典藏資源融入藝術教學之理論與模式，於本章第二節中，將進一步探究數位典藏資源融入中小學藝術教學案例之內容分析，以深化對數位典藏資源融入我國中小學藝術教學實務應用之瞭解。

第二節　數位典藏融入中小學藝術教學內容分析之研究

　　數位世紀啟航後，將藝術教育的氛圍帶入數位視覺文化世代。數位資源融入教學是當代教師需予充備的教學能力，數位典藏則為數位資源中具代表性的一環。由於學科的特質使然，藝術教學時需依賴大量的圖像資源，隨著時代的轉變，圖像資源的型態也有不同。進入數位時代後，圖像資源數位化，數位典藏資源成為政府大舉投資的藝術文化政策。從21世紀初我國數位典藏與數位學習教育政策推動以來，透過相關競賽及教學網站的建置，所累積之優質藝術教學案例，為進行數位典藏資源融入藝術教學之基礎研究的理想素材。於前一節中，說明了數位典藏融入藝術教學之理論與模式的建構意義與內涵，於本節中，將以之作為理論基礎建立內容分析類目，並以2000年至2010年間，國家推動數位典藏融入教學的政策後，具代表性之中小學藝術教學案例為研究對象，進行分析比較，理解這些優質藝術教學案例援用數位典藏資源的應用模式與策略。於陳述時，將先說明數位典藏融入中小學藝術教學內容分析之研究規劃與實施，包含2000年開始，國家發展數位典藏與數位學習教育政策後的推動機制，再依次陳述所分析數位典藏融入中小學藝術教學案例之「課程建構模式」、「應用策略」，以及「融入意涵」之結果，作為數位典藏資源於我國中小學藝術教學領域踐履之舉例。

一、數位典藏融入中小學藝術教學內容分析研究之規劃與實施[2]

　　檢視近十年間政府推動數位典藏資源融入教學之現況時，發現主要

---

[2]　有關本節引用之研究資料與實施細節，參見高震峰與陳明溥（2013）國科會多年期專題研究計畫「數位典藏融入藝術教學知識體系之建構——以國內外實務案例為研究場域」（NSC 98-2410-H-133-013- MY2）之成果報告（執行期程為自 2010/08/01 至 2013/01/31），以及該研究之研究助理余采樺（2011）所撰寫碩士論文「數位典藏資源融入藝術教學案例內容分析之研究」，本書並加以改寫。另高震峰與陳明溥（2013）之國科會多年期專題研究計畫累積之研究成效除成果報告外，尚包含碩士論文兩篇，分別由研究助理余采樺（2011）、郭子菁（2013）所撰寫。

包含有行政院國科會「數位典藏與學習之學術與社會應用推廣分項計畫」所舉辦之教學方案競賽，以及國科會「數位典藏與數位學習國家型研究計畫」等，其餘之推廣活動則包含有由教育部、各縣市教育局等辦理之教師研習、教學工作坊或數位教學網站等。由於數位典藏於教育界應用之政策實施未久，為瞭解我國在數位典藏資源成為學校教育重要學習資源後，藝術教學界的應用方式，余采樺（2011）、高震峰與陳明溥（2013）收集於 2000 年至 2010 年間，國家推動數位典藏與數位學習政策後，具代表性教案競賽之得獎作品、國科會重要研究計畫推動之成果，以及教育部重要之推廣活動與建置之教學網站等所累積的優質藝術教學案例，以扎根論述為取徑，以內容分析為策略，進行研究。進行研究時，余采樺以及高震峰與陳明溥先探討數位典藏融入藝術教學相關理論，並閱覽教學案例，建構數位典藏融入藝術教學之理論與模式，[3] 並據之建立內容分析類目架構表，[4] 再進行分析與比較，以探究數位典藏資源融入我國中小學藝術教學之課程建構模式、教學策略，以及融入意涵等面向，並瞭解前述面向在所蒐集不同學校階段教案之差異。

總計余采樺（2011）、高震峰與陳明溥（2013）所匯集之教案來源共有四類，包括：「國科會數位典藏與數位學習教學活動設計競賽」、「教育部數位典藏資源融入教學資源網」、「國科會數位典藏與學習之學術與社會應用推廣計畫分項計畫」、「國科會數位典藏資源融入高中職教學活動」等。由於在國家推動數位典藏與數位學習教育政策之初，教育界對於數位典藏資源尚為陌生，於如何將數位典藏資源應用在教學場域中仍處在摸索嘗試階段。因之，經過國家教育機構舉辦的競賽審核篩選後，所得之教學案例應具有相當代表性以及研究價值，其樣貌能反映數位典藏推動以來，藝術教學場域對相關資源進行嘗試、實驗，而逐漸形成的應用模式與策略。總計在前述研究場域中所匯集符合數位典藏融入藝術教學範疇之教學案例共計有 140 件。其中國小部分計有 88 件，國中

---

[3] 參見本章第一節。

[4] 「數位典藏資源融入藝術教學之教學模式分析類目架構表」參見附錄四。

部分計有 37 件，高中部分計有 15 件。[5] 各類教案資料來源之內涵及件數分述如下。

（一）國科會數位典藏與數位學習教學活動設計競賽

「數位典藏與數位學習教學活動設計競賽」為由國科會「數位典藏與學習之學術與社會應用推廣分項計畫」辦公室主辦之競賽。其目的在鼓勵教師運用數位典藏與數位學習國家型科技計畫產出之豐富典藏成果融入教學活動，以提升教學品質，營造更完善的教學環境，並使國家數位典藏資源發揮最大加值效益。「國科會數位典藏與位學習教學活動設計競賽」從 2000 年開始辦理，每年一度，至 2008 年改由「數位典藏與數位學習國家型科技計畫」繼續辦理，至 2010 年為止已累積有相當數量之數位典藏資源融入教學的案例。總計「數位典藏與數位學習教學活動設計競賽」自 2000 年舉辦至 2010 年間，經分類統計之後，總得獎件數為 181 件，其中國小階段教案總數最多有 119 件，國中次之為 38 件、高中有 23 件。其中符合數位典藏資源融入藝術教學之條件者計有 84 件，[6] 國小階段有 60 件，國中階段有 15 件，高中階段則有 9 件。

（二）教育部數位典藏資源融入教學資源網

「教育部數位典藏資源融入教學資源網」為隸屬於國科會「數位典藏與數位學習國家型科技計畫」第六分項「數位教育與網路學習計畫」子計畫之一。其主要目的為擴大與深化數位典藏成果在教育、文化面的應用，計畫重點為應用數位典藏內容融入國中小課程，提供教師數位典藏資源，達成資訊融入教學之教育目標。「教育部數位典藏資源融入教學資源網」內容分為三大部分，分別為：數位教材的研發、「數位典藏資源融入教學資源網」網站的建置，以及研究成果推廣與說明。除提供數位教材單元等教學資源外，另提供教學分享平臺，建立學習社群，提

---

[5] 在全部教學案例中，高中所占比例有偏少狀況。由於收集資料時是依據教學現場的自然狀態收集，因此仍依據實際收集結果進行分析。經推論，高中教學案例偏少的狀況，一則因為在中小學藝術教師人口群中，高中美術教師原本即占少數（教育部，2012），二則或也反映了不同學校階段藝術教師對於國家推動之教育政策的參與需求與參與意願。

[6] 有關「數位典藏資源融入藝術教學」之定義參見本章第一節「課程建構模式」部分。

供使用者分享數位典藏資源融入教學相關資源，建立學習社群，促進數位典藏資源於中小學中廣泛運用。總計「教育部數位典藏資源融入教學資源網」之教學案例中，符合數位典藏融入藝術教學之條件者計有 25 件，其中國小階段教案有 18 件，國中階段教案有 7 件。

（三）國科會數位典藏與學習之學術與社會應用推廣計畫分項計畫之教學案例

「國科會數位典藏與學習之學術與社會應用推廣計畫分項計畫」為國科會「數位典藏與數位學習國家型科技計畫」之子計畫。其主要內涵是以「故宮文物數位學習知識庫」為數位典藏資源，規劃並建置九年一貫藝術與人文學習領域教學使用之數位學習內容。該計畫由各縣市藝術與人文輔導團種子教師，以及富經驗之國小藝術與人文領域專任教師協助，建構教學社群的分享機制，開發及建立教案資料庫，並舉辦全國性的教案推廣研習活動，以使國家數位典藏資源能於學校藝術教育中落實其成效，建構學校藝術教師應用國家數位典藏的概念與能力。總計「國科會數位典藏與學習之學術與社會應用推廣計畫分項計畫」教學案例計收集有符合數位典藏融入藝術教學之條件者計有 23 件，其中之國小階段教案有 13 件，國中階段教案有 10 件。

（四）國科會數位典藏資源融入高中職教學活動之美術類教案

「國科會數位典藏資源融入高中職教學活動」為國科會「數位典藏與學習之學術與社會應用推廣分項計畫」辦理之教學活動方案。相較於數位典藏資源融入教學目前較多應用在國中、小教學階段，「國科會數位典藏資源融入高中職教學活動」則以高中階段藝術教學為主，以推介「數位典藏國家型科技計畫」優質教學資源網站給高中職教師，俾提升高中職教師使用數位典藏資源融入教學活動設計及跨領域教學之能力。數位典藏資源融入高中職教學活動資源網站建置完成之科目共有五科，分別為國文科、歷史科、美術科、地球科學、生物科。總計「國科會數位典藏資源融入高中職教學活動」教學案例來源計收集有符合數位典藏融入藝術教學條件之高中階段教案共 8 件。

在匯集前述教學案例後，余采樺（2011）、高震峰與陳明溥（2013）

即依據「數位典藏資源融入藝術教學之教學模式分析類目架構表」，反覆閱讀每一教學案例，並依據各項檢視類目之需求，逐一就整體教案與每一則教學單元一一進行劃記分析，分別探討數位典藏融入中小學藝術教學案例之「課程建構模式」、「應用策略」、「融入意涵」，以及高中、國中、國小等教學階段之案例於前述面向的異同。

二、數位典藏資源融入中小學藝術教學「課程建構模式」之內容分析

於本章第一節中曾指出，在數位典藏資源融入藝術教學之「課程建構模式」部分，係指藉由數位典藏資源，融入藝術教學所建構之課程及與其他學科之互動模式。根據相關藝術教育論述，以及閱讀所匯集之教學案例後，將目前數位典藏資源融入中小學藝術教學之「課程建構模式」聚斂為四項主類目，分別為「以數位典藏資源融入之活動，建構藝術單科課程」、「以數位典藏資源融入之活動，建構由藝術主題統整各學科學習之課程」、「以數位典藏資源融入之活動，建構以藝術連結不同學科學習之主題式課程」、「以數位典藏資源融入之活動，建構以藝術內涵輔助其他學科學習之課程」等。由每一類課程建構模式的內涵，可以窺見藝術學習領域在我國高中以下學校教育範疇中可能的具現樣貌。

在依據「數位典藏資源融入藝術教學之教學模式分析類目架構表」檢視數位典藏資源融入中小學藝術教學之代表性教學案例後，余采樺（2011）、高震峰與陳明溥（2013）的研究發現，自 2000 年至 2010 年間我國數位典藏政策推動以來，在數位典藏資源融入藝術教學之課程建構模式部分，「以數位典藏資源融入之活動，建構藝術單科課程」（36%）占最大宗，其次為「以數位典藏資源融入之活動，建構以藝術連結不同學科學習之主題式課程」（26%）、「以數位典藏資源融入之活動，建構以藝術內涵輔助其他學科學習之課程」（22%），以及「以數位典藏資源融入之活動，建構由藝術主題統整各學科學習之課程」（16%）。

前述資料顯示，在所匯集之數位典藏融入藝術教學之教學案例中，有六成以上的案例呈現了「與其他學科連結」的課程結構，說明了藝術

領域在協同、輔助其他學科學習上,具有其獨特的特質與優勢。同時,當檢視這些教案的課程內涵時,發現藝術領域與「社會」領域的連結較為常見,如國小階段將藝術領域與「社會」領域連結,國中及高中階段將藝術領域與「歷史」領域連結。其次,在國小階段,由於目前在國小一、二年級將「藝術與人文」、「社會」與「自然與生活科技」整合為「生活學習領域」,因此在國小階段也發現以藝術領域輔助「自然與生活科技」領域之學習的主題式課程。值得一提的是,余采樺(2011)、高震峰與陳明溥(2013)所匯集之數位典藏融入藝術教學之教學案例中,僅有16%的案例呈現了「以數位典藏資源融入之活動,建構由藝術主題統整各學科學習之課程」的課程建構模式,一則雖符合文獻認為,由於藝術領域以及視覺文化的學習特性,能以之為課程核心連結其餘學科領域(趙惠玲,2005)。二則由其數量不多的情況,卻也說明目前在臺灣高中以下教育氛圍中,仍以升學考試科目為主流學習領域,以藝術主題為核心並統整其他學科教學內容的課程,雖確實具有可行性,但在實施上比起其他模式便顯得較不普遍。

其次,在不同學校階段之「課程建構模式」的比較部分,余采樺(2011)、高震峰與陳明溥(2013)運用卡方檢定後發現,在數位典藏資源融入藝術教學案例中,不同學校階段在課程建構模式的卡方檢定之呈現達到顯著差異性($p < .05$,卡方值為 23.339)。因此,學校階段與數位典藏資源融入藝術教學案例之課程建構模式間具有關聯性。其中「以數位典藏資源融入之活動,建構藝術單科課程」中,國中階段比例最高(51%),高中居次(47%),國小階段所占比例最低(28%)。「以數位典藏資源融入之活動,建構由藝術主題統整各學科學習之課程」中,國中、高中於此課程建構模式中所呈現之比例相當,均為27%,國小階段僅占9%,明顯低於國中與高中階段。「以數位典藏資源融入之活動,建構以藝術連結不同學科學習之主題式課程」中,國小階段所占比例最高(35%),高中階段位居第二(20%),國中階段則明顯較低(5%)。「以數位典藏資源融入之活動,建構以藝術內涵輔助其他學科學習之課程」中,國小階段所占比例較高(27%),國中次之(16%),高中階段最為少見(7%)。

進一步以 Haberman（1978）的校正後標準化殘差進行事後比較之後，余采樺（2011）、高震峰與陳明溥（2013）發現，整體而言，數位典藏資源融入藝術教學在國小階段「以數位典藏資源融入之活動，建構以藝術連結不同學科學習之主題式課程」為大宗。閱覽教案後發現，此類主題式課程往往涉及多個學科，藝術學習多是主題課程中的一個教學活動。此一結果顯示，因國小階段教師多為包班制級任教師，由一人任教多科，較易發展整合式課程，在規劃數位典藏資源融入教學之方案時，即較易帶入多種學習領域的教學活動。此一結果也突顯了在九年一貫課程政策推動之後，國小階段的課程建構模式有了多元化的彈性，而九年一貫課程政策之「統整教學」概念，則使國小階段實務教學界反映出主題式課程統整已被普遍應用。再者，由於數位典藏資源的面向多元，援用空間廣闊，此一結果或者也顯示了數位典藏資源在教學上的應用彈性。

　　在國中、高中階段之教學案例部分，則以「以數位典藏資源融入之活動，建構藝術單科課程」所占比例最高，而以「以數位典藏資源融入之活動，建構由藝術主題統整各學科學習之課程」次之，由於此兩類課程建構模式均屬以藝術主題為核心之學習，說明了國中與高中階段由於是分科教學，並由專任藝術教師施教，因此多以藝術領域活動為課程主軸。同時，研究結果也發現，在「以數位典藏資源融入之活動，建構以藝術內涵輔助其他學科學習之課程」部分，高中之比例最低，國中次之，比例最高者為國小階段。顯示高中階段藝術類教學之「主體性」較國中、國小階段明顯，而國小階段則以藝術領域作為輔助角色之型態較多。顯示學校階段愈高，各學習領域之知識內涵愈趨向專業化，而藝術教學作為一獨立學科之特質也愈趨明確。

三、數位典藏資源融入中小學藝術教學「應用策略」之內容分析

　　於本章第一節中曾指出，在數位典藏資源融入藝術教學之「應用策略」部分，係指藉由數位典藏資源，融入藝術教學時所發展及使用之策略。根據相關藝術教育論述，以及閱讀所匯集之教學案例後，余采樺

（2011）、高震峰與陳明溥（2013）將數位典藏資源融入中小學藝術教學之「應用策略」聚斂為三項主類目，分別為「數位典藏資源融入藝術教學之使用時機」、「數位典藏資源融入藝術教學之教學策略」、「數位典藏資源融入藝術教學之評量模式」。各主類目中再依據內涵分化出不同次類目，以下依次說明於數位典藏資源融入藝術教學應用策略之內容分析與差異。

（一）數位典藏資源融入中小學藝術教學之「使用時機」內容分析

在「使用時機」部分，余采樺（2011）、高震峰與陳明溥（2013）將數位典藏資源融入中小學藝術教學活動之使用時機分為五個層面，包含「課前預習」、「引起動機」、「發展活動」、「綜合活動」、「課後學習」等，並以之分析所匯集之教學案例。其研究結果發現，教學案例在數位典藏資源融入藝術教學之使用時機方面，使用於「發展活動」（52%）為最多，其次依序為「綜合活動」（20%）、「引起動機」（19%）、「課後學習」（5%）、「課後學習」（4%）。一般而言，教學過程中「發展活動」為教學活動的主體，負責主要學習內容的傳遞，為課程結構中的核心部分。前述結果顯示在所匯集之中小學藝術教學案例中，數位典藏資源對於整體教學活動是具有學習意義的輔助作用，而非點綴式的呈現。

其次，在不同學校階段使用時機的比較部分，經運用卡方檢定及 Haberman（1978）校正後標準化殘差事後比較之後，余采樺（2011）、高震峰與陳明溥（2013）發現，在所匯集教學案例中，高中階段在「課前預習」、「課後學習」部分高於國中、國小階段。顯示或者由於高中學生的認知發展較為成熟，自發性與自主學習能力高於國中、國小階段學生，因而在「主動預習」的自我管理能力上較受教師期待。其次，國中階段在「發展活動」與「綜合活動」所占比例最高，或可推論數位典藏內容能提供作為國中階段學生在課堂討論、發表與分享等之應用。而國小階段在「引起動機」之比例高於國中、高中階段，或可推論由於國小階段學生之學習專注力較短暫，故數位典藏網站之圖像、影片、動畫等能作為引起學習動機之輔助教材。同時，在國小、國中、高中階段中，

數位典藏資源融入之使用時機均以「發展活動」所占比例最高，由於發展活動為完整的教學設計中教學重心之所在，顯示數位典藏資源對於助益藝術教學確實能有發揮空間。至於整體而言數位典藏融入中小學藝術教學使用時機在「課前預習」與「課後學習」有偏低的現象，或能提供教師思考於設計課程時，應如何符應數位學習氛圍中，鼓勵學習者進自主性學習的特質，並規劃相應之學習活動。

（二）數位典藏資源融入中小學藝術教學案例之「教學策略層面」內容分析

在「教學策略層面」部分，余采樺（2011）、高震峰與陳明溥（2013）將數位典藏資源融入中小學藝術教學活動之教學策略分為七個類目，包含「數位圖文之問題導向教學」、「虛擬實境之情境教學」、「互動式社群之專題討論教學」、「線上遊戲之體驗學習教學」、「網路藝廊平臺之展示教學」、「網頁主題之探究教學」，以及「整合數位導覽之實地參訪教學」等，並以之分析所匯集之教學案例。其研究結果發現，在數位典藏資源融入藝術教學之教學策略方面，整體教學案例中使用最多者為「數位圖文之問題導向教學」（41%），其次依序為「網頁主題之探究教學」（19%）、「線上遊戲之體驗學習教學」（13%）、「整合數位導覽之實地參訪教學」（10%）、「網路藝廊平臺之展示教學」（7%）、「虛擬實境之情境教學」（6%），以及「互動式社群之專題討論教學」（4%）。

前述研究結果顯示，在中小學數位典藏融入藝術教學之教學案例中，最常應用之前三項教學策略分別為「數位圖文之問題導向教學」、「網頁主題之探究教學」、「線上遊戲之體驗學習教學」。其中，「數位圖文之問題導向教學」顯著高於其他教學策略，顯示數位典藏之圖文、影音資源對中小學藝術教學能提供相當之教學輔助。「網頁主題之探究教學」居次的狀況，顯示以數位典藏相關網頁進行資料的搜尋、處理、分析、展示與溝通的方式，亦為數位典藏資源融入藝術教學之重要教學策略。而「線上遊戲之體驗學習教學」為排序第三之教學策略的結果顯示，由於線上遊戲的互動性及有趣特性，能引發學生學習興趣，為數位典藏資源的教學特質之一。在就教學案例進行分析後，發現數位典藏網站之

線上遊戲大致分為四種類型,一為記憶拼圖遊戲,二為知識性配對遊戲,三為主題式著色練習,四為數位繪圖創作。在數位教學資源日趨重要之際,除教學新奇性外,未來應著重如何強化數位典藏網站線上遊戲的教育意義,發揮寓教於樂的教學價值,而避免僅為形式上之數位互動,卻缺乏實質的學習意義。

其次,在不同學校階段教學策略的比較部分,余采樺(2011)、高震峰與陳明溥(2013)運用卡方檢定及 Haberman(1978)校正後標準化殘差事後比較之後,發現不同學校階段於「數位圖文之問題導向教學」、「網頁主題之探究教學」、「整合數位導覽之實地參訪教學」上有顯著差異。國中階段於「數位圖文之問題導向教學」使用比例最高,高中階段於「網頁主題之探究教學」與「整合數位導覽之實地參訪教學」之使用比例均為最高。在國小階段,「虛擬實境之情境教學」與「線上遊戲之體驗學習教學」之應用比例較高。

前述研究結果顯示,由於國小階段學生的學習特性與專注力,3D虛擬實境教學的視覺效果與互動特性,以及線上遊戲的有趣特質能提供國小階段學生較具教學效益的學習成效。在七項數位典藏資源融入藝術教學之教學策略中,在各學校階段均使用較少者為「整合數位導覽之實地參訪教學」、「網路藝廊平臺之展示教學」、「虛擬實境之情境教學」,以及「互動式社群之專題討論教學」。此一結果顯示,雖然藝術教學與博物館資源、社區資源的結合乃今日藝術教育思潮之重要特質,但學校端受限於校外教學在行政聯繫上的諸多限制,未必能藉由線上虛擬學習,串連數位與實體場域之參觀等服務進行學習加值。由於將數位典藏資源應用於教學,不單單只是學得網站本身的內容,或是僅取得典藏知識而已,更重要的是經由數位典藏資源融入教學,培養學生高層次思考與解決問題的策略與能力,以達到運用數位典藏資源輔助多樣態學習之目標。因此,前述研究結果可提供教師與學校行政方思考,應如何簡化對具彈性之校外教學活動的限制,以符應數位學習時代的多元學習氛圍。

（三）數位典藏資源融入中小學藝術教學案例之「評量模式層面」內容分析

在「評量模式層面」部分，余采樺（2011）、高震峰與陳明溥（2013）將數位典藏資源融入中小學藝術教學活動之「評量模式」區分為兩項主類目，分別為「數位典藏資源融入藝術教學之評量模式」，以及「數位典藏評量資源之評量模式」。前者包含「使用數位典藏評量資源」、「自編評量工具」、「自編並使用數位典藏評量資源」三項次類目。後者為「數位典藏資源融入藝術教學之評量模式」中「僅使用數位典藏評量資源」與「自編並使用數位典藏評量資源」部分之數位典藏評量資源，又區分出五項次類目，包含「線上學習單」、「線上試題測驗」、「線上遊戲評量」、「線上作品展示」、「專題簡報製作」等。

在「數位典藏資源融入藝術教學之評量模式」部分，余采樺（2011）、高震峰與陳明溥（2013）的研究發現，所匯集之教學案例中以「自編評量工具」（65%）所占比例最高，其次為「自編並使用數位典藏評量資源」（21%），「使用數位典藏評量資源」（14%）最少見。經卡方檢定考驗發現，不同學校階段對於三項評量模式並無顯著差異。在不同學校階段中，高中階段使用「自編評量工具」及「自編並使用數位典藏評量資源」之比例為較高。國中階段在「使用數位典藏評量資源」及「自編評量工具」之比例為較高。國小階段在「自編評量工具」及「使用數位典藏評量資源」之比例為較高。同時，在分析教學案例內容時發現，教師自行研發設計之評量工具，包括有書面學習單、紙筆測驗、創作活動等多元評量方式。數位典藏評量資源如線上學習單、線上測驗、線上遊戲等並未取代教師自編之評量工具。值得注意的是高中階段並未發現「使用數位典藏評量資源」之教案，或者也因目前數位典藏網站中使用最頻繁之線上遊戲評量，主要使用者是以國小、國中階段為對象，因此線上遊戲內容簡單化，較不適用於高中階段學生。

在「數位典藏評量資源之評量模式」部分，余采樺（2011）、高震峰與陳明溥（2013）發現以「線上遊戲評量」（72%）為最多，其次為「線上試題測驗」（28%），以及「線上學習單」（13%）、「線上作品展示」（13%）、「專題簡報製作」（13%）。前述結果顯示，數位典藏評量資

源中以「線上遊戲評量」之應用為最多，與其他數位典藏評量資源有相當差距，顯示「線上遊戲評量」的接受度與適用性高於其他數位評量資源，符合數位時代寓教於樂的特質，顯示學生對於「線上遊戲」保持有高度之興趣。經卡方檢定考驗發現，不同學校階段於「線上試題測驗」呈現明顯差異情形。國中階段在「線上試題測驗」偏高，而國小階段則偏低，顯見使用「線上試題測驗」之評量方式對於具有升學壓力之國中階段使用較為普便。整體而言，數位典藏資源融入教學建置之「線上試題測驗」適用性在國中階段較明顯；國小階段以「線上遊戲評量」較為普遍；高中階段則以強調整合、理解之「專題簡報製作」較為常見。

四、數位典藏資源融入中小學藝術教學案例「融入意涵」之內容分析

　　於本章第一節中曾指出，根據相關藝術教育論述，以及閱讀所匯集之教學案例後，余采樺（2011）、高震峰與陳明溥（2013）將數位典藏資源融入藝術教學之融入意涵歸納為兩類，分別為「數位典藏資源融入之藝術課程教學主軸」以及「數位典藏資源融入之藝術教育價值取向」。其中又將「數位典藏資源融入之藝術課程教學主軸」分化為三項次類目，包括「審美經驗與批判省思」、「藝術創作與自我實踐」、「審美經驗、批判詮釋與藝術創作、實踐之交融」。將「數位典藏資源融入之藝術教育價值取向」也分化為三項次類目，包括「著重創造力與想像力之培養」、「著重文化價值與社會議題之關注」、「著重關照自省與自我意識賦權」等。以下依次說明。

（一）數位典藏資源融入中小學藝術教學案例之「藝術課程教學主軸」內容分析

　　在「藝術課程教學主軸」部分，余采樺（2011）、高震峰與陳明溥（2013）的研究發現，所匯集教學案例於數位典藏資源融入藝術課程之教學主軸中，以「審美經驗、批判詮釋與藝術創作、實踐之交融」（75%）所占比例最高，其次為「審美經驗與批判省思」（21%），再其次則為「藝術創作與自我實踐」（4%）。

在運用卡方檢定考驗後，余采樺（2011）、高震峰與陳明溥（2013）發現不同學校階段之藝術課程教學主軸於「審美經驗與批判省思」、「藝術創作與自我實踐」、「批判詮釋與藝術創作、實踐之交融」均無顯著差異。但發現各學校階段均以「審美經驗、批判詮釋與藝術創作、實踐之交融」之教學主軸所占比例為最高，其中高中階段全部教學案例均屬「審美經驗、批判詮釋與藝術創作、實踐之交融」之教學主軸。而國中、國小階段排序第二之教學主軸為「審美經驗與批判省思」，「藝術創作與自我實踐」則僅有國小階段有少部分屬之，其餘國中、高中階段均無隸屬於此目標者。前述結果顯示由於數位典藏資源的特質或較適合鑑賞領域，因此所匯集之教學案例中乃少見純粹為創作類教學主軸的課程。此一研究結果也說明，今日藝術教學將鑑賞與創作課程融合施教已為普遍的藝術教學樣貌，而不同於以往常見以鑑賞或創作各自獨立為教學主軸的課程安排方式。由於當前藝術教育思潮強調對於鑑賞與創作應並重施教，因此教學案例顯示數位典藏資源融入中小學藝術能兼具鑑賞與創作兩類教學的意旨，而達到鑑賞詮釋與創作實踐之交融。

（二）數位典藏資源融入中小學藝術教學案例之「藝術教育價值取向」內容分析

在「藝術教育價值取向」部分，余采樺（2011）、高震峰與陳明溥（2013）的研究發現，教學案例於藝術教育價值取向的部分，以「著重創造力與想像力之培養」（52%）為最多，其次為「著重文化價值與社會議題之關注」（32%），最後為「著重觀照自省與自我意識賦權」（16%）。

在運用卡方檢定考驗後，余采樺（2011）、高震峰與陳明溥（2013）發現，不同學校階段於「著重觀照自省與自我意識賦權」呈現之差異情形明顯，高中階段於此一教育價值取向有顯著較高的現象，國小階段於此項價值取向上則偏低，顯見高中階段教學案例對於學生之自我賦權與發聲有相當程度之重視。除「著重觀照自省與自我意識賦權」之外，在「著重文化價值與社會議題之關注」以及「著重創造力與想像力之培養」層面，高中階段也有較高的狀況，或者與高中階段學生認知程度的成熟有關。另外，國小階段在「著重文化價值與社會議題之關注」、「著重

觀照自省與自我意識賦權」等價值層面上未獲得明顯彰顯，顯見對於國小階段學生之社會互動、文化與藝術關係，以及學生主體性表述上，並非以數位典藏資源融入藝術教學時被關切的主要部分。

其次，教學案例中「著重創造力與想像力之培養」為藝術教育價值取向之大宗的狀況，顯見創造力培養在藝術教學中的重要性，由於運用數位典藏資源融入藝術教學能提升學生學習動機，對其創造力與想像力的觸發有正向助益。然而，研究結果亦顯示，在各教學階段中，「著重觀照自省與自我意識賦權」之藝術教育價值取向最為少見，顯示雖然文獻指出數位典藏資源對學習個體之自我意識與自我認同有所影響，然而教學案例中並未明顯反映此一特質，為未來繼續推動數位典藏相關教育政策時可予強化之處。

五、數位典藏資源融入中小學藝術教學案例內容分析之結論

為建立數位典藏資源融入中小學藝術教學之理論基礎，累積數位典藏於我國藝術教學界的基礎研究，余采樺（2011）、高震峰與陳明溥（2013）透過匯集2000年至2010年間數位典藏資源融入中小學藝術教學具代表性之教學案例，分析教案之課程建構模式、應用策略、融入意涵，並比較不同學校階段應用數位典藏資源時之差異。其研究結果有助於建立數位典藏資源融入中小學藝術教學之理論基礎，並能累積對中小學藝術教學運用數位典藏資源之實務面的瞭解。

整體而言，余采樺（2011）、高震峰與陳明溥（2013）的研究結果顯示，就數位典藏資源融入藝術教學之「課程建構模式」而言，以「以數位典藏資源融入之活動，建構藝術單科課程」比例占最大宗，而「以數位典藏資源融入之活動，建構以藝術連結不同學科學習之主題式課程」比例居次，說明了藝術學科在連結其他學科學習上的優勢。在連結的學科中，國中、小階段以藝術連結「社會」、「自然與生活科技」等領域之主題式課程占最多，高中階段則僅發現以藝術連結「歷史」之主題式課程。其次，在四類課程建構模式中，「以數位典藏資源融入之活動，

建構以藝術內涵輔助其他學科學習之課程」之模式中藝術學習的分量為最少，然而，其在課程建構模式中卻居第三位，顯見應用藝術活動作為其他學科之輔助角色，為藝術教育不容忽視的特質之一。

再者，四類課程建構模式中，「以數位典藏資源融入之活動，建構由藝術主題統整各學科學習之課程」最為少見，顯見以藝術主題為核心並統整其他學科之課程模式，雖值得彰顯，但此一課程建構模式於中小學教學場域之建構比起其他課程建構模式卻更顯不易，反映了藝術學科在學校教育中仍有居於次要地位的現實狀況。然而，數位典藏資源融入藝術教學時所呈現的不同課程建構模式，反映了數位典藏資源適用於規劃多樣化的藝術課程形態，因而具有於藝術教學場域實施之意義與價值。

就數位典藏資源融入藝術教學之「應用策略」而言，余采樺（2011）、高震峰與陳明溥（2013）的研究結果顯示，在「使用時機」層面，數位典藏資源融入藝術教學之使用時機以「發展活動」為最多，「綜合活動」、「引起動機」次之，應用於「課後學習」、「課前預習」則較為少見。在「教學策略」的部分，七類教學策略之使用比例依序為：「數位圖文之問題導向教學」、「網頁主題之探究教學」、「線上遊戲之體驗學習教學」、「整合數位導覽之實地參訪教學」、「網路藝廊平臺之展示教學」、「虛擬實境之情境教學」、「互動式社群之專題討論教學」。

七類教學策略中，「數位圖文之問題導向教學」的應用遠高於其他教學策略的狀況，顯見由於數位典藏資源往往經由專業人員建置，其文字文本與典藏品影像在藝術教學上確實有輔助作用。而「網頁主題之探究教學」居次的狀況，顯示將數位典藏資源應用於教學不單只是應用典藏內容，更應培養學生高層次思考與解決問題的策略與能力。在數位典藏資源融入藝術教學之「評量模式」的部分，發現「自編評量工具」最多，其次為「自編並使用數位典藏評量資源」，而「使用數位典藏評量資源」最為少見，說明由於教學需求殊異，數位典藏評量資源之教學適用性乃待商榷。至於在數位典藏評量資源之評量模式層面，發現以「線上遊戲評量」占最大宗，並與其他數位典藏評量模式有相當差距，顯見教師認為線上遊戲評量的適用性高於其他評量模式。

就數位典藏資源融入藝術教學之「融入意涵」而言，余采樺（2011）、

高震峰與陳明溥（2013）的研究結果顯示，在「藝術課程教學主軸」層面，以「審美經驗、批判詮釋與藝術創作、實踐之交融」所占比例最高，其次為「審美經驗與批判省思」，而「藝術創作與自我實踐」最為少見。說明目前藝術教育思潮中對於鑑賞與創作並重的教學方向，已取代僅單獨以鑑賞或是創作為主軸的課程內涵。在「藝術教育價值取向」層面，則發現以「著重創造力與想像力之培養」為最多，「著重文化價值與社會議題之關注」居次，「著重觀照自省與自我意識賦權」最為少見。顯示當代藝術教育對創造力的重視同樣反映在數位典藏資源融入藝術教學的課程內涵中。「著重文化價值與社會議題之關注」居次的狀況，顯示數位典藏資源作為國家藝術文物資料庫，其中的文化底蘊深厚，使教師認同其對學生文化意識的影響。而「著重觀照自省與自我意識賦權」最為少見的情形，或者反映在高層次思維層面進行自我反思，尚未成為數位典藏資源融入藝術教育課程的主要思考軸線。由於目前如何引導學生之主體性思考與自我意識的價值觀，廣受當代教育觀點重視，或可為未來推動相關教育政策時強化的方向。

　　在數位典藏資源融入教學之國家教育政策推動以來，相關文獻對於數位典藏資源融入藝術教學之重要性已有著墨，於課程模式、應用策略與價值意涵等基礎理論之建構則仍待探討。本章在第一節探討數位典藏資源融入藝術教學之理論基礎與應用模式後，於本節中分析近十年間所累積具代表性之藝術教學案例，以作為數位典藏資源融入藝術教學之理論初探，提供未來相關實務推展與理論研究之參考。於第三節中，將透過對全國高中以下藝術教師應用數位典藏資源之調查研究結果，理解數位典藏資源於我國中小學藝術教育界的實施樣貌。

第三節　數位典藏融入中小學藝術教學應用現況之研究

　　我國自推動數位典藏相關政策以來，挹注大筆經費與資源，為下一世代累積了豐厚的數位資料庫。根據行政院國家科學委員會（2011），自2008年至2012年間，國家編列之「數位典藏與數位學習國家型科技計畫」

經費預算高達 8,905,530 仟元，可見政府對於數位典藏與數位學習之研究與發展價值的重視。同時，也說明了對於臺灣而言，欲在 21 世紀世界舞臺上提高能見度，維繫國家現代化的形象以及強化國民數位學習能力至為重要。然而，在投入相當經費與資源之後，如何確認相關政策達到預定成效，應為政府及社會大眾所關切的議題。對藝術教學領域而言，數位典藏資源為豐富的數位教材來源，當面對浩瀚的數位典藏知識庫，藝術教師如何選取並融入教學，以增益學習成效？教師們對於數位典藏資源的需求為何？影響教師使用數位典藏資源的原因為何？均應為藝術教育工作者所關切。本章第一節、第二節中，透過對近年間具代表性數位典藏資源融入中小學藝術教學案例的檢視，探討數位典藏融入藝術教學的理論基礎。於本節中，將以臺灣中小學藝術教師[7]為研究對象，探討教師運用數位典藏融入教學的現況，以累積對於我國中小學藝術教學現場數位典藏資源運用狀況的瞭解，作為未來藝術教育相關政策制定與推動的參考依據。

一、中小學藝術教師數位典藏資源融入教學現況調查之研究設計[8]

為收集我國中小學藝術教師運用數位典藏融入教學之現況，郭子菁（2013）、高震峰與陳明溥（2013）根據文獻探討，以及前兩節所建立之理論架構，透過信效度檢驗，發展「臺灣中小學藝術教師運用數位典藏融入教學現況之調查問卷」，[9]並以全國高中以下藝術教師為研究對象，採用分層抽樣進行問卷調查。在取樣的部分，係以全國正式編制內的國

---

[7] 本節中所指之「藝術教師」，包含目前高中階段之「美術教師」，以及國中、國小階段藝術與人文學習領域之「視覺藝術教師」，為便於閱讀，統稱為「藝術教師」。

[8] 有關本節引用之研究資料與實施細節，參見高震峰與陳明溥（2013）國科會多年期專題研究計畫「數位典藏融入藝術教學知識體系之建構——以國內外實務案例為研究場域」（NSC 98-2410-H-133-013- MY2）之成果報告（執行期程為自 2010 年 8 月 1 日至 2013 年 1 月 31 日），以及該研究之研究助理郭子菁（2013）所撰寫碩士論文「臺灣中小學視覺藝術教師數位典藏資源融入教學現況之調查研究」，本書並加以改寫。另高震峰與陳明溥之國科會多年期專題研究計畫累積之研究成效除成果報告外，尚包含碩士論文兩篇，分別由研究助理余采樺（2011）、郭子菁所撰寫。

[9] 「臺灣中小學藝術教師運用數位典藏融入教學現況之調查問卷」參見附錄五。

民小學、國民中學以及高級中學藝術教師作為母群體。依據教育部統計年報（教育部，2012），101學年度全國藝術與人文領域之任教教師，國小（含國、公、私立）共有4,550位，國中（含國、公、私立）美術、音樂與表演藝術共有3,189人，其中藝術專任教師占1,406位，而高中（含國、公、私立）美術專任教師共659人，估算後我國視覺藝術教師母群體約為6,770人。依據教學階段以北、中、南三區域進行分層隨機抽樣後，獲得國小階段有效樣本116人，國中階段有效樣本67人，高中階段有效樣本68人，共計251人。其中男性教師63人，女性教師188人。

「臺灣中小學藝術教師運用數位典藏融入教學現況之調查問卷」為「四點量表」之填答形式，發展時先以預試探究問卷之適切性與可行性，並以「項目分析」（item analysis）進行題目初步刪減，再以「探索性因素分析」（exploratory factor analysis）建立問卷之建構效度，最後以信度分析確認各分量表之內部一致性。問卷包含有四大結構，包含受調者之基本資料、數位典藏資源融入藝術教學之使用、數位典藏資源融入藝術教學之意義、未運用數位典藏資源融入藝術教學可能原因之困難程度等。其中「基本資料」包含受調者之性別、年齡、學歷、職務、年資、任教階段、學校地區等。「數位典藏資源融入藝術教學之使用現況」是指受調者在應用數位典藏資源融入其教學時，所使用之教材來源、教學策略、教學資源、使用時機以及評量工具等。「數位典藏資源融入藝術教學之意義」是指受調者對數位典藏資源融入藝術教學意義的認同程度，包含數位典藏與藝術學科本質的關係、數位典藏與藝術學科價值的關係、數位典藏融入藝術教學的成效以及教師個人角色等。「未運用數位典藏資源融入藝術教學之可能原因」則根據文獻與前導研究訪談資料，將教師未運用數位典藏資源融入藝術教學的可能原因歸納為：網站適用性、政策支援，以及個人能力等。

於進行「臺灣中小學藝術教師運用數位典藏融入教學現況之調查問卷」資料收集時，若受調者未曾以數位典藏資源融入藝術教學，則不需填答問卷第二部分「數位典藏資源融入藝術教學之使用現況」。資料收集完成後，以平均數、標準差、次數分配、獨立樣本t檢定以及單因子變異數分析等統計方法進行分析，獲得研究結果。以下依次陳述臺灣中小

學藝術教師以數位典藏資源融入教學之使用現況、以數位典藏資源融入教學之意義,以及未運用數位典藏資源融入教學之可能原因等。

二、中小學藝術教師數位典藏融入教學使用現況分析與比較

「數位典藏資源融入藝術教學之使用現況」是指受調教師在應用數位典藏資源融入其教學時,所使用之教材來源、教學策略、教學資源、使用時機以及評量工具等。郭子菁（2013）、高震峰與陳明溥（2013）的研究結果顯示,在全數有效樣本251人中,總計有152位曾經以數位典藏資源融入其藝術教學,共占總回收樣本中約60.6%,顯示我國數位典藏融入教學政策之推動成效尚屬成功,但仍有加強空間。152位曾經以數位典藏資源融入藝術教學之受調教師得知數位典藏資源相關概念的管道依序為「數位典藏相關研習活動」（54%）、「典藏單位（政府、民間、公開甄選計畫入口網）」（42%）,以及「所屬學科輔導團（藝術與人文／美術）宣傳推廣」（38.7%）、「電子報」（29.3%）、「總計畫網站」（26%）、「同儕介紹」（18%）與「其他」（6.7%）。顯見對於中小學教師而言,相關研習活動與其所屬縣市學科輔導團之推廣,對於教育政策之推動最為直接,而有相當成效。

根據郭子菁（2013）、高震峰與陳明溥（2013）,在較常被受調教師所運用的典藏資源管道部分,依次為「典藏機構網站（如故宮e學園、中央研究院、自然科學博物館、國家圖書館等）」（79.6%）、「數位教育與網路學習計畫網站（如文化部藝學網、數位典藏內容融入教學資源網、高中學科資訊科技融入教學資源網等）」（77%）、「數位典藏與數位學習計畫網站」（59.9%）、「國外相關數位典藏網站」（44.1%）。

前述結果顯示,國家級典藏機構或許在學術上的專業權威具有相當代表性,因之其提供之數位典藏資源能獲得教師的信任。其次,「數位教育與網路學習計畫網站」為數位典藏國家型計畫由教育部協助執行之子計畫,當以「數位典藏」為關鍵字於搜尋引擎檢索時其排名為前面的連結,因此成為教師取得數位典藏資源之第二大管道。反而行政院國科

會建置之「數位典藏與數位學習計畫網站」的使用率較前兩項為低，或許因數位典藏與數位學習計畫網站雖建置許多具統合性質的入口網站，但相關資訊與介紹有所不足，較不利教師發掘與使用。同時，調查結果發現，國外相關數位典藏網站也占教師取得數位典藏資源來源的相當比例，或者由於國內數位典藏網站大多以我國藝術作品與文物之典藏資料為主，較缺乏國外藝文相關數位典藏資源，因此當教師在教學上有使用需求時，便會檢索國外典藏機構網站，此一現象顯示了數位典藏資源可以無遠弗屆跨疆界使用之特性。以下分別依據受調教師之使用方式，以及不同任教階段、不同任教地區使用方式之差異，依次說明調查結果。

（一）受調教師以數位典藏資源融入藝術教學使用方式之分析

在曾經以數位典藏資源融入藝術教學之 152 位受調教師運用數位典藏資源融入教學使用方式的部分，郭子菁（2013）、高震峰與陳明溥（2013）的研究結果顯示，填答比例最高的三項使用方式依次為「運用數位典藏資源作為學生課後學習之教材」（$M = 2.78, SD = .67$）、「運用數位典藏資源融入教學之綜合活動階段」（$M = 2.76, SD = .66$）、「運用數位典藏資源融入藝術鑑賞教學」（$M = 2.69, SD = .76$）。填答比例最低的三項使用方式依次為「能嫻熟數位典藏資源融入藝術教學」（$M = 2.19, SD = .63$）、「會運用數位典藏資源的線上遊戲式評量來檢視學生學習成果」（$M = 2.20, SD = .73$）、「會運用數位典藏資源之互動式社群進行專題討論教學」（$M = 2.23, SD = .70$）。

前述結果顯示，許多教師同意常「運用數位典藏資源作為學生課後學習之教材」以及「運用數位典藏資源融入教學之綜合活動階段」。究其原因，或者由於數位典藏資源具有多元與延伸之特性與內容，適合作為學生課後延伸學習或自主學習之教材，而數位典藏資源之學習單或線上測驗等，使之適合作為綜合活動時的補充教材。其次，由於數位典藏資源中豐富的圖片與多媒體影音檔案，因此，亦有多數教師認同數位典藏資源與鑑賞面向關係密切，適合融入鑑賞教學。同時，在其他應用方式上，如「運用數位典藏資源融入藝術創作教學」（$M = 2.67, SD = .74$）、「運用數位典藏資源進行問題導向教學」（$M = 2.66, SD =$

.60）、「運用數位典藏資源之網路藝廊進行展示教學」（$M = 2.63$, $SD = .70$）、「運用數位典藏資源之虛擬實境進行情境教學」（$M = 2.61$, $SD = .71$）等，亦為許多受調教師曾使用之教學方式，顯示數位典藏資源對於藝術創作課程亦有相當的輔助意義。

此外，前述研究結果也反映了未來推動數位典藏融入藝術教學時應注意的訊息。根據調查結果，多數受調教師認為「能嫻熟數位典藏資源融入藝術教學」最不能反映其應用數位典藏資源融入藝術教學之現況，顯示許多曾使用數位典藏資源的教師自認對於使用數位典藏資源進行藝術教學的方式並不熟悉。由於數位典藏資源為近十年間方出現之教材來源，其應用於藝術教學之相關學理仍待建構，且多數受調教師接受師資培育課程時可能尚未有機會接受數位典藏資源融入藝術教學之相關概念，乃自認對數位典藏資源融入藝術教學之熟悉度不足。若再加上全部受調教師中近四成未曾使用數位典藏資源的教師群，數量不可謂不大。此一現象突顯了增加現場教師數位典藏資源融入藝術教學之在職培訓，以及於師資培育課程增補相關教學知能課程的重要性。其次，調查結果顯示，「運用數位典藏資源的線上遊戲式評量來檢視學生學習成果」亦為受調教師較少使用的部分。或者由於線上遊戲式評量在目前臺灣的教育制度下，多使用於非正式的形成性評量，較少作為正式的總結性評量，而線上遊戲式評量的設計或無法滿足教師於正式評量的需求，故較少被採用。至於在「會運用數位典藏資源之互動式社群進行專題討論教學」亦較少被使用的原因，或因互動式社群需要有共同的平臺系統才能進行線上互動與專題討論，由於共同平臺系統的建置需要耗費較多時間與技術，而教學社群的經營與維護也耗時耗力，若教師資訊能力不足或時間不夠充裕，則在執行面上即會有相當難度，因而較少被採用。

（二）「不同任教階段」教師以數位典藏資源融入藝術教學使用方式之比較

在「不同任教階段」受調教師運用數位典藏資源融入教學使用方式之比較部分，計有國小填答教師116人，國中填答教師67人，以及高中填答教師68人。郭子菁（2013）、高震峰與陳明溥（2013）的研究結果

顯示，在國小階段，受調教師在使用方式的前五項依次為「運用數位典藏資源融入藝術鑑賞教學」（$M = 3.15, SD = .62$）、「運用數位典藏資源融入藝術創作教學」（$M = 3.00, SD = .63$）、「將數位典藏資源結合自編教材進行藝術教學」（$M = 2.95, SD = .59$）、「運用數位典藏資源融入教學之引起動機階段」（$M = 2.95, SD = .62$）、「我會運用數位典藏資源融入教學之綜合活動階段」（$M = 2.93, SD = .57$）、「我會運用數位典藏資源作為學生課後學習之教材」（$M = 2.87, SD = .59$）、「我會運用數位典藏資源網路藝廊進行展示教學」（$M = 2.87, SD = .62$）。

在國中階段，受調教師在使用方式的前五項依次為「運用數位典藏資源作為學生課後學習之教材」（$M = 2.68, SD = .69$），「運用數位典藏資源進行問題導向教學」（$M = 2.59, SD = .59$）、「運用數位典藏資源融入藝術創作教學」（$M = 2.54, SD = .71$）、運用數位典藏資源融入教學之綜合活動階段」（$M = 2.46, SD = .64$）與「運用數位典藏資源融入藝術鑑賞教學」（$M = 2.41, SD = .71$）。在高中階段，受調教師在使用方式的前五項依次為「運用數位典藏資源融入教學之綜合活動階段」（$M = 2.80, SD = .70$）、「運用數位典藏資源作為學生課後學習之教材」（$M = 2.76, SD = .74$）、「運用數位典藏資源之虛擬實境進行情境教學」（$M = 2.62, SD = .78$）、「運用數位典藏資源進行問題導向教學」（$M = 2.60, SD = .61$）、「運用數位典藏資源之網路藝廊進行展示教學」（$M = 2.54, SD = .65$）。

從前述研究結果發現，不同階段受調教師對數位典藏資源的使用方式有所差異，反映了教師會依據不同學齡階段學生的藝術學習特質與需求調整教學，以及藝術課程對不同階段學習者的殊異意義。郭子菁（2013）、高震峰與陳明溥（2013）的研究發現，在國小階段，受調教師最常結合數位典藏資源的教學策略是融入藝術鑑賞與創作教學，並透過與自編教材的結合與設計。其次，國小階段受調教師亦常將數位典藏資源用於引起動機階段與綜合活動階段，並利用網路藝廊的展示教學，使學生能集中注意力，並快速融入課堂情境中。在國中階段，因面臨升學壓力，藝術領域課程常有被邊緣化的現象，而國中教師常融入的時機是學生課後學習與綜合活動的階段，也就是類似補充或延伸教材。由於

國中階段學生對於資訊的使用能力已經有相當的自主性，所以教師將學習的部分主控權下放給學生，讓數位典藏資源成為學生的雲端資料庫，發掘自己有興趣並想瞭解的部分。

在高中階段，由於同樣面臨升學壓力，相較於升學考試科目，藝術領域課程往往較不受學生重視。在教學現場，教師為避免增加學生的課業壓力，常將數位典藏資源融入於綜合活動與課後學習階段，並且特別運用情境教學、問題導向教學與展示教學等教學策略，搭配數位典藏資源進行教學。因此，高中階段教師在教學策略方面與國中階段教師有類似的現象。另外，研究結果發現，鑑賞與創作課程是也各階段教師常融入數位典藏資源的課程。同時，利用數位典藏的圖文資源之問題導向教學法或是虛擬實境的情境教學以及展示與探究教學，則是國中、高中階段教師常運用的教學策略。

（三）「不同學校地區」教師以數位典藏資源融入藝術教學使用方式之比較

在「不同學校地區」教師以數位典藏資源融入藝術教學使用方式之比較部分，計有北部地區填答教師 111 人，中部地區填答教師 22 人，以及南部地區填答教師 19 人。郭子菁（2013）、高震峰與陳明溥（2013）的研究發現，北部地區教師應用數位典藏融入藝術教學最常使用的前三項策略依次為「運用數位典藏資源融入藝術鑑賞教學」（$M = 2.86, SD = .72$）、「運用數位典藏資源融入藝術創作教學」（$M = 2.83, SD = .66$），「運用數位典藏資源融入教學之綜合活動階段」（$M = 2.82, SD = .62$）。中部地區教師最常使用的前三項策略依次為「運用數位典藏資源作為學生課後學習之教材」（$M = 2.59, SD = .85$）、「運用數位典藏資源融入教學之綜合活動階段」（$M = 2.55, SD = .67$）、「運用數位典藏資源之網頁主題進行探究教學」（$M = 2.45, SD = .74$）。南部地區教師最常使用的前三項策略依次為「運用數位典藏資源作為學生課後學習之教材」（$M = 2.95, SD = .62$）、「運用數位典藏資源融入教學之綜合活動階段」（$M = 2.68, SD = .82$）、「運用數位典藏資源的線上測驗來評量學生藝術學習成果」（$M = 2.63, SD = .50$）。

前述資料顯示，在「不同學校地區」受調教師運用數位典藏資源融入教學使用方式的差異部分，北部地區教師在數位典藏資源融入藝術教學上有較高的運用程度，而北部與中部教師在融入現況上具有顯著差異，顯示在融入的程度上，北部教師有高於中部教師的狀況。在融入時機部分，各地區教師則有一致的運用狀況，以綜合活動階段與課後學習為主。在教學策略部分，北部地區受調教師最常運用數位典藏資源融入藝術鑑賞與創作教學，中部教師以數位典藏資源之網頁主題的探究教學為較多，南部教師則是以運用數位典藏資源的線上測驗來評量學生藝術學習成果為較多。

三、中小學藝術教師數位典藏資源融入教學意義之分析與比較

　　「數位典藏資源融入藝術教學之意義」是指受調教師對數位典藏資源融入藝術教學意義的認同程度，包含數位典藏與藝術學科本質的關係、數位典藏與藝術學科價值的關係、數位典藏融入藝術教學的成效以及教師個人角色等。主要目的在瞭解中小學藝術教師對於數位典藏資源與藝術領域間之意義的看法與態度。根據郭子菁（2013）、高震峰與陳明溥（2013），本部分為全體受調教師均有填答之部分，因此共有251份有效樣本。以下分別陳述全體受調教師之看法，以及不同任教階段、不同任教地區教師看法之比較。

（一）受調教師對以數位典藏資源融入藝術教學意義看法之分析

　　郭子菁（2013）、高震峰與陳明溥（2013）的研究結果顯示，整體而言，大多數受調之中小學藝術教師認為數位典藏資源融入藝術教學具有正面意義。其認同原因依據排序共有六項原因，依次為「數位典藏資源融入藝術教學能擴增學生的創作經驗」（$M = 2.59, SD = .74$）、「數位典藏資源融入藝術教學能提升學生的創造力與想像力」（$M = 2.57, SD = .75$）、「數位典藏資源能拓展藝術創作技法的可能性」（$M = 2.57, SD = .73$）、「數位典藏資源融入藝術教學能增強學生將藝術應用在生活中

的能力」（$M = 2.56, SD = .75$）、「數位典藏資源融入藝術教學能深化學生藝術知能的深度」（$M = 2.56, SD = .86$）、「數位典藏資源能活化藝術教學的彈性與多元性」（$M = 2.56, SD = .88$）。

　　從前述結果發現，「數位典藏資源融入藝術教學能擴增學生的創作經驗」的認同度最高，而「數位典藏資源能拓展藝術創作技法的可能性」也獲得多數受調教師認同，顯示創作經驗的擴增與數位典藏資源間的關係為受調教師所肯定。由於數位典藏資源範圍廣闊，比起教科書有限的內容或者更能提供學生作為創作發想的來源。同時，藝術創作的發想來源原本就極具彈性，可以是藝術作品、藝術家創作理念、同儕作品，或是任何能引發個體創意靈感的活水源頭。在數位典藏提供了不受限制的空間與資源之下，得以讓學生的創作意念及使用技法的可能來源獲得拓展。

　　其次，郭子菁（2013）、高震峰與陳明溥（2013）的研究結果顯示，受調教師認為數位典藏資源融入藝術教學具有正面意義的第二個原因為「數位典藏資源融入藝術教學能提升學生的創造力與想像力」，此一結果呼應了本書第三章提及數位科技與學習個體創造力關係的討論。根據研究資料，受調教師肯定數位典藏資源融入藝術教學時，其所帶來多元的創意教學設計以及廣闊的資源內涵，能有助於促進學生的創造力與想像力。此外，「數位典藏資源融入藝術教學能增強學生將藝術應用在生活中的能力」、「數位典藏資源融入藝術教學能深化學生藝術知能的深度」、「數位典藏資源能活化藝術教學的彈性與多元性」等原因，均為獲較多受調教師認同之因素，顯示受調教師認為數位典藏資源能幫助學生理解藝術與生活的關係，並深化藝術知能的學習，也使藝術教學更具彈性及多元性，說明了數位典藏資源與藝術學科本質的關聯性。值得注意的是，部分學者之研究認為數位典藏資源大多較傾向學術性，而不易親近，但郭子菁（2013）、高震峰與陳明溥（2013）的研究則發現，受調教師認為數位典藏資源能將原屬學術性的藝文知識體系轉換為一般大眾較能接受的形式，反而提高藝文知識的使用率，使數位典藏資源能使學生增強藝術生活化的能力。

（二）在「不同任教階段」受調教師對數位典藏資源融入藝術教學

意義的認同程度部分，計有國小填答教師 116 人，國中填答教師 67 人，以及高中填答教師 68 人。郭子菁（2013）、高震峰與陳明溥（2013）的研究發現，在國小階段，受調教師認同數位典藏資源融入藝術教學的前三項原因依次為「數位典藏資源能應用在藝術鑑賞課程的教學」（$M = 3.11, SD = .82$）、「數位典藏資源能豐富藝術課程的內涵」（$M = 3.09, SD = .75$）、「數位典藏資源融入藝術教學能擴大學生藝術知能的廣度」（$M = 3.09, SD = .71$）。國中階段受調教師認同數位典藏資源融入藝術教學的前三項原因依次為「數位典藏資源融入藝術教學能增強學生將藝術應用在生活中的能力」（$M = 2.34, SD = .69$）、「數位典藏資源能擴增學生的創作經驗」（$M = 2.33, SD = .71$）、「數位典藏資源融入藝術教學能引發學生主動建構藝術知能的動機」（$M = 2.33, SD = .71$）。高中階段受調教師認同數位典藏資源融入藝術教學的前三項原因依次為「數位典藏能擴增學生的創作經驗」（$M = 2.37, SD = .75$）、「數位典藏融入藝術教學能提升學生的創造力與想像力」（$M = 2.29, SD = .69$）、「數位典藏資源融入藝術教學能提升學生的探索與表現能力」（$M = 2.25, SD = .70$）。

前述結果顯示，在「不同學校階段」數位典藏融入藝術教學之意義的比較部分，以國小階段教師之認同度高於國中與高中階段教師，認為數位典藏資源與藝術鑑賞課程教學之間的關係密切，不僅能豐富藝術課程的內涵與擴大學生藝術知能的廣度，也能深化學生藝術知能的深度。國中階段藝術教師在融入意義層面，認為數位典藏資源融入藝術教學能增強學生將藝術應用在生活中的能力，其次是數位典藏資源能擴增學生的創作經驗與引發學生主動建構藝術知能的動機，並且能提升學生的創造力與想像力、探索與表現能力，也一致認同數位典藏資源能符合藝術領域的教學目標。此外，高中階段受調教師則認為數位典藏資源能擴增創作經驗與提升藝術知能動機的建構，進而引發學生創造力與想像力的來源，並提升學生探索與表現能力。國中、高中階段的學生如果非屬藝術才能班學生，在創作經驗與藝術知能等方面或許較為欠缺，而礙於教學時數的不足，要讓學生短時間內能夠提高其藝術人文視野，則可透過

數位典藏資源的協助。整體而言，國小階段教師較認同數位典藏資源在藝術鑑賞教學部分的融入，而國中、高中教師則偏向數位典藏資源融合於創作經驗的擴增與藝術視野的拓展。

（三）「不同地區學校」教師對以數位典藏資源融入藝術教學意義看法之比較

在「不同地區學校」受調教師對數位典藏資源融入藝術教學意義的認同程度部分，計有北部地區填答教師169人，中部地區填答教師36人，以及南部地區填答教師46人。郭子菁（2013）、高震峰與陳明溥（2013）的研究發現，北部地區受調教師認同數位典藏資源融入藝術教學的前三項原因依次為「數位典藏資源融入藝術教學能拓展學生的多元審美經驗」（$M = 2.76, SD = .92$）、「數位典藏資源能活化藝術教學的彈性與多元性」（$M = 2.74, SD = .89$）、「數位典藏資源能豐富藝術課程的內涵」（$M = 2.73, SD = .93$）。中部地區受調教師認同數位典藏資源融入藝術教學的前三項原因依次為「數位典藏融入藝術教學能深化學生藝術知能的深度」（$M = 2.19, SD = .86$）、「數位典藏融入藝術教學能擴增學生的創作經驗」（$M = 2.19, SD = .79$）、「數位典藏融入藝術教學能增強學生的探索與表現能力」（$M = 2.14, SD = .72$）。南部地區受調教師認同數位典藏資源融入藝術教學的前三項原因依次為「數位典藏資源融入藝術教學能擴增學生的創作經驗」（$M = 2.46, SD = .66$）、「數位典藏資源能拓展藝術創作技法的可能性」（$M = 2.41, SD = .62$）、「數位典藏資源能活化藝術教學的彈性與多元性」（$M = 2.41, SD = .65$）與「數位典藏資源使用上的便捷性符合藝術教學的需求」（$M = 2.41, SD = .65$）。

前述資料顯示，「不同學校地區」受調教師就數位典藏融入藝術教學之意義認同的差異達到顯著，說明不同地區教師對於數位典藏融入藝術教學的意義上有不同的看法。其中，北部地區藝術教師的認同度高於中部、南部，亦即北部教師較為認同數位典藏融入教學符合藝術教學的意義與價值。就個別題項而言，北部地區教師最認同數位典藏資源融入藝術教學能拓展學生的多元審美經驗，並能活化藝術教學的彈性與多元性以及豐富藝術課程的內涵，進而提升學生的探索與表現能力、擴增學

生的多元文化觀點,引發學生的學習動機。中部地區藝術教師則認為數位典藏融入藝術教學能深化學生藝術知能的深度,其次才是擴增學生的創作經驗。南部地區藝術教師則較重視創作課程,認為數位典藏資源融入教學能擴增學生的創作經驗,並能拓展藝術創作技法的可能性,且認為能符合藝術領域的教學目標。整體而言,北部與中部教師認為數位典藏能幫助學生建構藝術知能,較屬於情意認知層面,而南部受調教師則傾向較重視數位典藏資源對於學生技能層面學習的幫助。

四、中小學藝術教師未以數位典藏融入教學可能因素之分析

「未運用數位典藏資源融入藝術教學可能原因之困難程度」是指影響中小學藝術教師使用數位典藏資源融入藝術教學的因素。郭子菁(2013)、高震峰與陳明溥(2013)根據文獻與前導研究之訪談資料後,將未運用數位典藏資源融入藝術教學的可能原因歸納為網站適用性、政策支援以及個人能力等三大區塊,並分別擬訂十項題目。在接受問卷調查之 251 中小學藝術教師中,總計約有四成(99 人／39.4%)的教師未運用過數位典藏資源融入教學,數量頗多,突顯此一部分研究資料的重要性。以下依序說明。

(一)教師未運用數位典藏資源融入藝術教學影響因素之調查

在受調教師認為影響教師運用數位典藏資源融入藝術教學之影響因素部分,郭子菁(2013)、高震峰與陳明溥(2013)的研究發現,受調教師填答比率最高之三項依次為「不熟悉數位典藏資源融入藝術教學的方式」($M = 2.63, SD = .71$)、「數位典藏資源網站不容易找到適切的教學素材」($M = 2.53, SD = .69$)、「數位典藏資源網站缺乏使用說明」($M = 2.52, SD = .71$)。

從前述結果發現,受調教師認為「不熟悉數位典藏資源融入藝術教學的方式」為影響教師使用數位典藏資源融入藝術教學的首要因素,適與前述「運用數位典藏資源融入教學之使用現況」部分,教師自認「能

嫻熟數位典藏資源融入藝術教學」為最低的結果有所呼應，顯示對數位典藏資源融入藝術教學的方式不熟悉為大部分受調教師認為阻礙其應用數位典藏資源融入教學的最大障礙。其次，受調教師認為未運用數位典藏資源融入藝術教學的第二及第三個原因分別為「數位典藏資源網站不容易找到適切的教學素材」、「數位典藏資源網站缺乏使用說明」。其原因或者因為數位典藏資源的來源雖多，但其範疇廣闊，也未必是專為提供學校教學所規劃，因之不見得皆有提供使用說明，乃使教師認為不易找到適切的教學素材，或是不易將之轉化為教學內容。雖然國家相關單位舉辦許多數位典藏相關之研習或宣導活動，但畢竟參與教師僅占少部分，難以全面普及。再加上其餘網站方面之技術問題，如「數位典藏資源網站缺乏維護更新」（$M = 2.49, SD = .77$）、「數位典藏資源網站介面往往不容易操作」（$M = 2.47, SD = .71$）等，更容易使教師運用數位典藏資源融入藝術教學的意願下降。

在郭子菁（2013）、高震峰與陳明溥（2013）的研究結果中，其餘影響受調教師使用數位典藏資源融入藝術教學的可能原因中，值得注意的是「學校地區文化資源差異，會影響學生對於數位典藏資源融入藝術教學的接受程度」（$M = 2.51, SD = .81$）以及「學校未提供數位典藏資源融入藝術教學所需之行政支援」（$M = 2.50, SD = .79$）。此兩項分別為影響教師運用數位典藏資源融入藝術教學因素的第四及第五項原因，顯示地區資源的差異與學校行政單位的支援確實也是影響教師運用數位典藏資源意願的原因。由於數位資源的特質之一，即為其不受時空及地理疆界的限制，而近十年間數位教育相關政策至為關注弭平城鄉數位差距。受調教師對於此兩項原因的看法或者代表數位及文化資源的城鄉差距雖為政府長年關注的重要議題，但其實施成效仍有加強空間。例如，在數位資源部分，除給予軟、硬體的經費補助之外，尚應關切如何為教學人力資源的數位素養增能等面向。

（二）「不同任教階段」之教師未運用數位典藏資源融入藝術教學影響因素之比較

在「不同任教階段」受調教師認為影響藝術教師使用數位典藏資源

融入藝術教學的原因部分，計有國小填答教師 116 人，國中填答教師 67 人，以及高中填答教師 68 人。郭子菁（2013）、高震峰與陳明溥（2013）的研究結果顯示，「不同任教階段」受調教師認為影響教師使用數位典藏資源融入藝術教學的原因未達到顯著，表示不同任教階段並不會顯著影響教師運用數位典藏進行教學之原因。

在國小階段，受調教師認為影響教師未運用數位典藏資源的前三項可能原因依次為「學校地區文化資源差異，會影響學生對於數位典藏資源融入藝術教學的接受程度」（$M = 2.78, SD = .73$）、「學校地區文化資源的差異，會影響數位典藏資源融入藝術教學的推廣」（$M = 2.76, SD = .74$）、「教師不熟悉數位典藏資源融入藝術教學的方式」（$M = 2.72, SD = .73$）。在國中階段，受調教師認為影響教師未運用數位典藏資源的前三項可能原因依次為「運用數位典藏資源融入藝術教學過於耗時費力」（$M = 2.54, SD = .66$）、「教師不熟悉數位典藏資源融入藝術教學的方式」（$M = 2.52, SD = .75$）、「數位典藏資源融入教學相關研習活動不能提供足夠的知識」（$M = 2.52, SD = .88$）。在高中階段，受調教師認為影響教師未運用數位典藏資源的前三項可能原因依次為「數位典藏資源網站不容易找到適切的教學素材」（$M = 2.74, SD = .61$）、「許多數位典藏資源網站缺乏使用說明」（$M = 2.59, SD = .63$）、「數位典藏資源融入教學相關研習活動不能提供足夠的知識」（$M = 2.57, SD = .65$）與「教師不熟悉數位典藏資源融入藝術教學的方式」（$M = 2.57, SD = .65$）。

前述資料顯示，國小階段受調教師認為學校地區文化資源的差異，不僅影響到學生對數位典藏資源的接受度與政策推廣，也會使教師的使用意願下降。國中階段教師認為，運用數位典藏融入教學過於耗時費力，且教師不熟悉融入之方式，或對數位典藏資源的認識不夠，再加上網站的使用介面與說明不清楚，導致影響教師在使用上的意願。同時，教師認為數位典藏資源必須要再經過轉化才能使用於教學，需要再花時間選擇與編排，使用較為不便，因而影響使用意願。高中階段教師則認為數位典藏資源網站中所提供教學素材的適用性不佳，其次如網站缺乏使用說明與研習活動不足以提供相關知識等，都是造成教師不熟悉數位典藏資源融入藝術教學的原因，以至於裹足不前。

（三）「不同學校地區」教師未運用數位典藏資源融入藝術教學影響因素之比較

在「不同學校地區」受調教師認為影響藝術教師使用數位典藏資源融入藝術教學的原因部分，計有北部地區填答教師 169 人，中部地區填答教師 36 人，以及南部地區填答教師 46 人。郭子菁（2013）、高震峰與陳明溥（2013）的研究發現，北部地區受調教師認為影響教師未運用數位典藏資源的前三項可能原因依次為「教師不熟悉數位典藏資源融入藝術教學的方式」得分最高（$M = 2.63, SD = .74$）、「學校地區文化資源差異，會影響學生對於數位典藏資源融入藝術教學的接受程度」（$M = 2.62, SD = .82$）、「學校未提供數位典藏資源融入藝術教學所需之行政支援」。中部地區受調教師認為影響教師未運用數位典藏資源的前三項可能原因依次為「數位典藏資源網站介面往往不易操作」（$M = 2.47, SD = .62$）、「數位典藏資源融入教學相關研習活動不能提供足夠的知識」（$M = 2.44, SD = .74$）、「教師不熟悉數位典藏資源融入藝術教學的方式」（$M = 2.44, SD = .77$）。南部地區受調教師認為影響教師未運用數位典藏資源的前三項可能原因依次為「教師不熟悉數位典藏資源融入藝術教學的方式」（$M = 2.76, SD = .57$）、「數位典藏資源網站介面往往不易操作」（$M = 2.54, SD = .69$）、「許多數位典藏資源網站缺乏使用說明」（$M = 2.52, SD = .69$）。

前述資料顯示，北部地區教師在未運用原因部分與中部地區教師有顯著差異，北部地區藝術教師認為推廣度不足、文化資源差異與行政支援為主要因素。中部地區藝術教師則認為數位典藏資源網站介面往往不易操作，其次是相關研習活動不能提供足夠的知識，而教師本身也不熟悉數位典藏資源融入藝術教學的方式，所以在運用上過於耗時費力。南部地區藝術教師認為教師本身不熟悉數位典藏資源融入藝術教學的方式，是教師運用數位典藏資源所遇到之最大阻礙，其次是網站使用者介面設計問題，如網站介面往往不易操作以及缺乏使用說明。

檢視前述研究結果，北部地區教師認為推廣度與文化資源差異，以及行政支援為影響數位典藏資源融入之主要困難原因，而中部地區教師較在

意網站的操作界面以及研習活動。相對於中、南部而言，北部地區應是資源較為豐富，但教師仍認為文化資源差異等為影響數位典藏資源融入之主要原因，或應檢視是否數位典藏資源在宣導的環節上未確實所致。數位與文化資源的城鄉差距是政府相關部門長年關注的重要議題，然而如果教師並不瞭解相關政策的重要性與內涵，或者並不熟悉數位典藏資源融入教學的有效方式，就會造成教學現場與教育政策間嚴重斷裂的狀況。

五、中小學藝術教師數位典藏資源融入教學現況調查研究之結論

　　為瞭解我國高中以下視覺藝術教師運用數位典藏融入教學之現況、使用方式、對數位典藏融入藝術教學意義的看法，以及未運用數位典藏資源的可能原因，郭子菁（2013）、高震峰與陳明溥（2013）以臺灣高中以下藝術教師為研究對象，採分層抽樣抽取全國251位高中以下藝術教師進行問卷調查。其研究結果顯示，受調教師對於數位典藏之機制多已有所瞭解，大多數教師係透過教育機構所舉辦之研習活動，或所屬藝術領域學科輔導團之推廣，而接觸到數位典藏資源相關概念。在受調教師中，約有六成左右的教師曾運用過數位典藏資源融入其藝術教學活動，顯示我國於推動數位典藏融入學校教學之政策上，有一定之成效。受調教師在以數位典藏資源融入其教學活動時，所選取之數位典藏素材來源主要為國內各典藏機構的數位典藏網，以及教育部數位典藏與數位學習計畫建置之網站。同時，研究結果顯示，國外各數位典藏機構之數位典藏資源亦為受調教師常有援用者，說明了數位典藏資源跨越時空限制的無疆界特質。

　　在曾以數位典藏資源融入藝術教學受調教師之數位典藏資源的使用方式部分，郭子菁（2013）、高震峰與陳明溥（2013）的研究顯示，多數教師認為最適合融入數位典藏資源的時機是課後延伸學習與課堂中綜合活動的階段，並認為數位典藏資源適合於藝術鑑賞教學時，使用問題導向學習之教學策略進行引導，也認同以數位典藏資源輔助藝術創作的教學活動。在教學策略上，國小階段受調教師以網路藝廊之圖文展示為主要方式，國中階段受調教師以問題導向教學法為主要方式，高中階段

受調教師則以虛擬實境和網頁主題探究為主要方式。以學校所在地區的差異而言，北部地區藝術教師常使用數位典藏資源融入藝術鑑賞與創作教學，中部教師常運用數位典藏資源之網頁主題進行探究教學，南部教師則以運用數位典藏資源之線上測驗來評量學生藝術學習的方式為多。前述研究結果顯示，雖然不同學校階段與地區之受調教師於運用數位典藏資源融入教學所使用的方式有所差異，但多認為數位典藏資源對於藝術鑑賞與藝術創作課程均能提供相當的輔助意義。

在受調教師對數位典藏資源融入藝術教學意義的看法部分，郭子菁（2013）、高震峰與陳明溥（2013）的研究結果顯示，大多數受調教師均對數位典藏融入藝術教學抱持了正面的態度，認為融入數位典藏資源能擴增學生的創作經驗以及拓展藝術創作的可能性。由於藝術創作活動為藝術學習的重要源頭，前述結果顯示受調教師認為數位典藏資源能助益學生創作經驗的擴增與創作活動的內涵，因而具有應用價值。其次，多數受調教師亦認為融入數位典藏資源能提升學生的創造力與想像力、增強將藝術應用在生活中的能力、深化藝術知能的深度以及藝術教學的彈性與多元性等，顯示受調教師對於數位典藏資源於藝術教學上的多元挹注面向有所認同。在不同學校階段受調教師中，國小階段教師對於數位典藏融入藝術教學之認同度最高，適與本章第二節匯集 2000 年至 2010 年間，各教育機制辦理數位典藏融入教學相關競賽中，國小階段之教學案例大幅高於國中及高中的狀況，有所呼應。整體而言，國小階段教師較認同以數位典藏資源融入藝術鑑賞教學，國中、高中教師則較認同以數位典藏資源融於創作經驗的擴增與藝術視野的拓展。在學校地區部分，北部與中部教師認為數位典藏資源能幫助學生建構藝術知能，南部教師則較重視數位典藏資源於學生創作知能層面的助益。

在未運用數位典藏資源融入教學可能原因部分，郭子菁（2013）、高震峰與陳明溥（2013）的研究結果顯示，受調教師認為，諸如：由於學校地區文化資源的差異以致影響學生的接受度與政策推廣，使教師使用意願下降；教師不熟悉數位典藏資源融入教學的方式，以致認為運用數位典藏融入教學過於耗時費力；教師對數位典藏資源的認識尚不足夠，再加上網站的使用介面與說明不夠清楚，影響教師在使用數位典藏資源

上的意願；教師認為數位典藏資源必須經過轉化才能使用於教學，需花費時間挑選與編排，使用較為不便等，均為影響教師積極使用數位典藏融入藝術教學的可能原因。鑑於教師之信念與態度，攸關其對於教育政策的接受度與實施成效，前述研究結果與未來數位典藏資源融入藝術教學的落實與否，關係密切。在前述研究結果中，有關受調教師認為不熟悉數位典藏資源融入藝術教學的方式以致影響使用意願一點，值得關注。

根據郭子菁（2013）、高震峰與陳明溥（2013），在數位典藏資源融入教學之使用方式部分，多數受調教師認為能嫻熟使用數位典藏資源融入藝術教學為最不能反映其應用數位典藏資源的現況，顯示許多曾使用數位典藏資源的教師自認對如何使用數位典藏資源進行藝術教學的方式並不熟悉。而在使用時機部分，多數教師認為最適合融入數位典藏資源的時機是課後延伸學習與課堂中綜合活動的階段。然而，本章第二節中曾提及，「發展活動」為一個完整教學活動的主導階段，同時，在本章第二節所檢視之優質藝術教學案例中，以發展活動為融入數位典藏資源的使用時機較多，說明數位典藏資源應能使用於藝術教學的主體活動中。因此，當郭子菁以及高震峰與陳明溥的研究發現多數受調教師認為適合融入數位典藏資源的時機是課後延伸學習與課堂中綜合活動的階段時，或者說明了由於許多教師對於如何使用數位典藏資源融入藝術教學尚屬陌生，乃較消極的以較非教學活動主體的課後延伸學習與課堂中綜合活動的階段，作為融入數位典藏資源的使用時機。

事實上，數位典藏資源融入學校藝術教育僅為近十數年間之趨勢，相關之教學理論仍有待建構，並須透過教學場域的實務踐履加以印證與修正。前曾述及，學者們認為藝術教師對於數位教學科技的信念與如何實踐具有同等重要性（Loveless, 2011; Phelps & Maddison, 2008）。教師之教學信念與實務踐履原本即為教學品質與教學成效之一體兩面。當教師能有效落實所教授科目之教學內涵時，對其教學信念將能有所拉抬；當教師對於教授科目具有較高之教學信念時，也將能更積極地發展教學策略，提升教學品質。換言之，若受調教師對於數位典藏資源融入藝術教學的策略與模式有所理解，應將能於教學場域中更為深入的思考落實方式。因此，若欲深化數位典藏資源對於當代我國藝術教育的價值，則

對於數位典藏融入藝術教學相關理論之建構，以及基礎研究的進行與累積，具有相當重要的迫切性。

　　自進入 21 世紀以來，伴隨著數位科技的急速發展，建置數位典藏資源成為國家藝術文化與數位學習教育之重要政策。在臺灣堅實的數位科技基礎下，數位典藏相關政策推行以來，已奠定了良好的發展成果。數位典藏資源於我國藝術教學現場落實的成效與應用現況，應被藝術教育工作者所關注與瞭解。新興之數位科技與數位教學資源的介入，對藝術教學實務具有相當影響與意義，對相關之教學基礎理論與應用策略的理解，能校正理論與實務間的落差，深化教學實務面的應用層次。為建立數位典藏資源融入藝術教學的理論基礎，本章從我國中小學藝術教學的角度，援引相關研究與理論，分別探討數位典藏融入我國中小學藝術教學的理論、模式與實務應用，並瞭解高中以下藝術教師對數位典藏資源融入藝術教學的使用現況。期望透本章的梳理，能對數位典藏資源於臺灣藝術教學領域的實踐，有所理解與助益，進而使我國藝術教育在數位視覺文化的氛圍下，發揮更具前瞻性的價值。

第八章 結論

　　學校教育的功能之一，是改善受教者的生活，但教學現場常遇到的挑戰，卻往往是未能跟上時代變革的腳步，以至脫離了受教者現實生活的需求。存在於教學者與受教者之間的「教學機制」可上溯至數千年以前，而今日的「學校系統」則脫胚於幾世紀之前（McIntyre, 2002）。有關各式教學機制與學校體系是否在 21 世紀還能達成其原先規劃或設計時的預期效益，為論者辯證已久。各界學者與教育專家的辯證俱為犖犖大者，各自從不同的立論觀點，提出對於教育環境的改進之道。在這些論證之間，世界的樣貌已在數位科技的迅速推動之下，**翻轉數回**。青少年的成長也從「X 世代」、「Y 世代」，蓬勃有力的進入「Z 世代」（Wikipedia, n.d.-k）。不論教學機制或學校系統是應被小規模修正，亦或應被全盤徹底**翻新**，不同世代的青少年們均各自在所處的環境中逐日成長。當藝術教育工作者思考今日的藝術教學應如何繼續往前邁進時，也許可以先看看時下青少年在數位視覺文化的氛圍之下，其日常生活的樣貌為何？

　　立衡今年高一，在 2012 年 8 月間，在參加過升學考試後，他收拾行囊，一個人飄洋過海，到了地球彼岸德國科隆（Cologne）附近的一個小鎮進行一年的交換學生生涯。立衡所造訪的地方叫做 Neunkirchen-Seelscheid（n.d.），在 2012 年 5 月間接到了接待家庭的電子信，並得知地址後，立衡上了「Google 地球」（Google Earth），[1] 輸入接待家庭的地址，「俯瞰」

---

[1] 「Google 地球」是 Google 所開發的虛擬地球儀軟體，可以察看各種地理內容（Google, n.d.-c）。

了這個他即將完成高一留學生活的地方,也閱覽了他的德國學校。由於立衡喜歡打籃球,非常關切這個德國小鎮有沒有很多的籃球場,在細細查看 Google 地球上顯示的影像之後,立衡有一點擔心,因為這個小鎮看起來戶外的籃球場地並不多。與此同時,他與接待家庭的成員已互相加為臉書的好友,開始進行跨越地理距離的即時溝通。立衡上飛機時,帶著一具手機、一個隨身筆記型電腦,以及一架數位相機。到了這個德國小鎮後,立衡說,小鎮的樹比人多。不過接待家庭裝設有無線網路,所以立衡每天都能與臺灣的家人及朋友以 Skype、臉書,或 LINE[2] 聯絡。

2013 年 3 月,立衡造訪了德國著名的新天鵝堡(Schloss Neuschwanstein),並在霧霏的皚皚白雪中,以上身赤膊的影像上傳臉書,瞬息之間就累積了近百人次為他按「讚」,其中有他在臺灣的國中地理老師、同學,在英國念書的友人,旅居法國的親友,以及在德國當地所認識來自世界各地的交換生。各色人種在立衡這張數位影像中交會,並以不同的語言留下話語。幸賴今日網路已有隨附的翻譯機制,不同語言體系的留言者,可以大概琢磨出彼此的意思。而天涯海角的時空距離,就被壓縮在每一個觀看個體各據一方的螢幕視窗之中。

當立衡在德國交換時,立衡的哥哥立寰今年高三,每天早上出門前,都要檢查一下手機和 iPod 帶了沒。在每天往返於住家與學校的公車上,他的標準樣貌是帶著耳機,聽著音樂,間或低頭用手機上網,或是隨意看著窗外。每天下課回家後,立寰會先看看數位電視,然後再上網閱覽自己與同學的臉書。網閱臉書,是立寰每天一定要進行數回的活動。每到此時,他的電腦螢幕中,往往同時開著好幾個視窗,以方便他進行不同的活動,包括和不同的友人線上互動。這些互動的對象十分多元,有些可能是今天剛在學校相處完一整天的同學,有些可能是社團同學,也可能有他在多明尼加和加拿大求學的國中好友,或許也有一些是他在美國就讀小學時的外國同學,後來在「臉書國」中不期而遇,重新又開始聯絡者,更有一些可

---

[2] 「LINE」或譯為「連我」,為即時通訊軟體的一種,發布於 2011 年 6 月,由於可使用於電腦或手機界面,並可快速上傳影音檔案以及免費語音通話,已成為全球下載率最高的即時通訊軟體之一(LINE Corporation, n.d.)。

能是他在網海漫遊時遇到的陌生人,或者一些「熟悉的陌生人」,包括他欣賞的運動員,例如他常去美國 NBA 湖人隊 Kobe Bryant 的臉書上按讚。

有時,當立寰在臉書上遨遊時,會發現一些有趣的訊息或是想關注的事件,於是他會停住閱覽步伐,轉入另一個網海。可能是 Google,可能是 YouTube,也可能是不同的國際新聞網站,以把那個吸引他眼球的訊息或事件弄清楚。通常,在立寰遨遊自己築構的數位世界時,他的媽媽大多就坐在他旁邊,面對著她自己的電腦,也沉浸在她自己的數位空間中。有一回,立寰的媽媽發現就坐在她身旁的立寰,用 Skype 的留言訊息呼喚她,因為立寰有件事想跟媽媽討論,但是他覺得用書寫的方式或許比口語表達更為適當,於是立寰與媽媽雖然比肩而坐,卻透過社會媒體,以文字輔以各式表情符號進行溝通。

在立衡和立寰的日常生活中,「數位性」與「視覺性」兩者相輔而行,儼然有缺一不可的並立之勢。他們的「數位視覺文化生活」,或者不能代表今日臺灣青少年生活的全貌,但或多或少可以窺見一些共同的縮影。對這些青少年來說,學校的「美術課」,似乎不如臉書上的「數位視覺文化自習課」來得有趣,讓他們印象更深刻而願意主動接觸。是學校的美術課過時了嗎?還是藝術教學的機制與情境不能吸引學生的學習動機?亦或美術課的內容對學生而言有曲高和寡之虞?

成功的教學應能引發學生的學習動機,唯教育體系有其應堅持的原則,不能為了遷就學生的興趣而做糖衣式的調整。全然斷言學校的美術課程已然過時,或以教室進行藝術教學的方式應被檢討,未必能切實際。然而,思考到底學生從學校藝術教育中得到多少能在生活中應用的藝術知能?或者瞭解青少年在生活中所應用的藝術知能,是得自何處?也許是學校藝術教學機制可以藉之進行調整的量尺,以避免在時代持續演進之下,學校藝術教學的理論與學生日常生活中的實務落差,仍繼續成為藝術教育工作者所需面對的循環宿命(袁汝儀,1996)。換言之,若學校教育體制的存在對人類生活有其價值,而使學校教育能夠正常運作的教學機制也屬必要,則藝術教育工作者也許可以思考,學校藝術教學的「內在結構」是否可以隨著時代更替,而有所改變?

今日數位科技對於教育領域的正向意義已被肯定,然而,不同的學

科有其不同的學科價值與知識體系,以及不同的教學特質與需求。對於相同的數位科技,各個學門應有各自殊異的運用方式與策略,並將因教學對象的不同而有所調整。因此,對當代藝術教育工作者而言,即應站在藝術學科的角度,思考數位科技對學習者的教育意義與特殊價值,據以調整教學方式,以回應數位時代的召喚。事實上,自學校藝術教育於19世紀末成形以來,不同時期與文化地區的藝術教育工作者即因應時代變遷,不斷地進行有關藝術教學內容,以及教學方式的調整。以我國學校藝術教育的教學內容而言,即從早期以精緻藝術為主流的教學內涵,漸次向外擴充,逐步涵納大眾藝術、鄉土藝術,乃至流行文化、通俗文化等,並以視覺文化藝術教育呼應後現代以降的時代氛圍。在社會文明發展邁入數位時代後,「數位視覺文化」為視覺文化在邁入數位時代後的展現,而「數位視覺文化藝術教育」思潮成為藝術教育工作者對於數位時代的回應。

　　本書的目的,即是站在前述著眼點,提出臺灣藝術教育界對於數位時代的迴響,並透過對數位視覺文化藝術教育之發展脈絡與理論內涵的討論,以及數位科技於我國中小學藝術教學場域中的實務,提出將數位視覺文化藝術教育思潮落實於臺灣藝術教學場域的踐履可能。

　　對於各個學門來說,當將其知識體系落實於教育場域時,須思考兩個面向,其一為如何組構其學科知識體系使成為適用於教學場域的內涵,其二為將前述知識體系內涵轉化成為教學素材的教學機制與方式。當檢視數位視覺文化藝術教育的內涵後,本書認為當於我國中小學藝術教學中實踐數位視覺文化藝術教育時,各類數位科技提供了數位視覺文化藝術教學的工具、方法,以及策略,而內涵廣闊多元的數位典藏則提供了數位視覺文化藝術教學的內容、素材以及資源。以數位科技對數位視覺文化藝術教育意義的部分而言,於本書中探討數位科技與藝術教育的關係後,認為數位科技的發展與藝術教育的樣貌有密切的關聯性,而在諸多數位科技中,ICT 的應用使藝術教學進入數位時代,其中「IWB」則為 ICT 設備中極具潛力,適於整合各式藝術教學資源的教學機制之一。其次,於梳理數位科技對當代藝術教育所形成的影響後,也認為數位科技使今日藝術創作的彈性擴大,而奠基於 Web 2.0 機制的社群網站及社

會媒體,則使當代藝術活動的呈現及傳遞方式發生改變。在各式 Web 2.0 社群網站中,「部落格」由於適用於處理圖像、影音等素材,也能連結應用數位典藏資源於教學活動中,適合於藝術教學時援用,以之建置藝術教學社群,具體落實當代教授者與學習者共同為教學內涵之建構者的課程規劃精神。

　　由於人類的生活經驗為整體性的活動,以往將學科知識以壁壘分明的方式分類並施教的現象受到檢討,使跨領域教學受到當代教育界重視,也成為 21 世紀學校教育改革的方向之一。此一狀況,顯示了本書認為數位典藏資源能提供數位視覺文化藝術教學的內容,進而對當前藝術教育的學習內涵進行彈性擴充觀點的意義。本書對數位典藏資源發展脈絡的梳理顯示,數位典藏資源從早先對精緻藝文產物之典藏,逐漸擴及至不同形態的文化遺產與資源,舉凡地方文物、社區文化,乃至個人物件等微觀藝文產物與小眾文化現象,均能呈現典藏價值。多元形態之數位典藏資源的挹注,使藝術學科知識體系呈現了因應時代變遷而跨領域多元擴展的契機。

　　當代藝術活動的特質之一,是其內涵具有相當的開闊性,使原本單一化或本位化的藝術思維受到衝擊。藝術創作活動為藝術教育重要的基石,當藝術活動的樣貌或內涵有所改變時,藝術教學的內容亦從有窄化傾向的專業思維,轉而展現跨領域的整合樣貌。在歷來學者檢視究竟學校藝術教育該如何結構其知識體系,以提供學習個體獲得適當的藝術知能時,即有學者認為,以往藝術知識的範疇與分類太過狹窄與單一,使藝術學科在今日的時代氛圍下產生續存與否的危機(Selivanov & Federation, 2004)。我國藝術教育界對於前述危機的應對策略可自不同面向加以觀察。自 20 世紀末開始,許多大學校院美術相關科系,除將系所原名改以較為開闊的名稱外,也將長期以來以藝術創作活動為課程主軸,並以媒材或技法為科目分野或藝術能力檢測面向的現象加以調整等,即為一例。而數位科技的快速發展對當代藝術教育除帶來相當的影響與啟示,也使藝術教育有突破以往學科疆界的可能性。自來科技的遞嬗影響時代氛圍,時代氛圍的變遷又影響科技的走向。觀諸人類歷史,新科技的出現固然可喜,但也往往伴隨著相應而生的難題。數位科技的發展雖

對當代人類的生活帶來許多便利之處,繼之而來的問題卻也需予關注。除顯而易見的網路詐欺、網路駭客、網路霸凌與網路倫理等廣被討論外,其餘隱而不顯的問題也值得被關切。諸如,同質化的數位科技是否宰制了個體的自我形構,以及數位科技的發展是否使貧富差距日益擴大等。教育的影響或者較慢卻既廣且深,在擁抱數位科技所帶來的益處時,藝術教育工作者仍應省思數位科技既可載舟,亦有可以覆舟的一刀兩刃效應。

　　在探討視覺文化的現象時,學習個體面對五光十色的視覺對象物,是否能以批判的眼光檢視所見,為學者所重視的議題(趙惠玲,2005)。同樣的,由於數位科技的「複製保真度」以及「高繁殖力」,使數位視覺文化影像呈現高度重複,甚且過度飽和的狀況,當今日青少年浸淫在數位視覺文化環境中,面對這些影像,是否能具備檢視影像所需的「好眼力」(the good eye)(Rogoff, 2001, p. 17),即值得觀察。而由於數位科技的特性,各式影像可在瞬間即被「標記」(tag),並在數位空間中循環不止,使網路使用者似乎僅為各式影像傳遞的「中介途徑」。此一狀況,是否將使青少年的創作習性被制約,而失去對原創性的欲求與動能?當為藝術教育工作者所關切的議題。

　　1995 年,美國麻省理工學院媒體實驗室的創辦人 Nicholas Negroponte(1943–)宣告「數位革命」(The Digital Revolution)的發生(Negroponte, 1995),指稱現代人是「正在數位之中」(being digital)。1998 年,Negroponte(1998)進一步宣稱,數位革命業已結束,當代人的生活已經是「超越數位之上」(beyond digital),一語道盡當代人的生活樣貌。因為數位科技已然像空氣般的包覆著我們,人們將不再因為數位科技的「存在」而察覺其所在,而是當其「缺席」時,方能體識它的存在。當 Negroponte 於 1998 年宣布當代人的生活已是「超越數位之上」之際,Tapscott(1998)提出「網路世代」(the net generation)的論點,認為於 21 世紀之交的年輕個體是在數位環境中成長,習慣透過網際網路學習新知的世代。進入 21 世紀後,Prensky(2001)提出「數位原民」以及「數位移民」[3] 的說法,前者為習常使用數位科技的年輕學生,後者為須努力學習

---

[3] 參見本書第三章第一節。

數位科技的教學者,並以兩者間數位落差的鴻溝,闡釋自上世紀末數位學習科技急速發展後,學校教育工作者追求充備個人數位教學專業新知能的急迫性。

然而,在 2009 年,Prensky(2009)又以「數位智慧」(digital wisdom)一詞,重新詮釋數位科技與使用者間的互動意義。Prensky 認為,在數位科技的發展進入 21 世紀的第二個十年後,原來的「數位原民」以及「數位移民」之說已不盡符合數位時代對於使用者之數位能力的描述。Prensky 指出,「數位智慧」的意義是不僅是要「聰明的」(smart)使用數位科技,還要「睿智的」(wise)謹慎使用數位科技。所謂睿智的使用並非僅只輕鬆地甚或具創意地使用科技,而是以科技「增強」(enhance),以獲得來自世界各地的數據(data)、資訊和知識的能力,並明智的過濾、應用這些訊息與做下決定。根據 Prensky,能有智慧的使用數位科技者,就是「數位智人」(homo sapiens digital)。而「數位智人」與「非數位智人」有兩大關鍵差異,其一是數位智人須能體識「數位優化」(digital enhancement)是今日整體人類的存在事實,其二是數位智人須具有數位智慧,並展現其數位優化的能力。Prensky 強調,數位科技「本身」不會達成目的,需賴使用者的應用能力方能實現其效能;而只要能做到上述的應用層面,「數位移民」亦能因具備「數位智慧」而成為「數位智人」,反之,若不具備「數位智慧」,則原屬「數位原民」的年輕世代雖能輕鬆使用數位科技,也不具備「數位智人」的條件。

當站在藝術教育的角度思考前述觀點時,藝術教育工作者或可考量應如何透過藝術的學習,培養學習個體的數位智慧,使之成為「藝術學習數位智人」,以及教學者應如何充備自己的數位智慧,使自己能成為「藝術教學數位智人」。同時,前述 Prensky(2009)是自數位文化的角度闡釋相關論點,藝術教育工作者亦可思考,若從數位視覺文化藝術教育的立場考量時,「數位智慧」及「數位智人」的內涵又為何?Veltman(2005)認為,當代的數位科技對於人類社會所帶來的是全面性的變革,包括了技術、素材、組織、智力,以及哲學性的思維等。換言之,透過適當的教學機制,數位智慧可以被教與學,也能引導學生除「享受」數位科技所帶來的樂趣外,更能「睿智的」使用數位科技。在本書撰寫的

過程中，不時可見新興科技問世，並不乏對當代社會帶來相當程度的影響，甚至足以改變使用個體生活形態者。2013 年 2 月間，在美國洛杉磯舉辦的「科技、教育與設計大會」（Technology, Entertainment, and Design Conference, TED）[4] 中，即見數項例證。其中，韓國研究者 Jinha Lee 與微軟公司研發的立體電腦「SpaceTop 3D」（Wakefield, 2013a），讓使用者能把手伸進電腦螢幕裡和物品直接互動，預示了未來社會中，虛擬與實境間的分際將更加模糊。印度生物科技研究者 Myshkin Ingawale 展示了能透過智慧型手機檢驗尿液的 App 軟體「uCheck」（Wakefield, 2013b），大幅的降低了醫療成本，使在許多發展國家成為社會重大議題，以及形成巨大社經差距的健康醫療，也趨向民主化。

　　2013 年「TED 獎」（TED Prize）[5] 的得主為教育研究者 Sugata Mitra （1952-），他自 1999 年開始進行「鑿壁上網」（Hole in the Wall, HIW）（Mitra, n.d.）的數位教學計畫。Mitra 在印度的窮困偏鄉放置有網路連結功能的電腦，發現在沒有教學者指導的情況下，這些偏遠地區的印度青少年展現了極高的自主學習能力，不但無師自通地學會使用電腦，還因電腦介面須以英文操作，而學會了英文。此一學習行為的文化質變顛覆了對學校體系必要性的看法，也使以往教學機制中必備的人師腳色受到挑戰。Mitra 根據其 HIW 經驗，進而推動「自我組織學習環境」（self organised learning environments, SOLE），例如「雲端奶奶」（The Granny Cloud）等雲端教學計畫（Mitra & Dangwal, 2010），顯示數位科技對人類教育文化的影響有著令人期待或者尚無法預期的無垠可能。

　　上述 Mitra 的計畫中，一項值得藝術教育工作者特別予以關注的現象，是 Mitra 及其夥伴發現，當進行 HIW 計畫時，這些印度貧民窟青少年非常喜愛繪圖的數位功能，不但自發地學習使用 Microsoft Paint 軟體來繪圖，並自我學習以資料夾存取其藝術作品，進而自學地以電子郵件

---

[4] TED 是科技（technology）、娛樂（entertainment）與設計（design）的簡稱，TED 大會起源自 1984 年，在每年春天舉行，希望能透過前述三個領域菁英的群體智慧，共思創意發明，以改變人類生活（TED Conferences, n.d.-a）。

[5] 「TED 獎」（TED Prize）始自 2005 年，固定頒發給當年度以科技、娛樂、娛樂等 TED 資源和專業知識，引發全球變化的卓越個體（TED Conferences, n.d.-b）。

進行分享，而科技發達國家青少年喜愛的電腦遊戲與數位音樂，同樣受到印度貧民窟青少年的歡迎（Mitra & Rana, 2001）。換言之，當不在正規學校藝術教學環境的要求之下，這些青少年卻展現了自發且強烈的藝術創作動能，此一狀況似乎呼應了以往在討論藝術活動的起源時，認為人類先天即具有「創作的動機與需求」（陳瓊花，2011），使具有創作動機的個體，不論在任何環境中，均能視其所處環境擷取媒材進行創作。說明了不論時代如何變遷，科技如何遞嬗，藝術教育均有其存在的意義及價值。而Mitra 的 HIW 計畫也顯示，在無外在因素要求或干涉之下，青少年對於藝術活動的「創作欲求」以及「找樂子」的娛樂需求，成為其自發性學習行為的重要動力起源。同時，從這些印度青少年對電腦遊戲或音樂軟體的喜愛，也說明雖有萬里之遙與語言隔閡，數位視覺文化經驗對於印度青少年與臺灣青少年或西方青少年的吸引力，卻有著普同狀況。

　　本書的目的，是在數位視覺文化時代的氛圍下，從藝術教育的角度，思考當數位科技已全面浸潤當代社會的每一面向時，如何應用它的潛力，讓藝術教育更加蓬勃，進而創造新的藝術知識、新的藝術創作型態、新的藝術教學契機，以及增加社會個體參與藝術活動的機會。在這樣的意旨下，本書所界定之「以藝術為基底，視覺文化為養分，數位性為特質，網路為路徑，數位科技為工具」的數位視覺文化藝術教育思潮，即是對前述使命所提出之回應，強調數位科技不只是應用工具，尚是藝術教育工作者能與之溝通的有機性媒體。在藝術教育與數位科技具互動性的融合之下，能為藝術領域再疆界化原有的知識體系，進而開創新的跨界可能。

　　同時，當發現青少年原本即具藝術創作的動機與潛力後，學校藝術教育即應思考如何因勢利導，借助數位科技，讓藝術教育「優化」，為青少年搭起與藝術互動的溝通橋梁，以及如何應用數位科技為藝術領域築構與外界的聯繫管道，在「藝術＋科技 → 美好世界」（art + technology → better world）的信念下，鼓勵藝術教師「睿智的」探索與應用數位科技，增進自身藝術教學效能，引導原本即已能「輕鬆的」自發使用數位科技進行藝術活動的青少年，從「數位原民」或「數位遊民」進階，為其「數位視覺文化智慧」增加「武力值」，以盡力在數位時代，培育青少年成為具主體意識之「數位視覺文化智人」。

進入 21 世紀之後，全球處於不斷的變動之中，世界上舉凡經濟體制、政治局勢、生態環境，乃至價值體系均正發生深刻的變遷與轉型。處於全球化變革快速的環境中，查悉變異先機，方能掌握競爭優勢。在教育界，ICT 教學科技、Web 2.0 機制等數位學習科技帶來了教學環境的改變契機。近一、兩年之間，猛然綻放的線上教育體系，諸如換置了課堂運作模式的「翻轉教室」（flipped classroom）（Wikipedia, n.d.-j），以及一「課次」可能吸納百萬「人次」的巨型開放式線上課程「磨課師」（massive open online course, MOOCs）（教育部資訊及科技教育司，2013；Yuan & Powell, 2013）等機制，氣勢磅礴且來勢洶洶，不但是要「翻轉」教學環境，更幾近要「顛覆」學校教學體系。

　　於不久的將來，隨著智慧型手機愈趨普遍與價廉，在今日原屬經濟發展不利地區國家的青少年，將有可能透過手機上網，即能連結全球不同教育機構所開設的 MOOCs，閱覽或修習世界頂尖大學典範名師的課程，其所將形成之改變世界的巨大力量，難以預估。與此同時，原來因數位落差所帶來的階級議題，可能將被因 MOOCs 等機制所帶來世界知識內涵與教育體系的寡頭現象之爭議所取代，甚且後者或將更令人憂心。新興科技得失之間的影響難以定論，然而，對於藝術教育工作者而言，前述狀況卻將藝術教育領域於數位時代中的優勢價值更加體現無遺。在當代的數位匯流之下以及轉瞬即至的未來，人類勢將愈來愈依賴視覺感官吸收訊息，使藝術教育以其對於圖像、影像產製與詮釋的特殊價值，獲得在全球典範大重整之際重新定位的寶貴機會。不論前述數位學習的機制如何翻覆以往學校教學的情境，均須依賴適切並引人注目的圖示、符號、圖像、表徵等視覺傳達體系，方能成功地傳遞知識與概念。換言之，但凡需要「抓住」學習個體眼球的任何教學機制，都需要依賴視覺訊息的功能。藝術教育工作者若能掌握於視覺機制的主導權能，將跳脫長久以來僅將專業藝術知能轉輸至學習個體身上的傳統角色，而晉升成為不斷演化之數位學習機制中不可或缺的一塊版圖。則藝術教育將不但為自身領域走出新的方向，也能為學習個體帶來與時俱進的視覺互動經驗。

　　透過數位科技以及網路傳遞的迅疾便捷，當代的影像不僅在其被生產和消費的文化圈內傳播，也跨越文化及地理界限，全球走街串巷。在

數位時代之前，影像的漫遊有時僅在少數相鄰的文化圈中進行，當下的影像則一街一巷之隔即已跨越洲際、奔越時空。隨著數位媒體的大量繁增，消費者晉升成為生產者，並能挑戰權威。在前述氛圍之下，產生了今日斑斕的數位視覺文化現象。Seidel、Tishman、Winner、Hetland 與 Palmer（2009, pp. 18-27）在探討今日「優質藝術教育」（high-quality arts education）的任務時指出，當代藝術教育的七大任務包括：應培養思考上的創造力以及進行連結的能力；應教授藝術技巧但並非視為首要；應培養美感覺知（aesthetic awareness）；應增進對世界的理解力；應培養學生參與社群、公民以及社會議題；應幫助學生理解自身；應協助學生發展個體的獨特性。

自前述當代藝術教育七大任務的內涵觀之，誠然時代變遷，但藝術教育為學習個體提供優質藝術學習經驗的任務，始終未曾改變，唯教學內涵、教學方式乃至學習機制等，應有所更替。如同 Stokrocki（2012）所指陳，在數位時代，藝術教育能發揮的潛力無窮。數位科技為當代教育系統革新發展的重要觸媒，數位視覺文化氛圍為時下年輕個體日日浸淫的熟悉環境，透過藝術教育，將兩者媒合，能活化藝術知能的教與學，啟發青少年藝術學習的潛力，進而創造未來。

作為今日的藝術教育工作者，我們何其有幸，躬逢其盛。

參考文獻

中文部分

Baudrillard, J.（1996）. 物體系（林志明譯）。臺北市：時報。（原作出版於 1968 年）

Clark, G., & Zimmerman, E.（2011）. 美術資優教育原則與實務（林仁傑譯）。臺北市：心理。（原作出版於 2004 年）

Hung, S. (n.d.-a). 一開始就不孤單。取自 http://blog.roodo.com/zozoyoyo

Hung, S. (n.d.-b). 一開始就不孤單 II。取自 http://blog.roodo.com/zozoyoyo2

Wilson, B. (2002). Super flat and super deep interpretations of global visual cultures: Taiwanese art education and the lies of children. 載於國立教育資料館編印：現代教育論壇：全球視覺文化與藝術教育：東西方之對話（頁 1-15）。臺北市：國立教育資料館。

天下數位電子報（2006）。全民部落格的網路時代。取自 http://topic.cw.com.tw/edm/cw/cw130205.htm

中央研究院數位文化中心（n.d.）。數位典藏與學習聯合目錄。取自 http://catalog.digitalarchives.tw/

中國投影網（2011）。2010 年中國互動式電子白板發展狀況調查報告。取自 http://www.ty360.com/2011/6/2011_1_42163_1.htm

中華電信（n.d.）。HiNet。取自 https://www.hinet.net/

王全世（2001）。資訊科技融入教學之實施與評鑑研究。未出版之碩士論文，國立高雄師範大學資訊教育研究所，高雄市。

王淑玲、徐典裕、楊宗愈（2007）。發展知識模式化之數位學習平臺以

增進數位典藏資源之運用。載於國立臺灣大學圖書資訊學系主編：**96 年度數位典藏資訊融入教學研討會**（頁 182-192）。臺北市：國立臺灣大學。

王鼎銘（2000）。資訊時代數位影像對美感價值的衝擊與影響。**教學科技與媒體，51**，2-8。

王鼎銘（2003）。藝術教育與網路學習新思維。美育，**134**，26-32。

王麗雁（2008）。視覺藝術教育篇：臺灣學校視覺藝術教育發展概述。載於鄭明憲主編：**臺灣藝術教育史**（頁 105-161）。臺北市：臺灣藝術教育館。

王顥中（2011 年 5 月 23 日）。北美館特展承包引爭議 陳界仁批扼殺本土藝術。**苦勞網**，取自 http://www.coolloud.org.tw/node/62022

尹建中、李英明、張一蕃、瞿海源、羅曉南、謝瀛春、……謝清俊（1997）。**資訊科技對人文、社會的衝擊與影響**。臺北市：行政院經濟建設委員會。

石計生（2008）。數位典藏教育作為一種文化全球化現象之反思。**教育資料與研究，83**，135-152。

行政院（2002）。**挑戰 2008：國家發展重點計劃（2002-2007）**。臺北市：作者。

行政院文化建設委員會（2010）。文化創意產業發展法。臺北市：作者。

行政院文化建設委員會（2011）。**2011 年臺灣文化創意產業發展年報**。臺北市：作者。

行政院研究發展考核委員會（2003）。臺閩地區九十一年數位落差調查報告。臺北市：作者。

行政院研究發展考核委員會（2009）。98 年個人家戶數位落差調查研究。臺北市：作者。

行政院研究發展考核委員會（2010）。99 年個人家戶數位落差調查研究。臺北市：作者。

行政院研究發展考核委員會（2012）。101 年個人／家戶數位機會調查報

告。臺北市：作者。

行政院國家科學委員會（n.d.）。**數位典藏與數位學習國家型科技計畫**。取自 http://teldap.tw/

行政院國家科學委員會（2011）。**數位典藏與數位學習國家型科技計畫**。100年度國家型科技計畫第三季成果摘要報告。臺北市，未出版。取自 http://teldap.tw/Files/100Q3RP.pdf

行政院經濟建設委員會（2009a）。**振興經濟擴大公共建設投資計畫：建置中小學優質化均等數位教育環境計畫**。臺北市：作者。

行政院經濟建設委員會（2009b）。**新世紀第三期國家建設計畫（民國98年至101年四年計畫）**。臺北市：作者。

余采樺（2011）。**數位典藏資源融入藝術教學案例內容分析之研究**。未出版之碩士論文，國立臺灣師範大學藝術研究所，臺北市。

宋明娟（2007）。重看Ralph Tyler的課程思想。**教育研究與發展期刊**，**3**(2)，83-112。

吳明德、陳世娟、謝孟君（2005）。小學教師網路教學資源尋求及使用行為之研究。**教育資料與圖書館學**，**42**(4)，481-498。

吳明德、許凱琳（2005）。數位圖書館與數位博物館教學網站內容之分析研究。**中華民國圖書館學會會報**，**75**，37-62。

吳維慈（2010）。**互動式電子白板融入國小高年級視覺藝術課程之教學研究**。未出版之碩士論文，國立臺灣師範大學美術學系，臺北市。

李怡君（2012）。**互動式電子白板運用於國小低年級色彩教學對學生學習影響之研究**。未出版之碩士論文，國立屏東教育大學數位學習教學碩士學位學程，屏東市。

李佳霖（2011）。**從文化創意產業探究圖文創作部落格經營：以輔大猴、兔包、超感動為例**。未出版之碩士論文，國立新竹教育大學藝術教育與創作碩士班，新竹市。

李家菁（2006）。部落格可以幫教師什麼忙。**師友月刊**，**471**，19-22。

李堅萍（2004）。資訊科技融入藝術與人文學習領域之理念與策略。**國

教天地，**155**，18-23。

李堅萍（2006）。數位影像處理科技輔助視覺藝術之影像模擬與設計教學。**國民教育**，**46**(4)，28-32。

李德財（2008）。數位典藏與數位學習國家型科技計畫。**中央研究院週報**，**1194**，4-6。

李賢輝、張恬君（2002）。科技與藝術教育。載於黃壬來主編：**藝術與人文教育（上冊）**（頁287-321）。臺北市：桂冠。

周孝俊（2008）。**互動式電子白板教學活動和實驗**。未出版之碩士論文，國立花蓮教育大學學習科技研究所，花蓮市。

林志隆、江心怡（2012）。互動式電子白板應用於藝術與人文領域之可行性研究。**2012數位內容與虛擬學習研討會**，屏東市：國立屏東教育大學。

林侶鈞（2011）。**互動式電子白板應用於藝術鑑賞教學對國小一年級學童學習成效之研究**。未出版之碩士論文，國立臺南大學教育學系科技發展與傳播碩士班，臺南市。

林信榕（2004）。資訊科技融入教學之省思：以北區資訊種子學校為例。**2004年數位學習研討會**，屏東市：屏東師範學院。

林建甫、周信佑（2010）。**提升兩岸文化創意產業的競爭力**。第三屆海峽兩岸文化產業城市論壇，廈門市：中華文化聯誼會與福建省人民政府。

林羿妏、林佳蓉（2009）。臺北市國小教師運用數位典藏素材融入教學之研究。**教學科技與媒體**，**88**，51-69。

林珮淳、吳佩芬（2002）。數位藝術相關理論研究與創作探討。**藝術學報**，**70**，43-58。

林曼麗（2000）。**臺灣視覺藝術教育研究**。臺北市：雄獅。

林榮泰、鄭淳恭（2006）。數位典藏資料庫的建置與應用。**2006數位內容與創意文化研討會**，臺中市：靜宜大學。

林麗娟（2012）。教學科技。**國家教育研究院雙語詞彙、學術名詞暨辭**

書資訊網。取自 http://terms.naer.edu.tw/detail/1678773/

宜蘭縣國教輔導團（n.d.）。**國小藝術人文領域部落格**。取自 http://blog.ilc.edu.tw/blog/blog/6

洪千凡（2007）。**臺灣視覺創作型部落格之研究**。未出版之碩士論文，國立臺灣師範大學美術學系，臺北市。

洪千凡、趙惠玲（2008）。臺灣視覺創作型部落格之研究：以七位部落格作者的創作經驗為例。**藝術教育研究，16**，33-75。

施枝芳（2002）。**師範學院學生板書基本能力培養之研究**。未出版之碩士論文，國立臺中師範學院國民教育研究所，臺中市。

姜宗模（2003）。**中小學教師運用數位博物館設計教學活動中之學習：以國科會數位博物館教學活動設計比賽得獎者為例**。未出版之碩士論文，國立暨南國際大學成人與繼續教育研究所，南投縣。

姜宗模（2005）。中小學教師在數位博物館資源的應用與學習。**博物館學季刊，19**(2)，107-117。

徐立璇（2010）。**我國高中藝術生活教科書形塑脈絡與衍生議題之研究**。未出版之碩士論文，國立臺灣師範大學美術學系，臺北市。

徐新逸（2001）。如何利用網路幫助孩子成為研究高手？網路專題式學習與教學創新。**臺灣教育，607**，25-34。

徐新逸（2003）。學校推動資訊融入教學的實施策略探究。**教學科技與媒體，64**，68-84。

徐新逸、吳佩謹（2002）。資訊融入教學的現代意義與具體行為。**教學科技與媒體，59**，63-73。

徐新逸、黃雅萍、林燕珍（2003）。**「中小學數位典藏教學資源應用網」規劃與創意教學範例開發之研究**（報告編號：NSC92-2422-H-032-001-）。臺北市：行政院國家科學委員會。

袁汝儀（1996）。生活藝術教育芻論。**通識教育季刊，3**(4)，61-79。

高雄市國教輔導團藝文領域（n.d.）。**藝域部落**。取自 http://blog.ceag.kh.edu.tw/blog/9

高震峰（2002）。藝術與人文建構式教學取向：超廣度與超深度。載於戴維揚主編：**新課程建構式教學理論與實踐：語文、社會、藝術與人文、綜合活動**（頁 311-343）。臺北市：師大書苑。

高震峰（2005）。數位學習與藝術教育：資訊互動系統融入國小視覺藝術教學與評量之研究。**藝術教育研究的回顧與展望研討會論文集**（頁 387-407），屏東市：國立屏東師範學院視覺藝術教育學系。

高震峰（2006）。**數位典藏融入中小學藝術與人文教學模式、系統建置與推廣研究：以故宮文物數位學習知識庫為例**（報告編號：NSC94-2422-H-133-001-）。臺北市：行政院國家科學委員會。

高震峰（2010）。數位學習機制與藝術教育：互動式電子白板應用於視覺藝術教學之初探。**國教新知**，57(3)，2-12。

高震峰（2011）。數位典藏資源融入學校藝術教學知識體系之建構。**2011臺北市全球華人資訊教育創新論壇**，臺北市：臺北市立中崙高級中學。

高震峰（2012）。資訊融入國小視覺藝術教學之研究：以部落格與故宮數位典藏資源為例。**藝術教育研究**，**23**，1-35。

高震峰、吳維慈（2012）。互動式電子白板融入國小高年級視覺藝術教學之實驗研究。**藝術教育研究**，**24**，1-45。

高震峰、陳明溥（2013）。**數位典藏融入藝術教學知識體系之建構：以國內外實務案例為研究場域**（報告編號：NSC98-2410-H-133-013-MY2）。臺北市：行政院國家科學委員會。

高震峰、陳秋瑾（2002）。教育學與藝術教育。載於黃壬來主編：**藝術與人文教育**（上冊）（頁 255-286）。臺北市：桂冠。

高震峰、鐘儀君（2007）。博物館數位典藏融入中小學藝術與人文教學：超廣與超深的課程架構。載於國家教育研究院籌備處編：**數位學習在故宮（二）：數位典藏融入中小學教學**（頁 4-16）。臺北市：國家教育研究院籌備處。

財團法人賑災基金會（2009）。**921網路博物館**。取自 http://www.rel.org.tw/921/home/index.html

陳一平（2011）。**視覺心理學**。臺北市：雙葉。

陳文生、楊建民（2005）。**臺灣網際網路發展史編撰研究計畫期末報告**。臺北市：財團法人臺灣網路資訊中心。

陳百薰、項潔、姜宗模、洪政欣（2002）。數位博物館探討。**博物館學季刊**，**16**(3)，15-37。

陳志銘、陳佳琪（2008）。數位典藏支援數位學習現況與發展。**臺灣圖書館管理季刊**，**4**(2)，9-23。

陳佳琪（2007）。**數位典藏資源支援專題式學習模式研究：以臺灣百年圖書館史數位圖書館為例**。未出版之碩士論文，國立政治大學圖書資訊與檔案學研究所，臺北市。

陳昭珍（2002）。數位典藏與數位文化。**資訊與教育雜誌**，**91**，17-23。

陳秋瑾（2010）。**尋找臺灣圖像：老照片的故事**。臺北市：國立歷史博物館。

陳惠邦（2006）。互動白板導入教室教學的現況與思考。**全球華人資訊教育創新論壇**，宜蘭市：淡江大學蘭陽校區。

陳順孝（2004）。**部落格在教育上的運用**。取自 http://blog.chinatimes.com/ashaw/archive/2005/08/11/10530.html

陳瑞文（2009）。以問題性為核心的美學經驗：德勒茲的圖表思想。**現代美術學報**，**17**，11-44。

陳瓊花（2004）。**視覺藝術教育**。臺北市：三民。

陳瓊花（2005）。視覺文化藝術教育之特質與「藝術與人文課程」內涵之建構。**教育研究月刊**，**130**，111-118。

陳瓊花（2011）。**藝術概論**（二版）。臺北市：三民。

張一蕃（1997）。資訊時代的國民素養與教育。**國家政策雙周刊**，**175**，9-10。

張世宗（2008）。**玩物尚智：游藝研究與創意樂育**。臺北市：樂育科技。

張全成（2000）。網路美術教學初探。**國教世紀**，**193**，47-50。

張恬君（1998）。超媒體美術批評鑑賞課程設計（報告編號：NSC87-2413-H-009-006）。臺北市：行政院國家科學委員會。

張嘉彬（2006）。數位典藏支援數位學習之探討。**圖書與資訊學刊，58**，70-95。

郭子菁（2013）。**臺灣中小學視覺藝術教師數位典藏資源融入教學現況之調查研究**。未出版之碩士論文，國立臺灣師範大學美術學系，臺北市。

郭文毅（2004）。如何應用網路進行美術教學之策略初探。**數位藝術教育網路期刊，6**。取自 http://www.aerc.nhcue.edu.tw/journal/journal6/kuo.pdf

郭禎祥（2007）。**當代藝術教育的省思──創造力、視覺文化與當代藝術**。2007亞太藝術教育國際研討會，花蓮市：國立花蓮教育大學。

國立故宮博物院（n.d.-a）。**數位典藏計畫簡介**。取自 http://www.npm.gov.tw/digital/index2_2_1_ch.html

國立故宮博物院（n.d.-b）。**故宮數位典藏知識庫**。取自 https://www.npm.gov.tw/Article.aspx?sNo=02000021

教育部（2003）。**創造力教育白皮書**。臺北市：作者。

教育部（2006）。**「建構縣市e化學習環境」建置參考說明**。臺北市：作者。

教育部（2008a）。**97年國民中小學九年一貫課程綱要**。臺北市：作者。

教育部（2008b）。**高級中學美術科課程綱要**。臺北市：作者。

教育部（2008c）。**教育部中小學資訊教育白皮書（2008-2011）**。臺北市：作者。

教育部（2012）。**教育部統計年報**。臺北市：作者。

教育部（2013）。**國民小學使用電子化設備進行教學注意事項**。臺北市：作者。

教育部資訊及科技教育司（2013）。**磨課師推動計畫**。取自 http://amaaa.nsysu.edu.tw/ezfiles/258/1258/img/1547/149103737.pdf

許逸琦（2013）。**12年度中國電子白板市場發展分析報告**。取自 http://article.pchome.net/content-1591272.html

許凱惇（2008）。**文化進化演算法於全域最佳化設計問題之研究**。未出

版之碩士論文，國立臺灣海洋大學系統工程暨造船學系，基隆市。

莊護林、李肖蘭（2007）。在小學中文科及常識科應用互動電子白板的策略。第十一屆全球華人電腦教育應用會議（GCCCE2007），廣州市：華南師範大學。

程炳林（1995）。**自我調整學習的模式驗證及其教學效果之研究**。未出版之博士論文，國立臺灣師範大學教育心理與輔導研究所，臺北市。

項潔（2004）。數位典藏經驗分享。**國家文化資料庫電子報，2**。取自 http://km.moc.gov.tw/epaper/002/index.html

項潔（2007）。**大學圖書館的危機與轉機**。2007館際合作研討會：東亞現況與趨勢研討會，臺北市：世新大學。

項潔、高世芯（2004）。**臺灣地區文化數位典藏現況與發展**（報告編號：NSC92-2422-H-002-009）。臺北市：行政院國家科學委員會。

黃仁竑（2002）。數位「學習管理系統」之功能與標準。**資訊與教育，89**，21-32。

黃壬來（2002）。全球情勢與臺灣藝術教育的改革。載於黃壬來主編：**藝術與人文教育（上冊）**（頁65-98）。臺北市：桂冠。

黃柏翰（2012）。**由演化倫理學的觀點論道德根源問題**。未出版之博士論文，國立中央大學哲學研究所，中壢市。

黃虹霖、羅美蘭（2012）。藝教於樂：尋覓失落的文化驛站。**2012樂育、樂活、樂齡藝術與設計國際研討會論文集**（頁119-128）。臺北市：國立臺北教育大學藝術與造型設計學系。

普富科技（n.d.）。**uSchool優學網**。取自 http://tw.class.uschoolnet.com/

搜狐網（2010）。**2009年中國互動式電子白板發展狀況調查報告**。取自 http://learning.sohu.com/20100423/n271710090.shtml

楊才秉（2011）。**應用互動式電子白板於藝術與人文領域教學對國小三年級學生學習動機之影響**。未出版之碩士論文，臺北市立教育大學視覺藝術學系視覺藝術教學碩士班，臺北市。

楊翎（2004）。全球化與大英博物館。**博物館學季刊，18**(4)，19-41。

葉俊顯（2003）。資訊科技融入國小視覺藝術教育探討。載於數位典藏國家型科技計畫──訓練推廣分項計畫與教育部學習加油站主編：**91 資訊融入教學觀摩研習會手冊**（頁 1-17）。新竹市：編者。

葉玲瑤（2000）。**國中美術教師鑑賞領域教學策略運作歷程之探究**。未出版之碩士論文，國立成功大學教育研究所，臺南市。

鄒川雄（2012）。大學通識教育與當代公民人文素養：哈貝馬斯對大學之診斷的意義反思。**大學通識**，**7**，17-55。

漚汪國小（n.d.）。**團隊個人省思**。取自 https://sites.google.com/site/llps615/tu-an-dui-ge-ren-sheng-si

維基百科（n.d.-a）。**世界人口**。取自 https://zh.wikipedia.org/wiki/%E4%B8%96%E7%95%8C%E4%BA%BA%E5%8F%A3

維基百科（n.d.-b）。**茉莉花革命**。取自 https://zh.wikipedia.org/wiki/%E8%8C%89%E8%8E%89%E8%8A%B1%E9%9D%A9%E5%91%BD

維基百科（n.d.-c）。**彎彎**。取自 http://zh.wikipedia.org/zh-hant/%E5%BD%8E%E5%BD%8E。

趙貞怡、林懷駿、陳宥妤（2008）。數位典藏素材融入國小藝術與人文領域課程教材之開發與設計。**國民教育**，**48**(4)，81-91。

趙惠玲（2005）。**視覺文化與藝術教育**。臺北市：師大書苑。

趙惠玲（2006）。**解讀視覺文化素養：成人觀者視覺影像反應之研究**（報告編號：NSC94-2411-H-003-014）。臺北市：行政院國家科學委員會。

趙惠玲（2010）。寧靜的革命：談王秀雄教授對臺灣藝術鑑賞教育的啟蒙與傳承。**典範與風華：王秀雄教授藝術教學與研究成就國際學術研討會論文集**（頁 95-108）。臺北市：國立臺灣師範大學。

劉子鍵、王緒溢、梁仁楷（2002）。當電子書包進入教室：高互動學習環境之系統建置與應用模式。**教育研究月刊**，**99**，110-119。

劉豐榮（2004）。**艾斯納藝術教育思想研究**（三版）。臺北市：水牛。

劉豐榮（2010）。精神性取向全人藝術創作教學之理由與內容層面：後現代以後之學院藝術教育。**視覺藝術**，**5**，2-27。

數位典藏與學習計畫百科（n.d.）。**數位學習國家型科技計畫**。取自 http://wiki.teldap.tw/index.php?title=%E6%95%B8%E4%BD%8D%E5%AD%B8%E7%BF%92%E5%9C%8B%E5%AE%B6%E5%9E%8B%E7%A7%91%E6%8A%80%E8%A8%88%E7%95%AB#.E6.A6.82. E8.BF.B0

潘文福（2006）。**數位典藏融入社會領域教學**。高雄市：復文書局。

潘文福（2007）。數位典藏融入自然與生活科技領域教科書之研究。**96年度數位典藏資訊融入教學研討會**，臺北市：國立臺灣大學。

蔡永橙、黃國倫、邱志義（2007）。數位典藏序論。載於中央研究院資訊科學研究所 & 計算中心主編：**數位典藏技術導論**（頁 4-27）。臺北市：國立臺灣大學出版中心、中央研究院。

蔡佩珊（2009）。**日本電子白板於正規教育應用之調查研究**。取自 http://idp.teldap.tw/epaper/200907

蔡佳燕、李開菊、車筱慧、黃以敬（2007）。**電子白板，學習樂趣多**。取自 http://www.libertytimes.com.tw/2007/new/jun/11/today-life14.htm

蔡清田、黃光雄（1999）。**課程設計：理論與實際**。臺北市：五南。

蔡順慈、姚佩吟（2007a）。數位學習內容設計引用數位典藏之探討。**2007臺灣資訊社會研究學會年會暨論文研討會**，新竹市：國立交通大學。

蔡順慈、姚佩吟（2007b）。數位典藏融入課程隨選系統設計之探討。林風主編，**TANET2007 臺灣網際網路研討會論文集（二）**（頁 897-902）。臺北市：國立臺灣大學。

鄭兆喻（2009）。**美國數位典藏在中小學資訊教育推廣之運用研究：以美國記憶之學習網為例**。未出版之碩士論文，國立花蓮教育大學國民教育研究所，花蓮市。

鄭明憲（2003）。兒童對視覺意象意義的建構。**藝術教育研究**，5，1-22。

鄭寶梅（2007）。國家圖書館與數位學習服務。**國家圖書館館訊**，**96**(2)，10-15。

盧姵綺（2007）。部落格學習歷程檔案平臺融入藝術評量之研究。**國際藝術教育學刊**，5，186-208。

賴瓊瑜（2009）。使用互動式電子白板在藝術與人文教學之設計與發展。未出版之碩士論文，佛光大學未來學系，宜蘭縣。

謝清俊（1997）。資訊時代的一些省思。**新興科技與人生價值的省思研討會**。臺北市：中央研究院。

鍾季娟（n.d.）。**數位博物館與國小「藝術與人文」教師的真情對話**。取自 http://teacher.ks.edu.tw/resule_fi le_1/95/16.pdf

簡瑞榮（2003）。電腦在九年一貫藝術與人文教學的應用。**教師之友，44**(3)，25-32。

藍文欽（2004）。數位典藏與數位學習資源。載於國立臺灣大學圖書資訊學系主編：**數位學習研習班**（頁 7-2）。臺北市：編者。

嚴漢偉（2007）。**中央研究院數位典藏簡介**。取自 http://www.ascc.sinica.edu.tw/nl/89/1625/02.txt

英文部分

Abilock, D. (2008). Visual information literacy: Reading a documentary photograph. *Knowledge Quest, 36*(3), 7-13.

Ala-Mutka, K., Punie, Y., & Redecker, C. (2008). *ICT for learning, innovation and creativity*. Madrid, Spain: The European Communities.

Amazon. (n.d.). *Amazon*. Retrieved from http://www.amazon.com/

Answer. (n.d.). *Results for: Archive*. Retrieved from http://www.answers.com/topic/archive

Apple Incorporated. (2013). *Apple identity guidelines: For channel affiliates and Apple-certified individuals*. Cupertino, CA: Apple.

Aristovnik, A. (2012). The impact of ICT on educational performance and its efficiency in selected EU and OECD countries: A non-parametric analysis. *The Turkish Online Journal of Educational Technology, 3*(11), 144-152.

Arnheim, R. (1969). *Visual thinking*. Berkeley, CA: University of California Press.

Arnott, S. (2004). Computers to replace school blackboards. *Computing*. Retrieved from http://www.computing.co.uk/ctg/news/1860992/computers-replace-school-blackboards

Ashenfelder, M. (2013). Personal archiving in the cloud. In National Digital Information Infrastructure and Preservation Program (U.S.) (Ed.), *Perspectives on personal digital archiving* (pp. 21-22). Washington, DC: Library of Congress.

Assey, J. (1999). *The future of technology in K-12 arts education*. Retrieved from http://www.dkrug.com/csed/csed_readings/c.pdf

Association for Educational Communications and Technology. (2004). *The definition of educational technology*. Chicago, IL: Association for Educational Communications and Technology.

Atkins, R. (1995). *The art world (and I) go on line. Art in America, December 1995*. Retrieved from http://www.robertatkins.net/beta/witness/online/artworld.html

Avgerinou, M. D. (2008). *What is "Visual Literacy?"* Retrieved from http://www.ivla.org/org_what_vis_lit.htm

Avgerinou, M. D. (2009). Re-viewing visual literacy in the "Bain d' Images" era. *TechTrends, 53*(2), 28-34.

Avgerinou, M. D., & Pettersson, R. (2011). Toward a cohesive theory of visual literacy. *Journal of Visual Literacy, 30*(2), 1-19.

Aviram, A., & Eshet-Alkalai, Y. (2006). *Towards a theory of digital literacy: Three scenarios for the next steps*. Retrieved from http://www.eurodl.org/materials/contrib/2006/Aharon_Aviram.htm

Bailey, C. (2010). Introduction: Making knowledge visual. In C. Bailey & H. Gardiner (Eds.), *Revisualizing visual culture* (pp. 1-10). Surrey, UK: Ashgate.

Baker, F. W. (2012). *Media literacy in the K-12 classroom*. Eugene, OR: International Society for Technology in Education.

Bamford, A. (2003). *The visual literacy white paper.* Uxbridge, UK: Adobe Systems.

Bamford, A., & Flood, A. (2007). Manipulation, simulation, stimulation: The role of art education in the digital age. *International Journal of Education Through Art, 3*(2), 91-102.

Bandura, A. (1986). *Social foundations of thought and action: A social cognitive theory.* Englewood Cliffs, NJ: Prentice Hall.

Bannister, D. (2010). *Making the most of your interactive whiteboard.* London, UK: European Schoolnet.

Baumgartner, P. (2005). *Competency-based education with weblogs and e-portfolios: A challenge for developing a new learning culture.* Retrieved from http://bt-mac2.fernunihagen.de/peter/gems/eportfolioenglish.pdf

Bawden, D. (2008), Origins and concepts of digital literacy. In C. Lankshear & M. Knobel (Eds.), *Digital literacies: Concepts, policies and practices* (pp. 17-32). New York, NY: Peter Lang.

Bayne, S. (2004). Smoothness and striation in digital learning spaces. *E-Learning and Digital Media, 1*(2), 302-316.

BBC News. (2004). *'Blog' picked as word of the year.* Retrieved from http://news.bbc.co.uk/2/hi/technology/4059291.stm

Beauchamp, G. (2004). Teacher use of the interactive whiteboard in primary schools: Towards an effective transition framework. *Technology, Pedagogy and Education, 13*(3), 327-348.

Benjamin, W. (1970). The work of art in the age of mechanical reproduction. In H. Arendt (Ed.), *Illuminations* (pp. 211-244). London, UK: Jonathan Cape.

Bentkowska-Kafel, A., Cashen, T., & Gardiner, H. (Eds.). (2009). *Digital visual culture: Theory and practice.* Chicago, IL: Intellect.

Berners-Lee, T. (1998). *The World Wide Web: A very short personal history.* Retrieved from http://www.w3.org/People/Berners-Lee/ShortHistory

Bertacchini, E., & Morando, F. (2013). The future of museums in the digital age: New models of access and use of digital collections. *International Journal of Arts Management, 15*(2), 60-72.

Betcher, C., & Lee, M. (2009). *The interactive whiteboard revolution: Teaching with IWBs*. Victoria, Australia: ACER Press.

Birbeck, D., & Andre, K. (2009). The affective domain: Beyond simply knowing. In J. Milton, C. Hall, J. Lang, G. Allan, & M. Nomikoudis (Eds.), *ATN assessment conference 2009: Assessment in different dimensions* (pp. 40-46). Melbourne, Australia: Learning and Teaching Unit, RMIT University.

Bjarneskans, H., Grønnevik, B., & Sandberg, A. (1997). *The lifecycle of memes*. Retrieved from http://www.aleph.se/Trans/Cultural/Memetics/memecycle.html

Black, J. (2009). Necessity is the mother of invention: Changing power dynamics between teachers and students in wired art classrooms. *Canadian Review of Art Education, 36*, 99-117.

Black, J., & Browning, K. (2011). Creativity in digital art education teaching practices. *Art Education, 64*(5), 19-24.

Blackmore, S. J. (2003). Consciousness in meme machines. *Journal of Consciousness Studies, 10*(4), 19-30.

Blau, I. (2011). Teachers for "smart classrooms": The extent of implementation of an interactive whiteboard-based professional development program on elementary teachers' instructional practices. *Interdisciplinary Journal of E-Learning and Learning Objects, 7*, 275-289.

Blood, R. (2003). Weblogs and journalism: Do they connect? *Nieman Reports, 57*(3), 61-63.

Blood, R. (2004). How blogging software reshapes the online community. *Communications of the ACM, 47*, 53-55.

Böhmer, M., & Krüger, A. (2013). *A study on icon arrangement by smartphone users*. Paper presented at the ACM SIGCHI Conference, Paris, France.

Boughton, D. (1986). Visual literacy: Implications for cultural understanding through art education. *Journal of Art and Design Education, 5*(1-2), 125-142.

Boyd, D. (2006). A blogger's blog: Exploring the definition of a medium. *Reconstruction, 6*(4). Retrieved from http://reconstruction.eserver.org/064/boyd.shtml

British Educational Communications and Technology Agency. (1997). *Curriculum software initiative: Art*. Coventry, UK: British Educational Communications and Technology Agency.

British Educational Communications and Technology Agency. (2004). *ICT in Schools Survey 2004*. Coventry, UK: British Educational Communications and Technology Agency.

British Educational Communications and Technology Agency. (2006). *LANs in Schools Survey*. Coventry, UK: British Educational Communications and Technology Agency.

Brodie, R. (1996). *Virus of the mind: The new science of the meme*. Seattle, WA: Integral Press.

Brouwer, M. L. H., & Brown, R. (n.d.). *Version Control with SVK*. Retrieved from http://elixus.org

Brown, M. (2011). *Google art project is street view for galleries and museums*. Retrieved from http://www.wired.com/underwire/2011/02/google-art-project

Brumberger, E. (2011). Visual literacy and the digital native: An examination of the millennial learner. *Journal of Visual Literacy, 30*(1), 19-47.

Buffington, M. (2008a). What is Web 2.0 and how can it further art education? *Art Education, 61*(3), 36-41.

Buffington, M. (2008b). Creating and consuming web 2.0 in art education. *Computers in the Schools, 25*(3-4), 303-313.

Buffington, M. L. (2010). Podcasting possibilities for art education. *Art Education*, 63(1), 11-16.

Bugeja, M. J. (2006). Facing the Facebook. *Chronicle of Higher Education*, 52(21), C1-C4.

Buhl, M. (2010). Images and visuality in ICT educational design. In M. Weifang & L. Qvortrup (Eds.), *Frameworks for supporting lifelong learning: Asia-Europe conference on lifelong learning* (pp. 43-59). Beijing, China: Tongxin Publishing House.

Buhl, M. (2011). So, what comes after? The current state of visual culture and visual education. *Synnyt Origins: Finnish Studies in Art*, 2011, 1-7.

Burdick, A., Drucker, J., Lunenfeld, P., Presner, T., & Schnapp, J. (2012). *Digital_humanities*. Boston, MA: Massachusetts Institute of Technology.

Burton, J. M., Horowitz, R., & Abeles, H. (2000). Learning in and through the arts: The question of transfer. *Studies in Art Education*, 41(3), 228-257.

Cai, N., Yao, L., & Liu, L. (2013). Creating social memories of major events in China: A Case study of the 5 · 12 Wenchuan Earthquake Digital Archive. In L. Duranti & E. Shaffer (Eds.), *The memory of the world in the digital age: Digitization and preservation* (pp. 1423-1431), Vancouver, Canada: United Nations Educational, Scientific and Cultural Organization.

Campbell, C., & Martin, D. (2010). Interactive whiteboards and the first year experience: Integrating IWBs into pre-service teacher education. *Australian Journal of Teacher Education*, 35(6), 68-75.

Carpenter, B. S., & Taylor, P. G. (2003). Racing thoughts: Altering our ways of knowing and being in art through computer hypertext. *Studies in Art Education*, 45(1), 40-55.

Carraher, D. (2003). *Weblogs in education*. Retrieved from http://wrede.interfacedesign.org/archives/430.html

Carter, M. (2008). Volitional aesthetics: A philosophy for the use of visual culture in art education. *Studies in Art Education, 49*(2), 87-102.

Cervinschi, C. L., & Butucea, D. (2010). Integration of web technologies in software applications. Is Web 2.0 a solution? *Database Systems Journal, 1*(2), 39-44.

Chao, H. L. (2003). *Visual cultural literacy: A cognitive model for examining visual images of Taiwanese adolescents*. Paper presented at the 6th European Regional Congress InSEA ON SEA, Helsinki, Eingland.

Charland, W. (2011). Art integration as school culture change: A cultural ecosystem approach to faculty development. *International Journal of Education and the Arts, 12*(8), 1-17.

Chawla, N. (2011). *Lisa Blue's "Lakshmi" swimwear shocks Indians*. Retrieved from http://indiatoday.intoday.in/story/goddesses-on-bikini-bottom-toilet-seats/1/137270.html

Chen, C. M., & Chen, C. C. (2010). Problem-based learning supported by digital archives: Case study of Taiwan libraries' history digital library. *Electronic Library, 28*(1), 5-28.

Choemprayong, S. (2006). Closing digital divides: The United States' policies. *Libri, 56*, 201-212.

Clark, G. A., Day, M., & Greer, W. D. (1987). Discipline-based art education: Becoming students of arts. *Journal of Aesthetics Education, 21*(2), 130-193.

Cleere, H. (2011). *The impact of world heritage listing*. Paper presented at 17th ICOMOS General Assembly and Scientific Symposium, Paris, France.

Cousins, J. (2011). The cultural heritage of Europe: Building the value proposition for Europeana. *Serials, 24*(1), 69-78.

Creative Commons. (n.d.). *Creative commons*. Retrieved from https://creativecommons.org/

Crook, C. (2008). What are Web 2.0 technologies, and why do they matter?

In N. Selwyn (Ed.), *Education 2.0? Designing the web for teaching and learning: A commentary by the technology enhanced learning phase of the teaching and learning research programme* (pp. 6-9). London, UK: Institute of Education, London University.

Crowe, B. (1988). *Computers in secondary school art curriculum: Painting a picture of effective teaching.* Paper presented at 1988 Annual meeting of the Mid-South Educational Research Association, Lexington, KY.

Csikszentmihalyi, M. (1996). *Creativity: Flow and the psychology of discovery and invention.* New York, NY: Harper Collins.

Cuthell, J. P. (2007). Beyond collaborative learning: Communal construction of knowledge in an online environment. In J. Filipe, J. Cordeiro, & V. Pedrosa (Eds.), Web information systems and technologies: International conferences WEBIST 2005 and WEBIST 2006, revised selected papers (pp. 529-536). Heidelberg, Germany: Springer-Verlag.

D'Angelo, J. (1988). Computers for art teachers. *Art Education, 41*(5), 41-48.

Dake, D. (2007). A natural visual mind: The art and science of visual literacy. *Journal of Visual Literacy, 27*(1), 7-28.

Dalbello, M. (2009). *Digital cultural heritage: Concepts, projects, and emerging constructions of heritage.* Paper presented at the Libraries in the Digital Age (LIDA) Conference, Zadar, Croatia.

Darley, A. (2000). *Visual digital culture: Surface play and spectacle in new media genres.* London, UK: Routledge.

Darts, D. (2004). Visual culture jam: Art, pedagogy, and creative resistance. *Studies in Art Education, 45*(4), 313-327.

Davidson, C. N., & Goldberg, D. T. (2009). *The future of learning institutions in a digital age.* London, UK: The MIT Press.

Davies, H., Franks, A., Loveless, A., Mosdell, N., & Wheeler, T. (2003). *Keys to imagination: ICT in art education, creating spaces.* London, UK: Arts Council England.

Davies, W. (2007). *The cold, cold heart of Web 2.0: On the people-powered net, you're just another number*. Retrieved from http://www.theregister.co.uk/2007/07/31/william_davies_web20/

Dawkins, R. (2006). *The selfish gene* (30th anniversary edition). New York, NY: Oxford University Press.

de Rosa, A. S., & Farr, R. (2001). Icon and symbol: Two sides of the coin in the investigation of social representations. In F. Buschini & N. Kalampalikis (Eds.), *Penser la vie, le social, la nature. Mélanges en hommage à Serge Moscovici* (pp. 237-256). Paris, France: Les Editions de la Maison des Sciences de l'Homme.

Debord, G. (1994). *The society of the spectacle*. New York, NY: Zone.

Delacruz, E. (2009). Art education aims in the age of new media: Moving toward global civil society. *Art Education, 62*(5), 13-18.

Deleuze, G., & Guattari, F. (1987). *A thousand plateaus: Capitalism and schizophrenia*. Minneapolis, MN: University of Minnesota Press.

Deng, L., & Yuen, A. H. K. (2012). Understanding student perceptions and motivation towards academic blogs: An exploratory study. *Australasian Journal of Educational Technology, 28*(1), 48-66.

Dennett, D. (1991). *Consciousness explained*. Boston, MA: Little, Brown.

Derrida, J. (1995). Archive fever: A Freudian impression. *Diacritics, 25*(2), 9-63.

Deubel, P. (2010). *Interactive whiteboards: Truths and consequences*. Retrieved from http://thejournal.com/Articles/2010/08/04/Interactive-Whiteboards-Truths-and-Consequences.aspx?Page=1

Deuze, M. (2006). Participation, remediation, bricolage: Considering principal components of a digital culture. *The Information Society, 22*(2), 63-75.

DiGregorio, P., & Sobel-Lojeski, K. (2010). The effects of interactive whiteboards (IWBs) on student performance and learning: A literature review. *Journal of Educational Technology Systems, 38*(3), 255-312.

DiNucci, D. (1999). Fragmented future. *Print, 53*(4), 32, 220-222.

Donahue-Wallace, K., La Follette, L., & Pappas, A. (2008). Introduction. In K. Donahue-Wallace, L. La Follette, & A. Pappas (Eds.), *Teaching art history with new technologies reflections and case studies* (pp. 3-13). Newcastle, UK: Cambridge.

Downes, S. (2004). Educational blogging. *EDUCAUSE Review, 39*(5), 14-26.

Downes, S. (2005). *E-learning 2.0*. Retrieved from http://www.downes.ca/post/31741

Duncum, P. (2001). Visual culture: Developments, definitions, and directions for art education. *Studies in Art Education, 42*(2), 101-112.

Duncum, P. (2002). Visual culture art education: Why, what and how. *The International Journal of Art and Design Education, 21*(1), 14-23.

Duncum, P. (2004). Visual culture isn't just visual: Multiliteracy, multimodality and meaning. *Studies in Art Education, 45*(3), 252-264.

Duncum, P. (2008). Holding aesthetics and ideology in tension. *Studies in Art Education, 49*(2), 122-135.

Dunlap, J. C., & Lowenthal, P. R. (2011). Learning, unlearning, and relearning: Using Web 2.0 technologies to support the development of lifelong learning skills. In G. D. Magoulas (Ed.), *E-infrastructures and technologies for lifelong learning: Next generation environments* (pp. 292-315). Hershey, PA: Information Science Reference.

Dunmill, M., & Arslanagic, A. (2006). *ICT in arts education: A literature review*. Christchurch, New Zealand: University of Canterbury.

Dyrli, O. E. (2005). School blogs. *District Administration, 41*(10), 69.

Efland, A. (1990). *A history of art education: Intellectual and social currents in teaching the visual arts*. New York, NY: Teachers College.

Efland, A., Freedman, K., & Stuhr, P. (1996). *Postmodern art education*. Reston, VA: National Art Education Association.

eInstruction. (n.d.). *eInstruction*. Retrieved from http://www.einstruction.com

Enonbun, O. (2010). Constructivism and Web 2.0 in the emerging learning era: A global perspective. *Journal of Strategic Innovation and Sustainability, 6*(4), 17-27.

Eshet-Alkalai, Y. (2004). Digital literacy: A conceptual framework for survival skills in the digital era. *Journal of Educational Multimedia and Hypermedia, 13*(1), 93-106.

Eshet-Alkalai, Y. (2005). A holistic model of thinking skills in the digital era. In C. Howard, J. V. Boettcher, L. Justice, K. D. Schenk, P. L. Rogers, & G. A. Berg (Eds.), *Encyclopedia of distance learning* (pp. 1088-1093). London, UK: Idea Group.

Eshet-Alkalai, Y. (2009). Real-time thinking in the digital era. In M. Khosrow-Pour (Ed.), *Encyclopedia of information science and technology* (2nd ed., pp. 3219-3223). London, UK: Information Science Reference.

Eshet-Alkali, Y., & Amichai-Hamburger, Y. (2004). Experiments in digital literacy. *CyberPsychology and Behavior, 7*(4), 421-429.

Eshet-Alkalai, Y., & Soffer, O. (2012). Guest editorial: Navigating in the digital era: Digital literacy: Socio-cultural and educational aspects. *Educational Technology and Society, 15*(2), 1.

European Schoolnet. (n.d.). *European Schoolnet*. Retrieved from http://www.eun.org/home

Europeana. (n.d.). *Europeana collections*. Retrieved from https://www.europeana.eu/portal/en

Evans, M. (2007). Archives of the people, by the people, for the people. *American Archivist, 70*(2), 387-400.

Faulkner, B. (2004). Pink flamingos and Picasso: Memes and the evolutionary struggle for aesthetic survival. *Arts and Learning Research Journal, 20*(1), 19-38.

Felluga, D. (2011). *The dürer woodcut: Postmodernism.* Retrieved from https://www.cla.purdue.edu/english/theory/postmodernism/image/

Felten, P. (2008). Visual literacy. *Change: The Magazine of Higher Learning, 40*(6), 60-64.

Ferdig, R. E., & Trammell, K. D. (2004). Content delivery in the "blogosphere." *THE Journal, 31*(7), 12-16.

Ferguson, J. (2005). Bridging the gap between research and practice. *Knowledge Management for Development Journal, 1*(3), 46-54.

Fernánde Martín, J. J., García Fernández, J., Delgado del Hoyo, F. J., & Finat Codes, J. (2012). *Preliminary ideas for a project on cultural Heritage: "Heva"-digital Resources optimization for the enhancement of cultural heritage.* Paper presented at EuroMed 2012 Conference. Limassol, Cyprus.

Flannery, M. E. (2005). New kids on the blog. *NEA Today, 24*(2), 32-34.

Flaum, S. (2011). *Fostering visual literacy in the X-Box generation.* Retrieved from https://www.mheonline.com/glencoemath/wp-content/themes/souffle/pdfs/Fostering-Visual-Literacy-in-the-X-Box-Generation.pdf

Florida, R. L. (2005). *Cities and the creative class.* London, UK: Routledge.

FoxNews. (2010, November 21). Newsweek depiction of Obama as Lord Shiva upsets some Indian-Americans. *Newsweek.* Retrieved from http://www.foxnews.com/politics/2010/11/21/newsweek-depiction-obama-lord-shiva-upsets-indians.html

Freedman, K. (1991). Possibilities of interactive computer graphics for art instruction: A summary of research. *Art Education, 44*(3), 41-47.

Freedman, K. J. (2003). *Teaching visual culture: Curriculum, aesthetics, and the social life of art.* New York, NY: Teachers College Press.

Friedberg, A. (2006). *The virtual window: From Alberti to Microsoft.* Cambridge, MA: The MIT Press.

Fromme, R. (1999). Technology's implications for art education. *Artery International 1999.* Retrieved from http://www.burleehost.com/artery/techarted.htm

Frost, C. (2010). Internet art history 2.0. In C. Bailey & H. Gardiner (Eds.), *Revisualizing visual culture* (pp. 125-137). London, UK: Ashgate.

Fuery, P., & Fuery, K. (2003). *Visual cultures and critical theory.* London, UK: Edward Arnold.

Fuglestad, T. (2010). *Art is interactive.* Retrieved from http://artisinteractive.wikispaces.com/Artisinteractive

Fullan, M. (2003). *Change forces with a vengeance.* New York, NY: Routledge Falmer.

Gabora, L. (2001). *Cognitive mechanisms underlying the origin and evolution of culture.* Unpublished doctoral dissertation, Center Leo Apostel for Interdisciplinary Studies, Vrije University of Brussels, Belgium.

Gayford, M. (2010). *David Hockney's iPad Art.* Retrieved from http://www.lalouver.com/html/gallery-history-images/other-resources/David-Hockney-iPad-art-Telegraph.pdf

Galbraith, L. (1997). Enhancing art teacher education with new technologies: Research possibilities and practices. *Art Education, 50*(5), 14-19.

Gans, J. (2012). *Information wants to be shared.* Boston, MA: Harvard Business Review Press.

Gardner, H. (1993). *Frames of mind: The theory of multiple intelligences.* New York, NY: Basic.

Gardner, H. (1999). *Intelligence reframed: Multiple intelligences for the 21st century.* New York, NY: Basic.

Gardner, H. (2000). Can technology exploit our many ways of knowing? In

D. T. Gordon (Ed.), *The digital classroom: How technology is changing the way we teach and learn* (pp. 32-35). Cambridge, MA: Harvard Education Letter.

Garoian, C. (2008). Verge of collapse: The pros/thesis of art research. *Studies in Art Education, 49*(3), 218-234.

Garoian, C. (2010a). Art practice as prosthetic visuality. *Studies in Art Education, 51*(2), 176-188.

Garoian, C. (2010b). Preface: Critical agency: Wired, jacked, and plugged-in. In R. W. Sweeny (Ed.), *Inter/actions/inter/sections: Art education in a digital visual culture* (pp. vii-viii). Reston, VA: National Art Education Association.

Garoian, C., & Gaudelius, Y. (2001). Cyborg pedagogy: Performing resistance in the digital age. *Studies in Art Education, 42*(4), 333-347.

Garoian, C., & Gaudelius, Y. (2004). The spectacle of visual culture. *Studies in Art Education, 45*(4), 298-312.

Garoian, C., & Gaudelius, Y. (2008). *Spectacle pedagogy: Art, politics, and visual culture.* Albany, NY: State University of New York Press.

Gere, C. (2008). *Digital culture* (2nd ed.). London, UK: Reaktion.

Gillmor, D. (2004). *We the media: Grassroots journalism by the people, for the people.* Sebastopol, CA: O'Reilly Media.

Gilster, P. (1997). *Digital literacy.* New York, NY: Wiley.

Glover, D., & Miller, D. (2001). Running with technology: The pedagogic impact of the large-scale introduction of interactive whiteboards in one secondary school. *Journal of Information Technology for Teacher Education, 10*(3), 257-276.

Glover, D., Miller, D., Averis, D., & Door, V. (2004). Leadership implications of using interactive whiteboards: Linking technology and pedagogy in the management of change. *Management in Education, 18*(5), 27-30.

Glover, D., Miller, D., Averis, D., & Door, V. (2005). The interactive whiteboard: A literature survey. *Technology, Pedagogy and Education, 14*(2), 155-170.

Godwin-Jones, R. (2009). Emerging technologies: Personal learning environments. *Lanuage Learning and Technology, 13*(2), 3-9.

Golson, J. (2011). *iCloud logo infused with golden ratio*. Reterieved from http://www.macrumors.com/2011/06/16/icloud-logo-infused-with-golden-ratio

Google. (n.d.-a). *Blogger.com*. Retrieved from https://www.blogger.com/about/

Google. (n.d.-b) *Google arts & culture*. Retrieved from http://www.google.com/culturalinstitute/project/art-project?hl=zh-tw

Google. (n.d.-c). *Google earth*. Retrieved from https://www.google.com/earth

Graham, P. (2005). *Web 2.0*. Retrieved from http://paulgraham.com/web20.html

Graham, P. (2006). *Interview about Web 2.0*. Retrieved from http://paulgraham.com/web20interview.html

Gregory, D. C. (2009). Boxes with fires: Wisely integrating learning technologies into the art classroom. *Art Education, 62*(3), 47-54.

Greiffenhagen, C. (2002). *Out of the office into the school: Electronic whiteboards for education*. Retrieved from http://www.academia.edu/283191/Out_of_the_office_into_the_school_electronic_whiteboards_for_education

Gürer, G. (2004). *The contribution of visual arts education to science and technology*. Paper presented at the 2nd International Symposium of Interactive Media Design, Istanbul, Turkey.

Haberman, S. J. (1978). *Analysis of qualitative data*. London, UK: Academic Press.

Hall, I., & Higgins, S. (2005). Primary school students' perceptions of interactive whiteboards. *Journal of Computer Assisted Learning, 21*(2), 102-117.

Harlan, C. (2012). In South Korean classrooms, digital textbook revolution meets some resistance. *Washington Post*. Retrieved from http://gsehd.gwu.edu/documents/users/juliestella/in-south-korea.pdf

Harris, A., & Rea, A. (2009). Web 2.0 and virtual world technologies: A growing impact on IS education. *Journal of Information Systems Education, 20*(2), 137-144.

Harvey, R., & Bastian, J. (2012). Out of the classroom and into the laboratory: Teaching digital curation virtually and experientially. *IFLA Journal, 38*(1), 25-34.

Haskins, K. (2007). Between archive and participation: Public memory in a digital age. *Rhetoric Society Quarterly, 37*(4), 401-422.

Herring, S. C., Scheidt, L. A., Bonus, S., & Wright, E. (2004). *Bridging the gap: A genre analysis of weblogs*. Paper presented at the 37th Annual Hawaii International Conference on System Sciences, Washington, DC.

Heyser, J. (2010). *Evaluation of art education whiteboard adoption program*. Retrieved from http://stu.westga.edu/~jheyser1/8480_evaluation_report_jth.pdf

Hicks, J. (1993). Technology and aesthetic education: A crucial synthesis. *Art Education, 46*(6), 42-47.

Higgin, S., Beauchamp, G., & Miller, D. (2007). Reviewing the literature on interactive whiteboards. *Learning, Media and Technology, 32*(3), 213-225.

Hill, R. A., Owens, I., Beynon-Davies, P., & Williams, M. D. (2004). *Beyond access: Bridging the digital divide*. Paper presented at the 12th European Conference on Information Systems, Turku, Finland.

Hills, M. (2009). Participatory culture: Mobility, interactivity and identity. In G. Creeber & R. Martin (Eds.), *Digital cultures: Understanding new media* (pp. 107-116). New York, NY: McGraw-Hill.

Hockney, D. (n.d.). *David Hockney*. Retrieved from http://www.hockneypictures.

com/current.php

Hourihan, M. (2002). *What we're doing when we blog.* Retrieved from http://www.oreillynet.com/pub/a/javascript/2002/06/13/megnut.html

Hubbard, G. (1989). Hypermedia: Cause for optimism in art curriculum design. *Art Education, 42*(1), 58-64.

Hubbard, G., & Greh, D. (1991). Integrating computing into art education: A progress report. *Art Education, 44*(3), 18-24.

Hutchinson, A. (2007). *Exploring the integration of interactive whiteboards in K-12 education.* Retrieved from http://citeseerx.ist.psu.edu/viewdoc/download;jsessionid=1A873DDD99038A02258B83576E630633?doi=10.1.1.482.4912&rep=rep1&type=pdf

Ikeuchi, K., Hasegawa, K., Nakazawa, A., Takamatsu, J., Oishi, T., & Masuda, T. (2004). *Bayon digital archival project.* Paper presented at the 10th International Conference on Virtual Systems and Multimedia (VSMM 2004), Ogaki City, Japan.

International council on monuments and sites. (n.d.-a). *The athens charter for the restoration of historic monuments 1931.* Retrieved from https://www.icomos.org/en/charters-and-texts/179-articles-en-francais/ressources/chartersand-standards/167-the-athens-charter-for-the-restoration-of-historic-monuments

International council on monuments and sites. (n.d.-b). *International charter for the conservation and restoration of monuments and sites (The venice charter 1964).* Retrieved from https://www.icomos.org/charters/venice_e.pdf

International Telecommunication Union. (2013). *The world in 2013: ICT facts and figures.* Geneva, Switzerland: International Telecommunication Union.

Irvine, M. (2012). The work on the street: Street art and visual culture. In B. Sandywell & I. Heywood (Eds.), *The handbook of visual culture* (pp.

235-278). New York, NY: Berg.

Iwai, K. (2002). The contribution of arts education to children's lives. *Prospect, 32*(4), 407-420.

Jacobowitz, S. (2005). Watsuji and Deleuze and Guattari in the climate of culture. *Comparative Literature and Culture, 7*(3). Retrieved from http://dx.doi.org/10.7771/1481-4374.1275

Jagodzinski, J. (2008). Postmetaphysical vision: Art education's challenge in an age of globalized aesthetics (a mondofesto). *Studies in Art Education, 49*(2), 147-160.

Jenkins, H., Purushotma, R., Weigel, M., Clinton, K., & Robinson, A. J. (2009). *Confronting the challenges of participatory culture: Media education for the 21st century*. Cambridge, MA: The MIT Press.

Jones-Kavalier, B. R., & Flannigan, S. L. (2006). Connecting the digital dots: Literacy of the 21st century. *Educause Quarterly, 2006*(2), 8-10.

Kaempf, S. (2009). Case study: Virtual wars. In G. Creeber & R. Martin (Eds.), *Digital cultures: Understanding new media* (pp. 131-138). New York, NY: McGraw-Hill.

Karaganis, J. (2007). Presentation. In J. Karaganis (Ed.), *Structures of participation in digital culture* (pp. 8-16). New York, NY: Social Science Research Council.

Keane, T., & Blicblau, A. S. (2012). *Formation through educational technologies*. Paper presented at ASCILITE-Australian Society for Computers in Learning in Tertiary Education Annual Conference 2012, Wellington, New Zealand.

Keifer-Boyd, K. (1996). Interfacing hypermedia and the Internet with critical inquiry in the arts: Preservice training. *Art Education, 49*(6), 33-41.

Kennewell, S. (2006). *Reflections on the interactive whiteboard phenomenon: A synthesis of research from the UK*. Paper presented at the AARE Annul Conference, Adelaide, Australian.

Khan Academy. (n.d.). *Art histoy*. Retrieved from http://smarthistory.khanacademy.org/

Kirkpatrick, D. (2011). Flexibility in the twenty-first century: The challenge of Web 2.0. In E. Burge, C. C. Gibson, & T. Gibson (Eds.), *Flexible pedagogy, flexible practice: Notes from the trenches of distance education* (pp. 19-28). Edmonton, Canada: AU Press.

Knobel, M., & Lankshear, C. (Eds.). (2010). *DIY media: Creating, sharing and learning with new technologies*. New York, NY: Peter Lang.

Knochel, A. (2011). Art education in a network ontology: Seeing nonhumans. *Marilyn Zurmuehlen Working Papers in Art Education, 2011*(1). Retrieved from http://ir.uiowa.edu/mzwp/vol2011/iss1/4

Kocen, N. G. (2008). *Technology at the beginning of the 21st century: Using an interactive whiteboard in elementary art education*. Unpublished master thesis, Department of Art Education, Virginia Commonwealth University, Richmond, VA.

Kochtanek, T. R., Kassim, A. R. C., & Hein, K. K. (2001). A digital library resource Web site: Project DL. *Online Information Review, 25*(1), 29-41.

Konstantinos, T., Andreas, A., & Karakiza, T. (2013). Views of ICT teachers about the introduction of ICT in primary education in Greece. *The Turkish Online Journal of Educational Technology, 12*(1), 200-209.

Koos, M., & Smith-Shank, D. L. (1996). The World Wide Web: Alice meets cyberspace. *Art Education, 49*(6), 19-24.

Kop, R. (2012). The unexpected connection: Serendipity and human mediation in networked learning. *Educational Technology and Society, 15*(2), 2-11.

Kristeva, J. (1986). Word, dialogue, and the novel. In T. Moi (Ed.), *The Kristeva reader* (pp. 35-61). New York, NY: Columbia University Press.

Krug, D. H. (2002). Electronic media and everyday aesthetics of simulation. *Visual Arts Research, 28*(2), 27-37.

Krug, D. H. (2004). What colors are the stars in the universe? Contemporary issues of art, culture, and aesthetics in a rapidly changing world of digital media, electronic learning environments, and virtual education. *New Thought and Actions of Art Education, 139*, 24-35.

Krug , D. H., & Cohen-Evron, N. (2000). Curriculum integration positions and practices in art education. *Studies in Art Education, 41*(3), 258-275.

Labadi, S. (Ed.). (2007). *World heritage-Challenges for the millennium.* Paris, France: UNESCO World Heritage Centre.

Laland, K. N., Odling-Smee, J., & Feldman, M. W. (2000). Niche construction, biological evolution, and cultural change. *Behavioral and Brain Sciences, 23*(1), 131-146.

Lankshear, C., & Knobel, M. (2003). *Do-It-Yourself broadcasting: Writing weblogs in a knowledge society.* Paper presented at 2003 annual meeting of the American Educational Research Association, Chicago, IL.

Lau, J. (2007). *Information literacy: An international state of the art report.* Retrieved from http://www.ifla.org/files/assets/information-literacy/UNESCO_IL_state_of_the_art_fre_2010.pdf

Lawton, P. H. (2007). Balancing act: Bridging the traditional and technological aspects of culture through art education. *The Forum on Public Policy, 3*, 1-13.

Ledig, C. (2009). The Faro convention and the information society. In Council of Europe (Ed.), *Heritage and beyond* (pp. 159-168). Strasbourg Cedex, France: Council of Europe.

Lee, M., & Winzenried, A. (2009). *The use of instructional technology in schools: Lessons to be learned.* Melbourne, Australia: ACER Press.

Lenzerini, F. (2011). Intangible cultural heritage: The living culture of peoples. *The European Journal of International Law, 22*(1), 101-120.

Levy, P. (2002). *Interactive whiteboards in learning and teaching in two Sheffield schools: A development study.* Retrieved from http://dis.shef.ac.uk/eirg/projects/wboards.htm

Library and Archives Canada. (n.d.). *Learning centre: Introduction.* Retrieved from http://www.collectionscanada.gc.ca/education/index-e.html

Library of Congress. (n.d.). *Teachers.* Retrieved from http://www.loc.gov/teachers/index.html

Linden Lab. (n.d.). *Second life.* Retrieved from https://secondlife.com/

Lindsay, K. (2009). *The role of digital archives in teaching and learning work in progress: The First World War Poetry Digital Archive.* Retrieved from http://www.oucs.ox.ac.uk/ww1lit/documents/ww1finalreport.pdf

LINE Corporation. (n.d.). *LINE.* Retrieved from http://line.naver.jp/zh-hant

Littrell, A. B. (2005). *"My space": Using blogs as literature journals with adolescents.* Unpublished doctoral dissertation, Tennessee Technological University, Cookeville, TN.

Lovejoy, M. (1990). Art, technology, and postmodernism: Paradigms, parallels, and paradoxes. *Art Journal, 49*(3), 257-265.

Loveless, A. (2002). *Literature review in creativity, new technologies and learning.* Bristol, UK: Futurelab.

Loveless, A. (2007). *Creativity, technology and learning: A review of recent literature.* Retrieved from http://www2.futurelab.org.uk/resources/documents/lit_reviews/Creativity_Review_update.pdf

Loveless, A. (2011). Technology, pedagogy and education: Reflections on the accomplishment of what teachers know, do and believe in a digital age. *Technology, Pedagogy and Education, 20*(3), 301-316.

Lowenfeld, V., & Brittain, W. L. (1982). *Creative and mental growth.* Englewood Cliffs, NJ: Prentice Hall.

Malmelin, N. (2010). What is advertising literacy? Exploring the dimensions of advertising literacy. *Journal of Visual Literacy, 29*(2), 129-142.

Manoff, M. (2004). Theories of the archive from across the disciplines. *Libraries and the Academy, 4*(1), 9-25.

Marchionini, G., & Maurer, H. (1995). The roles of digital libraries in teaching and learning. *Communications of the ACM, 38*(4), 67-75.

Martin, A. (2006). A framework for digital literacy. *DigEuLit working paper.* Retrieved from http://www.digeulit.ec/docs/public.asp

Martin, F., Spalter, A., Friesen, O., & Gibson, J. (2008). An approach to developing digital visual literacy (DVL). *College and University Media Review, 14,* 117-143.

Martindale, T., & Wiley, D. (2005). Using weblogs in scholarship and teaching. *TechTrends, 49*(2), 55-61.

Matthew, A. (2009). Tim O'Reilly and Web 2.0: The economics of memetic liberty and control. *Communication, Politics and Culture, 42*(2), 6-23.

Matthews, J. (1997). *Computers and art education.* Reston, VA: The National Art Education Association.

McCrary, Q. (2011). The political nature of digital cultural heritage. *Liber Quarterly, 20* (3-4), 357-368.

McEntyre, M. (2006). *The effects interactive whiteboards have on student motivation* (research report EDIT 6900). Retrieved from http://www.tsp-av.com/wp-content/uploads/2011/01/Interactive-Whiteboard-Research.pdf

McIntyre, D. (2002). Has classroom teaching served its day? In B. Moon, A. S. Mayes, & S. Hutchinson (Eds.), *Teaching, learning and the curriculum in secondary schools* (pp. 124-141). London, UK: Routledge Falmer.

McKemmish, S. (2011). Evidence of me...in a digital world. In C. A. Lee. (Ed.), *I, digital: Personal collections in the digital era* (pp. 115-150). Chicago, IL: Society of American Archivists.

McLoughlin, C., & Lee, M. J. W. (2008). Future learning landscapes: Transforming pedagogy through social software. *Innovate: Journal of Online Education, 4*(5). Retrieved from http://jotamac.typepad.com/jotamacs_weblog/files/future_learning_landscapes_transforming_pedagogy_through_social_software.pdf

McLuhan, M. (1962). *The Gutenberg galaxy: The making of typographic man*. London, UK: Routledge & Kegan Paul.

McLuhan, M. (1964). *Understanding media: The extensions of man*. New York, NY: McGraw-Hill.

MediaLive. (n.d.). *MediaLive*. Retrieved from http://www.medialive.ie

MediaLive International, & O'Reilly Media. (n.d.). *Web 2.0 Conference*. Retrieved from http://conferences.oreillynet.com/web2con

Merholz, P. (2002). *Play with your words*. Retrieved from http://www.peterme.com/archives/00000205.html

Merriam-Webster. (n.d.). Blog. *Merriam-Webster Dictionary*. Retrieved from https://www.merriam-webster.com/dictionary/blog

Metros, S. E. (2008). The educator's role in preparing visually literate learners. *Theory into Practice, 47*, 102-109.

Miller, D., Glover, D., & Averis, D. (2004). *Motivation: The contribution of interactive whiteboards to teaching and learning in mathematics*. Retrieved from http://rcsdk8.edlioschool.com/pdf/technology_committees/iwb/IWB_MOtivation.pdf

Mirzoeff, N. (1999). *An introduction to visual culture*. London, UK: Routledge.

Mirzoeff, N. (2002). Ghostwriting: Working out visual culture. In K. P. F. Moxey & M. A. Holly (Eds.), *Art history, aesthetics, visual studies* (pp.

189-202). London, UK: Yale University Press.

Mirzoeff, N. (2008). Visual culture, everyday life, difference, and visual literacy: Interview with Nicholas Mirzoeff. In M. Smith (Ed.), *Visual culture studies* (pp. 17-32). London, UK: Sage.

Mitchell, W. J. T. (1995). *Picture theory: Essays on verbal and visual representation.* Chicago, IL: University of Chicago Press.

Mitchell, W. J. T. (2005). What do pictures want? W. J. T. Mitchell (Ed.), *What do pictures want?: The lives and loves of images* (pp. 28-56). Chicago, IL: University of Chicago Press.

Mitchell, W. J. T. (2008). Mixing it up: The media, the senses, and global politicsinterview with W. J. T. Mitchell. In M. Smith (Ed.), *Visual culture studies* (pp. 33-48). London, UK: Sage.

Mitchell, W., Inouye, A., & Blumenthal, M. (2003). *Beyond productivity: Information, technology, innovation, and creativity.* Washington, DC: National Academies Press.

Mitra, S. (n.d.). *Hole-in-the-Wall.* Retrieved from http://www.hole-in-the-wall.com/index.html

Mitra, S., & Dangwal, R. (2010). Limits to self-organising systems of learning: the Kalikuppam experiment. *British Journal of Educational Technology, 41*(5), 672-688.

Mitra, S., & Rana, V. (2001). Children and the Internet: Experiments with minimally invasive education in India. *British Journal of Educational Technology, 32*(2), 221-232.

Montagnier, P., & Wirthmann, A. (2011). *Digital divide: From computer access to online activities: A micro data analysis* (OECD Digital Economy Paper No. 189). Retrieved from http://www.oecd-ilibrary.org/docserver/download/5kg0lk60rr30.pdf?expires=1446111057&id=id&accname=guest&checksum=8BBCDF23C16B807B12DEEA169168D7E8

Moss, G., & Jewitt, C. (2010). Policy, pedagogy and interactive whiteboards. In M. Thomas & E. C. Schmid (Eds.), *Interactive whiteboards for education: Theory, research and practice* (pp. 20-36). Hershey, PA: Information Science Reference.

Moss, G., Jewitt, C., Levaãic, R., Armstrong, V., Cardini, A., & Castle, F. (2007). *The interactive whiteboards, pedagogy and pupil performance evaluation: An evaluation of the schools whiteboard expansion (SWE) project: London challenge* (Research Report RR816). London, UK: Institute of Education.

Murugesan, S. (2010). Web X.0: A road map. In S. Murugesan (Ed). *Handbook of research on Web 2.0, 3.0 and X.0: Technologies, business and social applications* (pp. 1-11). Hershey, PA: Information Science Reference.

Naik, U., & Shivalingaiah, D. (2008). Comparative Study of Web 1.0, Web 2.0 and Web 3.0. In J. Arora (Ed.), *Proceedings of the 6th International CALIBER* (pp. 499-507). Allahabad, India: University of Allahabad.

Nardi, B. A., Schiano, D. J., & Gumbrecht, M. (2004). Blogging as social activity, or, would you let 900 million people read your diary? In D H. James & M. O. Gary (Eds.), *Proceedings of the 2004 ACM conference on Computer supported cooperative work* (pp. 222-231). Chicago, IL.

National Society for Education in Art and Design. (n.d.). *NSEAD*. Retrieved from http://www.nsead.org/home/index.aspx

National Telecommunications and Information Administration. (1999). *Falling through the net: Defining the digital divide.* Washington, DC: National Telecommunications and Information Administration.

Negroponte, N. (1995). *Being digital.* New York, NY: Alfred A. Knopf.

Negroponte, N. (1998). Beyond digital. *Wired,* 6(12). Retrieved from http://web.media.mit.edu/~nicholas/Wired/WIRED6-12.html

Neunkirchen-Seelscheid. (n.d.). *Neunkirchen-seelscheid.info*. Retrieved from https://www.neunkirchen-seelscheid.info/aktuelles.html

Newhouse, C. P. (2002). *The impact of ICT on learning and teaching.* Perth, Australia: Special Educational Service.

Nolan, E. (2006). *A short history of blogging 2000-2020.* Retrieved from http://www.wpp.com/~/media/SharedWPP/ReadingRoom/Digital/short_history_of_blogging.pdf

Northcote, M., Mildenhall, P., Marshall, L., & Swan, P. (2010). Interactive whiteboards: Interactive or just whiteboards? *Australasian Journal of Educational Technology, 26*(4), 494-510.

Nuell, L. (1984). Visual literacy in art education: A general overview and some thoughts. *Journal of Visual Verbal Languaging, 4*(2), 77-79.

Nunes, M. (1999). Virtual topographies: Smooth and striated cyberspace. In M. L. Ryan (Ed.), *Cyberspace textuality: Computer technology and literary theory* (pp. 63-71). Bloomington, IN: Indiana University Press.

O'Reilly, T. (2007). What is Web 2.0? Design patterns and business models for the next generation of software. In M. Mandiberg (Ed.), *The social media reader* (pp. 32-52). New York, NY: New York University Press.

O'Reilly Media. (n.d.). *About O'Reilly.* Retrieved from https://www.oreilly.com/about/

Oliva, P. F. (2005). *Developing the curriculum* (6th ed.). Boston, MA: Allyn and Bacon.

Oravec, J. (2003). Blending by blogging: Weblogs in blended learning initiatives. *Journal of Educational Media, 28*(2-3), 225-233.

Oxford University Press. (n.d.). Heritage. *Oxford Dictionaries.* Retrieved from http://www.oxforddictionaries.com/definition/english/heritage

Palfrey, J., & Gasser, U. (2008). *Born digital: Understanding the first generation of digital natives.* New York, NY: Basic.

Pally, J. (2010). Multi-dimensional social networks: The race to the intelligent web. *CSI Communications 34*(1), 29-31.

Park, S. E., Kim, H., & Kim, J. (2004). *How to visually create clear personalities* with blogs? Retrieved from http://hci.yonsei.ac.kr/non/e02/008-park-siggraph.pdf

Pauwels, L. (2008). Visual literacy and visual culture: Reflections on developing more varied and explicit visual competencies. *The Open Communication Journal, 2*(1), 79-85.

Peppler, K. (2010). Media arts: Arts education for a digital age. *Teachers College Record, 112*(8), 2118-2153.

Phelan, A. (2006). Studio art education today: The impact of digital media and technology on the pedagogical structure. *The International Journal of Arts Education, 4*(1), 9-32.

Phelps, R., & Maddison, C. (2008). ICT in the secondary visual arts classroom: A study of teachers' values, attitudes and beliefs. *Australasian Journal of Educational Technology, 24*(1), 1-14.

Poling, C. (2005). Blog on: Building communication and collaboration among staff and students. *Learning and Leading with Technology, 32*(6), 12-15.

Pope, R. (2005). *Creativity: Theory, history, practice.* New York, NY: Routledge.

Prater, M. (2001). Constructivism and technology in art education. *Art Education, 54*(6), 43-48.

Prensky, M. (2001). Digital natives, digital immigrants. *On the Horizon, 9*(5), 1-6.

Prensky, M. (2009). H. Sapiens digital: From digital immigrants and digital natives to digital wisdom. *Innovate: Journal of Online Education, 5*(3). Retrieved from http://nsuworks.nova.edu/cgi/viewcontent.cgi?article=1020&context=innovate

Pruulmann-Vengerfeldt, P., & Aljas, A. (2009). Digital cultural heritage: challenging museums, archives and users. *Journal of Ethnology and Folkloristics, 3*(1), 109-127.

Pugliese, T., & Da Sacco, M. G. (2007). *Cultural heritage as a socio-*

economic development factor. Retrieved from http://www.med-pact.com/Download/Archimedes/11%20Introduction%20Paper%20Cultural%20Heritage%20and%20Ec%20Dvlpmt.pdf

Qualman, E. (2009). *Socialnomics: How social media transforms the way we live and do business.* Hoboken, NJ: Wiley.

Radclyffe-Thomas, N. (2008). White heat or blue screen? Digital technology in art and design education. *International Journal of Art and Design Education, 27*(2), 158-167.

Ramachandran, V., & Hirstein, W. (1999). The science of art: A neurological theory of aesthetic experience. *Journal of Consciousness Studies, 6*(6-7), 15-51.

Reiser, B. (2004). Scaffolding complex learning: The mechanisms of structuring and problematizing student work. *The Journal of the Learning Sciences, 13*(3), 273-304.

Ringstaff, C., & Kelley, L. (2002). *The learning return on our educational technology investment.* San Francisco, CA: WestEd.

Rockenbach, B., & Fabian, C. (2008). Visual literacy in the age of participation. *Art Documentation, 26*(2), 26-31.

Rodríguez, P., Nussbaum, M., & Dombrovskaia, L. (2012). Evolutionary development: A model for the design, implementation, and evaluation of ICT for education programmes. *Assisted Learning, 28*(2), 81-98.

Rogoff, I. (2001). Studying visual culture. In N. Mirzoeff (Ed.), *The visual culture reader* (pp. 14-26). New York, NY: Routledge.

Roschelle, J. (2009). *Towards highly interactive classrooms: Improving mathematics teaching and learning with TI-Nspire navigator.* Menlo Park, CA: SRI Center for Technology and Learning, SRI International.

Rowlands, I., Nicholas, D., Williams, P., Huntington, P., Fieldhouse, M., Gunter, B., ... Tenopir, C. (2008). The Google generation: The information behaviour of the researcher of the future. *Aslib*

Proceedings, 60(4), 290-310.

Rowling, J. K. (1999). *Harry Potter and the chamber of secrets.* New York, NY: Arthur A Levine.

Roy Rosenzweig Center for History and New Media, & American Social History Project/Center for Media and Learning. (2002). *The September 11 digital archive.* Retrieved from http://911digitalarchive.org/

Rudd, K., Smith, S., & Conroy, S. S. (2007). *A digital education revolution.* Retrieved from http://www.pixel.com.au/documentation//products/netsupport/netsupport_school/labors_digital_education_revolution_campaign_launch.pdf

Rueschhoff, P. M., & Swartz, E. (1969). *Teaching art in the elementary school: Enhancing visual perception.* New York, NY: Ronald Press.

Ruffini, M. (2011). Alberti on the surface. *California Italian Studies, 2*(1). Retrieved from http://escholarship.org/uc/item/3pd1g732.

Sandagata, R. (n.d.). *Art education 2.0.* Retrieved from http://arted20.ning.com

Santoso, M., Yan, W. F., & Gook, L. B. (2012). *Development of edutainment content for elementary school using mobile augmented reality.* Paper presented at 4th International Conference on Computer Research and Development, Kunming, China.

Sawai, S., Wakaki, T., Ikeda, M., & Kunifuji, S. (2005). Ubiquitous networking for GENES society: E-Learning tools and digital archives for education with significant use of cultural heritage contents. In D. Olmedilla, N. Saito, & B. Simon (Eds.), *Proceedings of the 1st International Workshop on Interoperability of Web-Based Educational Systems* (pp. 69-72). Chiba, Japan: CEUR Workshop Proceedings.

Schuck, S., & Kearney, M. (2007). *Exploring pedagogy with interactive whiteboards: A case study of six schools.* Retrieved from https://www.det.nsw.edu.au/detresources/pedagogy_sVIYVjvNJH.pdf

Schunk, D. H. (2004). *Learning theories: An educational perspective* (4th ed.). Upper Saddle River, NJ: Pearson/Merrill/Prentice Hall.

Seidel, S., Tishman, S., Winner, E., Hetland, L., & Palmer, P. (2009). *The qualities of quality: Understanding excellence in arts education.* Cambridge, MA: Project Zero, Harvard Graduate School of Education.

Selivanov, N., & Federation, R. (2004). Education, art and ICTs: Integration for the development of one's personality. In L. Gordon (Ed.), *Education, art and ICTs: Integration for the development of one's personality* (pp. 21-42). Moscow, Russian: UNESCO Institute for Information Technologies in Education.

Selwyn, N. (2008). Educational hopes and fears for web 2.0. In N. Selwyn (Ed.), *Education 2.0? Designing the web for teaching and learning: A commentary by the technology enhanced learning phase of the teaching and learning research programme* (pp. 10-12). London, UK: London Knowledge Lab of London University.

Semenov, A. (2005). *ICT in schools: A handbook for teachers or how ICT can create new, open learning environments.* Paris, France: United Nations Educational, Scientific and Cultural Organization.

Semetsky, I. (2006). *Deleuze, education and becoming.* Rotterdam, Netherlands: Sense.

Semetsky, I. (Eds.). (2008). *Nomadic education: Variations on a theme by Deleuze and Guattari.* Rotterdam, the Netherlands: Sense.

Seppa, A. (2010). Globalisation and the arts: The rise of new democracy, or just another pretty suit for the old emperor? *Journal of Aesthetics and Culture, 2.* Retrieved from http://web.abo.fi/fak/hf/konstvet/filer/SeppaGlobalization.pdf

Seppänen, J. (2006). *The power of the gaze: An introduction to visual literacy.* New York, NY: Peter Lang.

Serageldin, I. (1997). *Our past is our future: Investing in our cultural heritage*. Paper presented at the Organization of World Heritage Cities conference on Tourism and World Heritage Cities-Challenges and Opportunities, Evora, Portugal.

Sharp, K. (2006). *Superflat worlds: A topography of Takashi Murakami and the cultures of superflat art*. Unpublished doctoral dissertation, School of Applied Communication, RMIT University, Melbourne, Australia.

Siemens, G. (2004). *Connectivism: A learning theory for the digital age*. Retrieved from http://www.elearnspace.org/Articles/connectivism.htm

Sismondo, S. (2004). *An introduction to science and technology studies*. Malden, MA: Blackwell Publishing.

Slay, H., Siebörger, I., & Hodgkinson-Williams, C. (2008). Interactive whiteboards: Real beauty or just "lipstick"? *Computers and Education, 51*(3), 1321-1341.

SMART. (n.d.). *SMART Technologies*. Retrieved from https://home.smarttech.com/en

SMART. (2011). *SMART Technologies Inc. 2011 annual report*. Retrieved from http://216.139.227.101/interactive/smt2011/smt2011ar.pdf?print_pages=true

Smidt, H., & Sursock, A. (2011). *Engaging in lifelong learning: Shaping inclusive and responsive university strategies*. Brussels, Belgium: European University Association.

Smith, H., Higgins, S., Wall, K., & Miller, J. (2005). Interactive whiteboards: Boon or bandwagon? A critical review of the literature. *Journal of Computer Assisted Learning, 21*(2), 91-101.

SmugMug. (n.d.). *Flickr*. Retrieved from https://www.flickr.com

Spalter, A., & van Dam, A. (2008). Digital visual literacy. *Theory into Practice, 47*(2), 93-101.

Srinivasan, R., Boast, R., Furner, J., & Becvar, K. M. (2009). Digital museums and diverse cultural knowledge: Moving past the traditional catalog. *The Information Society, 25*(4). Retrieved from http://rameshsrinivasan.org/wordpress/wp-content/uploads/2010/04/1-SrinivasanetalTISBlobgects.pdf

Stankiewicz, M. A., & Garber, E. (2000). Cyber faculty: An experience in distance learning. *Art Education, 53*(1), 33-38.

Stankiewicz, M. A. (2004). Notions of technology and visual literacy. *Studies in Art Education, 46*(1), 88-91.

Stokrocki, M. (2012). *Visual arts and multiliteracies in a digital age.* Retrieved from http://www.arteducators.org/advocacy/NAEA_AdvocacyWhitePapers_2.pdf

Stone, B. (2002). *Blogging: Genius strategies for instant web content.* Indianapolis, IN: New Riders.

Sweeny, R. (2004). Lines of sight in the "network society": Simulation, art education, and a digital visual culture. *Studies in Art Education, 46*(1), 74-87.

Sweeny, R. (2006). Visual culture of control. *Studies in Art Education, 47*(4), 294-317.

Sweeny, R. (Ed.). (2010). *Digital visual culture: Interactions and intersections in the 21st century.* Reston, VA: National Art Education Association.

Tapscott, D. (1998). *Growing up digital: The rise of the net generation.* New York, NY: McGraw Hill.

Tatnall, A., & Gilding, A. (1999). *Actor-network theory and information systems research.* Paper presented at the 10th Australasian Conference on Information Systems (pp. 955-966). Melbourne, Australia: Victoria University of Technology.

Tavin, K., Kushins, J., & Elniski, J. (2007). Shaking the foundations of postsecondary art(ist) education in visual culture. *Art Education, 60*(5), 13-19.

Taylor, P. G., & Carpenter, B. S., II. (2002). Inventively linking: Teaching and learning with computer hypertext. *Art Education, 55*(4), 6-12.

Taylor, P. G., & Carpenter, B. S., II. (2007). Mediating art education: Digital kids, art, and technology. *Visual Arts Research, 33*(2), 84-95.

TED Conferences. (n.d.-a). *TED*. Retrieved from https://www.ted.com

TED Conferences. (n.d.-b). *TED prize*. Retrieved from http://www.ted.com/pages/prize_about

Terreni, L. (2011). Interactive whiteboards, art and young children. *Computers in New Zealand Schools: Learning, Teaching, Technology, 23*(1), 78-100.

The Art Museum Image Consortium. (n.d.) *The art museum image consortium.* Retrieved from http://www.amico.org/home.html

The University of Tokyo. (2003). *Bayon digital archival project.* Retrieved from http://www.cvl.iis.u-tokyo.ac.jp/research/bayon/project.shtml

Tillander, M. (2011). Creativity, technology, art, and pedagogical practices. *Art Education, 64*(1), 40-46.

Tom, A. (2012). *Obama calls for digital textbook in every school.* Retrieved from http://www.higheredspace.com/index.php/blog/blogdetail/bid/1342

Türel, Y. K., & Johnson, T. E. (2012). Teachers' belief and use of interactive whiteboards for teaching and learning. *Educational Technology and Society, 15*(1), 381-394.

Ulbricht, J. (2005). What is community-based art education? *Art Education, 58*(2), 6-12.

United Nations Educational, Scientific and Cultural Organization. (n.d.-a). *Introducing UNESCO*. Retrieved from http://en.unesco.org/about-us/introducing-unesco

United Nations Educational, Scientific and Cultural Organization. (n.d.-b). *The world heritage committee.* Retrieved from http://whc.unesco.org/en/committee/

United Nations Educational, Scientific and Cultural Organization. (n.d.-c). *World heritage fund.* Retrieved from http://whc.unesco.org/en/world-heritage-fund/

United Nations Educational, Scientific and Cultural Organization. (1972a). *Convention Concerning the Protection of the World Cultural and Natural Heritage.* Retrieved from http://whc.unesco.org/archive/convention-en.pdf

United Nations Educational, Scientific and Cultural Organization. (1972b). *Definition of the immovable and natural heritage.* Reterieved from http://whc.unesco.org/en/documents/1486

United Nations Educational, Scientific and Cultural Organization. (Ed.). (2004). *Records of the general conference 32nd session.* Retrieved from http://unesdoc.unesco.org/images/0013/001331/133171e.pdf#page=68

United Nations Educational, Scientific and Cultural Organization. (2015). Ethiopia to host 11th session of the Committee for the Safeguarding of the Intangible Cultural Heritage. Retrieved from http://www.unesco.org/culture/ich/en/news/ethiopia-to-host-11th-session-of-the-committee-for-the-safeguarding-of-the-intangible-cultural-heritage-00163

University of Oxford. (n.d.). *The first world war poetry digital archive.* Retrieved from http://www.oucs.ox.ac.uk/ww1lit/

Uzelac, A., & Cvjetičanin, B. (2008). *Digital culture: The changing dynamics.* Zagreb, Croatia: Institute for International Relations.

Veccia, S. (2000). *American memory fellows institute.* Retrieved from http://www.loc.gov/loc/lcib/0010/amfellow.html

Velders, T., de Vries, S., & Vaicaityte, L. (2007). *Visual literacy and visual communication for global education: Innovations in teaching E-learning in art, design and communication.* Paper presented at the 2nd Designs on E-learning: The International Conference on Learning and Teaching in Art, Design and Communication, London, UK.

Velev, V. (2004). Digital creativity: Advantages, problems, responsibilities. *Information Theories and Applications, 11*, 60-67.

Veltman, K. H. (2005). *Challenges for ICT/UCT applications in cultural heritage.* Retrieved from http://www.uoc.edu/digithum/7/dt/eng/veltman.pdf

Villarreal, M. E. (2008). *Some reflections about old and new media in mathematics education.* Paper presented at the Symposium on the Occasion of the 100th Anniversary of ICMI, Rome, Italy.

Vygotsky, L. (1978). *Mind in society: The development of higher psychological processes.* Cambridge, MA: Harvard University Press.

Vygotsky, L. (1986). *Thought and language.* Cambridge, MA: The MIT Press.

Wagner, R. P. (2003). Information wants to be free: Intellectual property and the mythologies of control. *Columbia Law Review, 103*, 995-1034.

Wakefield, J. (2013a). *TED 2013: SpaceTop 3D see-through computer revealed.* Retrieved from https://www.bbc.co.uk/news/technology-21603323

Wakefield, J. (2013b). *TED 2013: Uchek app tests urine for medical issues.* Retrieved from https://www.bbc.co.uk/news/technology-21586082

Walker, D. (2003). Quality at the dockside. *TES Newspaper, 3.* Retrieved from http://www.tes.co.uk/article.aspx?storycode=373324

Walker, J., & Chaplin, S. (1997). *Visual culture: An introduction.* New York, NY: Manchester University.

Wallin, J. (2010). Rhizomania: Five provocations on a concept. *Complicity: An International Journal of Complexity and Education, 7*(2), 83-89.

Ward, A. (2010). Fantasy Facebook: An exploration of students' cultural sources. *Art Education, 63*(4), 47-53.

Wells, J. C. (2007). The plurality of truth in culture, context, and heritage: A (mostly) post-structuralist analysis of urban conservation charters. *City and Time, 3*(2), 1-13.

Wenger, E. (1998). Communities of practice: Learning as a social system.

The Systems Thinker, 9(5). Retrieved from http://zh.scribd.com/doc/22572357/Etienne-Wenger-Communities-of-Practice-Learning-as-a-Social-System

Wenger, E. (2000). Communities of practice and social learning systems. *Organization, 7*(2), 225-246.

Wenger, E. (2006). *Communities of practice: A brief introduction.* Retrieved from https://scholarsbank.uoregon.edu/jspui/bitstream/1794/11736/1/A%20brief%20introduction%20to%20CoP.pdf

West, D. M. (2012). *How blogs, social media, and video games improve education.* Washington, DC: Brookings Institution.

Wheeler, S., Waite, S. J., & Bromfield, C. (2002). Promoting creative thinking through the use of ICT. *Journal of Computer Assisted Learning, 18*(3), 367-378.

White, L. A. (1940). The symbol: The origin and basis of human behavior. Philosophy of Science, 7(4), 451-463.

White, L. A. (2004). Symbol: The basic element of culture. In J. J. Macionis, N. V. Benokraitis, & B. Ravelli (Eds.), *Seeing ourselves: Classic, contemporary and cross-cultural readings in sociology* (pp. 32-36). Toronto, Canada: Prentice-Hall.

Wikipedia. (n.d.-a). *Allegory of the Cave.* Retrieved from https://en.wikipedia.org/wiki/Allegory_of_the_Cave

Wikipedia. (n.d.-b). *Art nouveau.* Retrieved from https://en.wikipedia.org/wiki/Art_Nouveau

Wikipedia. (n.d.-c). *Bauhaus.* Retrieved from https://en.wikipedia.org/wiki/Bauhaus

Wikipedia. (n.d.-d). *Big brother (nineteen eighty-four).* Retrieved from https://en.wikipedia.org/wiki/Big_Brother_(Nineteen_Eighty-Four)

Wikipedia. (n.d.-e). *Bill Gates.* Retrieved from https://en.wikipedia.org/wiki/Bill_Gates

Wikipedia. (n.d.-f). *Bricolage*. Retrieved from https://en.wikipedia.org/wiki/Bricolage

Wikipedia. (n.d.-g). *David Hockney*. Retrieved from https://en.wikipedia.org/wiki/David_Hockney

Wikipedia. (n.d.-h). *Dot-com bubble*. Retrieved from https://en.wikipedia.org/wiki/Dot-com_bubble

Wikipedia. (n.d.-i). *Evil twin*. Retrieved from https://en.wikipedia.org/wiki/Evil_twin

Wikipedia. (n.d.-j). *Flipped classroom*. Retrieved from https://en.wikipedia.org/wiki/Flipped_classroom

Wikipedia. (n.d.-k). *Generation Z*. Retrieved from https://en.wikipedia.org/wiki/Generation_Z

Wikipedia. (n.d.-l). *Google art project*. Retrieved from http://en.wikipedia.org/wiki/Google_Art_Project

Wikipedia. (n.d.-m). *History of the internet*. Retrieved from https://en.wikipedia.org/wiki/History_of_the_Internet

Wikipedia. (n.d.-n). *History of the world wide web*. Retrieved from https://en.wikipedia.org/wiki/History_of_the_World_Wide_Web

Wikipedia. (n.d.-o). *Jorn Barger*. Retrieved from https://en.wikipedia.org/wiki/Jorn_Barger

Wikipedia. (n.d.-p). *Jyllands-Posten Muhammad cartoons controversy*. Retrieved from http://en.wikipedia.org/wiki/Lars_Vilks_Muhammad_drawings_controversy

Wikipedia. (n.d.-q). *Killian documents controversy*. Retrieved from https://en.wikipedia.org/wiki/Killian_documents_controversy

Wikipedia. (n.d.-r). *Lars Vilks Muhammad drawings controversy*. Retrieved from http://en.wikipedia.org/wiki/Jyllands-Posten_Muhammad_cartoons_controversy

Wikipedia. (n.d.-s). *One red paperclip*. Retrieved from https://en.wikipedia.org/

wiki/One_red_paperclip

Wikipedia. (n.d.-t). *Steve Jobs*. Retrieved from https://en.wikipedia.org/wiki/Steve_Jobs

Wikipedia. (n.d.-u). *Superflat*. Retrieved from https://en.wikipedia.org/wiki/Superflat

Wikipedia. (n.d.-v). *A thousand plateaus*. Retrieved from https://en.wikipedia.org/wiki/A_Thousand_Plateaus

Wikipedia. (n.d.-w). *Tim O'Reilly*. Retrieved from https://en.wikipedia.org/wiki/Tim_O'Reilly

Wikipedia. (n.d.-x). *Web 2.0*. Retrieved from https://en.wikipedia.org/wiki/Web_2.0

Williams, R. (1983). *Keywords: A vocabulary, of culture and society* (Rev. ed.). New York, NY: Oxford University Press.

Wilson, B. (2003). Of diagrams and rhizomes: Visual culture, contemporary art, and the impossibility of mapping the content of art education. *Studies in Art Education, 44*(3), 214-229.

Wood, J. (2004). *A report on the use of ICT in art and design*. Coventry, UK: British Educational Communications and Technology Agency.

Wood, R., & Ashfield, J. (2008). The use of the interactive whiteboard for creative teaching and learning in literacy and mathematics: A case study. *British Journal of Educational Technology, 39*(1), 84-96.

Yarrow, A., Clubb, B., & Draper, J. L. (2008). *Public libraries, archives and museums: Trends in collaboration and cooperation* (International Federation of Library Associations and Institutions Professional Reports No. 108). Retrieved from http://www.ifla.org/VII/s8/pub/Profrep108.pdf

Yim, D. (2004). Living human treasures and the protection of intangible culture heritage: Experiences and challenges. *ICOM News, 57*(4), 10-12.

Yuan, L., & Powell, S. (2013). *MOOCs and open education: Implications for higher education.* Manchester, UK: The University of Bolton.

Zajicek, M. (2007). Web 2.0: Hype or happiness? *Proceedings of the 2007 International Cross-Disciplinary Conference on Web Accessibility* (pp.35-39). Banff, Canada: ACM.

Zimmerman, E. (2009). Reconceptualizing the role of creativity in art education theory and practice. *Studies in Art Education, 50*(4), 382-399.

附錄

附錄一　IWB 與非 IWB 視覺藝術教學功能對照說明

一、重點提示之視覺藝術教學功能對照表

IWB 功能	特質概述／教學效果	融入視覺藝術教學舉例	IWB 教學 vs. 非 IWB 教學功能對照
書寫	<u>特質概述</u> 可使用感應筆或手指直接在白板上進行書寫、註記、圈選、輔助講解或作記錄，將授課的內容或重點即時呈現。 <u>教學效果</u> 即時地在白板上呈現授課的內容或重點。	上課時任何需文字書寫、重點提示的註記或圈選標記時，皆可使用書寫功能，如同傳統教學的板書功能。	<u>IWB 教學</u> 代替傳統板書功能直接在白板上書寫，省下教學者從電腦到黑板寫板書的時間，更能省下擦黑板的動作，因為白板有無限延伸版面的功能。 <u>非 IWB 教學</u> 教學者必須走到黑板書寫板書，若板書或示範的面積較大，還必須要作擦黑板動作才能再繼續進行教學。
螢光筆	<u>特質概述</u> 螢光筆的筆觸狀態。 <u>教學效果</u> 透過透明光感的螢光線條以吸引學生的注意力。	筆觸教學重點提示。	<u>IWB 教學</u> 直接利用筆或手指直接作註記。 <u>非 IWB 教學</u> 如以 PPT 進行教學，需要以滑鼠控制。
雷射筆	<u>特質概述</u> 書寫後會出現閃爍狀態。 <u>教學效果</u> 可透過顏色深淺的閃爍變化來吸引學生注意力，直到進行下一個教學活動。	畫家介紹重點提示。	<u>IWB 教學</u> 利用筆或手指直接作註記。 <u>非 IWB 教學</u> 如以 PPT 進行教學，需要以滑鼠控制。

二、提問教學之視覺藝術教學功能對照表

IWB 功能	特質概述／教學效果	融入視覺藝術教學舉例	IWB 教學 vs. 非 IWB 教學功能對照
遮罩	特質概述 可以透過拖拉螢幕色塊來任意遮蓋螢幕內容。 教學效果 增加師生互動，提高學習參與率和學習興趣。	可利用在問答、教學者提問或需學生思考後再公布答案的教學活動上。	IWB 教學 事先在白板上設定好一塊色塊，教學時依照學生的回答進度決定移動速度。 非 IWB 教學 如以 PPT 進行教學，需事先設定好多層圖層的動畫，教學時較難依據學生回答的進度，亦須停止操作滑鼠或鍵盤。
挑人程式	特質概述 是抽籤挑號碼的程式，並非內建功能，為獨立的程式，可選擇是否與白板搭配使用。 教學效果 挑人程式能搭配塑造緊張氣氛的音樂，增加師生的互動性，也提高學生學習興趣和學習專注力。	授課時有需要請學生回答時即可使用，亦可搭配口頭點人方式使用。例如請學生自動舉手，或點未專心學生發言。	IWB 教學 隨機挑人的程式可挑選學生回答問題或發表意見。使用時教學者可視上課氣氛需求，適時的應用挑人程式。可以把較為低迷的上課氣氛再度熱絡化，提高學生注意力。 非 IWB 教學 依自願舉手、抽籤桶或翻頁碼決定學生來回答問題或發表意見。

三、鑑賞教學之視覺藝術教學功能對照表

IWB 功能	特質概述／教學效果	融入視覺藝術教學舉例	IWB 教學 vs. 非 IWB 教學功能對照
放大縮小	**特質概述** 提供使頁面放大縮小的功能。 **教學效果** 培養更敏銳的觀察力、吸引專注力，同時便於後座同學觀看。	鑑賞作品時，可先讓學生看整幅作品，再逐次進行細部觀察。	**IWB 教學** 直接在作品上點選放大或縮小鈕即可。 **非 IWB 教學** 如以 PPT 教學，需事先準備放大細部圖。 如以圖卡教學，也需事先準備細部圖，可能會有後排學生看不清楚的狀況，教學者必須適時的巡視行間。
聚光燈	**特質概述** 可照亮螢幕的某個區域，並可移動、旋轉、或調整聚光燈的大小。 **教學效果** 學生能更聚焦於上課重點，增加師生互動性，提高學習興趣。	可利用在鑑賞作品時，只想先讓學生聚焦在作品的某個部位。聚焦部分為亮色，聚焦以外的部分為暗色。	**IWB 教學** 直接在作品上點選聚光燈即可。 **非 IWB 教學** 如以 PPT 教學，需事先經繪圖軟體後製，才能呈現出聚焦效果，或者直接以書本或紙張遮住。 如以圖卡教學，需事先印製好，可能會造成後排學生看不清楚的狀況，教學者必須適時的巡視行間。
螢幕分割	**特質概述** 提供了比較的功能。 **教學效果** 清楚提供比較圖，讓學生能立即比較出兩者或多者間的不同處。教學者可以根據學生的反應再加以補充。	可利用在鑑賞作品時，讓學生進行不同作品的比較。	**IWB 教學** 在編輯教材時必須編輯好，如果在教學上臨時使用螢幕分割，則要先從媒體功能置入圖片，才能進行比較。 **非 IWB 教學** 如以 PPT 教學，需事先編輯好，才能呈現出比對效果。 如圖以卡教學，需事先印製好，可能會造成後排學生看不清楚的狀況，教學者必須適時的巡視行間。

四、示範教學之視覺藝術教學功能對照表

IWB 功能	特質概述／教學效果	融入視覺藝術教學舉例	IWB 教學 vs. 非 IWB 教學功能對照
黑板頁白板頁	<u>特質概述</u> 能提供五種不同模式的新增頁面方式，包含螢幕視窗畫面、白板頁面、藍板頁面、黑板頁面和背景頁面。 <u>教學效果</u> 隨時增加頁面，進行示範和註記重點。利用不同頁面功能，進行不同的教學活動，可更即時的讓學生瞭解學習的進度與內容。	即時讓學生看清楚教學者的示範或教學者口述的注意步驟。	<u>IWB 教學</u> 直接在黑板頁或白板頁上書寫，省下教學者從電腦到黑板寫板書的時間，亦能省下擦黑板的動作，因為各個頁面皆有無限延伸版面的功能。 <u>非 IWB 教學</u> 教學者必須走到黑板書寫板書，若板書或示範的面積較大，還必須要作擦黑板的動作，才能再繼續進行教學。
智慧筆	<u>特質概述</u> 可自動辨識手繪線條，擁有基本圖形辨識功能，辨識為直線、三角形、矩形或橢圓形、箭頭等。 <u>教學效果</u> 能夠對繪製的圖形進行識別，並針對不同圖形提供了不同的控制點，可對圖形形狀進行調整。	線條教學時示範線條的多種變化。	<u>IWB 教學</u> 利用筆的各種功能當場示範。 <u>非 IWB 教學</u> 無法當場示範，需課前準備教材或圖卡。
板擦	<u>特質概述</u> 有三種類型的刪除操作，分別為「區域刪除」、「清頁」及「點刪除」。 <u>教學效果</u> 提升學生參與課程的意願，亦能提升學生自願上臺示範的意願。	利用這三種刪除功能進行筆觸教學，結合成「筆觸刮刮樂」的遊戲。	<u>IWB 教學</u> 能利用黑板頁和板擦功能，玩筆觸刮刮樂遊戲，板擦的三種功能，恰好可呈現三種不同的筆觸，再分別進行刮除遊戲。 <u>非 IWB 教學</u> 無法進行此一教學活動。

五、資料補充之視覺藝術功能對照表

IWB 功能	特質概述／教學效果	融入視覺藝術教學舉例	IWB 教學 vs. 非 IWB 教學功能對照
媒體播放	特質概述 透過媒體功能在頁面上可播放多媒體檔案和 Flash 檔案。 教學效果 透過多媒體資源的整合，可以創造具誘導性的學習情境，提供強化不同學習形式的學習機會。	即時讓學生欣賞教學者準備的小短片。 例如：鉛筆人的小短片、素描在 Flip Book 的應用小短片等。	IWB 教學 從媒體功能置入小短片直接播放。 非 IWB 教學 如以 PPT 進行教學，需事先編輯好超連結，教學時才能播放或者跳出頁面再播放。如以其他方式進行教學，須換用其於影音播放設備，並須關燈，以便於觀看。
切換模式	特質概述 IWB 軟體及視窗畫面的切換。當切換到視窗畫面模式時，可自由操作電腦功能，主工具列也自動轉成桌面快捷鍵模式。 教學效果 利用切換模式，讓學生清楚地跟著教學者一起搜尋網頁，並可即時地在網頁上進行教學。	隨時可連結到與課程相關的數位資源網站。 例如：國立故宮博物院之夏卡爾特展。	IWB 教學 即時切換至網頁模式，進行教學資源的補充，並可在網頁模式進行書寫、註記和圈選功能。 非 IWB 教學 如以 PPT 進行教學，亦可切換至網頁連結，進行課程的補充，但無法在網頁上進行書寫、註記和圈選功能。
匯出	特質概述 可匯出成圖片檔、PPT、PDF、HTML 等檔案格式。匯出時，亦可選擇欲匯出的頁面範圍，進而增加檔案的通用性，方便傳送與使用。 教學效果 能進行教學資源的保存再利用，可將上課內容和過程匯出檔案給學生，作為上課筆記和課後複習的資料。	每週上課完皆匯出 PPT 和 PDF 檔，作為上課的紀錄。	IWB 教學 可匯出完整的上課資料和上課筆記。提供學生作為上課筆記和課後複習的資料，亦可做為教師授課資料的存檔。 非 IWB 教學 學生上課時須自行抄的筆記，但無上課資料的配合，教學者要必須另行給上課檔案，亦無法提供上課過程中的創作紀錄等。

資料來源：高震峰、吳維慈（2012）。互動式電子白板融入國小高年級視覺藝術教學之實驗研究。**藝術教育研究**，**24**，1-42。

附錄二　IWB 與非 IWB 教學實驗之課程內涵與教學單元舉例

一、課程內涵說明

教學設備	實驗組：電腦、單槍、IWB、實物投影機、自製 IWB 數位教材
	對照組：電腦、單槍、PPT 簡報檔、圖卡、樣本圖、板書

	節次	月	日	單元名稱	學習內涵
時間分配	1、2	5	13	單元一：造型藝術的基礎——素描	1.引導學生思考素描與日常生活的關係。 2.引導學生瞭解素描的基礎知識與意義。 3.引導學生欣賞藝術家的素描作品。 4.引導學生學習鉛筆素描的基礎技法與構圖方式。 5.引導學生進行色階技法練習。
	3、4	5	20	單元二：線條的表情	1.引導學生思考線條的意義。 2.引導學生觀察線條的表現力。 3.引導學生分析素描作品的線條。 4.引導學生體會色階、筆觸等的線條變化。 5.引導學生思考變形的意義。
	5、6	5	27	單元三：變形素描——大變形,小惡搞！	1.引導學生觀察生活中的變形形式。 2.引導學生透過網路欣賞藝術展覽。 3.引導學生思考創作主題。 4.引導學生進行創作構圖。 5.引導學生進行變形素描創作。
	7、8 9、10	6	03 10	單元四：變形素描創作與成果分享	1.引導學生思考變形作品所傳達的意義。 2.引導學生分析變形作品使用的手法。 3.引導學生思考變形作品的主題。 4.引導學生完成變形素描創作。 5.引導學生透過討論、分析、判斷等方式分享對作品的看法。

單元二：線條的表情

教學目標	教學流程	教學活動	IWB 功能	非 IWB 功能	教學策略	時間
2-1 2-2	準備活動	1. 播放自製的線條版三隻小豬動畫，讓學生說故事。	1. 觸控播放多媒體教材，註記功能作重點提示。	1. 使用 PPT 簡報檔。	以新的眼光重新看待舊的故事情節，理解學生分析作品的能力。	4 分
	引起動機	2. 從頭再引導學生觀察僅僅利用線條的變化而作成的線條版三隻小豬，讓學生思考不同的線條變化在畫面呈現上會給人什麼感受。	2. 以遮罩功能讓學生清楚瞭解線條的不同變化，使用圈選功能或書寫功能作重點提示。			6 分
3-1 3-2 4-1	發展活動	3. 引導學生思考線條的表情與所傳達的意義。例如：曲線 VS. 直線 → 圓滑、流動 VS. 直接、果決等。	3. 觸控播放多媒體教材，註記功能作重點提示。 4. 插入白板頁功能，畫出細、中、粗線條，直接讓學生比較並說出感受。		引導學生思考線條的視覺想像所傳達的意義是什麼？為什麼以線條的形式呈現？	25 分
2-1 2-2 3-1 3-2 4-1 5-1 5-2 6-1	教師引導	4. 引導學生思考藝術作品中線條的視覺感受所傳達的美感意義是什麼？進而思考藝術家在作品中如何以線條的形式呈現，構成抽象形式或具體圖像。【鑑賞教學】	5. 插入白板頁功能，利用智慧筆功能，畫出規律和光滑的線條，讓學生與不規律、粗糙線條作比較並說出感受。		協助學生與日常影像的互動中，釐清自身的主體性。	2 分
6-2 7-1	提示重點	5. 總結學習重點，說明對於線條的感覺雖然有類似性，但並非人人感受完全一樣，只有大原則卻沒有絕對標準，介紹線條的表情，主要是要在增加藝術知識，提升欣賞和創作的鑑賞能力。	6. 觸控播放多媒體教材，以圈選功能或書寫功能進行活動。註記功能作重點提示。		藉由分組創作，吸引學生的好奇心，進而分組討論，更能體會素描元素的不同變化。	3 分
4-1 4-2 4-3 6-1 6-2	分組創作	6. 介紹過色階變化、筆觸和線條後，進行分組上色遊戲。每組先討論出要選取什麼顏色在推派代表上臺。從遊戲中認識色階的不同變化，亦可自由增加筆觸和加強線條的變化。【創作教學】		2. 請同學操作電腦。 3. 使用 PPT 簡報檔。		25 分
2-1 2-2 3-1 3-2	提示重點	7. 對黑白灰色階、筆觸、線條的變化都有基本認識，也都練習過後，講解變形的概念，為下週變形素描的創作預做準備。			重視生活周遭事物以及對各種日常視覺影像的思考與解讀。	13 分
6-2 7-1	歸納重點	8. 詢問學生，知道什麼是變形？為什麼會變形？為什麼要變形？變形又會傳達什麼樣的感受？並以日本 311 強震時的照片進行變形的比較。	7. 螢幕分割功能，讓學生比較地震前後的差別，圈選功能或書寫功能解釋並示範，註記功能作重點提示。			

教學目標	教學流程	教學活動	IWB 功能	非 IWB 功能	教學策略	時間
7-1 7-2	綜合活動 總結	9. 總結今天學習重點，說明線條的變化和變形的概念以及變形的應用，皆能營造出不同的作品呈現方式。 10. 肯定學生課堂表現，確認已理解本單元之美術詞彙。 11. 預告下節課學習重點。 12. 鼓勵學生利用課餘時間參觀美術館，增加體驗藝術原作的機會，並仔細觀察無所不在的素描基礎——線條、色階、筆觸等。 ※ 第三、四節結束 ※	※ 儲存匯出上課教材 ※			2 分

單元三：變形素描—大變形，小惡搞！

教學目標	教學流程	教學活動	IWB 功能	非 IWB 功能	教學策略	時間
6-2 6-1 7-2 3-1 3-2 4-1 5-1 5-2 6-1	準備活動 引起動機 發展活動 教師引導	1. 播放鉛筆人動畫，讓學生瞭解當「創意」加進去，簡單平凡的事情就會變得很有趣、很好玩。 2. 開啟國立故宮博物院之「生日快樂～夏卡爾的愛與美」特展的網站，進行藝術時事的引導（國立故宮博物院於 2011 年 2 月 26 日至 5 月 29 日展出「生日快樂～夏卡爾的愛與美」特展，鼓勵學生多利用課餘時間參觀，增加體驗藝術原作的機會）。	1. 觸控播放多媒體教材，註記功能作重點提示。 2. 直接切換模式連結到故宮網站，直接以教學網的作品為例，使用螢光筆功能。 3. 註記功能作重點提示。	1. 播放小短片。 2. 連結到故宮網站，直接以教學網的作品為例。	從影像意涵的製作過程中，理解創作被應用於思想表達的意義。	2 分 10 分 10 分
2-1 2-2 5-1 5-2	分組討論	3. 分組進行討論，讓學生觀察比較在作品中發現了什麼？有無共通點？筆觸線條的變化又是如何呢？作者所想要傳達的涵意是什麼？【鑑賞教學】			藉由分組討論，激發學生欣賞作品的不同視野。	10 分
6-2 7-1	分組報告	4. 請各組同學上臺發表討論心得，並介紹作品給同學們認識。	4. 自願或挑人程式上臺互動，以註記和圈選功能，對全班發表討論心得。	3. 自願或抽籤上臺發表。		3 分
4-1 4-2 4-3	歸納重點	5. 歸納討論心得，對於同學們觀念比較不清楚的地方，再給予說明和提醒。 6. 總結學習重點，提示夏卡爾的作品畫面看來如夢似幻，但仔細觀察，畫面所描繪的變形世界卻是他重組心中風景之後所描繪的真實世界。並引導學生思考自己的變形世界是恐怖？好玩？還是悲傷？憤怒？請學生發揮創意，開始變形素描的創作。	5. 以聚光燈功能打在夏卡爾的作品上，讓學生更聚焦於畫面。		以兩難式的發問引導學生思考不同個體對同一視覺審美經驗的看法一致嗎？為什麼？	10 分

教學目標	教學流程	教學活動	IWB 功能	非 IWB 功能	教學策略	時間
4-2 4-3 6-1 6-2 7-1	解釋創作方式	7. 發下每人一張 8 開素描紙和一支 2B 鉛筆，請同學在素描紙的右下角，輕輕畫出 6×6 公分的正方形小格子，小方格內是要畫變形前的草稿圖，以呈現變形前與變形後的對照。【創作教學】 8. 引導同學在變形前的草稿圖 (小方格) 的畫面上，呈現出四選項 A、B、C、D 其中的一個選項，之後再開始發揮創意和想像力畫出要變形的主題。 9. 提示學生標示出創作延伸的一個選項，以及變形前的草稿圖也需要融入黑白灰色階、筆觸和線條的變化。並檢查學生的草稿後，再開始變形創作。 10. 檢查時提問學生創作主題、創作意念及想要怎麼變形等問題，以從中瞭解學生是否運用了美術詞彙，並理解學生於鑑賞部分吸收的狀況。 11. 收回素描紙和 2B 鉛筆，肯定同學表現，再行確認同學理解本課之美術詞彙。	6. 素描紙和 2B 鉛筆。 7. 插入白板頁功能，利用書寫功能作步驟示範。 8. 圈選功能或書寫功能解釋並示範，註記功能作重點提示。	4. 素描紙和 2B 鉛筆。 5. 在黑板上示範。 6. 以圖卡呈現，解釋完再貼在黑板上，以便學生參考。		33 分
7-1 7-2	綜合活動 總結	12. 鼓勵學生多利用課餘時間參觀美術館，增加體驗藝術原作的機會，並請學生仔細觀察於藝術創作具重要意義的素描基礎能力，以及預告下節課之學習重點。	※ 儲存匯出上課教材 ※			2 分

※ 第五、六節結束 ※

資料來源：高震峰、吳維慈（2012）。互動式電子白板融入國小高年級視覺藝術教學之實驗研究。**藝術教育研究**，24，1-42。

附錄三　部落格融入中小學藝術教學實驗研究之課程內涵及修正內容

	試驗教學階段	實驗教學階段	修正說明
教學目標	1. 藉由數位典藏資源瞭解藝術作品的視覺特徵及時代背景 2. 理解與比較過去生活習俗與今日的異同 3. 操作並熟悉視覺藝術部落格的使用	1. 藉由數位典藏資源瞭解藝術作品的視覺特徵及時代背景 2. 理解與比較古今生活習俗的異同並進行創作 3. 操作並熟悉視覺藝術部落格的使用	考量實驗教學階段對象為五年級學生，並彰顯視覺藝術學習中創作活動的意義，實驗教學階段中將創作表現的分量提升，藉之提供學生呈現對課程內涵的思考。
課程設計與教學內容	三節課共 120 分鐘 第一週：引發動機與數位典藏資源教學（一節課共 40 分鐘） 1. 自學生經驗出發引起興趣，詢問對故宮以及《清明上河圖》的認識。如：有沒有到過故宮？有沒有看過臺北故宮的《清明上河圖》？知不知道有北京故宮及臺北故宮所藏的版本？解釋其原因和時代背景，並線上瀏覽兩圖，同時說明數位典藏資源的意義。（10 分鐘） 2. 請學生發表對這兩幅不同時代但相同主題畫作的感想。（10 分鐘） 3. 以故宮數位博物館互動網站中進行互動式瀏覽和講解，選擇數類跟現代生活關聯較大的主題，提出現代生活情景與《清明上河圖》作對照。並以分組方式請學生就不同主題討論後發表感想，例如：和家人是否有類似生活場景的經驗？對哪一個主題最有想法？等。（20 分鐘） 教材舉例：學堂。	八節課共 320 分鐘 第一週：引發動機與數位典藏資源教學（兩節課共 80 分鐘） 1. 自學生經驗出發引起興趣，詢問對故宮以及《清明上河圖》的認識。如：有沒有到過故宮？有沒有看過臺北故宮的《清明上河圖》？知不知道有北京故宮及臺北故宮所藏的版本？解釋其原因和時代背景，並線上瀏覽兩圖，同時說明數位典藏資源的意義。（30 分鐘） 2. 請學生發表對這兩幅時代不同但主題相同兩幅畫作的感想，以及有什麼異同點。（10 分鐘） 3. 以故宮數位博物館互動網站進行互動式瀏覽和講解，針對數位博物館的四大主題：發達的交通、各行各業面面觀、娛樂與表演、古今大不同，以 PowerPoint 呈現相對應主題的今日景象，請學生思考當時的場景和現代的場景有什麼不一樣。以分組方式請學生就不同主題討論後發表感想。例如：和家人是否有類似生活場景的經驗？對哪一個主題最有想法？是因為圖畫中人物的生動有趣？或是有相似的經驗呢？並以分組競賽提高參與動機。（40 分鐘） 教材舉例：主題四「古今大不同」。	1. 由於試驗教學階段時間較短，較難就教學內容進行深入的介紹，學生作品的完整度也偏低，而部落格迴響與討論時間也有限。雖請學生課後繼續回應，但因沒有接續的課程，反應並不熱絡。於實驗教學階段中，將時間拉長，並在部落格迴響與討論後，增加部落格回應分享及課程總結的教學活動。 2. 試驗教學階段之主題為教學者自選與現代社會相關的數個主題。於實驗教學階段時，考量應充分運用數位博物館的數位資源，改為應用故宮悠遊式數位博物館以《清明上河圖》規劃之四大主題為教學內容。 3. 考量實驗教學階段對象為五年級學生，增加教學 PowerPoint 中文字描述的深度。

	試驗教學階段	實驗教學階段	修正說明
課程設計與教學內容	Q：這是古時候的學校，稱為「學堂」，沒有校門，只有在牆壁上貼了一個「學」字，這跟我們的校門有什麼不一樣呢？圖中有個搗蛋的學生還爬牆進去。古代和現代景物不同，學生是不是還是會有一樣的行為呢？ 第二週：繪製作品並上傳部落格（一節課共40分鐘） 1. 發下「現代版清明上河圖一角」創作學習單，請學生選定一個主題，並想想今日的生活，將之和所看到《清明上河圖》相似的場景畫出來，並說明作品創作的想法。 2. 將學生作品上傳到班級部落格。 第三週：班級部落格分享與討論（一節課共40分鐘） 1. 讓學生於班級部落格中瀏覽其他學生的作品，並應用部落格的迴響和討論功能對同儕作品進行回應，請學生思考以下問題：（30分鐘） ・如果是你，在這主題中會畫些什麼呢？ ・你覺得這位同學所畫的，哪裡有趣？為什麼？哪裡又可以提供你的建議呢？ ・請說說還有其他哪些感想？ 2. 讓學生觀看其他同儕對於作品的迴響，做整體的討論和分享，並鼓勵學生課後繼續至部落格進行回應。 3. 發給學生滿意度問卷，進行填寫。（10分鐘）	Q：古時候搬家，往往全家出動，而且連飼養的家畜都得一起帶走。使用牛車來搬運，整個車非常滿的樣子，這跟現代人搬家是不是有種異曲同工之妙呢？說說自己有沒有搬家的經驗呢？ 4. 發下作業單，瞭解學生對於課程內容的學習，並提出印象深刻的主題，做為創作發想的依據，於下課前交回。（15分鐘） 第二週：導入議題創作與作品展示（兩節課共80分鐘） 1. 就上週作業單中所寫出有印象的主題，選取比例較高的主題進行討論。（15分鐘） 2. 發下「現代版清明上河圖一角」創作學習單，請學生從前述主題中擇一，並想想現代的生活有沒有一樣的主題呢？現代生活又是如何呈現的？把想法畫出來，並說明作品創作的想法。（65分鐘） 3. 將學生作品上傳到班級部落格。 第三週：部落格之迴響與討論（兩節課共80分鐘） 1. 示範如何在班級部落格上瀏覽同學的作品，並挑兩張作品做迴響的示範教學，讓學生能夠瞭解班級部落格迴響功能的使用；此外，引導學生討論正確的網路發言禮節。（20分鐘） 2. 讓學生使用電腦教室的電腦，登入班級部落格去瀏覽其他同學的作品，並應用部落格的迴響和討論功能作回應，請學生盡可能每一張作品都能欣賞以及回應，並挑選最喜歡的幾張作品思考以下的問題：（60分鐘） ・如果是你，在這主題中會畫些什麼呢？ ・這幅圖畫中你最先注意哪一個部分？或是最喜歡哪一個部分呢？為什麼？是因為覺得有趣？還是你有相同的經驗呢？哪裡又可以提供你的建議呢？同學所畫的現代場景跟古代有什麼異同呢？ ・請說說還有其他哪些感想。 3. 請學生於課後可以上班級部落格繼續回應。	4. 為尋找創作主題的發想來源，並提高學生專注力，於實驗教學階段增加作業單。

	試驗教學階段	實驗教學階段	修正說明
課程設計與教學內容		第四週：部落格回應分享及課程總結（兩節課共 80 分鐘） 1. 接續上週進度，請學生再度登入班級部落格，去看看別的同學對於作品的回應內容，並鼓勵學生就別人對自己作品的回應，再做回應、交叉分享跟討論。（40 分鐘） 2. 讓學生觀看其他同學對於作品的迴響，作整體的討論和分享，並鼓勵學生課後繼續至部落格進行回應。（10 分鐘） 3. 發給學生滿意度問卷，進行填寫。（20 分鐘）	
部落格平臺使用部分	1. 於第三週讓學生於班級部落格中瀏覽其他學生的作品，並應用部落格的迴響和討論功能對同儕作品進行回應。由於有部分學生並沒有在優學網上註冊，平日也無法使用電腦及網路，於是使用傳統手寫方式作迴響，再由教師幫忙統一上傳。 2. 課程結束前鼓勵學生於課程結束後可繼續至部落格進行回應。發現由於第三週部落格迴響後未規劃接續課程，學生課後再上班級部落格的回應率頗低。	1. 於第週使用部落格回應前，確定每位學生均完成優學網之註冊手續，確保教學活動進行時，每位學生都可以使用自己的帳號登入班級部落格，以對作品進行觀看與回應。 2. 於第三週課程開始時，先示範如何進入優學網以及班級部落格，以及如何應用部落格的迴響和討論功能對同儕作品進行回應等。 3. 於第三週課程結束後，鼓勵學生於課程結束後，可繼續至部落格進行回應，並於第四週針對已回應之內容交互討論。	於試驗教學階段中，發現部分學生未在優學網上註冊，失去即時討論的效果。因此實驗教學階段中，於進行部落格迴響前，先確定每位學生完成註冊之手續。 於試驗教學階段中，部分學生認為使用班級部落格有些困難。因此，實驗教學階段時，在班級部落格瀏覽作品前先示範部落格之使用，從登入、選取、瀏覽到迴響，做完整示範，讓每位學生都清楚知道回應與討論的流程。
研究工具	1. 「數位典藏教學內容滿意度問卷」預試卷計有三題五點量表題目如下： ・教學後，我能夠清楚瞭解「清明上河圖」的時代背景。 ・我覺得使用故宮所設計的悠遊式數位博物館來看「清明上河圖」很清楚。 ・我喜歡藉由畫作欣賞來瞭解古時候不同時代的社會人文與現代的異同。 2. 「班級部落格學習社群滿意度問卷」預試卷計有五題五點量表題目如下： ・我喜歡老師使用班級部落格來發表我的作品。	1. 於「數位典藏教學內容滿意度問卷」中增加一題「我樂於上悠遊式數位博物館去瀏覽畫作」，以及開放題一題「你覺得這次的課程給你有怎樣的幫助或是感想呢？」，並根據實驗教學階段課程設計的改變修正題目（參見附錄一）。	根據實驗教學階段課程設計的改變，修正「數位典藏教學內容滿意度問卷」文字，並增加一題，以更瞭解學生對數位典藏教學內容的接受程度。 根據實驗教學階段課程設計的改變，修正「班級部落格學習社群滿意度問卷」文字，並增加三題，以更瞭解學生對班級部落格學習社群學習反應的看法。

附錄

355

	試驗教學階段	實驗教學階段	修正說明
研究工具	・我喜歡使用班級部落格的迴響功能去討論班上同學的作品。 ・我覺得使用班級部落格來分享作品和感想比在課堂上更讓我勇於發言。 ・我覺得使用班級部落格分享作品和感想很有意義。 ・我覺得操作班級部落格的介面對我來說是簡單的	2. 修正「班級部落格學習社群滿意度問卷」（參見附錄二）的試題文字，並增加三題五點量表題目，以及開放題一題，說明如下： 我覺得透過部落格上分享與討論作品，對於我以後創作有幫助。（五點量表題） ・我喜歡使用部落格和同學做各種的討論和迴響。（五點量表題） ・我覺得使用班級部落格可以引起我的學習興趣。（五點量表題） ・你覺得使用部落格發表作品和課堂上的發表最大的不同在哪裡呢？（開放題）	兩份問卷均增加開放題，以收集學生的質性意見。

資料來源：高震峰（2012）。資訊融入國小視覺藝術教學之研究——以部落格與故宮數位典藏資源為例。**藝術教育研究**，23，1-35。

附錄四　數位典藏融入藝術教學之教學模式分析類目架構表

教學模式面向	主類目名稱	定義
課程建構模式	1. 數位典藏資源融入藝術教學之課程建構模式	藉由數位典藏資源，融入藝術教學所建構之課程與其他學科互動之模式。
教學應用策略	1. 數位典藏資源融入藝術教學活動之使用時機	藉由數位典藏資源，融入藝術教學所呈現之使用時段與融入時機。
	2. 數位典藏資源融入藝術教學之教學策略	藉由數位典藏資源，融入藝術教學所運用之策略方法。
	3. 數位典藏資源融入藝術教學之評量模式	藉由數位典藏資源，融入藝術教學所運用之評量方式。
	4. 數位典藏評量資源之評量模式	藉由數位典藏資源，融入藝術教學所運用之數位典藏評量資源評量方式。
教學融入意涵	1. 藝術課程教學主軸	藉由數位典藏資源，融入藝術教學所發展之課程教學目標。
	2. 藝術教育價值取向	藉由數位典藏資源，融入藝術教學所發展之教育價值內涵。

主類目	次類目	說明
數位典藏資源融入藝術教學之課程建構模式	1. 以數位典藏資源融入之活動，建構藝術單科課程。	藉由數位典藏資源，深化對藝術知識之詮釋深度，以增進藝術知識與創作能力等涵養為主要目標。著眼於藝術學習本身，不涉及其他學科之教學內容。
	2. 以數位典藏資源融入之活動，建構由藝術主題統整各學科學習之課程。	藉由數位典藏資源，進行以藝術為主題之教學活動，內容統整其他學科學習。著眼於藝術主題為核心之學習，統整其他學科之教學內容
	3. 以數位典藏資源融入之活動，建構以藝術連結不同學科學習之主題式課程。	藉由數位典藏資源，融入主題統整課程，以某一主題、事件或議題為課程中心，分析出相關概念或問題，再依屬性歸入不同學科，針對不同學科概念進行探討。著眼於以藝術連結其他學科學習，藝術學習是主題課程中的一個教學活動。
	4. 以數位典藏資源融入之活動，建構以藝術內涵輔助其他學科學習之課程。	藉由數位典藏資源之藝術內涵，應用藝術實作等活動，作為輔助其他學科學習的資源與媒介，課程核心為以其他學科學習為主要目標。著眼於以藝術輔助其他學科學習，藝術學習並非課程重心。
數位典藏資源融入藝術教學之使用時機	1. 課前預習	學生事先瀏覽相關數位典藏資源，對課程相關資料進行初步瞭解。
	2. 引起動機	教師以融入數位典藏網站之圖像、影片、動畫等引起學習動機。
	3. 發展活動	教師以融入數位典藏資源進行教學主體活動，並引導課堂討論、發表與分享等。
	4. 綜合活動	教師以融入數位典藏資源之線上測驗、遊戲及網站內容資源等，複習與熟悉課程內容或完成學習單。
	5. 課後學習	學生課後自行瀏覽數位典藏資源，進行加深加廣之自主學習。

數位典藏資源融入藝術教學之教學策略	1. 數位圖文之問題導向教學	融入數位典藏圖文作為問題式引導與探究之教學策略。教學時應用數位典藏資源之圖像資料與文字資料等作為問題引導與討論。
	2. 虛擬實境之情境教學	融入數位典藏虛擬實境資源，體驗真實情境之教學策略。教學時應用數位典藏資源之虛擬實境資源，營造真實情境作為學習主軸與討論重點。
	3. 互動式社群之專題討論教學	融入數位典藏資源進行互動式社群專題討論之教學策略。教學時應用數位典藏資源之共享性與即時性，進行具即時回饋特性的線上互動式專題討論。
	4. 線上遊戲之體驗學習教學	融入數位典藏線上遊戲資源作為體驗學習之教學策略。教學時應用數位典藏資源之線上遊戲進行體驗學習，藉可重複操作之遊戲加強重要概念之學習。
	5. 網路藝廊平臺之展示教學	融入數位典藏資源進行創作並建置網路藝廊平臺展示作品之教學策略。教學時應用數位典藏資源進行創作活動，藉網路平臺進行不受時空限制之作品展示與分享。
	6. 網頁主題之探究教學	融入數位典藏資源進行網頁主題探究之教學策略。教學時應用數位典藏資源針對主題進行網頁探究，使用主題網頁資料庫搜尋相關影像資料，並加以分析、應用。
	7. 整合數位導覽之實地參訪教學	融入數位典藏網站導覽後配合實地參訪整合學習之教學策略。教學時應用數位典藏資源進行教學主題之導覽，建立學生先備知識，再進行教學相關之實地參觀或參與校內動態活動，達到虛實整合之學習。
數位典藏評量資源之評量模式	1. 線上學習單	教師以數位典藏資源之學習單評量學生學習成效。
	2. 線上試題測驗	教師使用數位典藏資源之試題測驗評量學生學習成效。
	3. 線上遊戲評量	教師使用數位典藏資源之互動式遊戲教材評量學生學習成效。
	4. 線上作品展示	教師使用數位典藏資源之作品展示平臺評量學生學習成效。
	5. 專題簡報製作	教師指導學生使用數位典藏資源製作專題簡報評量學生學習成效。
藝術課程教學主軸	1. 審美經驗與批判省思	數位典藏資源融入藝術教學之課程教學主軸在強調審美經驗與批判省思，透過觀看的過程，嘗試分析、詮釋和評價，解讀相關視覺影像之審美、社會、文化等意涵。
	2. 藝術創作與自我實踐	數位典藏資源融入藝術教學之課程教學主軸在強調藝術創作與自我實踐，藉由創作活動協助學生表達想法，並進而傳達創作理念，自我實踐。
	3. 審美經驗、批判詮釋與藝術創作、實踐之交融	數位典藏資源融入藝術教學之課程教學主軸在強調兼具藝術鑑賞與藝術創作兩類教學意旨，達到鑑賞詮釋與創作實踐之交融。
藝術教育價值取向	1. 著重創造力與想像力之培養	數位典藏資源融入藝術教學之藝術教育價值在強調創造力與想像力的引導與開發，讓學生透過創思考的歷程與樂在其中的體驗，培養樂於創思與想像的能力。
	2. 著重文化價值與社會議題之關注	數位典藏資源融入藝術教學之藝術教育價值在強調多元文化價值與社會議題的重要性，讓學生透過欣賞不同文化藝術之背景脈絡，進而重視文化理解並關注社會議題。
	3. 著重觀照自省與自我意識賦權	數位典藏資源融入藝術教學之藝術教育價值在強調對自身意識的省思並能自我賦權，讓學生透過創作活動或議題討論，表達自身看法，提升自主意識，進而理解自身與所處的世界。不屬於上述類目，但仍屬數位典藏資源融入藝術教學活動之藝術教育價值取向。

資料來源：余采樺（2012）。**數位典藏資源融入藝術教學案例內容分析之研究**。未出版碩士論文，臺灣師範大學美術研究所，臺北市；高震峰（2013）。**數位典藏融入藝術教學知識體系之建構——以國內外實務案例為研究場域**。行政院國科會多年期專題研究計畫成果報告（NSC 98-2410-H-133-013-MY2）。

附錄五　臺灣中小學藝術教師運用數位典藏融入教學現況之調查問卷

一、基本資料

【填答說明】以下每題皆為單選，請您逐題勾選適當選項。

1. 性別：□(1) 男　□(2) 女
2. 年齡：□(1) 30 歲（含）以下　□(2) 31～40 歲　□(3) 41～50 歲　□(4) 51 歲以上
3. 最高學歷：□(1) 學士　□(2) 碩士　□(3) 博士
4. 任教職務：□(1) 級任　□(2) 科／專任
　　　　　　□(3) 科／專任兼行政　□(4) 代課教師
5. 教學年資：□(1) 5 年（含）以內　□(2) 6～10 年　□(3) 11～20 年　□(4) 21 年以上
6. 任教階段：□(1) 國民小學　□(2) 國民中學　□(3) 高級中學
7. 學校地區：□(1) 北部地區(含基隆、臺北、桃園、新竹、宜蘭)
　　　　　　□(2) 中部地區(含苗栗、臺中、南投、彰化、花蓮)
　　　　　　□(3) 南部地區(含雲林、嘉義、臺南、高雄、屏東、臺東)
8. 學校規模：□(1) 16 班（含）以下　□(2) 16～32 班　□(3) 32 班以上

二、運用數位典藏資源融入藝術教學之使用現況

1. 您是否曾運用過數位典藏融入藝術教學？　　　　　　　　　　　□是　□否
   （答"是"者請自第 2 題續答，答"否"者請跳答第 30 題。）
2. 您從何處得知數位典藏？（可複選）
   □總計畫網站(數位典藏與數位學習國家型科技計畫 Teldap.tw)
   □電子報
   □數位典藏相關研習活動
   □所屬學科輔導團（藝術與人文／美術）宣傳推廣
   □典藏單位（政府、民間、公開甄選計畫之入口網站）
   □同儕介紹
   □其他（請說明：＿＿＿＿＿＿＿＿＿＿＿＿＿＿＿＿）
3. 您是否曾參加過數位典藏相關單位所舉辦之相關活動（如研習活動、成　□是　□否
   果發表、教案設計等）？
4. 您曾經運用下列哪些數位典藏資源融入藝術教學？（可複選）

   a. □典藏機構網站（例如故宮 e 學園、中央研究院、自然科學博物館、國家圖書館等）
   b. □數位典藏與數位學習計畫網站
   　　（例如數位典藏與數位學習成果入口網、數位典藏與數位學習聯合目錄、數位島嶼、臺灣多樣性知識網等）
   c. □數位教育與網路學習計畫網站（例如文化部藝學網、數位典藏內容融入教學資源網、高中學科資訊科技融入教學資源網等）
   d. □國外數位典藏資源網站（例如 google art project 等）
   e. □其他（請說明）：

就下列敘述，您同意的程度為何？	非常同意	同意	不同意	非常不同意
1. 我能嫻熟數位典藏資源融入藝術教學。	□	□	□	□
2. 我會積極參與相關研習活動以提升數位典藏資源融入教學的知能。	□	□	□	□
3. 我會將數位典藏資源結合自編教材進行藝術教學。	□	□	□	□
4. 我會將數位典藏資源結合教科書單元進行藝術教學。	□	□	□	□
5. 我會運用數位典藏資源融入藝術創作教學。	□	□	□	□
6. 我會運用數位典藏資源融入藝術鑑賞教學。	□	□	□	□
7. 我會優先使用數位典藏所提供的教學資源進行藝術教學。	□	□	□	□
8. 我會運用數位典藏資源進行問題導向教學。	□	□	□	□
9. 我會運用數位典藏資源之虛擬實境進行情境教學。	□	□	□	□
10. 我會運用數位典藏資源之互動式社群進行專題討論教學。	□	□	□	□
11. 我會運用數位典藏資源之線上遊戲進行體驗學習教學。	□	□	□	□
12. 我會運用數位典藏資源之網路藝廊進行展示教學。	□	□	□	□
13. 我會運用數位典藏資源之網頁主題進行探究教學。	□	□	□	□
14. 我會運用數位典藏資源之數位導覽配合實地參訪活動。	□	□	□	□
15. 我會運用數位典藏資源融入教學之引起動機階段。	□	□	□	□
16. 我會運用數位典藏資源融入教學之發展活動階段。	□	□	□	□
17. 我會運用數位典藏資源融入教學之綜合活動階段。	□	□	□	□
18. 我會運用數位典藏資源作為學生課後學習之教材。	□	□	□	□
19. 我會運用數位典藏資源的線上測驗來評量學生藝術學習成果。	□	□	□	□
20. 我會運用數位典藏資源的線上遊戲式評量來檢視學生學習成果。	□	□	□	□
21. 我會運用實作評量檢視學生透過數位典藏資源學習的成果。	□	□	□	□

三、運用數位典藏資源融入藝術教學之意義

就下列敘述，您同意的程度為何？	非常同意	同意	不同意	非常不同意
22. 數位典藏資源能符合藝術領域的教學目標。	□	□	□	□
23. 數位典藏資源是重要的藝術領域教學素材。	□	□	□	□
24. 數位典藏資源使用上的便捷性符合藝術教學的需求。	□	□	□	□
25. 數位典藏資源的圖文視覺特性符合藝術教學的需求。	□	□	□	□
26. 數位典藏資源能活化藝術教學的彈性與多元性。	□	□	□	□
27. 數位典藏資源能豐富藝術課程的內涵。	□	□	□	□
28. 數位典藏資源能增強藝術教學的前瞻性與社會性。	□	□	□	□
29. 數位典藏資源能拓展藝術創作技法的可能性。	□	□	□	□
30. 數位典藏資源能應用在藝術鑑賞課程的教學。	□	□	□	□
31. 數位典藏資源能表現藝術教材之系統化特質。	□	□	□	□
32. 數位典藏資源融入藝術教學能深化學生藝術知能的深度。	□	□	□	□
33. 數位典藏資源融入藝術教學能擴大學生藝術知能的廣度。	□	□	□	□
34. 數位典藏資源融入藝術教學能擴增學生的創作經驗。	□	□	□	□
35. 數位典藏資源融入藝術教學能提升學生的創造力與想像力。	□	□	□	□
36. 數位典藏資源融入藝術教學能提升學生的探索與表現能力。	□	□	□	□
37. 數位典藏資源融入藝術教學能擴增學生的多元文化觀點。	□	□	□	□
38. 數位典藏資源融入藝術教學能拓展學生的多元審美經驗。	□	□	□	□
39. 數位典藏資源融入藝術教學能增強學生將藝術應用在生活中的能力。	□	□	□	□
40. 數位典藏資源融入藝術教學能引發學生主動建構藝術知能的動機。	□	□	□	□
41. 數位典藏資源融入藝術教學能使學生理解藝術的跨領域特質。	□	□	□	□
42. 數位典藏資源融入藝術教學能引發學生的學習動機。	□	□	□	□
43. 數位典藏資源融入藝術教學能提升教學成效。	□	□	□	□
44. 數位典藏資源融入藝術教學能增加課堂中的師生互動。	□	□	□	□
45. 運用數位典藏資源是重要的藝術教學趨勢。	□	□	□	□
46. 運用數位典藏資源融入藝術教學可增加教材來源的選擇性。	□	□	□	□
47. 運用數位典藏資源融入藝術教學可節省蒐集教材的時間。	□	□	□	□
48. 運用數位典藏資源融入藝術教學能增加我的專業知能。	□	□	□	□
49. 運用數位典藏資源融入藝術教學是教師創新發展的表現。	□	□	□	□
50. 運用數位典藏資源融入藝術教學是教師應該具備的能力。	□	□	□	□

四、未運用數位典藏資源融入藝術教學之可能原因

就下列敘述，您同意的程度為何？	非常同意	同意	不同意	非常不同意
51. 數位典藏資源網站常常缺乏維護更新。	□	□	□	□
52. 數位典藏資源網站介面往往不容易操作。	□	□	□	□
53. 許多數位典藏資源網站缺乏使用說明。	□	□	□	□
54. 數位典藏資源網站不容易找到適切的教學素材。	□	□	□	□
55. 學校地區文化資源差異，會影響學生對於數位典藏資源融入藝術教學的接受程度。	□	□	□	□
56. 學校地區文化資源的差異，會影響數位典藏資源融入藝術教學的推廣。	□	□	□	□
57. 數位典藏資源融入教學相關研習活動不能提供足夠的知識。	□	□	□	□
58. 學校未提供數位典藏資源融入藝術教學所需之行政支援。	□	□	□	□
59. 運用數位典藏資源融入藝術教學過於耗時費力。	□	□	□	□
60. 教師不熟悉數位典藏資源融入藝術教學的方式。	□	□	□	□

資料來源：郭子菁（2013）。**臺灣中小學視覺藝術教師數位典藏資源融教學現況之調查研究**。未出版碩士論文，臺灣師範大學美術研究所，臺北市；高震峰（2013）；**數位典藏融入藝術教學知識體系之建構 —— 以國內外實務案例為研究場域**。行政院國科會多年期專題研究計畫成果報告（NSC 98-2410-H-133-013-MY2）。

國家圖書館出版品預行編目（CIP）資料

數位視覺文化藝術教育 / 高震峰著. -- 初版. -- 新北市：華藝學術出版：華藝數位發行, 2018.12
　面；　公分
ISBN 978-986-437-155-6（平裝）
1. 視覺藝術 2. 藝術教育 3. 中小學教育
523.37　　　　　　　　　　　　　　　　　107022525

數位視覺文化藝術教育

作　　者／高震峰
責任編輯／林佩儒
封面設計／張大業
版面編排／王凱倫

發 行 人／常效宇
總 編 輯／張慧銖
發行業務／周以婷
出　　版／華藝數位股份有限公司　學術出版部（Ainosco Press）
　　　　　地址：234 新北市永和區成功路一段 80 號 18 樓
　　　　　電話：(02) 2926-6006　傳真：(02) 2923-5151
　　　　　服務信箱：press@airiti.com
發　　行／華藝數位股份有限公司
　　　　　戶名（郵局／銀行）：華藝數位股份有限公司
　　　　　郵政劃撥帳號：50027465
　　　　　銀行匯款帳號：0174440019696（玉山商業銀行　埔墘分行）
法律顧問／立暘法律事務所　歐宇倫律師
ISBN ／ 978-986-437-155-6
DOI ／ 10.978.986437/1556
出版日期／ 2018 年 12 月初版
定價／新臺幣 720 元

版權所有・翻印必究　　Printed in Taiwan
（如有缺頁或破損，請寄回本社更換，謝謝）